徐珂編撰

清稗類鈔

第十一册

中華書局

第一一册目録

戲劇類

優伶類

娼妓類

胥役類

奴婢類

盜賊類

棍騙類

乞丐類

清稗類鈔

戲劇類

今劇之始

六朝以還，歌舞日盛，然與今劇爲不類。自唐有梨園之設，開元朝分太常、俗樂，以左右教坊典之，乃爲今劇之鼻祖。伶人祀先，明皇是稱，固其宜也。惟唐人以絶句入歌，朝有佳作，夕被管絃，昌齡畫壁旗亭，「黄河遠上」一曲，遂成千古。其事簡易，去今調遠甚。蓋院本始於金、元，唱者在内，演者在外，與日本之演舊戲者相仿。今開幕之跳加官，卽其遺意。金、元以後，曲調大興，按譜填詞，引聲合節，乃爲崑曲之所自出。今劇由崑曲而變，則卽謂始自金、元可也。

戲之劣處，無情無理，其最可笑者，如痛必倒仰，怒必吹鬚，富必撑胷，窮必散髮，殺人必午時三刻，入夢必三更三點。不馬而鞭，類御風之列子；無門故掩，直畫地之秦人。舉動若狂，情詞並拙，此猶可云示意於人也。至於手不執圭，障袖若琵琶之遮面；人孰我問，登臺如小鳥之呼名。王曰孤王，寡人絶對；父曰爲父，王季多逢。而且漢相秦丞，有匈奴大人之號；下官必稱上官爲大人。齊兵魏卒，得滿洲壯士之稱。凡扮胡人，必紅頂花翎，稱其卒伍曰巴圖魯。包孝肅以文正爲名，賈半閒以平章作字。將軍裹甲，必右袒以搴旗；袍帶戲往往曳一袖於背，廟堂壇坫恐萬無此式。美女捧心，卻當門以掩袖。且兩袖恒交掩於腹下。種種乖謬，思之啞然。大抵今劇之興，本由鄉鄙，山歌樵唱，偶借事以傳謳；婦解孺知，本無心於考古。故劇詞自爲一類，過雅轉覺不倫；本事全出稗官，正史絶無所採。或用平話之稱謂，或遵崑曲之排場，積久相沿，遂成定例矣。

戲劇之變遷

國初最尚崑劇，嘉慶時猶然。後乃盛行弋腔，卽俗呼高腔一曰高調者。其於崑曲，仍其詞句，變其音節耳。京師内城尤尚之，謂之得勝歌，相傳國初出征凱旋，軍士於馬上歌之以代凱歌，故於請清兵等劇，尤喜演之。道光末，忽盛行皮黄腔，其聲較之弋腔爲高而急，詞語鄙俚，無復崑弋之雅。初唱者，名正宫調，聲尚高亢。同治時，又變爲二六板，則繁音促節矣。光緒初，忽尚秦腔，其聲至急而繁，有如悲泣，聞者生哀，然有戲癖者皆好之，竟難以口舌争也。崑弋諸腔，已無演者，卽偶演，亦聽者寥寥矣。

歐人研究我國戲劇

晚近以來，歐人於我國之戲劇，頗爲研究，英人博士瓦兒特，德人哥沙爾、那窪撒皆是也。瓦兒特著一書，曰《中國劇曲》，分四期，曰唐，曰宋，曰金元，曰明，並就《琵琶記》及其他戲劇之長短略評之。

哥沙爾著一書，曰《中國戲曲及演劇》，分八章，一中國國民精神與其戲曲，二中國之舞臺徘優及作劇家，三中國之劇詩，四戲劇之種類，五人情劇及悲劇，六宗教劇，七性格喜劇與脚色喜劇，八中國之近世劇。

那窪撒著一書，曰《中國及中國人》，雖非戲劇專門之作，惟其中一章，有就我國戲劇各種方面加以評論者。

此外尚有《中國戲劇》二册，一爲法人巴散著，一爲法人格蘭著。

崑曲戲

崑曲戲創始於崑山魏良輔，以前僅有弋陽、海鹽二腔。魏出，始能以喉轉聲，别成一調，遂變弋陽、海鹽故調爲崑山腔，蓋以地名。梁伯龍填《浣紗記》付之，即王元美詩所謂「吴閶白面冶游兒，争唱梁郎雪豔詞」者是也。

或曰，創自明季之蘇崑生，蓋以人名。意者曲調相沿已久，崑生曾出新意潤色之，聲律乃益完密，好事者即以其名名之歟？

康熙朝，京師内聚班之演《長生殿》，乾隆時，淮商夏某家之演《桃花扇》，與明季南都《燕子箋》之盛，可相頡頏。淮商家豢名流，專門製曲，如蔣苕生輩，均嘗涉足於此，故其時爲崑曲最盛時代。而崑山之市井鄙夫及鄉曲細民，雖一字不識者，亦能拍板高唱一二折也。

嘉、道之際，海内宴安，士紳讌會，非音不樽。而郡邑城鄉，歲時祭賽，亦無不有劇。用日以多，故調日以下，伶人苟圖射利，但求竊似，已足充場，故從無新聲新曲出乎其間，《綴白裘》之集，猶乾隆時本也。

道光朝，京都劇場猶以崑劇、亂彈相互奏演，然唱崑曲時，觀者輒出外小遺，故當時有以車前子譏崑劇者。浙江嘉、湖各屬，時值春秋二季，尚有賣戲於闤市者，蓋浙人猶有嗜之者也。

咸、同之季，粵寇亂起，蘇、崑淪陷，蘇人至京者無多。京師最重蘇班，一時技師名伶，以南人占大多數。自南北隔絶，舊者老死，後至無人，北人度曲究難合拍，崑劇於是不絶如縷。

光緒時，滬上戲園僅有天仙、詠霓、留春諸家，皆京劇也，惟大雅爲純粹之崑劇。依常理論，崑劇應受蘇人歡迎，顧乃不然。雖竭力振作，賣座終不能起色。維持數載，卒以顧曲者鮮，宣告輟業。社員大半皆蘇産，相率歸去，或習他業，或爲曲師，貧不能自存，幾至全體星散。越數載，始有人鳩集舊部，組織聚福園，開演於蘇垣之府城隍廟前，雖不能發達，然尚可勉支也。及閶門闢馬路，大觀、麗華諸園接踵而起，冶游子弟趨之若鶩，聚福遂無人顧問，不得已遂又歇業。然諸伶既聚則不可復散，乃易其名曰全福，而出外賣戲。頻年落拓，轉徙江湖，舊時伶工，凋亡殆盡，繼起者又寥寥無幾，宣統時闃如矣。

高調戲

紹興之高調戲，一名高腔，疑即古之所謂曼綽也。伶工曼聲長歌，後場之人從而和之，祝允明所謂

「趁逐悠揚」者是也。其賣技江湖，大抵不出寧波、紹興二郡。

亂彈戲

自亂彈興而崑劇漸廢。亂彈者，乾隆時始盛行之，聚八人或十人，鳴金伐鼓，演唱亂彈戲文，其調則合崑腔、京腔、弋陽腔、皮黄腔、秦腔、羅羅腔而兼有之。崑腔爲其時梨園所稱之雅部，京腔、弋陽腔、皮黄腔、秦腔、羅羅腔爲其時梨園所稱之花部也。若徽腔，則在京腔之中。

或曰，亂彈卽馬上戲，蓋軍樂之遺也。乾隆末葉，江寧有之，儈者載以舟而娱客，穹篷巨艦，踞坐其間，直如雞鶩一羣，啞啞亂噪，了不悉其意旨，然一日之貲，亦需給一二千錢。

崑曲戲與亂彈戲之比較

崑劇縝密，迥非亂彈可比，非特音節、臺步不能以己意損益，服飾亦纖屑不能苟。《翦髮賣髮》一齣，扮趙五娘者，例不得御珍飾。吳郡正旦某，一夕演此劇，偶未袒其常佩之金約指，臺下私議戚戚，某卽躍蹙向臺下曰：「家貧如此，妾何人斯，敢懷寶以陷於不孝。」言次，袒約指擲諸臺下曰：「此銅質耳。苟真金者，何敢背古人髮膚之訓，翦而賣之乎？」私議乃息。

弋腔戲爲崑曲皮黄之過渡

弋陽梆子秧腔戲，俗稱揚州梆子者是也。崑曲盛時，此調僅演雜劇，論者比之逸詩變雅，猶新劇中之趣劇也。其調平板易學，首尾一律，無南北合套之別，無轉折曼衍之繁，一笛橫吹，習一二日，便可上口。雖其調亦有多種，如《打櫻桃》之類，是其正宗。此外則如《探親相罵》，如《寡婦上墳》，亦皆其調之變，大抵以笛和者皆是，與以絃和之四平腔如二黃中《坐樓》。及徽梆子，如《得意緣》中之調，即就二黃之胡琴以唱秦腔，似是而非，故祗可謂之徽梆子。均不類。崑曲微後，伶人以此調易學易製，且多屬男女風情之劇，故廣製而盛傳之，爲崑曲與徽調之過渡，故今劇中崑曲已絶，而此調則所在多有也。

皮黃戲

自有傳奇雜劇，而駢枝競出，有南北之辨，崑弋之分，宋以來綿延弗斷，此所謂雅聲也。然弋腔近俚，其局甚簡，有纖靡委瑣之奏，無悲壯雄偉之神。至皮黃出，而較之崑曲，尤有雅俗之判。皮黃者，導源於黃陂、黃岡二縣，謂之漢調，亦曰二黃，不知者乃於黃上加竹爲簧者誤。又以其一出於黃陂，又曰西皮。初甚簡單。崑之唱繫於曲牌，此則辨於諸板，板之類甚稀，第變化得神，錯落有節，自能層出而不窮矣。

皮黃以二黃爲正宗，西皮若或爲之輔。蓋二黃爲漢正調，西皮則行於黃陂一縣而已。其後融合爲一，亦不可復分。徽人至京者，以多藝名，出鄂人上，且多變換音節之處，故以徽調稱。實則徽固無調，猶北方不產茶而善於薰製，故京茶轉有名也。初時能者皆真徽人，其後都人學之而善，徽人遂至絶跡，故南人轉謂之京調，猶外人改造土貨稱爲洋貨者是也。皮黃盛於京師，故京師之調爲尤至，販夫豎子，短衣束髮，每入園聆劇，一腔一板，均能判別其是非，善則喝彩以報之，不善則揚聲以辱之，滿座千人，不約而同。或偶有顯者登樓，阿其所好，座客羣焉指目，必致譁然。故優人在京，不以貴官巨商之延譽爲榮，反以短衣座客之輿論爲辱，極意矜慎，求不越矩，苟不顛躓於此，斯謂之能。故京師爲伶人之市朝，亦梨園之評議會也。雖光緒庚子以後，風已稍替，而老成矩矱，知者猶多。若外埠之立異呈奇，固多有不待終場而去者矣。能使人不去者，謂之掛座。能於末齣登場而人皆耐而相待者，謂之壓冑子。冑子者，武劇也。武劇能戀人，而欲以唱工加勝武劇，以徵觀者之去留，非有真技足以動人者，不敢爾也。

文宗提倡二黃

文宗在位，每喜於政暇審音，嘗謂西崑音多緩惰，柔逾於剛，獨黃岡、黃陂居全國之中，高而不折，揚而不漫。乃召二黃諸子弟爲供奉，按其節奏，自爲校定，摘疵索瑕，伶人畏服。咸豐庚申之亂，京師板蕩，諸伶散失。穆宗嗣位，乃更復內廷供奉焉。

先是，京師諸伶多徽人，常以徽音與天津調混合，遂爲京調。然津徽諸調，亦均奉二黃音節爲圭臬，脚本亦強半相同，故漢津徽調皆可通。文宗後益有取於漢黃，而諸人固能合衆長爲一者也。

崑曲戲與皮黃之比較

崑劇之爲物，含有文學、美術如《浣紗記》所演西子之舞。兩種性質，自非庸夫俗子所能解。前之所以尚能流行者，以無他種戲劇起而代之耳。自徽調入而稍稍衰微，至京劇盛而遂無立足地矣。此非崑劇之罪也，大抵常人之情，喜動而惡靜，崑劇以笛爲主，而皮黄則大鑼大鼓，五音雜奏；崑劇多雍容揖讓之氣，而皮黄則多《四杰村》、《虮蜡廟》等跌打之作也。

徽調戲

徽調源於漢調，初流行於皖、鄂間，其後桐城、休寧間人變通而仿爲之，謂之徽調。當承平時，桐城人官京師者，濟濟有衆，鄉音流入，殆亦有年，必不始於咸、同之世。然初僅一二雜劇，自立分支，後以崑曲式微，弋調不足以獨立，是調聆音易解，高朗悦人，都人嗜者日多。皖、鄂又不梗於戎馬，入都者衆，而程長庚亦挾技入都，於是始有徽調。其初行時，謹守繩墨，不能恣意豪放。繼而改用胡索，二黄之聲大振，奏琴好手亦應時而出，而崑曲轉黯淡無聞矣。

咸、同之際，京師專重徽班，而其人亦皆兼善崑曲，故徽班中專門名詞亦往往雜以吴語，如呼減短速唱曰馬前，呼紈袴學唱曰洋盤之類，至今劇界猶沿其稱。而北地無此名詞，故不能通其義，益雜糅於蘇班之舊稱，遂成爲專門之謎語矣。

其時徽班有四，四喜、三慶、和春、春臺是也。評騭者於四喜曰曲子，以其春容大雅，不爲淫哇之聲也。於三慶曰軸子，以其所演皆新排近事，連日接演也。於和春曰把子，每日亭午必演《三國》、《水滸》諸劇，工技擊者，各出其技，以悦人也。於春臺曰孩子，以其諸郎皆夭夭少好也。

又有謂四喜、三慶、春臺、嵩祝爲四大徽班者。三慶得名最早，乾隆庚戌，高宗八旬萬壽，入都祝釐，時稱三慶徽，是爲徽班鼻祖。後乃省去徽字，稱三慶班。四喜在嘉慶時亦有聲，《都門竹枝詞》云：「新排一齣《桃花扇》，到處鬨傳四喜班。」嘉慶庚辰，春臺無故散去，七月，仁宗崩。

嵩祝班聲價之隆，亦不亞於三慶、四喜、春臺，當時堂會必演四大班，足徵嵩祝之馳名一時矣。其後以不能自存，部中人始稍稍散去。好事者乃復召集後進子弟，别爲一隊，曰小嵩祝部，中皆乳燕黨雛，呢喃學語，當筵顧曲，聊資笑噱而已。

秦腔戲

戲曲自元人院本後，演爲曼綽、絃索二種。絃索流於北部，安徽人歌之爲樅陽腔，湖廣人歌之爲襄陽腔，陝西人歌之爲秦腔。秦腔自創始以來，音皆如此，後復間以絃索，實與崑曲同體，惟多商聲，故當用竹木以節樂，俗稱梆子，與崑曲之僅用綽板定眼者略異也。

或曰，北派之秦腔起自甘肅，今所謂梆子者則指此，一名西秦腔，卽琴腔。蓋所用樂器，以胡琴爲主，月琴爲副，工尺咿唔如語。乾隆末，四川金堂魏長生挾以入都，其後徽伶悉習之。然長生所歌爲山陜梆子，非甘肅本腔，故或又稱山陜調爲秦腔，稱甘肅爲西腔。其後稍加變通，遂有山陜梆子、直隸梆子之别。直隸梆子又分别之曰京梆子，曰天津梆子。

或曰，秦腔於明季已有，以李自成之事證之，則其興固在徽調以前也。京師昔與徽調分枝，絶不相雜。同、光之際，以義順和、寶盛和兩部爲最有名。此調有山陝調、直隸調、山東調、河南調之分，以山陝爲最純正，故京師重山西班。義、寶兩部，皆號稱山陝者也。直東人善唱者，亦必以山陝新到標題，其實化合燕音，苟圖悅耳，趙缶秦瑟，雜奏一堂，已非關西大漢之舊響矣。光緒時，張文達公之萬雅好此音，故春時團拜，同鄉、同年聚宴，謂之團拜。義、寶兩部亦得充場，與徽班並駕。雖在曩昔，僅有專園演唱，爲下流所趨，士大夫鮮或入顧，自玉成班入京，遂爲徽秦雜奏之始。

乾隆中葉，秦腔大昌於京師，孫淵如、洪稚存皆酷嗜之。畢秋帆撫陝時，長安多妙伶，其人悉工秦腔。孫、洪嘗謂吾國所有歌曲，高者僅中商聲，間有一二語闌入宮調，而全體則媿未能，惟秦中梆子，則無問生旦淨末，開口卽黄鐘、大呂之中聲，無一字溷入商徵，蓋出於天然，非人力所能強爲。因推論國運與樂曲盛衰相繫之故，謂崑曲盛於明末，清惻宛轉，聞之輒爲淚下，所謂亡國之音哀以思者，正指此言。及乾隆中葉，爲國朝氣運鼎盛之時，人心樂愷，形諸樂律，秦腔適應運而起，雍容圓厚，所謂治世之音者是也。此語與近賢所論，直如南北兩極之反對矣。

秦人皆能聲，有二派，渭河以南尤著名者三，曰渭南，曰盩厔，曰醴泉；渭河以北尤著名者，曰大荔。大荔腔又名同州腔。同州腔有平側二調，工側調者，往往不能高，其弊也，將流爲小唱，唱平調者，又不能下，其弊也，將流爲彈詞。

西安樂部著名者凡三十六，最先者曰保符班，後有江東班，又有雙賽班，較晚出。稱雙賽者，謂所長出保符、江東之上也。後以祥麟色子至，又稱雙才班也。

崑曲秦腔之異同

秦腔與崑曲爲同體，其用四聲相同，其調二十有八亦相同，聲中有音，如喉、齶、舌、齒、脣。調中有頭，如高下緩急、平側豔曼、停腔過板。板中有起腰底之分，眼中有正側之判，聲平緩，則三眼一板；惟高腔則七眼一板。聲急促，則一眼一板，又無所不同。其微異之點，則崑曲必佐以竹，秦聲必間以絲，今之唱秦聲者，以絲爲主，而間以竹，或但有絲而去其竹。崑曲僅有綽板，秦腔兼用竹木。俗稱梆子。竹用篔簹，木用棗。其所以改用者，以秦多肉聲，竹不如肉，故去笙笛。又秦多商聲，最駛烈，綽板聲嫌沉細，僅堪用以定眼也。

至於九調之說，崑曲僅七調，無四合。七調中乙調最高，惟十番用之，上字調亦不常用，其實僅有五調。若正宮，則音屬黃鐘，爲曲之主，相傳惟蘇崑生發口即是，一生所歌，皆正宮調。其後婁江顧子惠、施某二人，差堪繼聲。今則歌崑曲者甫入正宮，卽犯他調矣。秦人顧曲，人人皆音中黃鐘，調入正宮。然所謂正宮者，非大聲疾呼滿堂滿室之謂也，當直起直落而復婉轉環生，卽犯入別調，仍能爲宮音，如歌商調則入商之宮，歌羽調則入羽之宮。樂經旋相爲宮之義，自可以此證明之。蓋絃索勝笙笛，兼用四合，變宮變徵無不具，以故叩律傳音，上如抗，下如墜，曲如折，止如槁木，句中鉤，纍纍乎如貫珠，斯則秦聲之所有而崑曲之所無也。

汴梁腔戲

北派有汴梁腔戲，乃從甘肅梆子腔而加以變通，以土腔出之，非昔之汴梁舊腔也。至雜以皮黃腔者，則以河南接壤湖北故耳。

土梆戲

土梆戲者，汴人相沿之戲尙也。其節目大率爲公子遭難、小姐招親及征戰賽寶之事，道白唱詞，悉爲汴語，而略加以靡靡之尾音。其人初皆游手好閒之徒，略習其聲，卽可搭班演唱，以供鄉間迎神賽會之傳演。三日之期，不過錢十餘千文，如供茶飯，且浹旬累月而不去矣。

全本戲

全本戲專講情節，不貴唱工，惟能手亦必有以見長。就其新排者言之，如《雁門關》，如《五彩輿》，皆累日而不能盡，最爲女界所歡迎，在劇中亦必不可少。然以論皮黄，則究非題中正義也。

出頭

出頭，謂出人頭地也。粵人於簡短之戲，謂之出頭，殆以戲雖簡短，而爲精華所聚，且以齣而訛爲尺歟？

應時戲

京師最重應時戲，如逢端午，必演《雄黄陣》，逢七夕，必演《鵲橋會》，此亦荆楚歲時之意，猶有古風。自光緒庚子以來，專尚新異，輟不演矣。

武劇趣劇穢劇

皮黄舍生、旦、凈、小生四角外，惟外多唱。至近時，外即以生充之，故無專充外角者，可毋論也。五者之外，皆不重唱，如副與武生多武劇，貼與丑多趣劇、穢劇。穢劇即頑笑戲也。

武劇中向以「八大拿」見稱於世，蓋專指《施公案》黄天霸戲而言。如招賢鎮拿費德公，河間府拿一撮毛侯七，東昌府拿郝文僧，惟安府拿蔡田化，茂州廟拿謝虎，落馬湖拿鐵臂猿李佩，霸王莊拿黄隆吉，惡虎村拿濮天鵬是也。此外如《獅子樓》，如《三打店》，皆人數無多，情文並至，亦武劇中暇逸之品，而技術仍不埋没。觀武劇者，以上各齣，可歎觀止。而如《蚆蜡廟》、《四杰村》等，一味亂戰，殊乏味矣。總之，武劇中之人物，有大將，有莽夫，有劇盜，有神怪，其類至不齊，而演之者須性格各具，並能完全體貼爲上，蓋不若文劇之從容，得有臨時商搉之餘地也。

武劇以有武生爲主，以有情節者爲貴。如《惡虎村》、《落馬湖》、《盗御馬》，皆以説白勝，不專專於互相厮打也。其最難者，以《挑華車》、《長坂坡》二劇爲最喫力，場面太繁，身段太多，説白牌唱，干戈揮舞，一人精力有限，往往一齣未終，汗下如雨矣。

武生之腰脛，必自幼練成，及長，仍日有定程，時時演習，乃能轉折合度。或凌空如落飛燕，或平地如翻車輪，或爲倒懸之行，或作旋風之舞。以王夢生所見於京師者言之，其人上下綳柱如猿猱，翻轉身軀如敗葉，一胸能勝五人之架疊，一躍可及數丈之高樓，此種柔術，殊不多覯。要之，劇場所必不能無者，則兩兩揮拳，雙雙舞劍，雖非技擊本法，然風雲呼吸之頃，此來彼往，無隙可乘，至極迫時，但見劍光，人身若失，爲技至此，自不能不使人顧而樂之。他如擲棍、抛槍、拈鞭、轉鐧，人多彌靜，勢急愈舒，金鼓和鳴，百無一失。而且刀劍在手，諸式並備，全有節奏，百忙千亂之際，仍不失大將規模，非如近今武角，僅以多翻善躍爲能，氣粗以横，不可嚮邇也。

趣劇以丑爲主，以活口爲貴。見景生情，隨機應變，謂之活口。往時著者，如《連升三級》，最爲丑角難題。每遇科舉之年，各班必演此劇，場後題出，以用趣語解釋三題，聯爲一氣，最爲悦聽。其強爲穿插處，真有匪夷所思者，不得謂梨園中無儁才也。他如《拾金捉夫》等，亦皆丑角專劇。與貼配者，則穢劇多矣。

穢劇以貼爲主，以不傷淫爲貴。内分四種，一專尚情致，一專尚淫凶，一以口白見長，一以身段取勝。甲種如《閨房樂》、《得意緣》，尚不涉於淫穢。其次則《賣胭脂》、《拾玉鐲》，斯近蕩矣。乙種如《殺皮》、《十二紅》、《雙釘計》、《南通州》，皆淫凶不可嚮邇，在所宜禁。丙種如《坐樓》、《翠屏山》、《鬧山》、《查關》等劇，皆以説白取勝，此種品格略高，稍加改良，固可人意者也。丁種如《馬上緣》、《小上墳》，皆看身段步法，在頑笑戲中別爲一類，此亦無傷大雅者。惟《馬上緣》之臉兒相偎，《小上墳》之其欲逐逐，則宜略留分寸耳。

新戲

新戲至光緒時盛行，實卽周、秦時代優人之所爲，專取說白傳情，絕無歌調身段，以動合理趣爲貴，以事完首止爲佳。不嗜歌者視之，如真家庭，如真社會，通塞其境，悲喜其情，出奇生新，足動懷抱。是以自東瀛販歸後，所在流行，感動人心，日漸發達，是亦輔助教育之一種，有其舉而莫敢廢者也。我國開化最早，自六朝以後，歌舞怡情，故每言戲，必偏重音樂、美術一途，無專以說白扮演勝者。而蜀中舂時好演《捉劉氏》一劇，卽《目蓮救母》陸殿滑油之全本也。其劇自劉青提初生演起，家人瑣事，色色畢具，未幾劉氏扶牀矣，未幾劉氏及笄矣，未幾議媒議嫁矣，自初演至此，已逾十日。嫁之日，一貼扮劉，冠帔與人家新嫁娘等，乘輿鼓吹，遍游城村。若者爲新郎，若者爲親族，披紅著錦，乘輿跨馬以從，過處任人揭觀，沿途儀仗導前，多人隨後，凡風俗宜忌及禮節威儀，無不與真者相似。盡歷所宜路線，乃復登臺，交拜同牢，亦事事從俗。其後相夫生子，烹飪鍼黹，全如閨人所爲。再後茹素唪經，亦爲川婦迷信恆態。迨後子死開齋，死而受刑地下，例以一鬼牽挽，遍歷嫁時路逕。諸鬼執鋼叉逐之，前擲後抛，其人以苫束身，任其穿入，以中苫而不傷膚爲度。唱必匝月，乃爲終劇。川人恃此以祓不祥，與京師黃寺喇嘛每年打鬼者同意。此劇雖亦有唱有做，而大半以肖真爲主，若與臺下人往還酬酢，嫁時有宴，生子有宴，既死有弔，看戲與作戲人合而爲一，不知孰作孰看。衣裝亦與時無別，此與新戲略同，惟迷信之旨不類耳。可見俗本尚此，事皆從俗，裝又隨時，故人人益深，感人益切，視平詞鼓唱，但記言而不記動者，又進一層，具老嫗能解之功，有現身説法之妙也。

串戲

俗謂演劇曰串戲，其言始於明。明彭天錫串戲妙天下，多扮丑净，千古之奸雄佞倖，經天錫而心肝愈狠，面目愈刁，口角愈險是也。

反串

反串爲戲之最無味者，如旦改唱生，生改扮貼，拿腔作勢，直反常爲妖，然社會好奇，往往以此爲樂。

咸豐中葉，京伶于三勝每遇新角對演，必反串以難之。嘗因某伶演《法門寺》，某伶未至，臺下觀者急不能待，班主乃乞三勝飾趙璉。然三勝，武生也，忽扮鬚生，衆譁然。三勝出臺，乃長歌一曲，聽者亦皆擊節焉。

譚鑫培去鬚作丑，扮《盜魂鈴》之八戒，田際雲掛鬚爲生，唱《讓城都》之劉璋，以示賢者之無所不能，偶一遊戲，未爲不可。鑫培唱秦腔，能學元元紅，老元元紅，光緒中葉已殁，秦腔中之聖手也。際雲唱西皮，能學汪桂芬，固亦煞是能事也。

説戲

説戲云者，以此伶所能，告之彼伶之謂也。蓋戲中忽缺一脚，欲某伶充數，或貴官特欲令演，而適非所習，故就能者乞教，告以唱詞臺步，俾臨時強記，率爾登場，佳伶當之，雖不成熟，亦能得占優勝。蓋詞皆俗語，又皆不出其類，場面臺步，各有定名定式，如武劇中花樣繁多，然每式均有名，如三出槍、五出槍之類，觀者目眩不覺，實皆聯各式而成一場，無無名無式者，故一説可能也。習戲既久，舉類可通，故一説登臺，如所夙習。以譚鑫培唱《探親》之村婆，其爲臨時猝説可知，詞句繁多，又爲劇中正角，且唱調變腔，此難之難者，非彼不能，亦非宫廷之威，不能令其發此一汗，竭力從事也。

海派

京伶呼外省之劇曰海派。海者，汎濫無範圍之謂，非專指上海也。京師轎車之不按站口者，謂之跑海。海派以唱做力投時好，節外生枝，度越規矩，爲京派所非笑。京派卽以善於剪裁、乾净老當自命，此誠京派之優點，然往往勘破太過，流弊亦多。

規矩

崑曲規矩最嚴，皮黄漸替。昔時副末開場，生旦送客，晚近已廢。津、滬劇園，終場時尚有烏帽鳳冠者二人，出而將事，然大抵如童稚游戲，冠而不裳，草草一恭，不復成禮矣。

京師戲園未開場以前，例設繡旗八面，分插三隅，臺累兩案爲臺，上懸朱幙，中設印符各事，若爲將軍戎幄者然。前臺鼓樂，三奏三擂，乃開首劇。若唱堂會，尚有跳加官等事。客至點戲，有貼執笏至坐客前爲禮，謂之抱牙笏。演劇時，貼持朝笏及戲名册呈請選擇，擇意所欲者一二齣令演之，曰點戲，餘由伶人任意自演。此與《教坊記》所載者異。記云：「凡欲出戲，所司先進曲名上，以墨點者即演，不點者即否，謂之進點。」曲終有犒，亦貼著朱衣，當臺頓首以謝，謂之紅人。此種規章，後已漸歸淘汰。他如伶在前臺，犯規有罰。後臺坐次，各有定箱，列箱四壁，有大衣箱、二衣箱、盔頭箱等稱，惟丑可亂坐，餘則生可坐大衣箱，旦僅能坐靴箱，規律甚嚴。其人遇有事，同赴精忠廟申訴，聽會首處分，賞罰重輕，仍取決於公議。

伶界公例，以登臺最後爲最佳，以名角自命者，非壓胄子不肯出。戲在末者，俗稱爲後三齣，與此者皆上選。其前爲中胄子，日中時例應有小武劇，故謂之中胄子。中胄前後皆中選。再前爲頭三齣，開臺未久，客均不至，以下駟充場，藉延晷刻，不特上選斷不與此，即中角亦無爲之者。

格律

舊劇格律至嚴，崑曲尚矣。卽以皮黃論，聲音、腔調、板眼、鑼鼓、胡琴、臺步姿勢、武藝架子，在在均有定名定式，某戲應如何，某種角色應如何，固絲毫不可假借也。

情節

徽戲情節，凡所注重者在歷史，而惜非眞歷史也。其原本全出於《列國演義》、《三國演義》、《水滸傳》、《西游記》、《封神演義》諸書，加以明季仕宦閹璫之遺聞，《玉堂春》、《四進士》、《雪杯緣》、《審刺》、《打嵩》、《法門寺》等。國初京師四方之巨獄，《馬四遠》、《送盒子》、《殺皮》、《十二紅》、《南通州》等。再以《綴白裘》中之崑戲，稍事變通，亦成今劇，意在以往事動人興感。而事苦不真，且編戲者又非通人，故唱工雖佳，而能入情者絕少，轉不如秦腔各劇，注意家庭，猥瑣之中，卻有令觀者入神之妙。蓋皮黄偏重忠孝二義，秦腔則推而廣之，如《蘆花計》以教人之爲繼母者，《打柴訓弟》以教人之爲兄者，《殺廟》以教人之爲僕者，《對影悲》以教人之爲嫡妻者，《雙冠誥》以教人之爲妾者，《算糧登殿》以教人之爲婦翁者，《三疑計》以教人之爲師者，他如《八義圖》則重在友，《六月雪》即《斬竇娥》則重在姑，《獅子樓》則重在鄰，較《水滸傳》增出鄰人弔喪伴宿一層，事近不情，然頗足長人敦里睦鄰之念。《小磨房》即《十八扯》，本梆子戲。則重在小姑叔，凡倫常交際之地，有可戒可風者，皆編入戲文，以資觀感。初僅行於太行以西，爲鄉人謡唱，故其俗視關東稍近敦厚，亦未始非先輩提倡興感之功。若與徽戲溝而通之，亦未嘗無益於薄俗也。

做工

做工之能事，無窮盡，如唱《盜宗卷》必忠直，但飾爲癡，則謬矣。唱《空城計》必閒雅，若露爲詐，則必先自忘爲男子，貞淫喜怒，先擬境於心，然後登場自合，其難其慎，概可知矣。

集》中之馬伶，欲扮嚴嵩，必鬻身於權奸之門，窺探三年而後得。《閱微草堂筆記》中之某伶，欲充婦人，

然者，不厭則疎，過猶不及。曩時名伶，必經數十年之揣摩閱歷，始能現身示人，惟妙惟肖。觀於《壯悔

遠矣。爲《天雷報》之老父者，必如鄉愚，方爲合格。爲《白虎帳》之元帥者，必力持鎮定，乃近人情。非

臺步臺容

於做派、白口之外，更進而求其次者，曰臺步，曰臺容。臺步之考究，以崑班爲最，京班則不甚注意，然恒爲演劇之補助品，不可漠然忽之也。臺步之施設，亦因戲而異，袍帶戲宜端重莊嚴，文巾戲宜從容閒雅，而靠把戲若《九更天》、《陽平關》等，更宜於匆促之中，求其穩重，務必絲絲入扣，不可躁急失檢，以致紊亂。至於臺容，演劇者類多淡漠置之，譬之演劇者爲二十歲，則無論其挂黑鬚，挂白鬚，戲中人爲五十歲，爲八九十歲，自觀劇者視之，但見其爲二十歲人，此不知化裝之故也。日本人演劇，以一人於一劇中扮數人，而各異其貌，卽諦視之，亦不能辨。且多喜塗脂施粉，卽七八十歲人，亦顏色嬌嫩，殊不可解，是非研究化裝，不足去其病。近見評劇者，每謂天生一副老旦面目。夫老旦面目，天生固足以豪矣，而其他諸角色，固不能專恃天生，必以化裝之美惡爲臺容之美惡也。

戲必有技

戲之難，非僅做工，尤必有技而後能勝其任。武技俗謂之把子。無論，卽以文戲言之，其能事在衣裝一方面者，則如《黃鶴樓》之冠，皇叔應以首上冠擲丈許，落於拉場人手。《李陵碑》之甲，不能見解脱痕，且須合板。《瓊林宴》之履，生一出臺，便須以足擲履，以首承之，不得用手扶助，自然安置頂上方合。《烏龍院》之靴。宋江應於旦膝上左右旋其靴尖，與指相和，必相左以速而善變其方位爲能。其能事在用物一方面者，則如《九更天》之刀，時刻促而準。《戰蒲關》之劍，旦炷第三香時，生立旦後，劍自落手。《楊妃醉酒》之爵，啣而折腰。《採花趕府》之花，招手而出，近戲法。《虹霓關》丫鬟之盤，以兩指旋轉之，飛走而啣其杯，走定盤正置杯甚速，皆須應節，甚難。《打連箱》稚妓之鞭與扇，式甚多，皆非久練不能。其技皆應絃按節，炫異驚奇，非夙能者，苟易人爲之，斷不能靈敏新奇也。

扮戲

伶人扮戲時之苦，不可言喻。溼帕幕首，由眉際上矗爲鬢，挾眉俱起，故成掉梢，凜然有豪傑氣。初試緊束，如孫悟空之經緊箍咒，頗不能堪，久乃由勉卽安，不至岑岑如戴山矣。花旦上裝，兩頰勻脂甚厚，以視北地胭脂，不止倍蓰。若覿面相看，色如深醉，頗不適目。惟登場之後，遠近皆宜，卓文君頰際芙蓉，望而可見。戲衣緞繡，皆極粗糙，而彩色特豔，與面色相配，均與常人不同。若衣之以行通衢，雖在劇場以爲美觀，亦將駭而卻走。蓋宜於燈光遠視，非真顏色動人也，此亦光學審美學之別科也。

打筋斗

打筋斗，顛覆旋轉其身以爲戲也。筋斗亦作金斗、觔斗、跟頭，蓋以頭委地而翻斗跳過，且四面旋轉如球也。

排場

戲中排場，亦曰過場，穿插停勻，指示顯露，如報名唱引，暗上虛下，繞場上下，《寄子》中之亂兵。走場綴唱，《黄金臺》之頭一場。又如馬僮備馬，《伐子都》。擺對相迎，《黄鶴樓》。以及雷雨繞場，《天雷報》。兵卒繞場，《收關勝》。雲水繞場，《大賜福》、《金山寺》、《泗州城》等。與一切大小起霸，《長坂坡》之四將遞出，爲大起霸；《四杰村》之英雄改扮，爲小起霸。長短吹牌飲酒時唱《舉杯慶東風》之類。等，皆人人所知，習成定式者也。

切末

切末，點綴景物之謂也。《桃花扇》之十六萬金，爲最耗財力。崑曲尚切末，徽班規模甚狹，取足應用而已。曩時天津有班曰太慶恆，最以切末著稱，如《金山寺》中之水法，以泰西機力轉動之水晶管，置玻璃巨篋中，設於法海座下，流湍奔馭，環往不休，水族鱗鱗，此出彼入，頗極一時之盛。又演《大香山》一劇，諸天羅漢，貌皆飾金，面具衣裝，人殊隊異。而戲中三皇姑之千手千眼，各嵌以燈，金童玉女之膜坐蓮臺，悉能自轉，新奇詭麗，至足悦觀。惟班中唱做無人，未久即廢。

京師切末，大率不外龍虎羊犬、奎星土地、鬼面佛面及橋亭雲樹數事而止，其他則《長生殿》有鵲，《戰宛城》有兔，惜亦不盡有。惟内廷演劇，此類孔多，出鬼入神，備六殿諸天之勝。

上海自新劇既興，以西法佈景，繪形於幕，自視舊制爲優。然畫背景者，必用油畫法，此派傳自西方，故所繪景物，亦多爲西洋式。廳堂桌椅無論矣，乃至古樹矮屋，小橋曲徑，其形色姿態，亦異中土，而戲中人乃峨冠博帶作漢人古裝，豈非大不相稱耶？

京劇以聲歌代語言，以姿勢表動作，故精神上之能事極縝密，而物質上之佈置轉多忽略不備。揚鞭則爲騎，累桌則爲山，出宅入户，但舉足作踰限之勢，開門掩扉，但憑手爲挽環之狀，紗帽裹門旗，則爲人頭，飾以僞鬢，則爲馬首，委衣於地，是爲屍身，俯首翻入，是爲墜井。乃至數丈之地，舉足則爲宅内外，繞行一周，即是若干里。凡此，皆神到意會，無須責其形似者。自有舞臺，乃多用佈景，器具必真，於是扞格附會，反多支離。如上牀安寢，何以未卸裙履？未入房户，何以能見聯屏？乘車者既有真車矣，騎馬者何以無真馬？交戰時，背景一幅山林，而相打者乃轉來轉去，追逐半日，不離尋丈之地，此皆不可通者也。

行頭

戲具謂之行頭，分衣、盔、雜、把四箱。衣箱、盔箱均有文扮、武扮、女扮之分，雜箱中皆用物，把箱中則鑾儀兵器，此爲江湖行頭。

昔時排一新本，必以多金特製之。如淮商排《桃花扇》一劇，費至十六萬金之多，可謂侈矣。自入本朝，人盡髠頭，衣皆袍褂，劇演古事，略存漢官威儀，二百餘年以來，大端未易，而踵事增華之處，則無時無之，以較古代衣冠，當亦有不觚之歎。洎光緒初年，雖尚華麗，然斟酌於其人其事。相沿有定，某戲應著某式，某角應服某色，某場應易某製，固皆井井有條，不稍紊亂。及癸巳玉成班出滬入京，袍笏冠帶，無不窮極奢麗，都人覩之而善，後遂互相效仿，不復講舊時規制。庚子以後，益亡等矣。其最觸目者，女伶貼界，彩繡分披，終場屢易，且姑毋論，即如黃天霸之羅巾，珠纓遍耀，武二郎之板帶，金繡齊輝，黃官副戎，武爲戍犯，其必不相稱，屬想可知。然武劇皆少年英雄，尚可不必呆講，至若白鬚丞相，粉鼻朝官，袍皆數寸之緣，邊皆緋紅之飾，神遊目想，在古必無。而且戲場化裝，貴在神肖，故昔時《拾玉鐲》之旦必荆布，《小上墳》之貼必縞衣，今則任意增妍，有被羅綺而披彩色者矣。甚且冠帔不悦目，則悉易衫裙，巾幗不動人，則亂攢珠玉，尚文太過。至新戲出，而又全從時式，一切以質矯之，雖演《紅樓夢》之尤三姐，書中明標紅襖綠褲，亦改從時尚雅素一流。過與不及，其失也均，固咸失戲之本意矣，必求似其人，斯爲無負。十六萬金之裝飾，若非專就其人特製，亦安用是多金爲哉！

化裝之名稱

化裝之顏色，總名彩色。老生以胭脂粉和兩頰曰上彩，花臉開臉曰鈎臉，花旦裝蹺曰踹蹺。劇中去冠時露出之豎髮曰水髮，妖怪或神將及頭陀披髮之髮曰蓬頭，髮之繞成一結，如《褚彪》、《蚆蜡廟》等戲，脱帽時露出者曰髮糾。鬚之總名曰口面。老生之三綹長鬚，黑者曰黑三，白者曰白三，花者曰彩三。花面之長鬚，白者曰白滿，黑者曰黑滿。鬚之左右較長，中間略短，演劇時可左右抓開者，紅曰紅抓，黑曰黑抓。耳上之毛曰鬢毛。鬚上虬結成團者曰虬髯四喜。小丑短鬚之向上者曰一簇，小丑之三綹短鬚曰丑三，鬚之下頷用鬃絲吊掛短髭者曰吊達。短髭之作一字形者，黑者曰黑一字，白者曰白一字，花者曰彩一字。

前場

在戲臺拉前場，非易事也。場面節奏，須全熟於胸，方無臨事周章之失。將跪則需墊，將坐則移椅，稍不應節，毆詈偕來，故非斲輪老手，不易稱職。所尤難者，爲放燄火。燄火者，以紙煤引火，夾於指間，手撮松香屑盈握，銜火而出，俾到地仍燃，其燄之濃淡長短急徐，須與戲相配。如火燒《木哥寨》一齣，用燄火最多，此起彼顛，前仆後繼，或繞場連熾，或當胸忽燃，或迅如流星之光，或斷如燐火之燄，最難在收場之際，其人俯躬以入，火卽從其俯處倒擲而出，光如匹練，作抛物線，到地熊熊，並發火燄而止。能此者，闔座之人無不鼓掌稱善。

後場

琴師、鼓員等曰後場，亦曰場面。場面之位次，以鼓爲首，一面者曰單皮鼓，兩面者曰葧薺鼓，名其技曰鼓板，都中謂之鼓老，猶尊之之意也。若李四之鼓板，梅大鎖之胡琴，皆名手也。伶人負重名，則自置場面。同業宴會，必邀其鼓老或琴師與俱，尊以首座，其他雲鑼、鎖吶、大鐃等不與焉。

昔時鼓板之座在上，鬼門椅前，有小搭脚、小櫈椅，後屏上繫鼓架。鼓架高二尺二寸七分，四脚各方一寸二分，上雕浄瓶頭高三寸五分，上層穿小枋四八根，下層八根，上層雕花板，下層下絲環柱子，横擴尺寸同單皮鼓例，在椅後下枋，荸薺與板例在椅屏間。大鼓箭二，小鼓箭一，在椅墊下。崑腔猶此制，京班微有異同，而奏技時位次首列則一也。自改舞臺，悉驅後場於臺側廂樓之上，鼓員面臺前，列而坐，目注演者，迎合其步武手口以爲疾徐高下之節，然不良於施展，恒以爲苦。北伶南下，狃於故習，猶坐其自置場面於臺口一隅，然實不雅觀，有時亦足妨礙一部份座客之視線，卽其坐席，亦復凌雜無次矣。

胡琴鼓板與唱戲之關係

唱戲之事，宜先研求板眼腔調，尖團呑吐，脣喉齒舌，平上去入，得此十六字訣，方可言戲。然無真嗓子，或中氣不充足，則又徒然，天工、人力二者固不可缺一也。至藝成以後，尤有種種困難，配搭不得人，不可，胡琴、鼓板不得人，尤不可。胡琴、鼓板不得人，則唱者自唱，拉者自拉，南轅北轍，背道而馳矣。故欲拉與唱能黏合在一處，不使有絲毫扞格之虞，必平素常在一處討論，知其行腔使調用何種方法，因其勢而利導之，調門之忽高忽下，嗓音之在家與不在家，全恃胡琴襯托得宜。卽或唱者偶有微疵，不經意而脱略，拉者能隨機應變，補苴罅漏，如天衣無縫，不著痕迹，斯爲妙手也。

鼓板爲胡琴之前導，導之東，則不能西也。故鼓板打錯，則胡琴不得不拉錯，雖明知其錯，亦不能不隨以俱錯。惟可臨時向之糾正，然必在未打之先，若既經打錯，卽無可如何矣。

板眼分三種，有一板三眼者，有一板一眼者，西皮、二黄皆然。三眼者，慢板二黄、慢板西皮、慢板反二黄、二黄快三眼、西皮快三眼、反二黄快三眼是也。一眼者，原板二黄、原板西皮、原板反二黄、西皮二六板、四平調是也。無眼連擊者，快板是也。不受板之拘束者，爲倒板、摇板。西皮、二黄皆然。至西皮、二黄拍板之各異者，一，三眼之板，二黄起迄皆在板上，間有落中眼者，西皮則每句分三節，首節起迄在中眼，次節起於板，迄於末眼，末句起迄皆在板上，亦間有落中眼者。二，一眼之板，二黄起迄皆在板上，西皮則分三節，首節起於眼，迄於眼，次節起於板，迄於眼，末節起於板而迄於眼或板，二六板起於眼而迄於板。三，無眼連擊之板，卽所謂快板，須字字皆在板上而後可。

西皮、二黄原板、正板等鼓板之點，皆有一定，卽出臺與動作之鼓板，亦有一定之名稱，若所謂長鎚、雙長鎚、鳳點頭、急緊風、節節高、四繫頭、扭絲等是也。與管絃雜奏者，又有落馬令、泣顔回、將軍令等調。此數事者，皆以鼓凡言鼓皆小鼓，其鼕鼕者，以大鼓二字别之。爲領袖。尋常腔調，鼓師皆所素習，自無錯誤。若有新腔，則非熟手不辨，否則每至轉折處，彼輒心慌手顫，疑爲走板，而刻意爲之補救，愈弄愈差，帶水拖泥，終無是處矣。

胡琴亦然。尋常腔調，猶可無甚差謬，若有新聲，而行腔過於巧險者，必須預爲練習。故胡琴之妙，不以過門之花點爲能，而以隨腔爲難也。蓋過門之花點，是胡琴自身之妙，與唱工初無關係，若不能隨腔，則無取乎有花點也。

所謂隨腔者，即其工尺與唱者之腔調，委婉曲折處，一一脗合，無稍參差，而絃音高低，與喉音亦須一致。凡唱曲者，其聲調之高低雖有一定，然每至拔高處，不能無勉強之弊，而沉下處又每覺其幽悶，此等處，皆須有胡琴妙手爲之補苴襯托。所謂補苴襯托者，每至將拔高之前一二句，先將絃音略爲放低，則唱者雖用高腔，亦不覺其喫力，若遇將沉下之時，又將絃音預爲拔高，使唱者腔雖沉下，而音調卻不覺其幽悶。凡能此者，始得目爲胡琴中之妙手也。

拉胡琴，須兩手皆有工夫，左手指音須活潑不滯，右腕拉弓須靈敏而有力。指音不佳者，則字眼不能明晰，右腕無力，則絃音不能清越。是故同一胡琴也，或能響，或不能響，或字眼絕清，或僅模糊影響，則視乎其左指右腕之工夫如何耳。是故名伶之琴師，每能洞悉其歌曲中之癥結所在，而設法爲之掩飾，抑揚高下，無不一一爲之襯托，遂使音節格外雋妙。一旦易以生手，便不能圓轉如意矣。

乾、嘉時，某崑部中，有鼓師朱念一者，將登場，鼓箭爲人竊去，將以困之也。念一曰：「何不並竊我手。」易以他箭，奏技如常時。又滿人有鼓雙、鼓壽者，亦以善鼓著稱，其擂能急能徐，能輕能重，能於緩處忽焉加多，緊處忽焉減少，《琵琶行》中所謂如急雨如私語者，彷彿近之。花色生新，專奏已足適聽，若與諸金並奏，更能出色當行。諸金中如大鑼、小鑼，均以備陰陽二聲者爲上，陽聲散放，陰聲手撫，相間互奏，一器而得數音，雖戲場不用《十番》、《燈月圓》諸雜牌，皆金鼓專調之名，如〈玉蓮環〉、〈大富貴〉等，皆時元宵佳奏也。而羣手能合能分，起止應節，固亦足爲戲劇增美。否則一節稍凌，一聲稍誤，全場頓足，閧座叫囂，鼓師浹背汗流，雖佳劇亦減色矣。

絃管

劇中絃管常用者，絲惟胡琴、月琴、三絃即俗稱咸子者，是蓋阮家製也。三種，竹惟笛、海笛、鎖吶三種。鎖吶、海笛，非吹牌不用，笛非唱崑、弋腔不用，恆用者惟絲。然絲中惟胡琴必不可離，若月琴、三絃，則非旦唱不甚用，旦唱亦於反調、慢板用時較多，餘亦不輕作響。胡琴以過門包腔即和唱也。爲貴，然各種牌調，亦委婉動人，如《罵曹》中之《夜深沈》，起落急徐，與大鼓相應，頗堪適耳。又如《戰宛城》中之《柳青娘》，即貼看兔時胡琴之調。以能揉絃者爲佳，幽咽鏗鏘，極蕩冶孤悽之致。此亦非高手不辦，尋常琴手僅足給事，無專能令人喝彩者。梅大鎖、陳某以外，都中惟有張某，尚能奏花調，知鉤勒，然手音亦不能異衆，其餘更等諸自鄶矣。

北曲宜絃索，南曲宜簫管。絲之調弄，隨手操縱，均可自如，竹則以口運氣，轉換之間，不能如手爲敏活，故其音節，北曲渾脫瀏亮，南曲婉轉清揚，皆緣所操不同，而其詞亦隨之而變，有不能強者。就絃索言之，雅樂以琴瑟爲主，燕樂以琵琶爲主。自元以降，則用三絃。近百年來，二絃即胡琴。獨張，此絃索之變遷也。

後臺

後臺管理，難在派戲，某與某配，某先某後，某某性情是否相合，某某聲調是否相合，預爲支配，必公必平，不愜衆情，動起責難，稍用壓力，必致失場，故充此選者甚難。下此則看衣箱一流，預知某戲某裝，未事料量，臨事裹束，過事摺疊，千忙百遽中，亦必料理井井而後可也。

禁演聖賢之事

優人演劇，每多褻瀆聖賢。康熙初，聖祖頒詔，禁止裝孔子及諸賢。至雍正丁未，世宗則並禁演關羽，從宣化總兵李如柏請也。

禁内城演戲

光緒辛巳閏七月初七日，丁鶴年請禁内城茶園演戲。李蒓客云，十剎海演劇，恭王之子貝勒載瀓爲之，以媚其外婦者。大喪甫過百日，卽設之，男女雜坐。内城效之者五六處，皆設女座，采飾爨演，一無顧忌。瀓與所眷日微服往觀，惇邸欲掩執之，故恭邸諭指鶴年疏上，卽日毁之。外城甫開茶園一日亦罷。

内廷演劇

内廷演劇，遇劇中須拜跪時，必面皇上而跪；若轉場，亦不得以背向皇上。

乾隆初，高宗以海内昇平，命張文敏公照製諸院本進呈，以備樂部演習，各節皆相時奏演。如屈子競渡、子安題閣諸事，無不譜入，謂之《月令承應》；内廷諸喜慶事，奏演祥瑞者，謂之《法宫雅奏》；萬壽令節前後，奏演羣仙神道添籌錫禧，以及黄童白叟含哺鼓腹者，謂之《九九大慶》；又演目犍連尊者救母事，折爲十本，謂之《勸善金科》，於歲暮奏之，鬼魅雜出，實有古人儺祓之意也；演唐玄奘西域取經事，謂之《昇平寶筏》，於上元前後日奏之。曲文皆文敏親製，詞藻富麗，引用内典經卷。後又命莊恪親王譜蜀漢《三國志》典故，謂之《鼎峙春秋》；又譜宋政和間梁山諸盜，及宋、金交兵，徽、欽北狩諸事，謂之《忠義璇圖》。其詞皆出月華游客之手，鈔襲元、明《水滸義俠》、《西川圖》諸院本，遠不逮文敏矣。嘉慶癸酉，仁宗以教匪事，特命罷演諸連臺，至上元日，亦惟以《月令承應》代之。

南府

内廷掌戲曲者曰昇平署，其後令年幼太監習之，謂之南府。南府之名，始自康熙時。道光初元，將南府人役一概遣散，光緒朝復之。

頤和園演戲

頤和園之戲臺，窮極奢侈，袍笏甲冑，皆世所未有。俞潤仙初次排演《混元盒》，其一切裝具多借之內府。所演戲，率爲《西遊記》、《封神傳》等小説中神仙鬼怪之屬，取其荒幻不經，無所觸忌，且可憑空點綴，排引多人，離奇變詭，誠大觀也。戲臺廣九筵，凡三層，所演妖魅，有自上而下者，有自下突如其來者，甚至二廂樓亦作化人居，而跨駝舞馬，則庭中亦滿焉。有時鬼神畢集，面具千百，無一相肖。神仙將出，先有十二三歲之道童作隊出場，繼有十五六歲、十七八歲者，隊各十人，長短一律，絶無參差，舉此則其他可知也。又按六十甲子，飾爲壽星六十人，旋增至一百二十人。又有《八仙慶賀》一劇，所扮道童，不計其數，至唐玄奘雷音寺取經之日，如來上殿，迦葉、羅漢、辟支、聲聞，高下計分九層，列座幾千人，而臺仍綽有餘地也。

光緒某年，頤和園演劇，某伶獻《讓城都》一戲，孝欽后聆其詞句，謂左右曰：「我前年出京時，大有此光景也。」言時不勝欷歔。

内廷或頤和園之演劇，名優均須進内當差，若輩因自稱曰供奉。傳差一次，賞銀二十兩，若譚鑫培、羅百歲等，歲且食俸米二十石。惟内廷門禁至嚴，須有腰牌，乃可出入。又如於午前見太監，必道老爺吉祥，午後則道老爺辛苦，亦慣例也。

供奉諸伶入内時，孝欽后恆諭以暇時卽宜讀書。某歲七夕，傳戲後，孝欽製一謎語，面書四「多」

字，底爲兩時令名，命内監出示諸伶以試猜之。某伶靈慧，獨猜中，乃除夕七夕也。書呈，頗得厚賞。又嘗出「三春三月三」五字命諸伶對，某伶對「半夏半年半」，亦賞之。

光緒辛丑，孝欽后自西安回鑾，譚鑫培曾傳差三日。一日，命演《鎮潭州》，小生楊再興，則李蓮英也。又大内樂部，凡大小太監，無不極口規摹譚調。

堂會演戲

優人演段者，始於伊耆時羅氏鹿女，其後尤盛於東周，至漢代元會爲百戲之一，明人因謂之爲戲，京師公私會集，恆有戲，謂之堂會。其優人有名者，士大夫無見不見，輒能舉其名。劉韞齋侍郎崑言湘中歌者，有京師之聲，且以王壬秋將出京，不及待其堂戲再集爲憾。

京師戲園

京師戲園，惟太平園、四宜園最久，名亦佳，查家樓、月明樓其次也。雍正時，以方壺齋、蓬萊軒、昇平軒爲最著。查家樓者，人簡稱之曰查樓，在肉市，爲明巨室查氏所建，戲樓巷口有小木坊，書「查樓」二字。乾隆庚子，燬於火，僅存木坊。後重建，改名廣和。

嘉慶時，京師戲園擅名者，分四部，曰春臺，曰三慶，曰四喜，曰和春，各擅勝場。大抵午後開場，至酉而散。若慶賀雅集，假其園以召賓客爲堂會戲者，辰開亦酉散，無夜劇。其爲地，度中建臺，臺前平地曰池。對臺爲廳，三面皆環以樓。堂會以尊客坐池前近臺，茶園則池中以人計算，樓上以席計算。故平時坐池中者，多市井儇儈，樓上人謔之曰下井。若衣冠之士，無不登樓，樓近劇場右邊者名上場門，近左者名下場門，皆呼爲官座，而下場門尤貴重，大抵爲佻達少年所豫定。堂會則右樓爲女座，前垂竹簾。樓上所賞者，率爲目挑心招、鑽穴踰牆諸劇，女座尤甚。池内所賞，則争奪戰鬭、攻伐劫殺之事。故常日所排諸劇，必使文武疎密相間，其所演故事，率依《水滸傳》、《金瓶梅》兩書，《西遊記》亦間有之。若《金瓶梅》，則同治以來已輟演矣。

光緒庚子以前，戲園定價，每座售錢百三十文。自經拳匪之變後，蠲除舊例，各自爲謀，各園戲價始參差不一矣。

庚子以前，京城之戲園戲班，分而爲二，戲園如逆旅，戲班如過客。凡戲班於各戲園演戲，四日爲一周，周而復始，生意之盈虧，視班底之硬挣與否，而戲園不蒙其影響。蓋當時各戲園有團結力，互相調劑，不至偏枯，法至良，意至美也。其後復稍稍一變，班與園合而爲一，亦如滬上僅有園名，而無戲班之名稱也。

奉天戲園

奉天爲邊陲開府之首區，戲園之多，固不爲異，乃至一縣一鎮一村落，亦皆有之，而每園必男女雜糅，寫聲寫色，外縣爲尤甚。其戲臺之構造，與天津相等，爲京師所弗及，女伶亦美。

開封戲園

開封地處中原，財豐物阜。同、光之際，歌詠昇平，以論戲劇，本處優等地位。蓋當時名優以京師爲中心點，初被擠，則至山東之濟南，再被擠，則至河南之開封，故就當時之統計，開封戲劇之盛，位置實爲第三。花旦天鳳名滿天下，凡過開封者，無論士商，咸以不見天鳳爲恨。其時開封有兩天，一天景園，肴饌最佳，一卽天鳳。天鳳具絶色，嘗有某名媛願委身事之，天鳳辭以有室，媛請爲媵，不許，遂致寢疾。天鳳憐而迎之，歸未久，天鳳病夭，媛絶粒以殉。時戲劇古風未泯，崑黄並重，凡籍隸梨園者，亦必兼通崑曲，此蓋開封戲劇之極盛時代也。

厥後流風相沿，至光緒甲辰、乙巳間，某撫蒞汴，雅好京劇，以汴中戲園之簡陋，出廉俸付入，建巨場一所，賃與菊部。於時名伶有所謂牡丹紅、八千紅、櫻桃紅、粉桃紅、林小芬、萬盞燈輩應運而出。斯時有人爲之比較，而知京師、濟南、上海之劇日進化，開封猶在幼稚時代。時津、滬劇界亦在幼稚時代。然當時崑曲，已如黄鍾、大吕，不數數覯，此蓋開封崑劇衰落，二黄猶盛之時代也。

洎宣統末，徽班崑黄劇，開封謂之徽班。之勢日落千丈，向者爲四五，至此僅餘一班。掌之者時有頂替，時而名爲春仙，時而名爲富貴春，班中既毫無秩序，而覯者亦絶無僅有。嘗有座客僅集十數人而開演者，菊部末運，於斯爲極，此蓋爲崑黄衰落之時代也。

郭某始創戲園於蘇州

蘇州戲園，明末尚無，而酬神宴客，侑以優人，輒於虎邱山塘河演之，其船名捲梢。觀者别雇沙飛、牛舌等小舟，環伺其旁。小如瓜皮，往來渡客者，則曰蕩河船，把槳者非垂髫少女，卽半老徐娘。風雨甚至，或所演不洽人意，岸上觀者輒抛擲瓦礫，劇每中止。船上觀客過多，恐遭覆溺，則又中止。一曲笙歌，周章殊甚。雍正時，有郭姓者，始架屋爲之，人皆稱便，生涯甚盛。自此踵而爲之者，至三十餘家，捲梢船遂廢。

乾隆丁亥，江蘇布政使胡文伯禁戲園，商賈乃假會館以演劇。至光緒時之戲園，則皆在閶門外矣。

上海戲園

上海戲園，向僅公共租界有之，其戲臺客座，一仍京、津之舊式，光緒初年已盛，如丹桂、金桂、攀桂、同桂，皆以桂名，稱爲巨擘，他若三雅園、三仙園、滿庭芳、詠霓、留春亦著。客之招妓同觀者，入夜尤多，紅箋紛出，翠袖姍來，么絃脆管中，雜以鬢影衣香，左顧右盼，真覺會心不遠。戲館之應客者曰案目，將日夜所演之劇，分別開列，刊印紅箋，先期挨送，謂之戲單。妓女請客觀戲，必排連兩几，增設西洋玻璃高脚盤，名花美果，交映生輝。惟專尚京班，徽腔次之，而西崑雅調，真如引商刻羽，曲高和寡矣。庚子以後，間有改良新劇焉。

丹桂爲劉維忠所設，嘗語人曰：「世無百年不朽之業，吾之丹桂，他日或爲人有，亦無所憾，惟必仍此二字耳。」故後雖易主，而商標如故。以宣統辛亥言之，上列各園之名稱，皆已消滅，而丹桂則巋然獨存。

上海昔有山陝班所設之戲園，商標曰義錦，在廣東路之寶善街，久廢。光緒戊申秋，有商辦新舞臺崛起於南市之外馬路，劇場全部構造，悉仿歐制，戲臺爲半月形，可旋轉，並有一切佈景，每齣必易，加之以電光，建築告成，即以丹桂全部賓之，兼演新舊劇。

各舞臺之劇資，較舊式之所謂茶園者爲昂，而皆以銀幣計之，分別座位之遠近，日夜且又不同。日戲爲大餐間一圓，二層樓特別包廂六角，頭等正廳四角，三層樓包廂三角，二等正廳二角，三等座一角，夜戲爲大餐間一圓五角，二層樓特別包廂一圓，頭等正廳、三層樓包廂均八角，二等正廳四角，三等座二角。至孩童之減半，傭僕之五分，則日夜皆然。點心及茶，另計資，而不強人。其著名之劇，爲《李陵碑》、《陰陽河》、《完璧歸趙》、《探寒窰》、《三娘教子》及改良各新劇。座客日夜填咽，車馬盈門，營業之盛，得未曾有。於是大舞臺繼起於漢口路，新劇場再起於法租界，其劇場建築，一以新舞臺爲圭臬，而舊式之茶園，則僅一二髦兒戲班，如羣仙、丹桂者，若魯靈光之巍然獨存而已。

上海各戲園之至臘月也，四方過客皆紛紛言歸，家居者料量度歲，方日不暇給，戲園之生涯自必銳減，至是而案目商於園主，有請客之舉。請客者，以戲券售之於向識之看客，恆較常日爲昂，俗諺謂之打野雞，即打秋風也。看客念其終歲伺應之勤勞，輒許之；園主以其時之方慮折閲也，故亦不拒案目之請焉。

廣州戲園

廣州素無劇場，道光時，江南史某始創慶春園，其門聯云：「東山絲竹，南海衣冠。」未幾，怡園、錦園、慶豐、聽春諸園，相繼而起。番禺許霞橋孝廉祵光嘗招倪鴻劬輩賦觀劇詞，得數百首，刻之。汪芙生《觀劇詩序》有云：「偶來顧曲，多慘綠之少年；有客吹簫，喚小紅爲弟子。人生行樂，半在哀絲豪竹之場；我輩多情，無忘對酒當歌之日者，足以見一時文酒風流之盛。比年以來，閭閻物力，頓不如前，遊客漸稀，諸園皆廢。自客歲羊城兵燹之餘，疇昔歌場，鞠爲蔓草矣。」蓋指咸豐朝英兵入粵及紅巾擾亂言之。光緒初，惟繁盛街市之神廟，或有戲臺，遇神誕建醮，始演戲，如渡頭北帝廟、油欄直街某神廟之屬是也。及劉學詢於其所建之劉園，演戲射利，又於劉園附近建廣慶戲園，是爲西關有戲園之始。自是而南關、東關、河南亦各有戲園，然廣慶不久卽廢，餘亦往往輟演也。

廣州戲班有外江、本地之別，外江班所演關目，與外省同，本地班則以三晝四夜爲度。開臺之第一夜，必首唱《六國封相》，晝則演正本，夜則先演三出頭，再演成套，演至天明，又演一尾戲，曰鼓尾。及省河之南與東關、西關諸園繼起，每園繳捐至巨萬，商業因以興盛。更有將戲本改良，如優天影之扮演戒煙，及關於家庭教育各戲者，無不窮形盡相，乃大爲都人士所歡迎矣。

十公班

王宸章，明兵部尚書在晉之曾孫也。善歌曲，美丰姿。晚居岳市。順治乙酉，大吏迫其易服，宸章集里中貴介公子十人，棄儒爲伶，人謂之十公班，蓋以十公子而成一伶班之義也。李謌臣有詩云：「十公班内諸公子，故國衣冠拜冕旒。」

老棗樹班

順、康間，掖縣張大司寇北海忻夫人，大學文安公母也。張以胡中丞爲姻家，胡故有優伶一部，一日，兩夫人宴會，張謂胡曰：「聞尊府梨園最佳。」胡古樸，不曉文語，輒應曰：「如何稱得梨園，不過老棗樹幾株耳。」左右皆匿笑。人因號胡氏班爲老棗樹班。

西安三十六班

康熙時，西安樂部著名者凡三十六，最先者曰保符班。保符班有太平兒，姓宋，名子文，色藝素佳。嚴長明至關内時，以年長不復登場，故未及見。小惠、鎖兒、寶兒、喜兒皆隸江東班。雙賽班故晚出，稱雙賽者，謂所長出保符、江東上也。後以祥麟、色子至，又稱雙才班。南如、三壽字。友泉銀花字。義兄弟來最後，亦同在此部。及色子赴浙，衆又戲呼南如爲賽色子矣，惟色藝難兼，性行各異。嚴初至時，有四兩者，臨潼人，色差遜於瑣兒。後又有豌豆花者，三原人，聲差遜於小惠。其藝，均可步祥麟後塵。二子留會城，不久皆去。金隊子者，姓劉，醴泉人。雙兒，姓白，咸陽人，隸錦繡班，小有色藝，然固涇陽曲部也。以嚴賞之，遂留西安，不復歸。又拴兒居富平某部署中，賈拜三上舍常稱之。後莊虛庵權令時，挈以至西安。之數子者，固皆一時之選也。

六燕班

吳三桂喜度曲，不差累黍，有周公瑾風焉。蓄歌童十數輩，自教之，中六人藝最勝，稱六燕班，蓋六人皆以燕名也。嘗微服遊江淮間，與六燕俱。賈人某亦嗜聲伎，值家讌演劇，吳投刺謁之，賈延入，納之上座。未幾，樂作，脱板乖腔，百無一當。主人與客極口褒獎，吳但默坐，瞑目摇首而已。主人憤而言曰：「若村老，亦諳此耶？」吳曰：「不敢，然嗜此已數十年矣。」主人愈不悦。客有黠者，請吳奏技，否則將有以折辱之。吳欲自炫，不復辭謝，欣然爲演《惠明寄柬》一折，聲容臺步，動中肯要，座客皆相顧愕眙。少焉樂闋，下場一笑，連稱獻醜而去。

禮邸有菊部

大興舒位，字鐵雲，禮闈報罷，留滯京華。太倉畢子筠華珍方客禮親王邸，二人皆精音律，嘗取古人逸事，撰爲雜劇，如楊笠湖吟風閣例。王好賓客，亦知音。王邸舊有吳中菊部，每一折成，輒付伶工按譜，數日嫻習，即邀二人顧曲，盛筵一席，輒侑以潤筆十金。

貓兒戲

教坊演劇，俗呼爲貓兒戲，又名髦兒戲。相傳揚州有某女子名貓兒者，擅此藝，開門授女徒，大率韶年稚齒，嬰伊可憐。光緒時，上海北里有工此者，每當妝束登場，鑼鼓初響，鶯喉變徵，蟬鬢如冠，撲朔迷離，雌雄莫辨，淋漓酣暢，合座傾倒，纏頭之費，所得不貲，亦銷金之鍋也。

金奇中曰：「俗以婦女所演之劇曰髦兒戲者，蓋以髦髮至眉，兒生三月，翦髮爲鬌，男角女羈，否則男左女右，長大猶爲飾以存之，曰髦，所以順父母幼小之心也。又俊也，毛中之長毫曰髦，因以爲才俊之稱。《詩》：『烝我髦士。』士中之俊，猶毛中之髦也。又選也，《詩》：『譽髦斯士。』譽，古通與，語助辭也，選斯士也。謂之髦兒戲者，意謂伶之年齡皆幼，技藝皆嫻，且皆由選拔而得，無一濫竽者也。」此奇中之所解釋者也。王夢生則曰：「昔以婦人拖長鬌而飾男子冠服，至可一笑，故有此稱。」

光、宣間，貓兒戲漸見發展，其優異之處，亦有勝於男伶者。以此類推，女子之資性能力，無事不可學，而文學、美術固尤所優爲者也。

京師有貓兒戲

光緒時，京師有貓兒戲一班，然惟堂會演之，聲勢寥落，非觀劇者所注意也。

秦淮有貓兒戲

秦淮河亭之設宴也，向惟小童歌唱，佐以絃索笙簫。乾隆末葉，凡十歲以上、十五以下聲容並美者，派以生旦，各擅所長，妝束登場，神移四座，纏頭之費，且十倍於男伶。

滬有貓兒戲

同、光間，滬上之工貓兒戲者有數家，清桂、雙繡爲尤著。每演，少者以四齣爲率，纏頭費僅四餅金。至光緒中葉，則有羣仙戲館，日夕演唱，頗有聲於時。

檔子班

女伶之外，有所謂檔子班者，一名小班，始於嘉、道間。所歌之曲，書於扇，且僅演劇而不侑酒，亦卽貓兒戲也。杭州陸應有詩云：「一片氍毹貼地紅，雙鬟妝束內家工。不須曲記相思豆，但看坤靈扇子中。此豸分明禁臠看，當筵未許侑杯盤。任敎誦遍摩登咒，戒體依然著手難。」

若光緒時，天津所在有之，居矦家後，一堂輒有雛姬數人，玉貌綺年，所唱曰檔調。而江西亦有檔子班，以廣信府之人爲多，且遠至廣州，達官豪商每招之侑酒，然皆以度曲爲事而不演劇也。

光緒中葉，上海亦有檔子班，其人率來自江右，居之安李氏，其最著者也。居之安，爲公共租界福州路中市之里名，未幾而室爲主者改築，因徙會芳里，恐問津者之或迷途也，仍顔其門楣曰居之安。其家有小戲臺，凡就宴者，可命其登臺歌舞，亦可出外演劇，且侑酒也。

瑶之女樂

廣西九嶷山一帶，瑶民聚處，衣服飲食，猶有古風。有隨大吏往謁舜陵者，禮成設宴，瑶民獻女樂八人，草履紅裳，脛以下皆露膚，工跳舞，歌詞一闋，清脆可聽。詞云：「山高高，水遥遥，盤皇子孫在山好。」詞僅三句，輒循環歌之。

演八仙上壽

常州府有屬縣八，惟靖江介在江北。順、康間，某親貴出守常州，聲勢烜赫，僚屬偕極嚴憚。一日，以壽演劇，七邑令皆來稱祝，靖江令獨後至，懼甚，屬閽者爲畫策，遂重賂伶人，時方演《八仙上壽》劇，七人者先出，李鐵拐獨後，七人問曰：「來何暮也？」鐵拐曰：「大江風阻，故爾來遲。」閽人即於是時，以靖江令手版進，太守大喜，遂延入，至盡歡而罷。

演長生殿傳奇

錢唐太學生洪昉思昇著《長生殿》傳奇，初成，授聚和班演之，聖祖覽之稱善，賜優人白金二十兩。

於是諸親王及閣部大臣，凡有宴會，必演此劇，而纏頭之費，較之御賞且數倍。聚和班優人乃請開筵爲洪壽，即演是劇以侑觴。某日，宴於宣武門外孫公園，名流之在都下者，悉爲羅致，而不及給諫黄六鴻。黄奏謂皇太后忌辰，設宴樂爲大不敬，請按律治罪。上覽其奏，命下刑部獄。益都趙秋谷對簿自承，經部議革職，一時凡士大夫及諸生除名者，幾五十人，秋谷及海寧查夏重其最著者。後查改名慎行，登第。趙年僅廿八，竟廢置終其身。洪放歸，旋墮苕、霅間而死。當時編修徐嘉炎，亦與讌對歌，賂聚和班優人，詭稱未與，得免。都人有口號云：「國服雖除未滿喪，何如便入戲文場？自家原有三分錯，莫把彈章怨老黄。秋谷才華迴絶儔，少年科第儘風流。可憐一齣《長生殿》，斷送功名到白頭。周王廟祝本輕浮，也向長生殿裏遊。抖擻香金求脱網，聚和班裏製行頭。」徐豐頤修髯，有周道士之稱，後官學士。或曰，黄由知縣行取入京，以土物、詩稿遍贈諸名士，至秋谷，答以柬云：「土物拜登，大稿璧謝。」黄銜之刺骨，故有是劾也。

演目連救母

康熙癸亥，聖祖以海宇蕩平，宜與臣民共爲宴樂，特發帑金一千兩，在後載門架高臺，命梨園子弟演《目連傳奇》，用活虎、活象、活馬。

演臨川夢傳奇

蔣心餘太史士銓性峭直，不苟隨時，以剛介爲和珅所抑，留京師八年，無所遇，以母老乞歸。其才其遇，無一不與明湯玉茗相類，因爲《臨川夢》傳奇以自況焉。其自序略云：「先生以生爲夢，以死爲醒，予則以生爲死，以醒爲夢。於是引先生既醒之身，復入於既死之夢，且令四夢中人，與先生周旋於夢外之身，不亦荒唐可樂乎！」

演花魁孃子

李味莊兵備宴客嘉蔭堂，歌者孔福方演雜劇中之花魁孃子，瞥有羅浮大蝶飛至，繞伶身三匝而去。陸祁生孝廉因作《仙蝶謠》，而改七薌爲之圖。詞云：「東海桃花紅雨曆，南海仙人放蝴蝶。水精簾下讀道書，屋裏衣香花不如。花非花兮花解語，細漏丁冬碧紗雨。定子當筵車子喉，消息劇於十五女。相逢不是青陵臺，且占百花頭上開。花開花落凝絲竹，絲竹分明不如肉。海水汨汨山冥冥，有人讀破《南華經》。造得酒樓邀李白，傳來絲筆付秦青。牽雲曳雪斑騅送，殺粉調鉛寫春夢。不知鳳子爲誰來，還問翠釵釵上鳳。」

演水滸傳

兗州陽穀縣西北有墓，俗呼西門塚，西門慶之葬所也。其地有大族潘、吴二氏，自言是西門嫡室吴氏、妾潘氏之族。一日，社人登臺演劇，吴之族使演《水滸記》，潘族謂辱其姑，聚族大閧，互控於縣。縣令大笑，各扑一二人，令荷枷通衢，硃批曰：「無耻犯人某示罪。」然二氏終不悟也。

演探親相駡

《探親相駡》一劇，原爲崑曲中之梆腔雜劇，雖京戲亦演之，然悉仍其舊。蓋道、咸之際，樂風漸變，趨重京劇，自後内廷傳唱，常例皆京崑並奏，故率將崑曲闌入，各地伶人遂亦相沿成習，意謂亦在京戲範圍。實則此劇純用吹腔，固猶是崑曲之面目也。惟服裝做工，則因時會而遷移，間有不相沿襲者，而唱白腔調，悉與《綴白裘》同，調門悉用《銀紋絲》曲。中有不合者，殆爲沿訛。惟依崑曲原本，尚少末後與男親家相遇、重延解勸、兩親母和好如初之一段，大率爲演京劇者所删矣。至其劇情，則爲鄉間親家母胡媽媽背布袋騎驢入城，探其名野花者之女也。先是，女見母訴苦，旋與親家母相見，則一村一俏，無不相形見絀，且談吐之時，每被奚落。旋以語及野花之傻，一則苛求，一則迴護，遂至争執相駡，不歡而别。

演新安驛

《新安驛》戲，一名《女强盜》，蓋侯俊山登臺逞奇，自行編演者也。劇中情節，脱胎於《文武香球》，然事實人名，均與小説不盡符合，蓋拉雜編湊，亦一時遣興之作。略按其事，則張桂英曾與龍官寶訂婚，及官寶下山，久不得耗，桂英甚念之，遂喬扮男子，下山訪尋。路過新安驛，宿一逆旅，黑店也。主人爲媪女二人，女常喬裝爲男盜，以殺人越貨爲事。是日，媪見桂英裝重金多，遂先以蒙汗酒醉之使倒，令其女持刀入房行劫。女見桂英之俊美，欲以身委之，遂解除男裝，露出廬山真面，以清水噴桂英，使醒，召媪述其意。桂英姑允之。彼此又略較武藝，女見桂英技不精，意益滿。及合巹後，女爲代解羅襦，則一纏足之女子，大驚，急詢其故，桂英詳述之，始知亦巾幗也。此劇離奇變幻，本無寓意，惟忽而笄，忽而弁，忽而濃鬟撩鬢，忽而搔首弄姿，爲足增觀者興趣耳。滬上名伶之演此者，以七盞燈爲獨步。

或曰，《新安驛》一戲羌無故實，實爲俊山而設。初，俊山至京，主者患無以揄揚之，某太史爲製此劇，故始則紅鬚裝束嚴急，令人但聞其聲，已而去鬚，已而改爲豔裝，已而又改爲便服，裝束雅淡，頃刻之間，變換數四，無不絶妙。於是一二日間，名即大譟。後竟因以致富，乃於張家口及其旁近之地，廣設商店矣。

串客

土俗尚傀儡之戲，名曰串客，見《温州府志》。後則不然，凡非優伶而演戲者，即以串客稱之，亦謂之曰清客串，曰頑兒票，曰票班，曰票友，日本之所謂素人者是也。然其戲劇之知識，恆突過於伶工，即其技藝，亦在尋常伶工之上。伶工妬之而無如何，遂斥之爲外行，實則外行之能力固非科班所及也。

京師稱票友改而業唱者，曰某處某處，實則「處」乃訛字，應作「出」，蓋有斯人一出目無餘子之意，重之之稱也。孫菊仙在京師稱孫出。出字，惟孫當之無媿色，餘則出與不出等，改出爲處，宜也。

雍、乾間，士夫相戒演劇，且禁蓄聲伎，至於今日，則絶無僅有矣。

李笠翁曲部誓詞

李笠翁家蓄伶人，嘗撰曲部誓詞，文云：「竊聞諸子皆屬寓言，稗官好爲曲喻，《齊諧》志怪有其事，豈必盡有其人，博望鑿空詭其名，焉得不詭其實。矧不肖硯田餬口，原非發憤而著書，筆蕊生心，匪託微言以諷世。不過借三寸枯管，爲聖天子粉飾太平，揭一片婆心，效老道人木鐸里巷。既有悲歡離合，難辭謔浪詼諧。加生旦以美名，既非市恩於有託，抹净丑以花臉，亦屬調笑於無心。凡此點綴劇場，使不岑寂而已。但慮七情以內，無境不生，六合之中，何所不有，幻設一事，即有一事之假同，喬命一名，即有一名之巧合，焉知不以無基之樓閣，認爲有樣之胡盧。是用瀝血鳴神，剖心告世，稍有一辜所指，甘爲三世之瘖，即漏顯誅，難逋陰罰，作者自干於有赫，觀者幸諒其無他。」

陳半山喜串風月之劇

乾隆時，京師有稱陳半山者，佚其名，浙人也。年可七十餘，佗背而上下其肩，歪頸面斜，眉目高低。喜串風月之劇，脂粉滿面，衣極濃豔。每登場，輒栩栩自得，觀者無不掩口，而半山恬不爲怪。然性好俠，尚義氣，頗饒於資，客京師時，座中食客常數十人。而又慕道不娶，鍊形服氣，且善祈晴雨，蓋方術之士也。惟以愛串戲，人皆詆其無恥耳。

撫藩登場演劇

乾隆季年，山東巡撫國泰年甫逾冠，玉貌錦衣，在東日，酷嗜演劇。適藩司于某亦雅擅登場，嘗同演《長生殿》院本，國去玉環，于去三郎。演至定情、窺浴等齣，于自念堂屬也，過媟褻或非宜，弄月嘲花，略存形式而已。詎舞餘歌闋，國莊容責之曰：「曩謂君達士，今而知乃迂儒也。在官言官，在戲言戲，一闋目，一科諢，戲之精神寓焉。苟非應有盡有，則戲之精神不出，卽扮演者之職務未盡。君非頭腦冬烘者，若爲有餘不敢盡，何也？」于唯唯承指。繼此再演，則形容盡致，唐突西施矣。國意殊愜，謂循規赴節，當如是也。

陸辛何率妻妾串戲

有陸辛何者，家小康，素樸儉，布衣敝屣，徵逐市廛。性好漁色，廣納姬妾，假設錦屏繡幕，多所配置。每日自市歸，登樓，卽與其妻妾串戲。陸有時扮顯宦，或公子，或文人學士，變化萬端，妻妾卽隨之而貴賤，時爲夫人太太，時爲娼妓優伶。戲罷卸妝，下樓扃鎖，其妾嘗語人云：「貴賤無常，終日忙碌，世間事大可作如是觀也。」

魏耀庭串花旦

光緒庚寅、辛卯間，户部有小吏曰魏耀庭者，能演劇，嘗串花旦，人戲呼爲魏要命。其人年近不惑，及掠削登場，演《鴻鸞禧》等劇，則嫣然十四五閨娃也，惜齒微涅，不瓠犀耳。南皮張文達公之萬極賞之。文達書畫至不易求，有人見其贈魏精箋，一面蠅頭小楷，一面青緑山水，並工緻絶倫。

王貝子串戲

光緒末，宫中盛行客串，太監宫女，冠履雜沓，王、貝子亦扮演出場。

王君宜唱譚調

京師票友，實繁有徒，有學部主事王君宜者，名益保，實爲個中翹楚。其唱以譚鑫培爲歸，喉音本極相近，又與陳彦衡爲友，得鑫培行腔讀字之法，每一引吭，人幾疑爲鑫培在座也。一日，酒樓宴唱，適鑫培過其下，聞而善之。由是君宜之名，益日以起，都中識與不識，介人以盛筵相約者，趾恆相錯。君宜亦不自吝祕，酒酣必爲一奏，以是貴遊子弟，就之者多。顧其人温雅循謹，舍酒食外，無所取於人，特非上流社會，不與周旋，亦不輕向市廛串票，故人尤重之。鑫培繼響，伶界推劉鴻聲，然以野戰得之，不若君宜之温潤醇厚，尺度嫻穩也。

學生爲優

光緒時，留學日本人士曾創春陽社，習演新劇。王熙普者，自號鐘聲，亦其一也。既回滬，以改良戲曲游説於沈敦和，設春陽社，募生徒習之。已而挈其徒至杭，欲招中學畢業生爲優，教育會尼之，又以他事見逐於浙撫，復至滬，入春桂戲園演唱。木鐸者，鄂人劉霖也，嘗留學於日本早稻田大學，未卒業而回國，在杭州之求是書院爲教員。轉徙至京津，爲大學堂通譯員。其在京時，好冶游，善唱二黃，與優人狎。尋與鐘聲合，而以改良戲曲遞呈民政部，是爲吾國學生演新劇之鼻祖也。

其後春陽社既解散，而滿洲任天知入日本籍，改名藤堂調梅。所組之進化團出。未幾，率其徒西走，如鎮江、江寧、蕪湖、安慶諸處，無不擇地串演。繼而又南渡海以至甬、甌，西溯江以抵湘、鄂，東南諸行省，遂皆有其足跡矣。

觀劇有南北兩派之別

觀劇者有兩大派，一北派，二南派。北派之譽優也，必曰唱工佳，咬字真，而於貌之美惡，初未介意，故鷄皮鶴髮之陳德琳，獨爲北方社會所推重。南派譽優，則曰身段好，容顏美也，而藝之優劣，乃未齒及。一言以蔽之，北人重藝，南人重色而已。

北方之音剛以殺，酷喜梆子。南方之音柔以佻，惟中州與漢上之音洪爽，故黄調最合南北之嗜。而道白必推中州，以其清越諧和，莊栗有節也。北人於戲曰聽，南人則曰看，一審其高下純駁，一視其光怪陸離。論其程度，南實不如北。宣統末，滬人雅能聽曲，然喜高嗓而不辨神韻，喜激昂而不樂鎮靜，至於能拍板眼，明音率，求做工，審情節者，實不數覯。而北方則紈袴、販夫，皆能得此中三昧也。

喝采

名伶一出場，即喝采，都人謂之迎簾好，以好之多寡，即知角色之高下，不待唱也。故有老手已不能唱，而每出仍舉座讙呼，謂之字號好，蓋以其著名已久耳。

徐野君好觀俳優戲

徐野君性洒落，不與人事，獨好觀俳優戲，以爲騷人逸士，興會所至，非此類不足稱知己也。

商蒼雨觀劇於水西莊

商蒼雨編修盤，號寶意，精音律，楊升庵之琵琶，康對山之腰鼓，兼其風致。乾隆乙卯秋，入都，道經天津查氏之水西莊，查蓮坡出歌者演劇，蒼雨留詩曰：「記得東華甲夜長，九枝絳蠟膩歡場。誰知碎雨零煙後，又聽朝來翠袖涼。重簾消息隔傾城，相見翻疑面目生。不用掩羞裁月魄，當年著眼已分明。」又「錦屏銀燭夜闌時，細細風懷脈脈知。結習猶煩大迦葉，麗情都付小楊枝。司空相見何曾慣，學士休言不合宜。禪榻茶煙惆悵在，頓教雙鬢忽成絲。」又「妙高臺上好風光，值得東坡醉一場。解唱幾時明月有，元郎本是舊袁郎。水西秋景未凋殘，送客留情坐夜闌。惱亂好花紅著眼，不教攀折只教看。」後二首指元郎也。是日，元郎度曲，毛郎疊奏，寶意則自吹紫簫以和之。

沈遵生不觀劇

沈學善，字遵生，錢塘人。嘗館平湖縣署，適演劇，主人固請出觀，遵生固卻。薄暮獨立牆陰，人詢之，對曰：「靜聽蟋蟀秋吟，差勝笙歌盈耳也。」

觀劇焚斃多人

廣州酬神演劇，婦女雜遝，列棚以觀，曰看臺，又曰子臺。市廛無賴，混跡其間，斜睨竊探，恣意品評，以爲笑樂，甚有攫取釵釧者。道光乙巳四月二十日，城中九曜坊演劇，設臺於學政署前，席棚鱗次。一子臺中人以吸水煙遺火，遂爾燎原，致焚斃男女一千四百餘人。

是日也，西關有王姓者，家小康，翁媼夙忠厚，僅一子，已授室矣。忽告翁媼，欲入城觀劇，囑其婦某氏爲之櫛髮，婦於辮頂分四縷辮焉。甫出門，遇友約往佛山鎮置貨，初猶以他故辭，不欲往，强之，乃偕行。比災作，則是子已在佛山鎮，而翁媼不知也，聞戲場火發，亟率婦往視，則烈燄燼餘，有屍似其子者，哭而殮之，招靈設魂於家。其婦自往視，至畢葬，竟不哭。翁媼皆惡，呵之，謂其無夫妻情。婦第順受，不與辨。未幾，其子與友自佛山歸，翁媼愕然，稱其婦智，因詰其何以確知非夫也。婦言當日係四縷辮髮，諦審灰燼，髮痕乃三縷，故不敢哭。然究不知夫之所往，疑慮莫釋，晨夕淚痕浸漬枕席間，亦不敢言耳。

是夕之火，起於看臺，而被焚之慘，則由於攤館。蓋署前多奸蠹，包庇聚賭，吏莫能詰。時適有南海縣文武約會查拿，事機不密，爲若輩所覺，預將東轅門扃之。火發時，衆皆由西轅門走避，擁擠踐踏而斃者，可二三百人。居中被焚之尸，有挺立不仆者，有似油炸蝦者，有爲灰燼堆垛不成人形者，約千餘。其逃出之人，有燒去半頭半臂者，有燒去一手一足者，近或至家，遠僅至中途，又約斃百餘人。使當時東轅門不閉，則南出書坊街，東出九曜坊，所全活者當不尠也。

是日，男女闖入學政儀門，由考舍越牆逃避者，尚千餘人。更奇者，番禺長塘街有寡婦某氏，夫死無子，撫六歲幼女，守志甚苦。是日，此女隨其嬸母觀劇，其嬸母已燒斃，某氏度其女亦及於難也，二十一日晨，備小匣，往收其屍。屢尋不見，忽聞其女呻吟聲，出自數重屍下，大駭，倩人將屍逐一移去，則其女尚有一息，僅燒去半邊丫髻。負而歸，詰之，則言當時不知火發，僅似睡熟夢魘者然，而動不由己，弗能轉身，故醒而號呼耳。

李長壽觀劇

李長壽，粵寇之投誠者也，雄於貲。嘗游滬，至丹桂戲園觀劇，至則據廳事而獨坐，誡案目，禁他人入座，惟召妓侍觀，環侍左右，顧盼自豪。

恭王嗜崑劇

恭親王溥偉喜觀崑劇，能自唱，其左右亦能和之。每遇小飲微醺，輒歌舞間作，偶倦，即令左右賡續以爲樂，曲罷，恆賜以酒。又嘗召伶演武劇，忽顧左右曰：「若曹亦可與之廝打。」衆不諳武藝，莫敢應，則力促之，謂當賞白金。時孫菊仙在側，起而言曰：「君等宜努力，王爺固有人各一錁之賞，或且可得膏藥一張也。」王頓悟，令止之。

楊文敬禁觀劇

楊文敬公士驤勤於爲政，偶亦觀劇，聞譚鑫培至津，一日，與某鹽商言，欲得譚入署演劇。往請之，不可，曰：「吾來津，以游故，安暇屑屑爲此！」固哀之，猶不可，某乃求與譚友善者更往，譬說萬端，並許以千金，乃允，然僅一齣而止。楊大悦，賞數百金。是日譚所得有一千數百金之多。

京師婦女觀劇

道光時，京師戲園演劇，婦女皆可往觀，惟須在樓上耳。某御史巡視中城，謂有傷風化，疏請嚴禁，旋奉嚴旨禁止。而世族豪門，仍不斂跡，園門雖揭文告，仍熟視無睹也。某憤甚，思有以創之。一日，赴園，坐樓梯旁，遣役登樓宣言，謂奉旨明禁婦女觀劇，宅眷自諳禁令，來此者必爲妓女，今召爾等下樓，候點名。宅眷不聽，某又使人傳諭曰：「果爲宅眷者，則弁髦聖旨之罪，當更加等，速言夫家、母家姓名、官職聽參。」諸人大懼，圖竄，乃勒令各具不再觀劇甘結，事乃寢。

京師戲園向無女座，婦女欲聽戲者，必探得堂會時，另搭女桌，始可一往，然在潔身自好者，尚裹足不前也。

光緒庚子，兩宮西巡後，京師南城各處，歌舞太平如故也。辛丑和議成，巨室眷屬悉乘未回鑾前，相率觀劇，粉白黛緑，座爲之滿。迨薄暮車歸，輒爲洋兵所嬲，受辱者不可以數計。有一婦道出某處，爲守門德國兵所止，驅之下車。婦既下，忽一德兵遽牽其腕而調之，婦大怒，以手舉車凳擊德兵，德兵受傷卻退，婦乃乘間登車，急揚鞭馳去。然自光緒季年以至宣統，婦女之入園觀劇，已相習成風矣。

河南婦女觀劇

咸豐時，張觀準夙以道學自名，嘗官河南河南知府，甫下車，卽禁止婦女入廟觀劇。雖畏法暫戢，而皆移之城外四郭之祠廟，每演劇，婦女輒空巷往觀。一日，西郭某廟又演劇，張微服往，攜胡牀，坐廟門外，命役守後門，男子悉驅出，乃令役宣言曰：「官謂若輩遊廟，必愛僧徒，將命一僧背負一婦而出。」於是衆乃相持而泣。郡紳聞之，急詣張，爲之緩頰，自是窮鄉小市，婦女且不敢入廟矣。

京師雜劇

京師戲劇之外，有托偶、讀作吼。影戲、八角歌、什不閒、子弟書、雜耍把式、像聲、大鼓、評書之類。托偶，卽傀儡子，又名大臺宮戲。影戲借燈取影，哀怨異常，老嫗聽之，率能下淚。八角歌有青衣數輩，或弄絃索，或歌唱打諢，頗足解頤。什不閒有旦有丑而無生，所唱歌詞，別有腔調，低徊宛轉，冶蕩不堪，咸、同以前頗重之。

秧歌戲

秧歌，南北皆有之，一名䳇哥戲，詞甚鄙俚，備極淫褻，一唱百和，無絲竹金鼓之節。孝欽后自光緒辛丑西巡返蹕，衰老倦勤，惟求旦夕之安，寵監李蓮英探孝欽意，思所以娱之，於觀劇外，輒傳一切雜劇進内搬演。慈意果大悦，尤喜秧歌，纏頭之賞，輒費千金。遂至一時風靡，近畿游民，輒習秧歌，争奇鬭異，冀以傳播禁中，得備傳召，出入大内，藉勢招摇，而梯榮罔利者坐是比比矣。

太平鼓戲

京師有太平鼓之戲，鐵條爲廓，蒙以皮，有長柄，柄末綴鐵環十數，且擊且摇，環聲與鼓聲相應。其小者，如盤如鏡，爲孩提玩物，更有大如十石甕者。羣不逞聚而擊諸市，所至鼓聲、環聲、喧笑聲、鬨鬧聲，耳爲之震。道光時，有結爲太平鼓會者，聚百數十人，著大羊皮袍，遇粲者，則羣以袍圍之，裹而奔。其婦女號，則衆鼓齊鳴，市人無聞者，遠近失婦女無數。抵暮，則挾至城根無人處，迭淫焉，往往至死。其幸生還者，又畏羞不敢告人。御史某知其害，奏禁之，復拘爲首者數人，斬以徇，而太平鼓之風遂息。

打花鼓戲

打花鼓，本崑戲中之雜齣，以時考之，當出於雍、乾之際。蓋泗州既沈，治水者全力注重高家堰，而淮患悉在上流，鳳、潁水災，於茲爲烈。是劇以市井猥褻之談，狀家室流離之苦，殆猶有風人之旨焉。歌中有曰：「自從出了朱皇帝，十年倒有九年荒。」

嘉、道間，江、浙始有花鼓戲，傳未三十年，而變遷者屢，始以男，繼以女；始以日，繼以夜；始於鄉野，繼於鎮市；始盛於村俗農甿，繼沿於紈袴子弟矣。

同、光間，上海城中西園之隙地，有花鼓戲，演者集三四人，男擊鑼，婦打兩頭鼓，和以胡琴、篴板，所唱皆穢詞褻談，賓白亦用土語，取其易曉。觀劇啜茗之餘，日斜人稀之候，結伴往聽者時有之。

陳桐香演花鼓戲

陳桐香，字璧月，行三，浙之餘姚人。含睇宜笑，雙趺至纖，工演花鼓戲。浙東瀕海各縣，厥風甚盛。時值棉花已采，以戲進者日集。桐香往來吳越間，所識多豪門右族，貴戚公子。或買舟向村落居人，斂錢演劇，士女如雲，負販駢集，陸博蹋球之徒，以及游手無常業者，且往往藉之以食。

桐香少傾心於梁溪某公子，有終焉之志。將之邗江，公子填詞贈別云：「阿娘知道嫁東風，挐兒也作飄零絮。」嘗與唐小憐至蘇州。小憐名愛，腰支瘦削，眉黛間蘊可憐之色，時稱爲兩璧人，相邀者益無虛日。一日，在吳某家獻技，燈樹百枝，氍毹六尺，雙花掩映，紙醉金迷，及賓散，漏下已四鼓矣。

洋戲

西伶之來華演戲也，道光朝已有之，當時呼爲洋戲，錢塘陳芰裳編修元鼎嘗於觀後而爲《洋戲行》焉。詩曰：「鏗鍧鞳鞈張樂庭，兜離俶詭觀海經。廣場大開郊之坰，覆以氈幄通以扃。霞標高欲凌蒼冥，星火錯落光青熒。三層圍坐儼列屏，凹睛凸鼻皆殊形。東邊拍鼓西坎鈴，繁響奚止鳴玲玎。驪黃騮駱何駉駉，捷於激電流於星。有美人兮來亭亭，桃花馬上螺鬟青。一隊兩隊行竛竮，千態萬態同娉婷。纖手亂散天花零，逆鼻似有優曇馨。含睇宜笑誰尹邢，絶藝直可驕吳伶。一童宛宛猶髫齡，倒投跟掛惟所令。如猱升木鳥插翎，注視不覺心惚惺。葡萄美酒催蔿醽，方言蠻舌爭瓏玲。彼都士女笑且聆，我輩但能以目聽。赤熛一怒聲震霆，綠煙朱燭紛揚靈。魚龍曼衍浮滄溟，隱隱猶帶波濤腥。龜茲法部陳唐廷，華鬘菩薩娥媌娙。方今干羽舞未停，是豈向化來觀型。玉樓十二春夢醒，崑崙歌舞空甲丁。記得「丁歌甲舞，曾醉崑崙」，京師某戲園中之楹語也。雲愁海思迷晦冥，西方試與歌榛苓。」

上海有外國戲園

上海有外國戲園，華人亦有往觀者。而西人演戲，於唱歌跳舞甚爲注意，且男演男戲，女演女戲，如公共租界圓明園路之蘭佃姆，南京路之謀得利是也。禮查路之禮查客寓亦有戲場，惟不常演耳。當演戲時，觀者不得吸煙食物，必俟休息時入一別室，始可爲之。

頑把戲

江湖賣技之人，如弄猴、舞刀及搬演一切者，謂之曰頑把戲，本元時語也。演時，恆以鑼一、大鼓一，更迭或同時奏之。

文武戲法

文武戲法，多京、津人爲之。家有堂會，即喜壽慶賀等事。可招之來演試，其技有巧耍花罐、頭頂大缸、飛盆飛碗、燈下火彩、幼童技藝、化學奇術等。光、宣間，上海亦有之，而技手仍京、津人。

瓦納演幻術

同治甲戌四月初一夜，上海圓明園路西人戲園演戲法，蓋英術師瓦納所奏之技也。演術八次，出神入化。繼有影戲。是夕八時半，門啓，園圓如繖，位置獨別，燃火於樓岑，使光倒映，凡一百七十點，如蓮房然。戲臺障以絳簾。九時樂作，拽簾臺現。臺上陳設精雅，中懸一架如八卦圖，黏紙牌長闊二寸許。術人出，與客爲禮，以指彈之，如飛絮落花，隨風飄墮。手牌盈掬，奉客抽取六具，摺置手鎗中，扳動鎗機，振地一聲，而紙牌仍貼於架，不倚不偏。座客手之舞之，足之蹈之，撫掌笑聲，振聾人耳。一套既終，臺上設花梨桌二具，出瓶一杯一，傾酒飲客，隨各置桌中，覆以皮筒，中空無物。術人喃喃有詞，揭筒，則杯瓶已易位，覆筒逾刻，還原矣。又出一鳥籠，中蓄白燕三，先懸臺上，易置玻璃盒中，玻璃四面澄澈，中空可鑒，巾裹其盒，扳鎗一響，而白燕數翼，依然飲啄籠中，其來無方。所演各技，均不借助於寸巾尺袱以爲遮掩，惟此則以巾裹玻璃盒與鳥籠，外亦用巾幅略一遮蓋耳。又借客之手巾約指，以炫其奇。約指則倩客閉置於盒，琅琅有聲，手巾則紅白二幅，各翦一孔，如眼睛然。略一指揮，則紅白互補，形如滿月，又如較射之鵠，頃刻還原，略無補綴痕。約指既置盒中，摇之作響，託置臺上，振地一響，而約指懸於臺上之花樹中。約指由客縛以碎綾以爲記認，其變幻不可思議，其出没尤不可以楮墨形容。有盒一，内扁而外方，盒内表形，倩客鎖閉，臺供一器，形不類表，而鐘數宛然，使針旋轉，如臺上之針一點，則盒内亦然，屢演不差累黍。最後，取客一高冠，中空無有，手納冠中，出皮一、衣一、巾一、袴一、小洋傘兩擎，又皮盒長五寸，横闊約三寸，層出不窮，至十二具，堆置於桌。使復納入，則一盒幾不能容。又向冠中取紙裹糖饋客，由十數枚至二十枚，每冠一轉，則糖隨手出，後至百數十枚，源源不絶，饋客幾遍。將冠反置臺中，人坐於傍，忽聲自冠出，如鎗響然，冠爲之穿。術人踏火使熄，冠扁，術人作愧赧狀，摺冠置一鉛管中，管圓而長，形如犀角。忽又一聲，鎗發管中，而原冠掛於梁，梁高不可攀，再響一鎗，而冠落地，固完好也，因舉以還客。每演一術，座客皆興高采烈，拍掌不已。至是演止，臺復障以絳簾。逾刻樂作，燈光盡熄，則演影戲矣。

湯姆演幻術

光緒某歲，上海圓明園路之西洋戲園，有西人湯姆演幻術。華人有往觀者，則見其呼七八歲之童子上場，使立其旁，已則左手持一黑帽，帽藏鷄卵十餘枚，則覆以黑絨布，以右手取一蛋，置童唇邊，然後令童以手接之，如是者十餘次乃已。十餘枚鷄卵既皆置童手中，乃令其僕以物來，盛之以去，遂遣童子下。觀者則見西人由童口中，取出鷄卵，乃知必有機器使人不之見。未幾，見觀劇者之後，有一機器，似照影戲者，有綠色光，自小孔中射出，殆即以是光遮人之眼歟？

桶戲之幻術

康熙時，有作桶戲於山東淄川之市者。桶可容升，無底而中空，術人以二席置於街，持一升入桶，旋出，即有白米滿升，傾注席上。又取，又傾，頃刻兩席皆滿，然後一一量入，畢而舉之，猶空桶也。

偷桃之幻術

淄川蒲留仙嘗於童時赴郡，值立春，舊例先一日，各行商賈以彩樓鼓吹赴藩司，曰演春，留仙往觀之。是日，觀者如堵，堂上四官皆赤衣，東西相向坐。留仙時方稚，不解其何官，但聞人語嘖嘈，鼓吹聒耳。忽有一人率披髮童荷擔而上，似有所白，萬聲洶動，亦不聞爲何語，但聞堂上作笑聲，即有青衣人大聲命作劇。其人應命方興，問作何劇。堂上相顧數語，吏下，宣問所長，答言能顛倒生物，吏以白官。少頃，復下，命取桃子。術人諾，解衣覆笥，故作怨狀，曰：「官長殊不了了，堅冰未解，安所得桃？不取，又恐爲南面者所怒，奈何？」其子曰：「父已諾之，又焉辭？」術人惆悵良久，乃云：「我籌之爛熟，春初雪積，人間何處可覓，惟王母園中，四時常不凋謝，或有之，必竊之天上乃可。」子曰：「嘻，天可階而升乎？」曰：「有術在。」乃啓笥，出繩一團，約數十丈，理其端，望空中擲去，繩懸墜空際，若有物以挂之者。

未逾時，繩愈高，渺入雲中，手中繩亦盡，乃呼子曰：「兒來，余老憊，體重拙，不能行，得汝一往。」遂以繩授子，曰：「持此可登。」子受繩，有難色，怨曰：「阿翁亦大憒憒，如此一線之繩，欲我附之以登萬仞之高天，倘中道斷絕，骸骨何存矣！」父又强喝迫之曰：「我已失口，悔無及，煩兒一行。兒勿苦，倘竊之以來，必有百金賞，當爲兒娶美婦。」子乃持索盤旋而上，手移足隨，如蛛趁絲，漸入雲霄，不可復見。久之，墜一桃，如盌大。術人喜，持獻公堂。堂上傳視良久，亦不知其真僞。忽而繩落地上，術人驚曰：「殆矣！上有人斷吾繩，兒將焉託？」移時，一物墮，視之，其子首也，捧而泣曰：「是必偷桃爲監者所覺，吾兒休矣。」又移時，一足落。無何，肢體紛墮，無復存者。術人大悲，一一拾置笥中而闔之，曰：「老夫止此一兒，日從我南北游，今承嚴命，不意罹此奇慘，當負去瘞之。」乃升堂而跪，曰：「爲桃故，殺吾子矣。如憐小人而助之葬，當結草以圖報耳。」坐客駭詫，各有賜金。術人受而纏諸腰，乃扣笥而呼曰：「八八兒，不出謝賞，將何待？」忽一蓬頭僮，首抵笥蓋而出，望北稽首，則其子也。

斬人之幻術

幻術之奇者，能以人斬爲數塊，合而復生。有一人攜一幼童，立於中央，手持一刀，令童伸一臂，皆斬之，既復斬其二足二腿及頭，流血如注，一一置之罎中，封其口。須臾破罎，則童已復活，手足仍完備，從容而出。

庖人善撮仙法

嘉定葛存恕嘗館滬上沈某家，有庖人善撮仙法之技。當暑夜乘涼時，小主人令其奏技，即於桌鋪紅氈，口中喃喃，俄見氈下有水三四碗在焉，並可撮盆果碗菜，食之無異。惟先須與錢數十文，然後可取，否則一撮不靈矣。葛初不信，其人曰：「今有鹽一盆，請置先生房中，僕在此，先生從觀之可也。」葛扣門而出，及入門，鹽宛然在焉，亦不解其何自來也。

老人幼女試幻術

廣州沈又村家，中秋日，忽有老人來，攜幼女一，布囊一，自云瓊州人，攜眷返里，遇海風覆舟，妻子俱歿，僅與幼女免，今飄泊難歸，乞少助川資，俾老弱得歸故里。閽者斥之，老人不服，遂爭辯，喧聲達內室。又村出而問故，老人前自陳白，且云善種種新奇戲術。又村乃命於廳事試演之，且曰：「果佳，當重犒也。」老人乃張布囊，出紅巾二，石塊二，又出小鋤，掘地深尺許，將石塊分埋其中，取一紅巾覆其上，旋以清水灌溉之，俄見土起，石芽生焉。老人灌溉愈勤，芽亦猛長，漸分枝節，穿巾而出。已而益高，枝葉並茂，庭中竟生雙玉樹矣。所覆紅巾，自發芽時已裂爲碎錦，絓石枝而上，變爲紅花。俄花落，片片皆紅玉，老人拾之，徧送沈之家人。家人各給以錢，老人稱謝。視樹上，已結實矣，碧圓瑩滑，非李非柰，不知何果。老人乃於囊中取竹筐一，命女猱升其上，摘果盛其中，贈衆人，衆又各給以錢。老人遂以竹筐擊樹三，樹忽暴縮，漸入土中，了無痕跡。出花果視之，還成布屑石子矣。

老人至是而言曰：「尚有薄技，敢盡獻之。」乃出一朱漆盤，上書「聚寶盆」三字，令家人投物其中，云一可得百。又村夫人戲以金簪投之，老人持向西，三搖之，果然金簪滿矣。送至夫人前，視之，皆與真者無少異，竟不辨何者爲己物，乃盡藏之，給錢五千。老人叩謝，荷囊而去。逾時，夫人出簪視之，悉蘆梗，而真者亦烏有矣。使人追之，已不知所往。

番僧奇術

康熙時，釋體空在青州，見二番僧，其貌奇古，耳綴雙環，被黃布，鬚髮鬈如，自言從西域來，聞太守重佛，謁之。太守遣二隸送詣叢林，和尚靈轡不甚禮之。執事者見其狀異，私款之，止宿焉。或問：「西域多異人，羅漢得無有奇術否？」其一囅然笑，出手於袖，掌中托小塔，高裁盈尺，玲瓏可愛。壁上最高處，有小龕，僧擲塔其中，矗然端立，無少偏倚。視塔上，有舍利放光，照耀一室。少間，以手招之，仍落掌中。其一僧乃袒臂，伸左肱，長可六七尺，而右肱縮無有矣。轉伸右肱，亦如左狀。

以食器試幻術

有富家子招一術士至家，術士置杯酒於案，舉掌拍之，杯陷入案中，口與案平，捫案下，不見杯底。少選取出，案如故。又舉魚膾一巨碗，擲之空中不見。令取回，則曰：「不能。在書室畫廚夾屜中，自取可耳。」時以賓從雜還，書室多古器，已嚴扃，且夾屜高僅二寸，碗高三四寸許，斷不可入，疑其妄。姑呼鑰啓視，則碗置於案，所貯爲佛手五，原貯佛手之盤乃易爲魚膾，藏夾屜中矣。

以刀試幻術

徽州程某家，一日忽來衣服襤褸者三人，各手一刀，至院，乃以刀柄納入土中，刀尖向上。一人袒腹向下一躍，插刀尖上，又一人立其背上，竭力蹬之，刀遂由背穿出，血流如注。忽立起，拔刀，則腹間已無絲毫之傷，而血跡亦隨之不見。又一人以小刀納口中，未幾，穿頭頂而出，既出，而頭亦宛然毫無傷痕，口喃喃作乞憐語。家人逐之，不去。已而一老僕王某至，乃向三人以手作勢曰：「爾等豈不識此耶？」三人色變，默然去。蓋以刀揷腹等術，爲障眼法，老僕知其暗號，故作是勢，以使之去也。

奮身穿圓隙

韓漣，字石塘，嘉、道間之錢塘諸生也。某歲孟春，登吳山，見有以竹筐試幻術者。竹筐八棱，每棱向内置利刃，中有圓隙僅尺許，置案上，以兩人扶立之，一人袒裼奮身穿圓隙而過者三，觀者危慄，而其人游行自若也。

口技

口技爲百戲之一種，或謂之曰口戲，能同時爲各種音響或數人聲口，及鳥獸叫喚，以悦座客。俗謂之隔壁戲，又曰肖聲，曰相聲，曰象聲，曰像聲。蓋以八仙桌横擺，圍以布幔，一人藏於中，惟有扇子一把，木板一塊，聞者初不料爲一人所作也。

京師有象聲戲

順治時，京師有爲象聲之戲者，其人以尺木來，隔屏聽之，一音乍發，衆響漸臻。時方開市，則廛主啓門，估人評物，街巷談議，牙儈喧呶，至墟散而息。或爲行圍，則軍帥號召，校卒傳呼，弓鳴馬嘶，鳥啼獸嘯，至獵罷而止。自一聲兩聲以及千百聲，喧豗雜沓，四座神摇。忽聞尺木拍案，空堂寂如，展屏視之，一人一几而已。

郭貓兒善口技

揚州有郭貓兒者，善口技。嘗於席右設圍屏，不置燈燭，郭坐屏後。主客静聽，久之無聲。俄聞二人途中相遇，揖敍寒暄，其聲一老一少，老者拉少者至家飲酒，投瓊藏鉤，備極款洽。少者以醉辭，老者復力勸數甌，遂踉蹌出門，彼此謝别，主人閉門。少者履聲蹣跚，約可二里許，醉仆於途。忽有一人過而蹴之，扶起，乃其相識者也，遂掖之至家。而街栅已閉，呼司栅者。一犬迎吠，頃之，數犬皆吠，又頃益多，犬之老者、小者、遠者、近者、哮者同聲而吠，一一可辨。久之，司栅者出啓栅。無何，至醉者之家，則又誤叩江西人之門，驚起，知其誤也，則作江西鄉音以詈之，羣犬又數吠。比至，則其妻應聲出，送者鄭重而別。妻扶之登牀，醉者索茶。妻烹茶至，則已大鼾，鼻息如雷矣。妻詈其夫，唧唧不休。頃之，妻亦熟寢，兩人鼾聲如出一口。忽聞夜半牛鳴矣。夫起大吐，呼妻索茶作囈語，夫復睡。妻起便旋納履，則夫已吐穢其中，妻怒罵久之，遂易履而起。此時羣雞亂鳴，其聲之種種各別，亦如犬吠也。少選，其父來，呼其子曰：「天將明，可以宰豬矣。」始知其爲屠門也。其子起，至豬圈飼豬，則聞羣豬争食聲，嗯食聲，其父燒湯聲，進火傾水聲。其子遂縛一豬，豬被縛聲，磨刀聲，殺豬聲，豬被殺聲，出血聲，燖剥聲，歷歷不爽也。父謂子曰：「天已明，可賣矣。」少選，聞肉上案聲，卽聞有賣買數錢聲，有買豬首者，有買腹臟者，有買肉者。正在紛紛争閙間，砉然一聲，四座俱寂。

口技演夫婦度歲事

有習口技者，攜一扇一尺，入空屋中，始爲夫婦談度歲事，喃喃細語。繼而夫持錢如市，與店夥論價低昂，較斤兩。歸而叩門，喚婦烹飪，一一作交代。若洗竈，若汲水，若燃火，若盛物，若擺桌祭祀。俄而有索債人來，先甘言乞緩期，而索店賬者，收會資者，借當物者，或男或女，喧擠一室。初則辯論，漸至口角，終且鬭毆。其中有擊桌聲，碎碗聲，狗吠聲，小兒啼哭聲，鄰人勸解聲，門外爆竹聲，聲聲各肖，不可端倪。衆方傾耳凝聽，而尺木一聲，萬響俱寂。

賣口技者要客肅聽

有賣口技者，佚其姓氏，衣敗絮，履脫底，嘗手持撫尺往來於松江。松江某紳宴會無所樂，客請以口技進，紳欣然，則默默無對，木立於旁。紳仰首笑曰：「客能乎？」曰：「能也。」曰：「客何能？」曰：「無能也。」紳一笑置之，命盡奏其所能。賣技者乃揖衆客曰：「吾技雖賤，然不凝神肅聽，則請毋奏之爲愈也。」一座諾之。賣技者趨入幃，撫尺一下，闔室寂然。忽聞巨獅出谷聲，哀啼病呼聲，村下羣犬驚惶聲，獅默然喘息聲，犬奔走亂吠聲，獅驚吼聲，逃循聲，犬奮追聲，村人旁觀鳴掌呼笑聲。至此又撫一尺，則諸聲寂然，賣技者啓幃出矣。

周德新善口技

周德新爲長洲褚人穫之師，善口技。嘗於屏後演兵操，自撫軍初下教場放礮，至比試武藝，殺倭獻俘，放礮起身，各人聲音無不酷肖。

陸瑞白能口戲

陸瑞白能口戲，善作釘碗聲及羣豬奪食聲，又善作僧道水陸道場鈸聲，且有大鐃、小鐃，雜以鑼鼓，無不合節。

陳金方善口技

凡燕、趙、吴、越、楚、粵各地之語言，善口技者皆能之。宣統辛亥上巳，金奇中僑滬，曾招一口操江陰語曰陳金方者，至寓廬演之。演時，俄而爲馬嘶，俄而爲牛鳴，俄而爲羊叫，俄而爲犬吠，俄而爲豕啼，而禽鳥昆蟲之聲，時亦雜出於其間，且人類之喜怒哀樂，畢集於是。及撤幃，則其人出矣。金方言在滬業此者，有十六人，知其姓名者，爲天津魏老二、周福保，濟南斗金標，兗州陳老二、陳老三，揚州吴小弟、徐老鳳，杭州方壽山。

畫眉楊

京師有楊姓善作口技者，能爲百鳥音，其效畫眉也，尤酷似，人皆以畫眉楊呼之。禮親王嘗聞其作鸚鵡呼茶聲，宛如嬌女窺窗，又聞其作鸞鳳翺翔，戛戛和鳴，如聞在天際者　至於午夜寒鷄，孤牀蟋蟀，亦無不酷似。一日作黄鳥聲，如睍睆於緑樹濃陰中，韓孝廉崧觸其思鄉之感，因之泣下。

百鳥張

光緒庚寅五月，嘉善夏曉巖寓京師，招集同人至十刹海，作文酒之會。其地多樹，爲百鳥所翔集，座客方聞鳥聲而樂之。酒半，有善口戲者前席，言願奏薄技，許之。則立於窗外，效鳥鳴，雌雄大小之聲無不肖，與樹間之鳥相應答。及畢，詢其姓名，則曰：「姓張，人以我能作百鳥之聲，皆呼曰百鳥張。」

山右客善煙戲

煙戲，以吸旱煙之煙爲之也。乾、嘉間，吴林塘廣文在京，其同年爲設五旬壽宴。吴居太平會館，賀客盈門，至暮，設筵，幾三百座。時紀孝廉汝佶年最稚，而興最豪。有阿其尊人文達公善諧謔者，且以難孝廉。孝廉談笑風生，一座捧腹。由是滿浮大白，請同座各獻所能，以爲林塘壽。

時有山右客某擅煙戲之術，本售技於燕、趙間，特挺身自薦，命其僕以煙筒進。其筒長徑尺，而口特宏大，能容四兩有餘，爇火吸之，且吸且嘘，若不見其煙之出入者。少頃，索苦茗一盞，飲訖，即張口出煙一團，倏化爲二鶴，盤旋空際，約數十往返。俄聞喉間有聲，惟水雲一庭而已。細視雲鱗中，皆寸許小鶴，漸舞漸大，漸離漸合，又漸聚爲二鶴。未幾，客手一招，鶴入其口而滅。衆復請之，客張口出朶雲，中有層樓峭閣，大如指尖，然朱闌碧檻，隱約可見。末復於雲山縹緲間，現出「海屋添籌」四字，稍稍化去。衆意猶未愜，尚有後請，客訂以明日。至明日，則室邇人遠矣。或問客爲何如人，吴愕然，疑賀友所邀者，殆亦雲游中之奇人也。

癯叟善煙戲

劉文恭公生辰，有巨公薦一術者，云善煙戲，呼至，一癯叟也。出煙管尺許，煙斗大逾盎盂，盛煙令滿，吸一時許，徐起，登高几，吐之，水波浩淼，雲霧瀰漫。俄而樓閣重重，森立水面，乘鸞跨鹿者紛集，一鶴銜籌，翔舞空際，爲海屋添籌之戲。吐畢下几，煙凝結，半日始散。

僧善煙戲

道光季年，嘉興市上至一僧，向煙肆募煙，出其煙具，略同於術人所吸者。吸畢，徐徐吐出，盤旋空際，歷時乃散。旁有一漕艘旗丁，方吸煙，俟其畢，笑語僧曰：「吾少亦習此。」卽吐圈無數，連吸連吐，箇箇皆圓，徐出濃煙一縷，直穿圈中，纍纍相屬，如青蚨之在貫也。

手技

手技之種類不一，有能拄物於鼻者，每入市，隨手舉物，如桌椅，則仰承其足，如刀斧，則豎置以柄。尤奇者，取一秤，繫錘於顛，而植其末於鼻。又取稻草，摘取其末尺許，揉之極熟，而又捋之使直，縛二十錢於杪，而以其末豎置鼻尖，皆橫出於外，不失墜也。

罎子王弄罎

光緒庚子春正月，京師雜耍館有王某獻技，運酒罎如氣球，其名爲罎子王。家居麻線胡同，身偉露頂，衣短衣。以一大紹興酒罎厚寸許者，置臺上，刮磨光潤，畫以金龍五色雲，以鐵器扣其四周，聲琅琅然，蓋恐人疑其非陶器也。手提而弄之，中錚錚作響，蓋置銅鐵等絲於內也。始則兩手互擲互承，如轆轤轉於兩臂兩肩及背，繼則或作騎馬勢，而擲罎出跨上，摩背躍過頂，承以額，砰然有聲，人咸慮其腦裂，而彼恬然也。罎立於額，不以手扶，屢點其首，則罎盤旋轉於額，或正立，或倒立，或豎轉，或橫轉，罎中銅鐵絲聲與罎額相擊撞聲，錚錚砰砰，應弦合節。俄以首努力一點，則罎上擊屋梁，聽其下墜於地，地爲震動，而罎不少損，則又取弄如前。復上出，仍承之以額，而或承罎口之邊，或承罎底之邊，如刀下斫其首，而不知痛。手叉腰，罎欹附於額，繞場行數十周，且揖且跽，且稽首，且起立，且下卧，且轉輾反側，而罎如有所繫，雖作搖搖欲墜狀，而仍不墜也。復努之上及屋，或承以一指，或啣以口，如是者數四往復，則坐而少休，氣不喘，色不變也。乃復運之以一臂，繞臂轉如風輪，見罎不見臂也。繼復運以兩臂，左右齊轉，則如有兩罎分繞兩臂者，而不擊撞，亦仍一罎也。次運以指，亦如之，次則且運且劈之，聞空中作裂瓦破甑聲，視罎，忽若左右分作兩半者，忽若上下分作兩截者，忽張手揸罎腹而擊之，若罎有柄者，忽握罎口而起，若罎有膠者，誠不可測也。又徑以罎置於頂，而袖其兩手，如束縛。始以頭努罎起，承以肩，左右努之，則左右跳擲。次承以腰，以尻，左右努之，則左右跳擲。次承以膝，亦如之。次承以足背，左右踢之。次承以大指，亦左右踢之。復上出之，而次第下之。繼乃上下飛騰，四面盤辟，不辨其是肩，是背，是腰，是尻，是膝，是足，第見滿身皆罎，滿臺皆罎。始則猶見一人袖手轉側於罎陣中，繼則觀者滿眼皆罎，不復見人，觀者靡不咄咄稱奇。方迷亂間，其人忽欻然仆地，仰卧，罎自屋梁下，擊其鼻。羣大驚，而罎且兀立鼻尖。復努立而起，忽倒豎，以兩足捧罎直立，以兩手履地，繞場而行，兩足復分，頂其左右罎，承擲如手弄。良久，忽作虎跳，橫轉如車輪，而罎隨之。忽翻觔斗，起落如蚱蜢躍，而罎亦隨之。復兩足踢罎上擊屋空中，罎與人俱如敗葉轉，罎忽着地，而兀立其上，向衆揖云：「罎子王獻醜。」

高蹺

高蹺，雙木續足之戲也。此戲之起頗古，《列子》云「宋有蘭子，以技干宋元君，以雙枝長倍其身，屬其脛，並趨並馳」者是也。後或謂之長趫，或謂之長蹻，或謂之高撬，或謂之踏蹺，今稱高蹺，蓋以足繫木竿上，跳舞作八仙狀也。

蹴踘

蹴踘，遊戲之事。踘，亦作鞠，毛丸也，相傳起於黃帝之時，分左右曹以踢之。陳迦陵檢討其年有《詠美人蹴踘》詞，調寄《拋球樂》，詞云：「聞道凝妝多暇，蟬鬢嬌慵，勻面纔了，緗額初竟，纖纖眉嫵，蘸畫縠翠羽低飛，疊香閣紅襟新乳，正好作劇尋歡，小疊魚箋，遍約嬉春女。向煖日紅樓，商量細數，氤氳粉澤，喧闐笑語。算白打鞦韆和格五，總然無意緒。且水晶簾畔，斜穿鞠域，相邀同去。此際綽約輕盈，嬌花百朵，瓊枝一樹。寶釵鬆，羅襪小，争漾絳綃窮袴。玉醉花欹，吹亂紅巾幾縷。一泓香雪，臨風慢舞，髩鬌似滾瓊閨絮。更香球將墜，最憐小玉多能，旁襯凌波微步。漸蹴罷春憨扶髩影，嬌喘渾無語，小換輕容，滿身紅雨。」

戲球

臺灣番人以藤絲編製爲球，大如瓜，輕如綿，畫以五彩，每風日清朗，會社衆爲踢蹴之戲。先以手送於空中，衆番各執長竿，以尖託之，落而復起，如弄丸戲彈，以失墜者爲負，罰以酒。

足球

足球，與蹴鞠相類，蓋效西法也，宣統時盛行之。其質料爲印度橡皮或塗橡皮膠之帆布，鼓氣令滿，外裹以皮囊，圓徑約八九寸。遊戲時，人分兩組，偕入長三百三十尺闊百六十尺之廣場。場之兩端，各立長十八尺闊六尺之木架爲門，以球能踢入對面之門者爲勝。

黄仲則觀虎戲

以虎爲戲，乾隆時已有之，不僅西人有此技也。黄仲則嘗觀之而作詩曰《圈虎行》，詩曰：「都門歲首陳百技，魚龍怪獸罕不備。何物市上游手兒，役使山君作兒戲。初舁虎圈來廣場，傾城觀者如堵牆。四圍立栅牽虎出，毛拳耳戢氣不揚。先撩虎鬚虎猶帖，以棓卓地虎人立。人呼虎吼聲如雷，牙爪叢中奮身入。虎口呀開大如斗，人轉從容探以手。更脱頭顱抵虎口，以頭飼虎虎不受。虎舌舐人如舐轂，忽按虎脊叱使行，虎便逡巡繞闌走，翻身踞地蹴凍塵。渾身抖開花錦茵，盤回舞勢學胡旋。去似張虎威實媚人，少焉仰卧若佯死。投之以肉霍然起，觀者一笑争釀錢。人既得錢虎摇尾，仍驅入圈負以趨。此間樂亦忘山居，依人虎任人頤使。伴虎人皆虎唾餘，我觀此狀氣消沮。嗟爾斑奴亦何苦，不能決蹯爾不智，不能破檻爾不武，此曹一生衣食汝。彼豈有力如中賁，復似梁鸞能喜怒。汝得殘餐究奚補，倀鬼羞顔亦更主。舊山同伴倘相逢，笑爾行藏不如鼠。」

馬戲

馬戲，古百戲名，馬舞之屬。《鹽鐵論》云：「馬戲鬬虎。」《三國志·甄皇后傳》注：「后年八歲，外有立騎馬戲者，家人皆上閣視之，后獨不行。」《夢華録》云：「駕登寶津樓，諸軍呈百戲，蓋先一人空手出馬，謂之引馬。次一人磨旗出馬，謂之開道旗。又一執旗挺立鞍上，謂之立馬。或以身下馬，以手攀鞍而後上，謂之騗馬。騗俗借爲誆騙字，古曰戲馬，《漢書》注稱爲截馬之術，《西河詩話》謂之賣解。或手握定鐙袴，以身從後鞦往來，謂之跳馬。忽以身離鞍，屈右脚掛馬鬃，左脚在鐙，右手把鬃，謂之獻鞍。」又曰：「棄鬃背坐，或以兩手握鐙袴，以肩著鞍橋，雙脚直上，謂之倒立。忽擲脚著地，倒拖順馬而走，復跳上馬，謂之拖馬。或留左脚著鐙，右脚出鐙離鞍，横身在鞍一邊，左手捉鞍，右手把鬃，存身直一脚順馬而走，謂之飛仙膊馬。又存身拳曲在鞍一邊，謂之鐙裏存身，或右臂挾鞍，足著地順馬而走，謂之趕馬。」凡此，皆與西洋之馬戲絶相似也。

陸古漁觀走馬

《鹿邑道中觀內人走馬歌》，錢塘陸古漁廣文夢熊作也，歌云：「春來僕僕江北道，落花低拂裙腰草。美人如玉嬌春風，絶技人誇身手好。真源城外長堤邊，緑楊大道沙如綿。紅妝騎馬試馬走，金韉玉勒珊瑚鞭。杏子衫輕宮袖小，雙分繡袴纖趺繞。烏綾裹額斜插花，結束腰圍柳枝嫋。初來調轡馳康莊，花驄蹀躞游龍強。周流已覺四蹄熟，一聲撥叱看騰驤。匹練光中人不見，觀者如山色都變。欹身附馬伏馬腹，翩若驚鴻低掣電。翻身上馬立鞍橋，婕妤當熊馬更驕。仙乎仙乎欲飛去，萬人助喝雷動摇。花翻塵滚流光激，盤盡圍場漸收靮。徐整雲鬟再束腰，一朵芙蓉紅欲滴。別有美人馬上旋，横陳玉體如小憐。已驚跟絓忽倒立，摩空兩瓣淩波蓮。殊姿異態難悉數，二美環旋纔接武。姍姍仙骨漢宮初，飛燕何曾掌中舞。從容下馬整華裙，繩戲竿緣技有餘。試問隱娘、紅綫輩，雙丸劍術將何如？」

文宗觀馬戲

咸豐時，每至上元日，文宗輒於未申之交，駕至西廠，先陳八旗騸馬諸戲，有一足立鞍鐙而馳者，有兩足立馬背而馳者，有扳馬鞍步行而並馬馳者，有兩人對面馳來各在馬上騰身互換者，有甲騰出乙在馬上戴甲於首而馳者，曲盡馬上之奇。日既夕，則樓前舞燈者三千人列隊焉，口唱《太平歌》，各執綵燈循環進止，各依其綴兆，一轉旋，則三千人排成一「太」字，再轉成「平」字，以次作「萬歲」字，又以次合成

「太平萬歲」字，所謂太平萬歲字當中也。舞罷，則煙火大發，其聲如雷霆，火光燭半空，但見千萬紅魚，奮迅跳躍於雲海之内也。

西人演馬戲

西人之至滬爲馬戲者不常有，演時，大抵張廣幕爲場，場形圓，中央爲奏技處，觀者環坐四周。場有奏樂處，鈴動樂作，演技者聯翩而出，騎術極精。初用常法騎馬，循場而走，繼則立於馬背，旋以兩膝跪於馬背，且走且跳索，或令馬走方步。其始馬首尚有轡，未幾，即盡去之。或一人立於場中，舉鞭爲號，馬即如法作種種遊戲。又能馴伏獅虎及象等獸，驅使之，無異於驅馬。且能倒立，以手代足而步行。或跨一輪，上十數層之階級，或上懸空之梯，或步行於鐵絲之上，或以種種方法踏脚踏車。最妙者爲翻棍，其身手之快，直無異於飛鳥也。

猴戲

鳳陽韓七能弄猴。凡弄猴者，僅畜一二。七所畜多至十餘，凡猨狙玃父之屬，大小畢具，且不施羈勒。每演劇，生旦浄丑，鳴鉦者，擊鼓者，奔走往來者，皆猴也，無一不備，而無一逃者。他弄猴者多異之，叩其術，不得。久之，乃知韓故癮君子也，每得猴，輒鎖致榻前，陳芙蓉膏一盎，燈一具，高卧吸之。猴既不能脱，躁躍久之，則亦登榻弄煙具。韓即噴以煙，猴初驚卻，久而安之，則亦戲效人偃卧，就燈噓之，韓即教以燒吸之法。不匝月，癮成，則解其鎖鍵，猝舉棒擊之，猴負痛奔逃。頃之，癮發，則又自屋角下窺。更誘之下，予以煙，雖更撻之，終不走矣，乃率以教演，帖如也。

犬能讀書

光緒時，台州人某蓄一犬，能讀書。初教以人語，漸能了解，乃授以書。始亦甚艱苦，閱十餘年，誨之弗倦，自琅琅上口矣。於是攜之四方，令獻技爲活。犬居於籠，至演技時則出，犬乃拜手者再，如拱鼠然。已而啓篋，取《禮記》一册，讀《檀弓》篇，能不爽一字。既又取《周易》出，讀《繫辭傳》，亦甚熟。讀畢，仍入籠，某乃飼以麪包，食已卽睡。有人嘗親見之，謂此犬爲黑色，爲狀殊不異常犬，其讀書聲極嘹亮，惟發音時稍強硬，不能如人語之便捷。然《檀弓》與《繫辭傳》皆聱牙佶屈，不易上口，而此犬竟能成誦也。

鼠戲

康熙時，王子巽在京師，曾見一人於長安市上賣鼠戲，背負一囊，中蓄小鼠十餘頭，每於稠人中，出小木架，置於肩，儼如戲樓狀，乃拍鼓板，唱古雜劇。歌聲甫動，則有鼠自囊中出，蒙假面，被小裝服，自背登樓，人立而舞，男女悲歡，悉合劇中關目。

鸚嘴鳥演劇

嘉慶己卯秋，江寧市上有豢鸚嘴鳥以鬻技者。鳥有六，其四自能開箱，御面具，登小臺演劇。其一能識字，取載明《百家姓》字之小紙牌，各書一字，散布席上，任意呼取某字，自能覓之，百不失一。其一能鬭天九牌，可與三人合局作勝負。

金魚排隊

有畜金魚者，分紅白二種，貯於一缸，以紅白二旗引之。先摇紅旗，則紅者隨旗往來游泳，疾轉疾隨，緩轉緩隨。旗收，則魚皆潛伏。白亦如之。再以二旗並竪，則紅白錯綜旋轉，前後間雜，有如走陣者然。久之，以二旗分爲二處，則紅者隨紅旗而仍爲紅隊，白者隨白旗而仍歸白隊，是曰金魚排隊。

蛙戲

王子巽在都，曾見一人作劇於市，攜木盒，作格，凡十有二孔，每孔伏蛙，以細杖敲其首，輒哇然而鳴。或與以金錢，則其人亂擊蛙頂，如拊雲鑼，宫商詞曲，悉了了可辨。

又有畜蛙爲戲者，攜一木匣，中有一大蛙，及數小蛙。開匣，則大者先出，小者隨之，大者居中外向，小者旁列。大者鳴一聲，小者亦鳴一聲，大者鳴兩三聲，小者亦鳴兩三聲。其後，大者迭鳴不已，小者亦然。及畢，則仍如出時次序，自入匣中，謂之蛙教書。

袁子才幼時居杭州之葵巷，嘗見有售技者，身佩一布袋、兩竹筒，袋貯蝦蟆九，至市肆櫃上，演其法畢，索錢三文，即去，一名蝦蟆教書。其法，設一小木椅，大者自袋躍出，坐其上，八小者亦躍出，環伺之，寂無聲。其人喝曰：「教書。」大者應聲曰：「閣閣。」羣皆應曰：「閣閣。」自此連曰「閣閣」，幾聒人耳。其人曰：「止。」即絶聲。

同治時，有人於市上出一小木匣，啓其蓋，出橫木一條，廣半尺餘，高寸許，下有四足，橫列於櫃。向匣中朋朋而聲，倏有一蝦蟆躍出，以前兩足按橫木上，面南而踞，即有小蛙十餘，一一躍出，依次以兩足據橫木，北面踞坐。既定，其人取小拍板擊一下，於是蝦蟆發聲一鳴，諸小蛙輒以次齊鳴。既而蝦蟆閣閣亂鳴，則小蛙亦閣閣鳴不已，久之，其人復擊拍板一下，則蝦蟆止不復鳴，諸小蛙亦截然而止矣。其人復朋朋呼之，蝦蟆仍躍入匣中，諸小蛙亦相隨而入。

蟻陣

袁子才嘗於少時在杭見蟻陣之戲，其法，張紅白二旗，各長尺許，乞人傾其筒，則有紅白蟻千許亂走櫃上。乞人扇以紅旗，曰：「歸隊。」紅蟻排作一行。扇以白旗，曰：「歸隊。」白蟻排作一行。又以兩旗互扇，喝曰：「穿陣走。」紅白蟻遂穿雜而行，左旋右轉，行不亂步。行數匝，以筒接之，仍蠕蠕然入筒矣。

有售技於吳市者，曰蟻戰，截竹爲二管，畜蟻二種，一紅一白。將戲，則取紅白小紙旗二面，東西插於几，取管，去其塞，分置兩旁，各向管口彈指數下，蟻隨出，其行自成行列，分趨，止於旗下，排列如陣。其人復出一小黄旗，作指揮狀，羣蟻卽紛紛齊進。兩陣既接，舉足相撲，兩兩互角，盤旋進退，悉中節度。久之，卽有一羣返走擾亂，若奔潰者，其一羣争進，行如飛，居然戰勝追奔也。其人復舉黄旗麾之，勝者卽返，以次入管，其一羣亦絡繹奔至，争相入，不成列矣。

傀儡戲

傀儡，木偶戲也，本作窟礧子，亦云魁壘子，作偶人以戲嬉舞歌，本喪家樂也。漢末始用之於嘉會，而尤爲齊後主高緯所好。高麗亦有之。今有大小二種，木偶大者長三四尺，小者長尺餘，被以文繡，口目能翕張，手足能舞蹈。蓋其身有機棙，演時木偶出臺，人隱於幕中而牽之使動也。唱曲道白，皆人爲之，佐之以樂器。

影戲

影戲，與西人發明之影戲異，俗稱之曰羊皮戲者是也。蓋以彩色繢畫羊皮爲人，中有機捩，人執而牽之，則能動，進止動作，與生人無異。演時夜設帳，張燈燭，隔帳望之。其唱曲道白，則皆人爲之也，而亦有樂器佐之。

電光影戲

活動影戲，爲電光之作用，故曰電光影戲，亦稱活動寫真，爲近年美人愛迭孫所發明。其法於人物動作時，用照相鏡順序攝影，印於半透明之膠片中，片片相銜接，成爲長條，用特製器械，以一定之速度移易之，由幻燈中現出，令其影像前後聯續，視之栩栩如生，畫片愈多，舉動之層次愈明。愛迭孫又以留聲裝置其中，使聲音與動作相應，其精巧爲益進。光、宣間，我國人亦能仿爲之矣。

光緒末，特簡大員赴歐美考察政治，端忠愍公方自西洋調查歸，攜有活動電影器一具，聞將以進呈內廷者。先試演於私第，因光燄配合失當，轟然炸裂，斃多人，忠愍以送客得免，進呈之議遂息。

清稗類鈔

優伶類

像姑

都人稱雛伶爲像姑，實卽相公二字，或以其同於仕宦之稱謂，故以像姑二字別之，望文知義，亦頗近理，而實非本字本音也。朝士之雅重像姑者，殆以涉迹花叢，大干例禁，無可遣興，乃召像姑入席，爲文酒之歡，然亦未必謂真個銷魂，不食馬肝，卽爲不知味。如王文簡公、錢牧齋、龔芝麓、吳梅村輩，詩酒流連，皆眷王紫稼，畢秋帆且持狀元夫人以去，動於情感，亦尚無傷大雅，固未可與斷袖傖奴同日而語也。

伶人所居曰下處，其萃集之地爲韓家潭，櫻桃斜街亦有之，懸牌於門曰某某堂，並懸一燈。客入其門，門房之僕起而侍立，有所問，垂手低聲，厥狀至謹。俄而導客入，庭中之花木池石，室中之鼎彝書畫，皆陳列井井。及出，則湘簾一桁，瀹茗清談。門外僕從，環立靜肅，無耳語聲，無嗽聲，至此者，俗念爲之一清。

光緒中葉，士大夫好此者尤盛，韓潭月上，比户清歌，誠足爲點綴昇平之一助也。

伶互相語而指其所交之客，則曰老斗。

京師雛伶皆躡靴，必離師獨立始履，而僕亦稱之曰主人矣。堂主之子曰少主人。伶出見老斗，憑其肩，致寒暄。資格深者，伶直呼其字。曰爺者，疎遠之詞也。

伶既出師而積有餘資，得蓄雛以自立，而自身尚周旋於酬應場中者，固數數覯。然亦有侘傺無聊，幾難存活者。或有詩詠之曰：「萬古寒滲氣，都歸黑相公。打圍宵寂寂，下館（戲館也。）晝匆匆。飛眼無專斗，翻身卽輭篷。（相公之落拓至甚者，每至輭篷爲龍陽君。）陡然條子至，開發又成空。」孽海中而有如此苦惱，人不知也。

客飲於旗亭，召伶侑酒，曰叫條子。伶之應召，曰趕條子。光緒中葉之例賞，爲京錢十千，就其中先付二千，曰車資，八千則後付。來時，面客而點頭，就案取酒壺，偏向座客斟之，衆必謙言曰：「勿客氣。」斟已，乃依老斗而坐，唱一曲以侑酒，亦有不唱者，猜拳飲酒，亦爲老斗代之。

老斗在劇場，爲臺上素識之伶所見，戲畢下臺，趨近老斗座，屈膝爲禮，致寒暄，曰飛座兒。嘉慶時，或作《都門竹枝詞》云：「園中官座列西東，坐褥平鋪一片紅。雙表對時交未正，到來恰已過三通。坐時雙脚一齊盤，紅紙開來窄戲單。左右並肩人似玉，滿園不向戲臺看。簾子纔掀未出臺，齊聲喝彩震如雷。樓頭飛上迷離眼，訂下今宵晚飯來。」

老斗飲於下處，曰喝酒。酒可恣飲，無熱肴，陳於案者皆碟，所盛爲水果、乾果、糖食、冷葷之類。酒罷，啜雙弓米以充飢。光緒中葉，酒資當十錢四十緡，賞資十八緡，凡五十八緡耳。其後銀價低，易以銀五兩。銀幣盛行，又易五金爲七圓或八圓，數倍增矣，然猶有請益者。

老斗與伶相識，若已數數叫條子矣，則必喝酒於其家，大率必數次。或爲詩以紀之，中四語云：「得意一聲拏紙片，傷心三字點燈籠。資格深時鈔漸短，年光逼處興偏濃。」拏紙片者，老斗至下處，即書箋，召其他下處之伶以侑酒也。點燈籠者，酒闌歸去時之情景也。

老斗之飯於下處也，曰擺飯，則肆筵設席，珍錯雜陳，賢主嘉賓，既醉且飽。一席之費，輒數十金，更益以庖人、僕從之犒賞，殊爲不貲，非富有多金者，雖屢爲伶所嬲，不一應也。

老斗之豪者，遇伶生日，必擺飯。主賓入門，伶之僕奉紅氍毹而出，伶卽跪而叩首。是日，於席費犒金外，必更以多金爲伶壽。篷座之客，且贈賀儀，至少亦人各二金，伶亦向之叩首也。

伶有花榜

官署文告之揭示，俾衆周知者，曰榜。若文武考試之中式者，其姓名亦次第列之，亦曰榜。就會試而言，則有狀元、榜眼、探花諸名目。而京朝士大夫既醉心於科舉，隨時隨地，悉有此念，流露於不自覺。於是評騭花事，亦以狀元、榜眼、探花等名詞甲乙之，謂之花榜。光緒壬寅春季，蜀南蕭龍友訂壬寅杏譜，於菊部之俊秀者取十名，評其姿態，述其家世。譜中首選爲安華堂主人王琴儂，像姑之最著名者。次朱幼芬，次姜妙香。王温文爾雅，舉止大方，朱俊偉，姜明麗。且朱能書，姜善畫，並師吳根梅。根梅日必一至二伶家，抗顔據講座，彬彬儒雅，方駕横渠矣。

京伶狎妓

宣統時，京伶日事冶遊，如姚佩秋、佩蘭兄弟之於泉湘班喜鳳、松鳳班雙喜，日夕狎媟，醜聲四播。而南妓花翠玉至非梅某不歡，都人咸詫爲異事。宋芸子觀察育仁則謂兩美相合，惺惺相惜，此情理之可言者。惟潤卿之嫁俞振庭，玉仙之嫁田際雲，則甚不可解。振庭面首不佳，際雲年逾不惑，而潤、玉二子，在北里中極負盛名，何求不得，而乃甘與賤奴爲伍，真奇聞也。

角色

俗稱娼優之著名者曰角色，亦曰名角。蓋古有角妓，以藝相角勝爲優劣，故今謂娼優等色藝足以自樹一幟者曰角色。

角色又曰脚色，蓋梨園以副末開場爲領班，副末以下老生、正生、老外、大面、二面、三面七人謂之男脚色，老旦、正旦、小旦、貼旦四人謂之女脚色，打諢一人謂之雜，此江湖十二脚色，固元代院本之舊制也。

京師梨園角色將成之時，必遍遊京、津附近一帶，以歷試其能，然後重返都門，聲名突起，始得稱爲名角。若藝成之伶，在京演唱，無人過問，不得已而出京者，則呼之曰下天津。

角色命名之義，實寓勸懲。正末，能指事之當場男子也。副末，卽昔之蒼鶻，以其能擊賊，故謂爲鶻。狙，淫獸，狐屬，後譌曰旦。狐，扮官者，後譌曰孤。靚，取義於傅粉墨供笑諂也，後譌曰净。猱，猛獸，食虎腦，亦狐屬，故以猱爲妓之通稱。又元人雜劇向有十二科，而以神頭鬼面、烟花粉黛爲最下乘。

或曰，戲中角色，都凡生、旦、净、末、丑、貼、副、外、雜九種，後人求其解而不得。有謂皆反言者，如生有鬚，是老而將死，故反言生。旦爲婦人，昏夜所用，故反言旦。末本用以開場，故反言末。净本大污不潔，故反言净。外充院子，日常在内，故反言外。丑皆街猾，雞鳴不起，故反言丑。此說亦自有致，然非本義。其本義蓋皆以人色分定其名，間以標誌符號，特伶人粗傖，識字無多，始而減筆，繼而誤寫，久之一種流傳，遂爲專門之名詞，明知其誤而不可改矣。譬如外，員外也。生，生員也。末，末將也。副，副帥也。小旦，小姐也，先去女旁，後又改且爲旦，但圖省筆而已。丑，醜之代音字也。净，須净面而後繢，方能着彩，此符號標誌也。貼，須貼花鈿也，亦符號標誌，言與旦之素裝不同也。雜，雜色也。九種名稱，此爲確解。

京劇角色之名稱，曰生、旦、净、丑。漢劇則別爲一末、二净、三生、四旦、五丑、六外、七小、八貼、九夫、十雜十行。末卽京劇之白鬚生，净卽京劇之大面。大面之名，見於《樂府雜録》云：「大面出於北齊蘭陵王長恭，才武而貌美，常著假面以對敵，擊周師勇冠三軍，齊人壯之，爲此舞以效其指麾擊刺之容，謂之《蘭陵王入陣曲》。」而漢劇分净爲紅净、黑净、粉净，紅净如姜維、李克用，黑净如高旺、包文正，粉净如姚期、曹操等是也。生卽黑鬚生，旦卽青衣，外卽做工老生及文武老生，貼卽花衫，夫卽老旦，雜卽武二花，丑則京、漢文武皆同。

二黄各劇，以正生爲爹，故正生爲二黄之中堅，其他皆副材也。亞於正生者惟武生，則以工架爲能事。

武旦分三派，一專講技擊，一專尚柔術，一專講排面。

花旦派别最多，大抵不出閨門旦、即青衣旦。頑笑旦、刀馬旦、與武旦微别。粉旦數種，而以口齒犀利、情態逼真爲貴則一。

京班分青衣旦爲二派，一爲二黄花旦，一爲梆子花旦，各以一人專習，無兼唱者。二黄花旦則口齒須鋒利，梆子花旦之唱工尤須以哀艷取勝，令人有百回不厭之能力而後可。

花旦須得喜怒哀急四字訣，二黄花旦有喜字怒字，而無哀字急字，如《雙沙河》、《破洪州》等戲，四字不能得一字，《鴻鸞喜》、《馬上緣》等戲，僅占一喜字，尚不能痛快淋漓，《探親相駡》、《烏龍院》等戲，僅占一怒字，均不能令閲者奪目。梆子花旦如《新安驛》、《胡蝶夢》、《紅梅閣》、《烈女傳》、《日月圖》等戲，則兼四者而有之。餘如《梵王宫》、《真珍珠》、《拾玉鐲》等戲，但缺一怒字，而唱工亦至可聽。要之，態度須深沉，裝飾貴素浄，大雅不凡，無兒女氣者，斯爲上品。

俗呼旦脚曰包頭者，蓋昔年伶人皆戴網子，故曰包頭。晚近則梳水頭，與婦女無異，乃猶襲包頭之名，誠哉觚不觚矣。

京旦之飾小脚者，昔時不過數齣，舉止每多瑟縮。自魏長生擅名而後，無不以小脚登場，足挑目動，在在闘情，其媚人之狀，若晉侯之夢與楚子搏焉。

丑角以優孟、曼倩爲先聲，開幕最早，伶界以此爲最貴，無論扮唱與否，均可任情談笑，隨意起坐，不爲格律所拘，相傳唐明皇曾爲之。至本朝，高宗亦嘗扮此，故人人尊視，異乎其儕。此角以利口爲長，而真有學力者，究以臺步技術並優者爲上。崑曲無論矣，若在皮黄，則以能唱《羣英會》中之蔣幹，《弔金龜》中之張益，有白有唱，諧正兼行者爲首選。

戲園中有跑龍套者，其品格甚低，而其爲用則甚大。每逢要角登場，此輩必全數出臺，或執旗吶喊，或跕班助威，實戲場中不可少之附屬品也。

伶界有所謂戲包袱者，言無所不能，若衣包然，生旦浄末之裝，悉可收貯，故以包袱名，殆隨取皆是也。伶界亦頗重之，班中亦不可少。蓋拾遺補闕，若醫門敗鼓之兼收；問字傳聲，作野寺閒鐘之待叩。先輩之儀型在目，雖不能效而能言；劇場之詞句填胸，雖不可歌而可風。其人或本名伶，或原雜外，非廢於病，即限於天，窮老可憐，令其飲啜於此，亦梨園養老之不可無者也。

燕舞環歌，女伶遠祖，近三百年，當以陳圓圓爲第一。圓圓爲李自成唱崑曲，李不勝其柔細，而自唱秦腔，殿下皆呼萬歲。以是知其善於扮唱，非妓實伶，不僅能琵琶工小調已也。傳者謂其色甲天下之色，聲甲天下之聲，一侍明思宗，再侍李自成，三侍吴三桂。三桂因圓圓沖冠一怒，乃出關借兵，其人有關世變，實非常人可比。外此則顧眉樓扮《燕子箋》一劇，亦舉國若狂。李麗貞教其女香君學歌，蘇崑生輩復爲之按腔譜節，遂亦名蓋南都，聲動朝列矣。

女伶之以生、浄、丑、外、末諸角著者，雖不乏人，然終不若旦之易於出色當行，殆限於天稟也。且若輩唱曲，以童聲爲貴，教者防護甚密，若與人通，則歌喉不復圓潤，發口轉吭，便已知之。

京師舊無女伶，光、宣間始有之，固不若天津、奉天、武昌、上海之久著也。臺灣之梨園子弟，垂髫卽穴耳，傅粉施朱，儼如女子。

伶之派別

伶人初無所謂派別也，自程長庚出，人皆奉爲圭臬，以之相競。張二奎名在長庚下，于三勝英挺華發，獨據方面，是爲前三派。汪桂芬爲長庚琴師，譚金福亦在長庚門下，平日模楷，各自不同。長庚既謝世，分道揚鑣。桂芬則純宗長庚之法，譚鑫培已旁得三勝之神，惟孫菊仙特立孤行，不事阿附，説者已謂其有似二奎。然茲三人，亦能確乎不拔，謂爲後三派亦無不可。夫所宗何派，卽有何劇之長。長庚所長爲《文昭關》、《取成都》、《戰長沙》，而桂芬與之相同。三勝所長爲《李陵碑》、《捉放曹》、《烏盆記》，而鑫培亦精。二奎所長爲《迴龍閣》、《乾坤帶》、《打金枝》，而菊仙亦並能焉。譚派卽鑫培。之人，如張毓庭、王雨田、貴俊卿，皆確守榘矱，不可剷滅。汪派卽桂芬。惟王鳳卿一人，魄力白雄。孫派則雙處既老，後起無人。至於奎派卽二奎。中人，昔有楊月樓、爐台子等，後惟許蔭棠、白文奎。王九齡一派，昔有王仙丹，後惟時慧寶而已。若夫作工，則賈洪林具有典型，此外皆不足當正流焉。

徽班世家

嘉慶以還，京師蘇班日就衰微，徽班乃遂錚錚於時。班中上流，大抵徽人居十之七，鄂人間有，不及徽人之多也。其初入都，皆操土語，僑居數代，變而爲京音，與土著無異。伶界最重門閥，而徽、鄂人後裔之流寓在京者，大抵均世其業，稱爲世家。諸家姻婭相連，所居皆在正陽門外五道廟一帶。

伶人畜徒

京師伶人，輒購七八齡貧童，納爲弟子，教以歌舞。身價之至鉅者，僅錢十緡。契成，於墨筆劃一黑線於上，謂爲一道河。十年以内，生死存亡，不許父母過問。

同、光間，京師曲部每畜幼伶十餘人，人習戲二三折，務求其精。其眉目美好，皮色潔白，則別有術焉。蓋幼童皆買自他方，而蘇、杭、皖、鄂爲最，擇五官端正者，令其學語、學視、學步。晨興，以淡肉汁盥面，飲以蛋清湯，肴饌亦極醲粹，夜則敷藥遍體，惟留手足不塗，云洩火毒。三四月後，婉孌如好女，回眸一顧，百媚橫生。惟貌之妍媸，聲之清濁，秉賦不同，各就其相近者習之。或曰，八九歲時，恆延師教曲於家，必先習鬚生而喊嗓子，每日黎明，至廣漠之處，或林邊水隈，隨意發聲，由丹田衝喉直呼，彷彿道家之鍊呼吸。久之，愈喊愈宏，則登場發聲，自能充滿四座。若喉小，始習青衫，其次習小生，貌劣者習花臉，纖妍而嗓不高者習花旦。蓋伶界最重鬚生，其次青衫，其次花旦，小生又其次也。

童伶學戲，謂之作科。三月登臺，謂之打礮。六年畢業，謂之出師。鬻技求食，謂之作藝。當就傅時，鷄鳴而起喊嗓後，日中歸室，對本讀劇，謂之念詞。夜卧就溼，特令發疥，癢輒不寐，期於熟記，謂之背詞。初學調成，琴師就和，謂之上絃。閉門教演，師弟相效，禁人竊視，凡一嚬笑，一行動，皆按節照式爲之，稍有不似，鞭箠立下，謂之排身段。凡此種種，皆科班所必經，其難其苦，有在讀書人之上者。故學者十人，成者未必有五。劇詞滿腹，無所用之，不得已，乃甘於作配角，充兵卒，謂之擋下把。否則爲人執役，謂之潤場；料量後臺，謂之看衣箱；前臺奔走，謂之拉前場。伶人至此，一生已矣。

王紫稼風流儇巧

王稼，字紫稼，一作子玠，又作子嘉，明末之吴伶也。風流儇巧，明慧善歌。順治辛卯，年三十矣，從龔芝麓入京師。先至常熟，告别於錢牧齋，牧齋乃爲送行十四絶句，以當折柳，蓋於贈别之外，雜有寄託，諧談無端，讔謎間出也。詩云：「桃李芳年冰雪身，青鞋席帽走風塵。鐵衣毳帳三千里，刀軟弓欹爲玉人。」「官柳新栽輦路旁，黄衫走馬映鵝黄。垂金曳縷千千樹，也學梧桐待鳳凰。」自注：時聞燕京郊外夾路栽柳。「紅旗曳製倚青霄，鄴水繁花未寂寥。如意館中春萬樹，一時齊讓鄭櫻桃。」「篳篥休吹蘆管喑，金尊檀板夜沈沈。莫言北地無鸜鵒，乳燕雛鶯到上林。」「多情莫學野鴛鴦，玉勒金丸傍苑牆。十五胡姬燕趙女，何人不願嫁王昌。」「壓酒胡姬墜馬妝，玉缸重碧臘醅香。山梨易栗皆凡果，上苑頻婆勸客嘗。」「閣道雕梁雙燕棲，小紅花發御溝西。太常莫倚清齋禁，一曲看他醉似泥。」自注：王郎云，此行將倚龔太常。「可是湖湘流落身，一聲紅豆也沾巾。休將天寶淒涼曲，唱與長安筵上人。」「邯鄲曲罷酒人哀，燕市悲歌變柳枝。無復荆高舊徒侣，侯家一嫗老吹篪。」自注：以下三首寄侯家故妓冬哥。「憑將紅淚裹相思，多恐冬哥没見期。相見只煩傳一語，江南五度落花時。」「江南才子杜秋詩，垂老心情故國悲。金縷歌殘休悵悵，銅人淚下已多時。」「灰洞溟濛朔吹哀，離魂昔昔繞蘇臺。紅香翠暖山塘路，燕子楊花並馬回。」自注：范石湖云，涿南、燕北謂之灰洞。春風作態楝花飛，清醥盈觴照別衣。我欲覆巾施梵咒，要他才去便思歸。」「左右風懷老漸輕，捉花留絮漫多情。白頭歌叟今禪老，彌佛燈前咀汝行。」自注：錫山雲間徐叟。熊雪堂侍郎文舉聞之，和韻以諷曰：「金臺玉峽已滄桑，細雨梨花枉斷腸。惆悵虞山老宗伯，浪垂清淚送王郎。」牧齋見之，不懌者累日。

紫稼既入都，諸貴人皆惑之，吳梅村嘗作《王郎曲》云：「王郎十五吳趨坊，覆額青絲白皙長。孝穆指明徐文靖公沂。園亭常置酒，風流前輩醉人狂。同伴李生柘枝鼓，結束新翻善財舞。鎖骨觀音變現身，反腰貼地蓮花吐。蓮花婀娜不禁風，一斛珠傾宛轉中。此際可憐明月夜，此時脆管出簾櫳。王郎水調歌緩緩，新鶯嘹嚦花枝暖。慣抛斜袖卸長肩，眼看欲化愁應懶。摧藏掩抑未分明，拍數移來發曼聲。最是轉喉偷入破，殢人腸斷臉波橫。十年芳草長洲緑，主人池館惟喬木。王郎三十長安城，老大傷心故園曲。誰知顏色更美好，瞳神翦水清如玉。五陵俠少豪華子，甘心欲爲王郎死。寧失尚書期，恐見王郎遲。寧犯金吾夜，難得王郎暇。坐中莫禁狂呼客，王郎一聲聲頓息。移牀敧坐看王郎，都似與郎不相識。往昔京師推小宋，外戚田家舊供奉。只今重聽王郎歌，不須再把昭文痛。時世工彈白翎雀，婆羅門舞龜茲樂。梨園子弟受傳頭，請事王郎教絃索。恥向王門作伎兒，博徒酒伴貪歡謔。君不見康崑崙，黄幡綽，承恩白首華清閣。古來絶藝當通都，盛名肯放優閒多，王郎王郎可奈何！」此曲成而芝麓口占贈之曰：「薊苑霜高舞柘枝，當年楊柳尚如絲。酒闌卻唱梅村曲，腸斷王郎十五時。」

甲午春盡，紫稼南歸，芝麓和牧齋韻以送之云：「吳苑曾看蛺蝶身，行雲乍繞曲江塵。不知洗馬情多少，宮柳長條欲似人。醉拋錦瑟落花傍，春過蜂鬚未褪黃。十里芙蕖珠箔捲，試歌一曲鳳求凰。香韉紫絡度烟霄，金管瑶笙起碧寥。誰唱涼州新樂府，舊人彈淚覓紅桃。漁陽鼓動雨鈴暗，長樂螢流皓月沈。不信銅駝荆棘後，一枝瑶草秀中林。將身莫便許文鴦，羅袖能窺宋玉牆。歸到茱萸溝水上，一叢仙蕊擁唐昌。盤髻搊箏各鬬妝，當筵彈動舞山香。酒錢夜數留人醉，不是胡姬不可嘗。生成珠樹有鸞棲，丞相鐘鳴邸第西。爲報五侯鯖又熟，平津花月賤如泥。長恨飄零入洛身，相看憔悴掩羅巾。後庭花落腸應斷，也是陳隋失路人。蕭騷蓬鬢逐春衰，入座偏逢白玉枝。珍重何戡天寶意，雲門誰與奏塤篪。天半明霞繫客思，杜鵑無賴促歸期。紅泉碧樹堪銷暑，妬殺銀塘倚笛時。金谷人宜障紫絲，杜陵猶欠海棠詩。玉喉幾許驪珠轉，博得虞山絶妙辭。烟月江南庾信哀，」多情沈炯哭荒臺。流鶯正繞長楸道，不放春風玉勒回。韋公祠畔乳鶯飛，花下聞歌金縷衣。細雨左安門外路，一行芳草送人歸。初衣快比五銖輕，越水吳山並有情。不舸便尋香粉去，不須垂淚祖君行。」

紫稼返蘇而禍作矣。時掖縣李琳枝給諫森先方巡按下江，訪拏三遮和尚，而紫稼亦與焉，枷於閶門，三日而死。其後有人自北濠歸家，聞水濱有二人閒話云：「惡人受報不爽，三遮和尚死後，仍問斬罪，紫稼死後，又問徒罪，變成馬騾之類，日日受負重行遠之報。」互相歎息。其人駐足審視，二人豁然入水而去，方知爲落水鬼也。

徐紫雲爲陳其年所眷

徐紫雲，廣陵人，冒巢民家青童，狷巧善歌，與陽羨陳其年狎。其年因贈其師陳九《滿江紅》一闋云：「鐵笛鈿箏，還記得白頭陳九，曾消受妓堂絲竹，毬場花酒。籍福無雙丞相客，善才第一琵琶手。歎今朝寒食草青青，人何有。弱息在，佳兒又，玉山皎，瓊枝秀。喜門風不墮，家聲依舊。生子何須李亞子，少年當學王曇首。對君家兩世濕青衫，吾衰醜。」賦成，書於陳九之扇。其年又爲雪郎合巹賦《賀新郎》詞一闋云：「小酌酴醾釀，喜今朝釵光簟影，燈前滉漾。隔著屏風喧笑語，報道雀翹初上。又悄把檀奴偷相，撲朔雌雄渾不辨，但臨風私取春弓量。送爾去，揭鴛帳，六年孤館相依傍。最難忘，紅蕤枕畔，淚花輕颺。了爾一生花燭事，宛轉婦隨夫唱，努力做藁砧模樣。只我羅衾渾似鐵，擁桃笙，難得紗窗亮。休爲我，再惆悵。」

魏長生爲伶中子都

魏三，名長生，字婉卿，四川金堂人，京伶中之子都也。幼習伶倫，困阨備至。乾隆己亥入都，時雙慶部不爲衆賞，歌樓莫之齒及，長生告其部人曰：「使吾入班兩月，而不爲諸君增價者，甘受罰無悔。」既而以《滚樓》一劇，名動京城，觀者日千餘人，六大班頓爲之減色。其他雜劇子胄，無非科諢誨淫之狀，使京腔舊本置之高閣，一時歌樓觀者如堵。

長生尤工《葡萄架》、《銷金帳》二齣，廣場説法，以色身示人，輕薄者至推爲野狐教主。壬寅秋，奉禁入班，其風始息。

長生齒既長，物色陳銀官即漢碧。爲徒，傳其媚態，以邀豪客。庚辛之際，徵歌舞者，無不以雙慶部爲第一也。且爲人豪俠好施，一振昔年委靡之氣，鄉人之旅困者多德之。未幾歸。及年六十餘，復入京師，理舊業，鬑鬑有鬚矣。日攜其十餘歲之孫赴歌樓，衆人屬目，謂老成人尚有典型，登場一齣，聲價十倍。夏月自劇場歸，暴卒。

陳銀官爲李載園所眷

魏長生尚有弟子一人曰陳金官，人但知銀官而已。金官白皙，銀官面微麻。銀官負盛名，常以白眼待人。時李載園太守年少下第，留京過夏，銀官獨傾倒之。每值梨園演劇，載園至，必爲致殽核，下場周旋。觀者萬目攢視，咸嘖嘖歎羨，望之如天上人。或赴他臺，聞載園至，亟脱身以往。後與金官同買屋於孫公園，別宅而居。園爲亢氏所有，中有古墓。既歸銀，復賂亢氏子孫，使遷葬。大興土木，窮極侈麗，不三月而禍作，門外築馬牆猶未竟也。

李桂官爲狀元嫂

京師伶人李桂官識畢秋帆尚書沅於未遇，秋帆及第，史文靖公貽直戲呼李爲狀元嫂。

郭郎爲孫淵如所暱

乾隆時，畢秋帆撫陝，孫淵如觀察客其幕。西安有歌者郭郎，與孫暱。一日，孫留之節署，至夜而出，則門已扃，乃引郭梯後苑牆，以縋諸外，爲千楖所得，縶於長安縣。畢聞之，命速釋，謂無使孫知。

荷官爲百菊溪所眷

百菊溪相國齡總制江南時，閱兵江西，胡果泉中丞設席宴之。百嚴厲威肅，竟日無言，自中丞以下，莫不震慴。次日，再宴，演劇。有伶曰荷官者，舊在京師，色藝冠倫，爲百所昵。是日承值，百見之色動，顧問：「汝非荷官耶？何至是？年亦稍長矣，無怪老夫之鬢皤也。」荷官因跪進至膝，作捋其鬚狀曰：「太師不老。」蓋依院本貂蟬語。百大喜，爲之引滿三爵，曰：「爾可謂荷老尚餘擎雨蓋，老夫可謂菊殘猶有傲霜枝矣。」荷官叩謝。是日四座盡歡，核閱營政，亦少舉劾。然不知此承值者，適然而遇耶，抑預儲以待也？

林韻香工愁善病

林韻香以失身舞裙歌扇間，居恆鬱鬱不自得。雖在香天翠海中，往往如嵇中散，土木形骸，不假修飾。而何郎湯餅，彌見自然。既工愁，復善病。日日來召者，紙如山積，困於酒食，至夜漏將盡，猶不得已，每攬鏡自語曰：「叔寶璧人，則吾豈敢。然看殺衛玠，是大可慮。」道光甲午，三年期滿，將脫籍去。其師，黠人也，密遣人自吳召其父來，闕之別室，父子不相見，啗以八百金，再留三年。既成券，韻香始知之，慨然曰：「錢樹子固在，顧不能少忍須臾耶？」迺廣張華筵，集諸貴游子弟，籌出師計，得三千金，盡以畀其師，乃得脫籍去。於是署所居室曰梅鶴堂。

其父固庖人也，時自入廚下調度，以故韻香家殽饌清旨冠諸郎。於時文酒之會，茶瓜清話，必在梅鶴堂。韻香周旋其間，或稱水煑茶，或按拍倚竹，言笑宴宴，皆疑天上非人間矣。而愁根久種，病境已深，居三月而疾作，不半載竟死。死之日，扶病起，誓佛曰：「淚痕洗面，此生已了，願生生世世勿再作有情之物。」時方十二月也。年僅十八耳。

慶齡爲男子中之夏姬

京伶有慶齡者，善琵琶，故稱琵琶慶，男子中之夏姬也。嘉慶朝即擅名。道光時，年過不惑，而猶韶顏穉態，爲男子裝，視之纔如弱冠。若垂鬟擁髻，撲朔迷離，真乃如盧家少婦春日凝妝。豈楞嚴十種仙中，固有此一類耶？且於酒人中當推爲大户，巨觥到手，如驥奔泉，未嘗見其有醉容。又吸阿芙蓉膏，日盡兩許，服之二十餘年，而豐腴潤澤，視疇昔少好時容華不少衰。

沈蕊仙爲甘某所眷

道光時，都城有太史甘某自經致死事，或謂伶人沈蕊仙致之，而實不然。時蕊仙已自立門户，與甘情好方深，無阻之者。某日，甘開筵宴客，蕊仙亦在座。入夜客去，「甘約蕊仙清晨過寓，聯車出游。次晨，蕊仙至，室未啓扉，隔窗呼之，不應，抉門入視，則縊矣。其家人言客散後，得家書，無他事，特怪其用錢太多，言此後不復籌寄旅費也。

某庶常漁色而殞

咸豐己未，長沙有某庶常者，父逝祖存，家無次丁。弱冠登第，喜漁色，宿優宿娼，榜後不百日而亡矣。亡時，汗血淋漓，脱陽於騾車中，懷中猶抱一優，優即攫其珊瑚朝珠而去。

金德輝乞言於嚴問樵

伶人金德輝工度曲，曾供奉景山，以老病乞退。粗通翰墨，喜從文人游。一日，請於丹徒嚴問樵太史保鏞曰：「予老矣，業又賤，他無所願，願從公乞一言，繼柳敬亭、蘇崑生後足矣。」嚴感其意，爲書一聯云：「我亦戲場人，世味直同鷄棄肋；卿將狎客老，名心還想豹留皮。」

程長庚獨叫天

程長庚，字玉山，安徽濳山人，咸、同以來號爲伶聖。初，嘉、道間，長庚輿笲估都下，其舅氏爲伶，心好之，登臺演劇，未工也，座客笑之。長庚大恥，鍵户坐特室，三年不聲。一日，某貴人大讌，王公大臣咸列座，用《昭關》劇試諸伶。長庚忽出爲伍胥，冠劍雄豪，音節慷慨，奇俠之氣，千載若神。座客數百人皆大驚起立，狂叫動天。主人大喜，遍飲客已，復手巨觥爲長庚壽，呼曰叫天，於是叫天之名徧都下。王公大臣有識樂，長庚或不至，則舉座索然。然性獨矜嚴，雅不喜狂叫，嘗曰：「吾曲豪，無待喝彩，狂叫奚爲！聲繁，則音節無能入；四座寂，吾乃獨叫天耳。」客或喜而呼，則徑去。於是王公大臣見其出，舉座肅然。天子詫其名，召入內廷，領供奉，授品官。長庚亦面奏毋喝采，且曰：「上呼則奴止，勿罪也。」上大笑，許之。終其身數十年，出則無敢呼叫者，用此叫天之名重天下。

長庚既以善皮黃名於京師，三慶班乃延之主班事。班人呼主者爲老班，長庚名德才藝，並時無兩，無論何班，皆呼之爲大老班。京師伶界，設機關於岳忠武廟，謂之精忠廟會，有公守條件，違者議罰，例以老成人掌之。長庚爲衆所仰，掌之終身，人皆呼以大老班，亦以此故。士大夫雅好其劇，更貴其品，故亦以人之呼之者相呼矣。

長庚專唱生戲，聲調絶高。其時純用徽音，花腔尚少，登臺一奏，響徹雲霄。雖無花腔，而充耳饜心，必人人如其意而去，轉覺花腔拗折爲可厭。其唱以慢板二黃爲最勝。生平不喜唱《二進宮》，最得意者爲《樊城》、《長亭》、《昭關》、《魚藏劍》數戲。又善唱紅浄，若《戰長沙》、《華容道》之類，均極出名，尤以《昭關》一劇爲最工。後人併力爲之，終不能至，故此劇幾虛懸一格，成爲皮黃中之陽春白雪。長庚本工崑曲，故於唱法字法，講求絶精，人皆奉之爲圭臬。

長庚日課甚嚴，其在中年，到班時刻，不差寸晷。每張報將演某劇，至期，風雨必演。日取車資，京伶無包銀之説，每日唱後但取車錢而去。不過京錢四十千而止。

長庚唱不擇人，調可任意高下，必就人之所能。而每一發聲，則與之配戲者，往往自忘其所演，專注耳以盡其妙，臺下人笑之，不覺也。傳者謂當演《草船借箭》時，樂工或停奏凝聽，忘其所以，固無論其他矣。

長庚與小生徐小香善。小香積資頗豐，屢欲輟業，苦留之。一日，小香不辭而别，逕返蘇州。長庚知之，即謁某親貴，託其函致蘇撫，押解小香回京。小香至，長庚謂之曰：「汝既受包銀，何得私遁？促汝來者，整頓班規耳，豈果非汝不可耶？不煩汝唱，請汝聽戲可也。」自是，長庚每日除老生戲外，必多排一小生戲。凡小香所能者，長庚無不能之。小香媿服，自是仍入三慶。

長庚晚歲上臺，須人扶挽，而喉音仍清亮如昔。一日，演《天水關》，唱「先帝爺白帝城」句時，適嗽，白字音彷彿拍字。次日，都人轟傳其又出新聲，凡唱此戲者，莫不效之。

存以長庚晚年登臺而諷之曰：「君衣食豐足，何尚樂此不疲？」則曰：「某自入主三慶以來，於兹數十年，支持至今，亦非易易。且同人依某爲生活者，正不乏人，三慶散，則此輩謀食艱難矣。」及楊月樓入京，見之，歎曰：「此子足繼吾主三慶。」極力羅致之，卒以三慶屬月樓，謂之曰：「汝必始終其事，以竟吾老，庶不負吾賞識也。」故月樓亦終於三慶。月樓殁，諸伶復支持年餘，始解散。

長庚晚歲不常演唱，而三慶部人材寥落，故每日座客僅百餘人，班主至萬不得已時，走告之曰：「將斷炊矣，老班不出，如衆人何！」於是詔之曰：「明日帖某戲，後日帖某戲。」紅單一出，舉國若狂，園中至無立足地。然往往不唱，必爲此者三四次，始一登臺。久之，羣知其慣技，亦不上座，必三四次，方往觀。一日，又帖一戲。及到園，坐客仍百餘人，恚甚，自立臺上，顧坐客而言曰：「某雖薄有微名，每奏技，客必滿坐，然此輩不過慕程長庚三字名而來耳，若諸君之日必惠臨，方爲吾之真知音者。今當竭盡微長，博諸君歡，以酬平日相知之雅。願演二戲，戲目並由諸公指定可也。」坐客因共商定二戲，長庚無難色。次日，凡有戲癖者知之，莫不懊喪萬狀。自後程又帖戲，羣往聽，程仍不到。或到園，僅在簾內略一露面，及曲終，仍不見。蓋窺見人多，即曰：「此輩非真知戲者。」不顧而去。自此或唱或不唱，人無從測之。有時明知其不登臺，然仍不敢不往也。

梨園俗例，扮關羽者，塗面則不衣緑袍，衣緑袍則不塗面。而長庚獨不然，以胭脂勻面，出場時，自具一種威武嚴肅之概，不似近人所演之桀驁也。

長庚晚歲頗擁巨貲，一日，忽析産爲二，以一與長子，命其攜眷出京，寄籍於正定，事耕讀；次子居京，仍習梨園業。人問其故，則曰：「余家世本清白，以貧故，執此賤業。近幸略有積蓄，子孫有噉飯處，不可不還吾本來面目，以繼書香也。惟余去都，無人不知，若後人盡使讀書，設能上進，人反易於覺察，是求榮反辱矣。今使吾次子仍入伶界，庶不露痕迹。且伶雖賤業，余實由此起家，一旦背之，亦覺忘本。」光緒辛卯，其孫已食廩餼，次子以無嗓音，爲月樓鼓手。孫長兒爲武生，執業於楊全之門，所演《八大鎚》、《探莊》諸戲絶佳，時年僅十六耳。

爐臺子爲程長庚配角

程長庚性傲，而獨禮重讀書人。有爐臺子者，盧姓，因喜漁男色，人以其姓盧而呼之。或云爲安徽舉人，流落京師。其人夙有戲癖，尤崇拜長庚，日必至劇場，聆其戲，久之遂識長庚。長庚詢得其狀，頗憐之，遂留至寓中，供其衣食。爐亦以功名坎坷，無志上進，願廁身伶界。長庚復爲之延譽，凡演戲，非爐爲配角不唱，爐因是得有噉飯地矣。

爐之唱工平正，長於做工，演《盜宗卷》、《瓊林宴》等劇，容色神肖，臺步靈捷，能人之所不能，故亦有聲於伶界。至光緒中葉而衰老，喉涸無音。唱時僅及調底，且痰閉氣短，多爲斷續，方能終調，猶時爲巧腔曼聲，聊以示意。都人重牌號，每唱，猶必以喝彩報之，實則廢竈無烟，生氣久盡矣。

爐善排戲，三慶部所演全本《三國志》，由馬跳檀溪起，多出爐之手筆，詞句關目，均有可觀，雖他伶演之，亦能體貼入微，栩栩欲活，故一時有活張飛、錢寶峰。活曹操、黃潤甫。活周瑜徐小香。之號。孔明一角，爐則自去。長庚殁，爐仍在三慶，誓不他往，自謂非遇長庚，久潦倒而死矣。

楊月樓扮猴子

楊月樓，安徽懷寧籍，自稱順天，非也。少時鬻於張二奎家，習武生，兼習鬚生。甫登場，名即噪。後爲蔣某以千金贖之去。蔣有姊，適林氏，其夫方握浙藩篆，苦無嗣，言於蔣，欲以月樓充假子，蔣諸之，月樓遂之浙。咸豐粤寇之亂，浙圍急，林棄城，遁入雲栖，乃披薙爲僧。寇既平，月樓奉義母至上海，隸劉維忠所設之新丹桂茶園，以所入供養膳。如是者約數年。已而卒，月樓馳書告蔣，蔣持其喪歸湖北。月樓旅居上海既久，漸習輕浮，其演劇，時效世俗所謂釣蚌珠故事，雖豐軀幹，而面瑩潔，每著胭脂，帶雨桃花，無斯豔麗，以故婦女皆趨之若鶩。

武生爲武劇之主腦，其人必神采奕奕，而又長於技擊，熟於臺步，嫻於金鼓節拍，乃始盡善，若更能唱，斯第一人矣。月樓獨能兼此數者之長。人稱之曰楊猴子。演《西遊記》悟空，必以武生繪面爲之，或竟有不繪面者，此角以超距靈捷、舞棒圓熟爲工。月樓本善武生，扮相絶佳，而技擊、臺步、身段、打把，又靡不精。每扮悟空，如《芭蕉扇》、《五花洞》、《蟠桃會》、《金錢豹》等劇，皆靈活如猴，有出入風雲之概，故以猴子見稱。且武生最重在脛，無論猿超鶴立，必脚踏實地，毫不傾倚，方爲能手。月樓工力甚至，舒轉自如，且力大於身，雖長劇如《長坂坡》，身在重圍，七進七出，備諸牌調、架式，而始終不汗不喘，一絲不走，恢恢乎遊刃有餘，而又喉寬善唱，腔調兼勝。其子曰小楊月樓，頗得家法，扮武生，亦精悍絶倫。惟面色微紺，輝麗不逮老鳳，喉音之堅實洪敞，亦若稍遜。惟兩脛熟練，動止合節，穩重不陂，固猶能繼武也。

汪桂芬以醇酒婦人死

汪桂芬，徽人，伶界世家也，以額廣，人以大頭呼之。幼習戲，無異常童。十五後，倒倉閉音，不復能唱。習胡琴，能工，初僅爲常伶之琴師，後以音調見賞於程長庚，乃爲長庚技手，久隨不去。凡唱，必恃琴善和，乃益發音，且轉折間可節力，小有偷減，腔中换氣，琴如其調，貫而注之，人不覺也。若琴與唱左，則唱者非惟罔所假力，且牽而謬焉。能久隨者，其人聲調，耳熟能詳，某劇作某調，某段應某腔，得手應心，事誠兩便。從長庚久，於其所能者，無不能於手，然固未嘗擬以喉也。

長庚死，桂芬殊無聊，爲人言長庚聲調。人謂君何不自爲，曰：「我喉久閉，不能也。」强試之，殊高，遂勸其登臺。自訝曰：「我未冠失音，今乃未失耶？」惟初用微狹，臺步本夙習，因試唱老旦，人疑長庚復生。初登臺，即聲譽翕然，乃自壯曰：「唱不過爾爾，吾苟知者，爲之久矣。」至是，乃肆力於唱。唱日進，喉亦日佳，雖不甚宏，而中聲自足，又甚精鋭，名遂大起。

桂芬在京，孝欽后擬傳入演劇，太監代奏其已蓄髮爲道士，不敢來。孝欽謂可剃髮進内當差。太監遂授意於桂芬，乃剃髮登場，演《舉鼎》、《昭關》等戲，孝欽大喜，並嘉其削髮之誠，賞給五品頂銜，以示優異。於是相傳汪大頭奉旨剃頭，欽賞五品頂戴。

桂芬晚年至上海，上海女閭繁盛，樂此不疲，日夜無休息，不恆執其業，而其喉固不衰。光緒庚子復入京，人以其老而不久於世，益相傾重。時妻子皆死，削髮作外家裝，忽往忽來，居無恆所。與南妓林桂生狎，每至，同游者慫之唱，無或諉，嘗自午至夕，屢唱不停，且得意引吭，尤多佳韻。後數年，卒以醇酒婦人病瘵死，徽調遂絶。

孫菊仙爲老鄉親

孫菊仙，天津人，津中呼爲老鄉親者是也。初爲商，以喉佳，雅好唱，在津爲票友，卽有聲。及入都，盡聆當時諸名家之唱，試之以喉，罔不利，乃入四喜班，爲巨角，唱壓冑子劇。與汪桂芬、譚鑫培鼎足而三，各有至處。其喉寬窄高下，攸往咸宜，尖腔嘎調，不經意而自出。尤難在每唱煞尾，傾喉一放，如雷入地宮，殷殷不絶，世謂之曰孫調。其調大抵寬宏處多，花腔不甚用，以簡老痛快勝，而唱時亦自有花尖各腔。惟效之者專就重濁短禿處求之，轟轟突突，實如連放花礮，不成聲調矣。

菊仙不善臺步，而體魁梧，背微僂，拱手闊步，自近大方。扮方巾鶴氅員外一流，最爲閒適，得山林氣。其初入班，於讀字法略欠講求，後亦日進，如演《澠池會》，扮藺相如，其説白乾板垜字，此四字爲戲家緊要名詞。沈着痛快，得未曾有。有時好作遊戲，如光緒癸巳夏，演《硃砂痣》，時忽雨雹，至吴相公賣子歸，倒攜雨具，卽以途中遇雹爲問。雹字北音讀如包，乃以南音讀之曰白，闔座叫絶，是亦不獨以唱勝矣。

譚鑫培爲伶界大王

譚鑫培，鄂人。其父某唱武老生，長於技擊，喉音狹而亢。南方有鳥曰叫天，其音哀以戾，鑫培之父音近之，人呼之爲叫天，因而及於鑫培，遂以小叫天稱之。初學老生，未幾，喉敗不能任，乃改武生，以技名於近畿。中年還都，喉復出，仍唱老生。由于于三勝派。派而變通之，融會之，苦心孤詣，加之以揣摩，越數年而聲譽鵲起。其唱以神韻勝。本工崑曲，故讀字無訛；又爲鄂人，故漢調爲近，標新領異，巍然大家。他人襲其一二餘音，卽以善歌自命。其實神化於此，唱無定法，初不着力，至筋節處，慢轉輕揚，或陡用尖腔，或偶一洪放，清醇流利，餘音繞梁，蓋全在吞吐急徐處著意。故乍聞似亦平平，及應變出奇，人直不知爲聲何以能至於此。其於舊本劇詞支離過甚者，輒求通人改削，字不協律，復以己意定之，故其戲文，與常伶逈異。至於運喉弄調，瀟灑不羣，如唱《碰碑》，正調已佳，反調更勝，字音清利，韻調悠揚，愈唱愈高，遞轉遞緊，揚之則九天之上，抑之則九淵之下，喉之任用，直如意珠，而且憔悴之容，剛烈之氣，又時時見於眉宇。爲劇至此，可歎觀止，宜其有伶界大王之號也。

譚在京師三慶園時，其唱工復取法於馮瑞祥，惟習焉不精，與張毓庭相髣髴。後因程長庚責其爲小家派，遂發奮自雄，極力改正，就程、于、馮三人之所長，取精用宏，合而爲一，乃始不同於凡俗。

譚嘗奉召入內廷，使爲內務府小伶工之教習，時有恩賞，遂有稱之爲譚貝勒者。

譚與汪桂芬齊名，聲價絶高。汪性頗劣，往往受人重聘，而延不登臺，屢以此涉訟。譚亦高自位置，班中每日演戲外，如有堂會戲，須其登臺者，每齣須五十金，尚須主者夙與聯絡，方演兩齣。人於延請時，若不得當，則必往求其妻及其長子，且須別有賂遺，故卽賞金亦不止五十兩也。

都人喜譚之唱，殆有奇癖。中和園號爲譚所開，時有署譚名於戲招而不上臺者，顧人終不以其失信之故，而下次爲之減少。且有謂若譚死，願以身殉者，亦可謂奇矣。或諷譚絶人太甚，譚曰：「君殊不解事，使吾聞召即至，人將賤視我，與常優等。且東呼西喚，奔命不遑，孰若示人以不可近，使人俯而就我之爲愈也。質言之，此等歌曲，實亦何足聽，若日聒於人耳，人且唾棄之不暇，故與其隨人以招厭，無寧自高以取重也。」

都中江蘇會館團拜，名伶麕集，譚獨抗傳不到。時吳江殷李堯方掌山東道御史，拘譚至，縶諸廳事以辱之，待演劇既畢，方釋之去。後此逢會館戲，聞命即赴，不敢或違矣。

譚與人語，好引劇場中之故實爲談資，又好效人腔調以供嗤點。光緒某年南下，渡海時，舟中時時效孫菊仙或楊月樓，酷摹其狀，一時觀者，咸軒渠不已。

王福壽，南府之三十年老供奉也，於伶界鮮所許可，謂當今之世，僅有個半人，個自謂，半則譚也。譚面瘦削，而一經扮裝，則精采奕奕，兩目尤神。居常嗜阿芙蓉，臨場非二人攜具，更迭料量不可。每日睡起必在夕陽以後，飲食居處，奢侈無度。有妻有妾，有子有媳有孫，歲進不爲不多，而恆患不足。其子均不肖，不能繼業。仲唱旦，每與之同演《慶頂珠》，作漁家裝，扮蕭恩女，以真父子爲父女，人樂道之。餘或唱武旦，或唱武生，輕裘肥馬，類五陵豪。每出，輿從相隨，酒肆茶樓間，羣焉尊以爺稱，儼然貴游子弟矣。

光緒中葉，譚爲春臺班主及精忠廟會首，人以尊程長庚者尊之，亦呼之爲老班而不名。時班規尚嚴，每日車資亦不過京錢四十千而止，惟恃春正讌會及人家婚誕，得厚䫲以償所需而已。

昔時各班歷轉諸園，四日一易。譚雖慵憊，而四日中少必兩至，至時雖遲，亦必酉末戌初，無過晏者。其後愈延愈久，成爲慣例，往往日戲至亥初始登。座客忍飢，電燈待熾，人人暫墮黑暗餓鬼道，而終無一人不待而去者。宣統初元，國喪遏音已久。及開禁，譚有登場消息，人人犇走相告，甚或輾轉屬其戚黨，預以期告，爲據地計，直若景星慶雲之一現者。一日，演《天雷報》，時已夜九時後，慷慨激昂，千人髮指，並肩累足，園中直無容人行動之餘地。至叟觸壁死後，譚已入場，座客久飢，俟其唱畢應散，後臺逆知人意，故於後半全不扮演。詎譚指説時許，人已入神，視臺上之張繼保，如人人公敵，非坐視其伏天誅，憤不能洩，故竟不去。諸伶草草終劇，乃相率出門。

張二奎工於做

張二奎，徽人。善徽調，唱不奇而工於做，老生中有所謂奎派者，其流裔也。不貴花腔，喉音近乾，故學奎派者以乾腔爲貴。乾腔者，簡老無枝、枯直不潤之謂也。

于三勝爲老生中之不祧祖

于三勝，鄂人，老生中之不祧祖也。其唱以花腔著名，融會徽、漢之音，加以崑、渝之調，抑揚轉折，推陳出新。其唱以西皮爲最佳，《探母》、《藏劍》、《捉放》、《罵曹》，皆並時無兩。而二黄反調，亦由其剏製者爲多，如今所盛傳之《李陵碑》、《牧羊圈》、《烏盆計》諸劇，皆是也。且知書，口才甚雋，能隨地選詞，滔滔不絶。惟擇配至嚴，若與旦配，非喜禄登臺，必不肯唱，寧舍車資而去，從無強而可者。一日，唱《坐宫盜令》，喜應扮公主，已出場，適喜以事遲至，前後場汗下如雨，三返與商，易人作配，卒不可，然願久唱以待。不得已，亦姑聽之。及開板，唱楊延輝坐宫院一段，舊本有「我好比籠中鳥，有翅難展；我好比失水魚，困在沙灘；我好比中秋月，烏雲遮掩；我好比東流水，一去不還」四句，于隨口編唱，連唱我好比至七十四句之多。後臺使人耍喜至，草草裝束，抱兒而待，于方合眸緩唱，其興猶未艾也。知喜至，乃以常詞終。時歷數十分鐘，使者往返七八里，固猶未誤。座客含笑靜聽，知其有待，以愛其唱，亦姑忍之。後有問之者曰：「設再延不至，將奈何？」則曰：「我試以八十句爲度，若仍未至，可以説白歷叙天波家世，雖竟日可也。」

三勝善詼諧，能望文生訓，即景生情。舊時臺規至嚴，諸名宿之臺步、身段、場面、説白，從不偶誤。一日，扮一君主，鑾衛出場，例有内官四人執戟前導，入場，分半而左右立。適其人荒莽，前一隊已分立，後隊竟誤投一方，成左三右一之式。三勝出，顧而怒，視以目，不覺，不得已，乃於唱引後，忽增唱摇板云：「這壁一個那壁三，京音讀曰撒平聲，在花麻韻。還須孤王把他拉。」唱畢，牽其一以右之。臺上下均閧然失笑，不可仰視，其人亦慚沮自笑，逡巡去。場規本不應妄增，非諢劇不應打諢，惟重其名，又樂其敏，故觀者不以爲侮，反羣起而譽之。

陳彩林傾倒一時

同、光間，上海有名伶陳彩林者，隸金桂園。其初居京師勝春奎班，班爲内監某所蓄。時彩林尚髫齡，以不赴某侍御召，侍御銜之，因劾宦官不得私蓄梨園，上韙其言。班散而彩林遂至海上，登場四顧，傾倒一時。

許蔭棠有許八齣之號

許蔭棠爲票友出身之鬚生，歌喉以寬宏厚實見長，宜於富麗堂皇之劇，尤以王帽著。每句拖音娲娲，歷久不絕，所以示其能力有餘也。惟所演之戲不多，有許八齣之號。在光緒中葉，負盛名，與譚鑫培、孫菊仙、汪笑儂埒，稱許老板。每劇畢出園，恆有多人圍繞，蓋以得瞻顔色爲幸也。

賈洪林痛詆端剛趙董

賈洪林，小字狗兒，受業於張勝奎，故一切規模有酷似孫春恆處。又爲譚鑫培之私淑弟子，嘗與劉永春、羅百歲合演全本《烏盆記》，卽摹譚派也。爲人豪邁不羈，光緒庚子，拳匪肇事，孝欽后與德宗西狩。一日，在天和館演《駡曹》，以時事改爲白文，痛詆端、剛、趙、董輩，慷慨悲憤，不可一世，觀者爲之聲淚俱墮。

黄三演駡曹被杖

黄三演奸雄之劇最肖，嘗供奉内廷，與譚鑫培同演《駡曹》。黄演至修書黄祖一節，孝欽后遽傳旨答杖。杖畢，厚賞之，曰：「此伶扮奸雄太肖，不得不杖。而演劇如此聰明，又不得不賞。」

謝寶雲爲名角之配

謝寶雲，幼名昭兒，演鬚生，《金水橋》、《二進宫》均著名。其發音蒼秀而高寒，倒板亢而圓，劉鴻升、譚鑫培皆遠不及，如文家善用逆筆，雲垂海立，石破天驚，行腔之陡峻，並世無第二人也。然挾此異術，僅爲名角之配以餬口，亦可傷矣。

時慧寶有父風

時慧寶，吴人。父琴香，同治時，以善崑曲知名於時，並善徽調，與鄭秀蘭同師，皆有聲望。琴香尤善於酬酢，曾在某園演《趕三關》，皖人御史徐某置酒於臺欄上，以戲劇爲下酒物，而琴香遽浮一大白，同觀者爲之絶倒。慧寶長，有父風。父殁，家中落，綺春堂舊居之在朱茅胡同者，鬻於人矣。或誚之，慧寶憤然曰：「父析薪，子不克負荷，非丈夫也。」遂殫心竭慮，專習鬚生，所演如《法門寺》、《上天臺》等齣，聞者無不謂其音節蒼涼，一空凡響也。

慧寶平居安貧自得，酷嗜翰墨，於名人碑帖，雖重值，必稱貸以購。尤喜大小篆，每日折紙爲範，作數百字，然後治他事。

汪笑儂演新劇

舊劇伶人，編演新劇最早者，厥惟汪笑儂。笑儂，名僢，字冷笑，亦字仰天，富有思想，兼善詞章，唱做之佳，猶餘事也。所編《黨人碑》一劇，乃採《六如亭説部》東坡逸事，略加附會，暗刺政府，而科白關目，亦能鼓舞觀者興趣。如在酒樓獨歎時，酒保誤蔡京爲菜心，司馬光爲絲瓜湯，謂蘇東坡有三弟，曰西坡、南坡、北坡，東扯西拉，詼諧有趣。至題詩一段，高唱「連天烽火太倉皇，幾個男兒死戰場。北望故鄉看不見，低聲私唱小秦王。長安歸去已無家，瑟瑟西風吹黯沙。豎子安知亡國痛，喃喃猶唱後庭花」，腔調抑揚，不襲皮黄陳套。花字由低而高，延長至二十餘音，宛轉自如，尤爲難得。在專制政府之下，笑儂竟能排演革命戲，膽固壯，心亦苦矣。

宣統末，劉永春與汪笑儂均在濟南演劇，劉隸鵲華居，汪隸富貴茶園，以營業競爭，漸成仇敵。汪尚有涵養，劉則逢人便駡，輒曰：「汪笑儂何能唱戲！」一日，值某會館堂會戲，主者以二人皆負盛名，強令合演《捉放》，劉去曹操，出場唱「八月中秋桂花香」句，改「香」字爲「開」字。唱罷，目視汪，汪應聲曰：「棄官抛印隨他來。」座客咸以汪之才思敏捷，歎賞久之。劉自是誓不與汪合演，而駡如故。

笑儂所演之劇，皆自撰，即演舊有之戲，穿場唱白，亦與常伶不同。其演《斬馬謖》一劇，城樓一段正板、西皮及二六，一字一句，自出心裁，而不離《出師表》之大旨。入後，聞馬謖失守街亭，白云：「當年先帝在白帝城託孤之時，曾對山人言講，馬謖爲人言過其實，不可重用。山人以平南之役，馬謖有攻心爲上之論，頗曉兵機，故每畀以重任，不想今日失了街亭。如此看來，知人之明，不如先帝多矣」云云。此等念白，斷非俗伶所能夢想及之者也。

陸小香爲小生巨擘

小生之難，難於小旦，以腔與旦等，而須雜用寬喉，又戲兼武功者多，做工科諢，亦所在多有，故曠世得人無幾。此中巨擘，識與不識，咸推陸小香。小香南人，爲崑曲小生，亦善徽調，喉音與旦絶不相蒙，天然寬潤，是雄非雌，特與老生之過洪有別，一聞而即知爲小生，與以旦唱充數者迥然不類。其工力至深，崑曲臺步，日必按折遞演以爲常。且室懸巨鏡，日必作周瑜裝，臨鏡自照，凡一嚬一笑，必揣摩《三國演義》中之意義，達之於容，喜怒藏奸，必備一種少年英雄好勝卞急之態。且常伶冠插雉尾，往往掃眉盪口，左右不適於用，甚或動而墜地。小香於雉尾用力頗勤，每一低頭，則其上作左右轉，盤旋上矗，如雙塔凌空，且不露挺頸努力之狀。縱有極力摹之者，亦僅能互逐並旋，欲左俱左，欲右俱右，絶無天東去而日西來，各爲軌道，如扶搖羊角之相對而舞者也。

德珺如由旦改生

德珺如爲穆彰阿之孫，酷好唱旦，家人不能禁，監守之，輒逸去。初本客串，稱爲德處。以不謹故，銷除旗檔。後無所得食，乃遂入班爲優矣。其唱喉音絶佳，高響圓潤，無一不備，腔亦純熟。未幾改小生，頗能以意出奇。惟唱時故爲吐茹，喉際含蓄太過，多斷續哽咽之音，肆意急徐，無復規律，用喉如哨，論者比之唱灤州影戲也。

俞菊笙爲武生中鐵漢

俞菊笙者，武生中之鐵漢，性躁急，故以俞毛包見稱。毛包者，都人稱性暴之謂也。精悍無倫，力亦絶大。其演劇，出門上馬，盛氣如虹，勇猛精神，溢於眉宇。至唱時，凡樂工、前場、配脚等，小有不合，則以氣相凌，無絲毫之假借容忍。其登場演劇，同列咸有戒心，而裂冠擲帶、拍案頓足樂工不能依節和奏，唱者對之頓足即爲痛詈。其勢愈重者，則詈亦愈深，與面辱人尊親無異。之事，仍靡日靡有。且胸挺眉竪，時時若有餘怒，故無論唱者、觀者，皆以毛包呼之，轉有不知俞菊笙三字爲其姓名者。其唱以《挑華車》一劇爲最得手。此劇場面身段，至爲繁重，愈後愈緊，叱咤生風。他人不待終劇，精力已疲，惟菊笙舉重若輕，無懈可擊，至揮舞緊急時，則如電閃風馳，直使人目迷神駭，旋歌唱牌子。旋舞，真能品也。

張八十張長保劇半入場

武生不尚翻轉，專講氣度及刀劍能事。有八十、長保者，皆姓張，長於技擊，無論短衣盔靠，往往劇半入場，專以往來對敵、揮舞捷密取勝。兵將多人，遞出奏技，而兩人僅倚劍左肩，於從容大雅中，作一足之飛旋而止，戲中謂之打飛脚，以聲響而距高者爲上。衣髮不亂，氣宇雍容，不似時流之猱犬其身，與下把同其起伏，失大將體也。長保且善扮悟空，長於超躍，並工崑曲，凡武場各種牌調，靡不能之。武揚牌調最多。八十體肥，不尚柔術，惟臺風偉麗，又揮劍戟如風，每出不過一二場，觀者已心滿志足矣。

尚和玉有真能力

尚和玉，寶坻人，確有真能力之武生也。一步一躍，一擊一刺，皆具有尺寸，妙合音節。或獨立如夔，或平翻似燕，從容穩練，絶無努力喫重之痕，不偏不陂，適可而止。每唱《拿高登》、《金錢豹》等劇，伶人均往竊視，察其舞弄作何花式，臺步作何尺度，急徐間若何與金鼓相應。蓋以其學力深至，悉具老成典型，固非後生專恃質敏力裕猝欲學步者所能也。有時繪面演《四平山》，扮李玄霸，其雙錘在手，重若千鈞，轉動有時，低揚有節。每擡足，則靴見其底，戲中謂之亮靴底，非足擡平不見。每止舞，則樂終其聲。戲中謂之傢伙眼。且盔靠在身，略無紊亂，平翻陡轉，全符節拍。未事時不形匆遽，已過後直若無事。然種種藝能，多出於崑曲中牌場舊式，而從心化之，用得其當，固不獨以一劇一藝顯也。

張占福獷悍矯捷

張占福，即張黑，爲開口跳，獷悍矯捷，其演《盜銀壺》、《九義十八俠》、《大蓮花》、《銅網陣》，殊有江湖豪俠氣概。

生旦演劇被斬

光緒中葉，方照軒軍門曜，威震粤中，有謂其過嚴者。其鎮潮州時，嘗觀劇。粤劇向多男女雜演者，適某優夫婦飾生旦，同演一淫戲，備極媟狎。方叱下，卽於戲臺前斬之。

朱四芬柔情綽態

道光時，京師有蘇旦朱四芬者，年十四，與徽旦中至美者劉愛紅並稱第一花。以劉長一歲，人又呼朱爲亞紅。有倪姓者入都應京兆試，狎之。一日，開筵宴客，令朱佐觴，柔情綽態，四座瞪眙。命歌《藏舟》劇《小坡羊》一曲。此曲本哀感者，其起句爲「淚盈盈做了江干花片」，朱慮聽者不歡，櫻喉乍啓，一笑嫣然。客有褎周郎癖者，乃口占一絶調之曰：「看花燈下愛花明，花爲人看花有情。粉面春風年十四，樽前笑唱淚盈盈。」朱曰：「殆謂歌此曲不應笑耶？」因又唱《跌包》劇《紅衫兒》一曲，嫩喉淒涼，神色慘至，合座傾聽，不覺泣下，倪至挽其頸令勿再唱，而客亦傾倒備至矣。

旺兒爲花旦

同治初，京伶旺兒爲茶寮中捧盤童子，面白皙，性儇巧，遂爲好事者慫慂入鞠部，爲花旦，振動一時，趨之者如蟻附羶。其唱，以黄腔爲最工，惟步武不中繩尺，蓋未從師之故也。

張三福性坦易

蘇州張三福，字梅生，同治初之京伶也，所居曰月新堂。性坦易，貌姣好，而眉黛間常若有恨色。演《刺虎》最工，亦以其愁眉雙蹙相稱也。頗解作字，浄几明窗，雜陳古帖，兼之魚盎花缾，殊覺别饒清趣。

夏天喜長身玉立

夏天喜，字秋芙，揚州人，同治初之京伶也。長身玉立，回眸一笑，觀者惝怳不能自持。王燊仙與天喜美豔相匹，燊仙固是好女　天喜則近於蕩姬矣。蘇長公謂食河豚值得一死，蘿摩庵老人謂天喜儻是女子，爲我作妾，亦值得一死也。所居曰裕德堂。或贈以楹帖曰：「秋水爲神玉爲骨，芙蓉如面柳如眉。」

杜蝶雲爲生末浄

杜蝶雲，蘇州人，同治時之京伶也。所居曰玉樹堂。初扮旦，後則生、末、浄恣意爲之。偶飾吐火判官，觀者譁訝，蓋聰穎人也。

沈芷秋舉止灑落

沈芷秋，蘇州人，同治時之京伶也，所居曰麗華堂。舉止灑落，矯矯不羣。工崑曲，靜細沈著，不作浮響，每一轉喉，座客肅聽，無復喧呶。一聲初動物皆靜，四座無言星欲稀，蓋芷秋之度曲，有琴理焉。其在春華堂時，齒方稚，時有中書舍人吳某悅之，欲購爲侍史，力不能致，竟吞生鴉片以死。

周稚雲質麗神清

周翠琴，字稚雲，蘇州人，同治時之京伶也。質麗神清，有藐姑仙人之目。未久告殂，知與不知，莫不嗟惋，有以聯輓之者曰：「生在百花前，萬紫千紅齊俯首，春歸三月暮，人間天上總銷魂。」蓋稚雲以花朝前一日生，而其卒也正當春盡耳。

朱蓮芬爲潘文勤所眷

潘文勤公少年鼎貴，悅歌童朱蓮芬而眷之，故其所作之詞多詠蓮華，託興綿邈。蓮芬子幼芬，風貌亦楚楚可人，唱青衫子，雖平平，而舉止嫻雅，猶是承平故態也。

侯俊山顧盼自喜

侯俊山，即老十三旦，張家口人，同、光間在京聲震一時，穆宗殊嬖之。同治某科鄉試，御擬試題二君子坦蕩蕩」，即隱十三旦。「坦」字爲「十」爲「一」爲「旦」，「蕩蕩」則含有兩「旦」字之音，合之爲十三旦也。其《八大錘》舞雙鎗，五花八門，到底不懈，顧盼自喜，遊刃有餘。蓋以秦腔花旦而兼武生，爲楊小樓所不及也。

田桂鳳負盛名

京伶之貼中巨子曰田桂鳳者，負盛名，每唱，則舉國若狂，奔走恐後。貌清麗，微削，兩睛畧露兇光，爲美中不足。其扮戲，以閨門有情致者爲妙，如《拾玉鐲》、《鴻鸞喜》是也。

田善裝束，每登場，必有數人伺應之，梳髮者，貼花者，著衣者，夏則揮扇者，冬則持爐者。且篤嗜阿芙蓉，臨演，非二人更迭裝置不可。其妙在身材婀娜，穠纖修短，雅近婦人，而冠服釵鈿又至精絶華，蓋皆自出心裁，製從新式，故益動人目。扮時一釵一髮，加意安排，鬢若刀裁，眉經新畫，衣裙合度，珠翠盈頭，於一容字，備極工細。故好之者衆，雖姍姍遲至，衆頗耐之。

田性驕，向例末劇皆演胄子，後則有老生作殿者，貼則僅在中劇。自田出，而貼乃爲後勁焉。其睡起最遲，雖夏日，亦及暮。光緒癸巳、壬辰之際，與譚鑫培同主春臺部，故多與之配戲。譚到已晏，而有時猶須待田。及劇止場終，往往柳梢月上矣。田以多得貴人眷，頗致富。

楊桂雲善扮貼

楊桂雲，字朵仙，體胖，善扮貼。面橫闊，多酒肉氣，喉帶北鄙殺伐之音，半啞而近豺，故長於作潑悍劇。最佳者，如《雙釘計》，如《送盒子》，如《馬四遠開茶館》，其猛如雌虎，極奸刁兇淫之致。而又詞鋒鑿鑿，層出不窮，他人爲之，無狂厲至此者。次則如《殺皮》、《十二紅》、《南通州》等劇，凡謀夫害子爲淫婦而具兇悍性者，舉能效之。善哭善笑，面備春秋兩氣，見所歡，惟恐不盡其歡，見所惡，惟恐不恣其惡，頑婦情態，描摹入細。且每至逞兇時，心亦似餒，而必強嗤所歡爲無丈夫氣，挽袖登床，抽刀便斷，至此聲色俱厲，喉皆變徵，若惴惴而強以自支也者。及至訟庭對讞，詞勝則上逼官府，詞敗則雜以詼諧，刁狡淫兇，可歎觀止。

胖巧玲工貼劇

胖巧玲，一作鈴，又作林。京師人，以貼劇著。體貌厚重，扮相化妝之後謂之扮相，南人謂之臺風。不佳，而舌具燦花，如嚦嚦鶯聲囀於花外，長言短語，妙合自然。如《胭脂虎》中之史鍾玉，《浣花溪》中之任容卿，說白皆駢語雅辭，與尋常科白不類。常伶不諳文義，按圖索驥，如拙童背書，斷續梗塞，文理全失。且又多引古書古語，滿篇之乎也者，讀頓頗難，稍不留心，全無收束。如容卿道白中之「舜何人也，予何人也，有爲者亦若是」數句，更爲難讀，非畧通文義，以精神貫之，殊無可取。巧玲貌雖不颺，而心有靈犀，於諸劇雅詞，不啻若自口出，以此見賞於上流人物，不以環肥而少之。

某邸與巧玲善，其卒也，某往送其喪，而懼人之指摘也，乃便衣步其後，兩僕捧衣冠從焉。某侍郎聞而笑之曰：「此頗似《紅樓夢》中賈寶玉在芙蓉池上祭晴雯時也。」某邸聞之，不以爲忤，猶服爲雋論。

于紫雲爲旦界名宿

于紫雲，鬒生三勝之子也，爲旦界名宿。其唱聲柔脆而堅，絶非後輩虚浮一派，去臺遠坐，字音絶清，《彩樓配》、《御碑亭》、《趕三關》、《祭江》、《别宫》、《坐宫盜令》等劇，皆委婉動人。晚年稍近游戲，好演《虹霓關》一劇，效婢子裝，見夫人與伯黨論婚，腹誹眉語，方雙手擎盤茗而出，見之而怒，乃啣杯而指弄其盤，迅急如風，官體並用，喉仍作唱。其唱西皮二六一段，至「自古常言講得好，最狠狠不過婦女心腸」等句，字字酸心，針針見血，觀者點首太息，深入人心。四十以後，不恆登臺，以常奔走達官貴人之門，能鑑别古器，遂以販鬻古董爲業，頗致富。如端忠愍公、楊文敬公，皆常與講論金石、購覓書畫者也。其子小小于三勝，能繩祖武，年十三四，卽登臺演《李陵碑》等劇，饒有家風，老輩見之，謂尚不失三勝舊範也。

一汪水爲戲中嬰寧

一汪水，京師金店藝徒也。性蕩，好作婦人妝，梨園中人有導之入班者，龍門一登，身價十倍。以目波韶秀，體復清潤，故有一汪水之稱，其姓名不可得而詳也。扮戲專重淫蕩一流，如《賣胭脂》、《戰宛城》以色身示人，備諸褻狀，做工唱工，舉所不講。戲規本以笑場爲大忌，水蕩極，故多笑，笑而近美，故人不以爲失場，轉樂觀之。凡與配戲者，必以金店爲諷。都門金店，皆兖捐納、銓選等事，偶演《得意緣》等劇，生爲旦按摩，原本以赴京應舉爲講，以水故，輒以到京捐納爲言。臺下適有此賈，怒將用武，而水不爲辱，亦不還答，每聞妙謔，輒以巾掩口，笑不可仰，倍饒韻致，論者稱之爲戲中之嬰寧也。

時小福唱青衣

時小福，吳人，唱青衣，名出于紫雲、常子和上。素與宜興任筱園制軍道鎔善。光緒辛丑，任以山東巡撫陛見入都，與時遇，時已鬑鬑滿頰，久不登場，任再三強之，乃爲之剃鬚而唱《落花園》一折，酬以三千金，不受。

王瑶卿有名貴氣

王瑶卿少時姿首，不過中人，而有一種名貴氣，盛飾衣冠，儼然貴族。與譚鑫培同供奉内廷，有青衣叫天之號。孝欽后甚眷之，每頒賞，必與譚埒，故頗饒私蓄。

姜妙香擅名一時

姜妙香以青衣小生擅名一時，頗孤介，工繪事。其妻，國色也，至劇場觀劇，爲俞五所見，百計奪之，妙香竟不能與争，遂鬱鬱得咯血疾。乃輟演，杜門不出，一意畫蘭，嘗自題其端，有「幽花只作閉門香」之句。

旦之諸名角

閨門旦須有貞靜氣，當推田桂鳳、王蕙芳，姚佩秋亦差近似。頑笑旦須有潑悍氣，當推楊桂雲及五九。刀馬旦須有富麗氣，如《反延安》、《馬上緣》、《破洪州》之類爲貼劇，非武旦劇也。短衣披氅者方爲武旦。當推楊小朵及蕙芳。粉旦須有淫蕩氣，當推一汪水及桂鳳。此外則專重説白，如《胭脂虎》、《玉玲瓏》、《浣花溪》、《下河南》等劇，固全以長舌取勝也。

五九爲張樵野所眷

五九爲光緒時京師之美伶，張樵野侍郎蔭桓嬖之甚，嘗招之至家，使改婦人妝，侍左右，日酬以五十金，令家人僕役呼之爲少奶奶。久之，亦遂視之爲少主婦也。

楊小朵爲武子彝所眷

武子彝，滇人。任江西知縣，嘗以解餉入都，暱楊小朵。桂雲之子。流連久，囊金罄盡，則爲小朵司簿記。小朶呵叱如僕役，子彝安之，怡然若甚樂者。後其同鄉以子彝迷溺玷鄉譽，迫小朶逐之，不得已，回贛，每語人云：「吾平生最愉快者，獨爲小朶司會計時耳。」

想九霄屢受辱詈

想九霄卽田際雲，色藝兼優，風流藉甚，而屢爲士大夫所辱詈。工部郎中龔才傑口角鋒利，偶於會館堂會中，見九霄至筵前請安，輒呼之爲兔兒。九霄聞之，反身卽去。是日九霄應唱之堂會戲，竟排而未唱。遣人往催，則語來人曰：「想九霄爲供奉王爺之人，非爾等窮措大之玩具。」會館中人竟無如之何。未幾，龔竟爲御史所劾，去官。文芸閣學士亦以其驕而惡之，嘗詈之爲忘八旦，聞者謂此語可爲想九霄三字之的對。其後竟以弄權納賄，怙惡縱淫，奉旨拿辦，忘八旦三字不意成爲考語矣。

寶珊秀美天成

光緒中葉，京伶顏色最麗者，有寶珊，秀美天成，扮《賣餑餑》、《拾玉鐲》等劇，唱做不必甚工，而能使人目注神凝，其麗可想。每出入園市，隨而環視者如蜂屯，如蟻聚。後得故舊提攜，改節讀書，爲人記室以終。

朱素雲美秀而文

朱素雲美秀而文，工書善歌。光緒甲申以前，猶未露頭角也。然李蓴客侍御慈銘識之於前，樊雲門方伯增祥眷之於後，而尤爲陳小亭所暱。小亭，户部書吏子，家饒於財，暱素雲最早，飲食宴處，悉在其家者十年。素雲性揮霍，皆小亭所供，既竭其藏金，復售屋得三四十萬金以繼之。

謝寶琨放意怠工

謝寶琨唱老旦，喉調尚佳，入内廷供奉，孝欽后聞而賞之，遂膺每劇二金之賜。内廷賞賚有等，以次遞加。謝以初唱即獲慈賚，榮而自驕，放意怠工，唱日以退，甚至有走板失調之弊。再入内廷，遂被逐。

四十花門最多

四十者，京師四喜班有名之武旦也，傳槍轉棒，花門最多，如唱《蟠桃會》、《嘉興府》等劇，或多人互擲齊拋，或一人單轉雙弄，奇而不亂，緊而不乖，金鼓和鳴，使人目炫。拋擲一類，戲中謂之傳傢伙；轉弄一類，戲中謂之撚鞭，非水到渠成者不辦，手目偶疎，便虞閃失，場面一失，全節俱隳矣，而四十獨無之。

余莊兒色藝均備

京師武旦，自四十以後，效顰者多，卒不能至，惟余莊兒技與相埒。莊面整意侈，善歌，且工技擊，嬌嫡不羣，士大夫好與往還，頗負時譽。自編新戲多種，以《十粒金丹》爲最。莊扮十三妹，挺然有女丈夫風，奇技俠情，見者心醉。其於傳弄各式，亦精熟圓緊，爲武旦中色藝均備之材。光緒朝，供奉内廷，德宗頗賞之。一日，在大内演《十粒金丹》畢，未解妝，德宗召至内殿，攜手顧隆裕后曰：「此子可稱文武全才。」隆裕以其近御坐，大怒，將訴之孝欽后。上懼，乃以莊所佩倭刀爲真者，將律以御前持械罪，揮之出，曰：「送刑部。」莊遂賄部吏，報病故，不敢復出，京中謂之報黑人。埋頭燕市，近二十年。至宣統時，乃稍稍與人晉接焉。

兩陣風翻轉凌踔

兩陣風，不知何許人，由秦腔改入徽班之武旦也。其柔術精絶，翻轉凌踔，倒行旋舞，種種新式，均非常人所能。與武丑張黑演《賣藝》，各奏所能，皆嬌然不落恆逕。

何桂山有鐵喉之目

何桂山，卽何九，凈之名角，有鐵喉之目。曾與程長庚配戲，長庚亦服之。其喉之高響寬洪，罕與倫比，隨用隨至，從無一時音閉或唱久稍疲者。惟其人爲登徒一流，男女色靡不篤好。每日演劇畢，卽挾資爲冶游，或與同班旦貼之流，相期於南下窪之蘆中以卜晝。俗稱伶與伶相偶者謂之同單。單者，北人呼衾之謂也。桂山之同單，多至不可紀數，有財則散之，無則取諸其偶，人以其誠直，多樂就之。性又好酒，靡日不醉，酒色戕伐至甚，而喉固不失其佳。至老，其好不衰，而其唱亦不衰，異材也。

桂山之演劇，不落恆蹊，而天性躁急，每日興至則入園，入園即扮演而出，或時已晏而壓胄子不爲榮，時或早而頭三齣亦不爲辱，持錢而去，每不知所之。其唱純取中聲，無一字一句不在至響極高之域，雖園廣數畝，樓高數仞，座客仰而靜聽，雖至遠者，亦如覿面促膝，聲聲如在左右，每一放響，誠有貫耳如雷者。惟唱之遲早，難以預定，聞名而來者，午飯稍延，及到園而已去矣。何本崑曲能手，後以樂工配角不備，佳劇亦不能多，惟《鍾馗嫁妹》、《五鬼鬧判》等，爲都人所篤嗜。前場隨手及各觔斗虎戲界謂赤身朱褲，專打觔斗之下把，每戲或四或八者，謂之觔斗虎。經其教演，尚流傳未絶，且此兩劇皆他人所斷不能爲者，桂山死，遂成絶調矣。

李牧子爲浄界大家

李牧子，京伶浄界中之革命大家也，自李出而黑頭之唱一變。其唱以鼻音正音兼用，花腔最多，峭拔鏗鏘，頗足娛耳，如《天水關》中姜維一段，《御果園》中敬德一段，皆燕市人人所效慕者。然學之不善，輒陷爲輕薄子，花腔過多，必至無腔，滑調過多，轉不成調，故自李之後，即謂浄界無人亦無不可。

錢寶峯唱做並佳

錢寶峯以鼻音勝，尤能一嘯震人，劇中謂之哇呀。直如海浪簸舟，人身爲之起落者再，聲巨至此，疑古人噱旨不外是矣。其唱以兼戲謔者爲最佳，正唱如《沙陀國》、《取洛陽》，兼謔者如《白虎帳》即《斬子》。中之焦贊，《大名府》中之李逵，《岳家莊》中之牛臯，極魏徵嫵媚之長，有阿叔不癡之概。光緒中葉，年已六十以外，頭童齒豁，猶能發巨響以驚人。浄以繪面爲難，其花色極精極細。從前師弟授受，有專譜備載其式，謂之臉譜。寶峯固以繪面見長者，唱做並佳，各藝咸備，亦浄界之名家大家也。

金秀山爲浄角第一

金秀山，京人，咸、同間在某部爲官役。官役者，專伺官吏而司奔走者也。操作之餘，恆引吭高歌，聲若洪鐘。聞者咸驚異之，謂之曰："若之藝宜可以雄長曲部，睥睨一世，豈懷才而以潦倒終耶？"秀山心動，於是毅然辭役，而師何桂山。藝成，隸嵩祝成班。當是時，有小穆者，名浄角也，銅錘架子，無不擅長，與孫菊仙同隸嵩祝成。秀山親炙其緒餘，益致力於銅錘，其藝乃駸駸乎駕諸名浄而上之。勝春、同春、四喜先後立，秀山實終始其事。光緒庚子拳亂後，同春蹶而復起，秀山在其中，與譚鑫培偕，論者推爲浄角第一。其爲劇也，雄壯沈着，端凝渾厚，喑嗚叱咤，四座爲之震驚。晚年則蒼勁更甚，凡就聽者，莫不爲之神往。

小穆用鼻音

小穆，卽名浄穆鳳山。黑浄唱腔之用鼻音，小穆實作之俑。蓋以氣弱，遂藉鼻孔出氣以取巧也。將登場，輒先以煙酒、大麥之屬遍餉後臺小角及前臺之看座者，令俟其出臺皆爲之喝采。梨園中人之不滿於小穆者，僉謂小穆之享名卽由於此。

劉鴻聲唱善用氣

劉鴻聲，京師闤闠中人也。以喉佳，能摹擬諸家唱法，人爭譽之。遂入班，唱黑頭，多刱新調，聲名鼎鼎，見重一世。惟酷好酒色，兼容併包，夜無虛夕。積久，體不支，兩脛竟廢，失業貧甚。基庫李某憐之，輿至其家，爲之飲食醫藥。期年漸起，久之遂能步，後竟杖而行。未幾大健，復能登臺，惟略跛耳。李年老而慈，於劉有再生恩，劉遂父事之。初出，猶止宿其家，後乃自爲室，而仍間日往省，李亦時時顧之，事無大小，多秉命而行。性絕驕，園人不能御，惟李可以強之。每近色，則李之所以防而戒之者嚴，故不至橫逸，其技之進，皆李左右之也。

劉病起，氣較弱，以淨用力多，改唱生，而生唱中仍時時雜以淨，蓋習之久耳。其唱響脆高洪，以善用氣，故能延極長之聲，雖時以太過取譏於人，而音之充滿，究特異於衆也。

劉趕三敏於口

京師名丑之以有白有唱諧正兼行者，前有楊三胖丑，後有劉趕三。趕三敏於口，片語能歡座人，如扮《闖山》中之周鼎，《查關》中之娑羅院，皆盡掃陳言，獨標新諦。扮貼者舌戰少弱，爲所窘者不知凡幾矣。

劉於崑曲、徽調皆能之，居常一驢一笠，往來長安市。唱《探親相罵》時，卽以其驢上臺，驢亦熟諳臺步，不異蕭梁舞馬也。惟詈人太過，往往口給取憎。然性至木強，屢辱不改，肆口傷衆，受梃於巡城御史署中溺桶旁者屢矣。後以獲罪親貴，頗知悔，漸謹飭。每行，見車有前導者，則鞭驢避道。或喝問之，輒下騎，去頂上所盤髮辮，垂手屈一膝作禮，敬對曰：「小的劉趕三。」其人乃大笑而去。

羅百歲爲丑界翹楚

羅百歲，京師人，專唱丑角，而唱工特勝，能效汪桂芬、譚鑫培各音，故於丑界爲翹楚。說白清利圓穩，有真能力，做工、臺步靡不精到。扮蔣幹，扮賈貴，均爲人所難能，而獨唱《拾金》之聲調之佳，合唱《活捉》之臺步之敏，更不可復得，固非以專工俚語，便可作丑也。

羅與秦腔老生十三紅最莫逆。蓋羅初甚窘迫，十三紅與有解衣推食之誼。迨羅聲譽既起，同輩爭與交好，羅輒不爲禮。問之，則曰：「十三紅與我不同道，愛我而好我若此，是真知己也。若輩回想前數年待我如何者，可以休矣。」

趙仙舫滿口新名詞

趙仙舫，名丑也。以隆準故，人以大鼻子呼之。都中好作此類諧稱，如從前名丑大骨頭之類，奇稱甚多。齒牙伶利，語妙如環。光緒庚子以來，海内尚新學，趙頗通文理，專以新名詞見長。每登臺，改良、進化諸名詞，滿口皆是，妙在運用切合，不知者或誤以爲東瀛負笈歸也。宣統辛亥以前，病死京師，後遂無繼起者。然滬伶之似此者則較多，固不僅夏月珊、夏月潤、潘月樵諸人已也。

草上飛張黑之縱躍

草上飛、張黑，京師武丑之曠世罕有者也，皆捷如猿猱，迅如飛燕，任意翻倒，隨情縱躍。唱《三上弔》時，貫索兩樓之顛，由臺飛跨而上，或往或來，或倒懸，或斜絆，或踞坐其上，或徐步其端，最後以髮掛而口啣之，掣令其身上下，此二人所並能者也。

草上飛不知其姓名，以鯉魚打挺爲最奇，平卧於地，初則身高五六尺，次八九尺，再則一丈以外，每下，復落於原處，不知何由運力也。張黑幼習拳術，毆人亡命，遂入梨園。其得意者爲《賣藝》、《三上弔》等劇，能以手拍圈椅兩足，躍而登，旋翻而上，卽以手持椅，與之同翻，以椅之足爲其手，足起則椅落，椅起則足落，憑空增其半身，翻騰自若。後以樓上有人議其微瑕，飛而及樓，將與尋衅。未至樓，而人擲以茗具，顛，遂傷脛腰，不復能奏奇技，一從事於説白，輒演《盗御馬》中楊衺武之類，以自矜異。

昭容雪如覲高宗

高宗南巡至清江，曾召女伶昭容，旋以錮車錦幰送揚州，賜玉如意、粉盝、金瓶、緑玉簪、赤瑛、玉杯、珠串諸珍物。又有雪如者，高宗嘗以手撫其肩，雪如乃於肩上繡小龍，以彰其寵。

黃翠兒色藝冠時

黃翠兒，字緑筠，嘉慶初之常熟女伶，王天福妾也。初，大婦三胖子遇之虐，旋以色藝冠時，舉家仰食於翠，始善視之。山陰童杏浦見而傾倒，留頓浹旬，欲以多金贖之，翠亦願奉杏浦盥匜，格於勢，未果。無何，而遂有小玉奴之事。小玉奴者，天福之媳，早歲曾適童姓，繼歸於王，亦以脂粉爲生，其父母知之有年，一旦訟之有司，意欲別售富室子。事本與翠不相涉，有以讒言進者，將居翠爲奇貨，遂被逮。時翠方娠，杏浦爲之上下營救，始以疾放歸。驚心甫定，懷珠遽隕，風雨梨花，幾經摧折矣。

先是，有河南某丞慕翠名，思購爲妾。某素漁色，且自頂及趾，無雅骨，翠百計辭之，僅而獲免。會以訟餘養痾江寧，某又極於所往，覘翠孤弱，將劫之以行。翠闔户悲號，截髮以誓，事乃寢。比其反也，歲事云暮，天福夫婦方以訟事破家，不能自存，翠雖心乎杏浦，而身處窘鄉，義難恝然以去，且天福夫婦亦不欲遽捨此錢樹子也，遂不果。時杏浦館安宜，歲時問遺，常不絕也。

大寶齡氣象峥嶸

大寶齡，廣陵人。面目開闊，氣象峥嶸，一洗青樓冶蕩之習。舊在揚州演劇，扮大花面，聲若洪鐘，《紅樓夢》中之葵官也。同治初，至江寧，或嫌其過於豪放，解之者曰：「柳耆卿曉風殘月，與蘇長公大江東去，並美詞場，何必嫋嫋娉娉之爲是，而錚錚佼佼之爲非乎？」

張桂芳演女劇

光緒初，滬有女伶張桂芳者，專演女劇。其女芷香能繼之，則扮小生、官生角色。

周處演御果園

滬有女伶曰周處者，以唱浄著。一日，有豪客臨劇場，使演《御果園》，語之曰：「果能袒裼登臺，當以巨金爲犒。」蓋《御果園》中之飾尉遲恭者，每赤身出場，客故云云。周利其金，竟從之。其實周登臺時，有長尺許之假鬚，披拂胸前，兩乳被掩無跡，此外雖袒以示人，原無别於男子也。

金月梅以做工勝

女伶金月梅初以晉人而久居南方，故柔媚如蘇杭佳麗。其於戲，用心甚至，每扮一角，必有所揣摩，或貞或淫，或悲或喜，或賢妻慈母，或靜女妖姬，傳意傳神，惟妙惟肖，大抵尤以悲惋有情致者爲最得手。且以識字，能閲小説，往往自排新戲，如演《占花魁》中之花魁，《怒沉百寶箱》中之杜十娘，抑鬱牢騷，儼同實事。初著稱於海上，一時名士頗有欲納之者。且月梅有戲癖，悲歡一發於戲，故揣摩能工。後嫁傖伶李長山，致富數十萬金，蟄居津門，母喪後亦不復出。女伶以做工勝者，惟此一人。惟做戲過近人情，口白亦流走太過，似新戲非舊戲，於戲界究爲别派也。

謝珊珊演彩樓配

光緒癸卯冬，御史張元奇以某貴人狎妓，有失大臣體，具摺嚴參。蓋某美丰儀，喜狹邪游，南妓謝珊珊至京，某宴客於城東餘園，招之侑觴。酒酣，就餘園劇場演劇，與珊珊合演《彩樓配》，爲張所聞，據實上奏也。其父某方綰樞要，怒甚，遂令南營將士悉將妓館封閉數日以示懲。

王克琴有得意之作

女伶王克琴在津，亦以技名，惟喉音過尖，唱頗刺耳。性頗暴，往往於臺上詈人。特尚能京語，較津音略佳。演《雙釘計》等劇，兇燄大張，習與性合，亦爲得意之作。他如《翠屛山》、《梵王宫》、《浣花溪》，或尚做工，或尚態度，或尚口齒，均能近似，然欲以名家則尚遠也。

楊翠喜長身玉立

天津女伶，以楊翠喜爲最著，實亦浪得虚名也。以親貴某見而垂青，經臺垣一疏，遂傳不朽。某旋即内不自安，上疏請解職，疏略云：「臣系出天潢，夙叨門蔭，誦詩不達，乃專對而使四方；恩寵有加，遂破格而躋九列。倏當時事艱難之會，本無資勢才望可言。卒因更事之無多，遂至人言之交集。雖水落石出，聖明無不燭之私，而地厚天高，跼蹐有難安之隱。所慮因循戀棧，貽衰親後顧之憂；豈惟庸懦無能，負兩聖知人之哲。不可爲子，不可爲人。再四思維，惟有懇請開去一切差使，願從此閉門思過，得長享光天化日之優容。倘他時晚蓋前愆，或尚有墜露輕塵之報稱。」

翠喜貌本平平，惟長身玉立，有弱柳迎風之致，觀者重之。其唱口不佳，說白亦僅平穩。原籍本文安，稍長，從母鬻技津門，居常不與人往還，尚守伶界清律。鹾商王五夤緣得近之，旋與之約，以三千金貯之金屋，乃與有交。事定，適貝子至津，觀之而善，以佳人難得爲歎，爲翠喜所聞，恐入侯門，遂急踐五之約，得半價。其母挾以返里，料量田宅而歸。五遣人伴之，雖來往過都，實未駐足，更無入府復出之事，至津卽歸於五。每梨園演劇，時與諸姬往觀，人多識者，疏中所云「水落石出」，卽指此也。

恩曉峯舉止大雅

恩曉峯，幼讀書，酷好聽戲，心領神會，於名伶所長，咸能默悟。及長，遂獻藝梨園。唱工摹譚鑫培派，間有孫菊仙、汪桂芬之餘音。鎔冶既久，自樹一幟，舉止大雅，恰合鬚生，臺步之佳，猶其餘事也。

尤鑫培爲吳綬卿所眷

吳綬卿中丞祿貞督辦延吉墾務時，佩邊防大臣印駐節瀋陽，跅弛自憙，朝飲麋血，夕走脂坡，歌臺舞榭中，無日不有其蹤跡，尤賞女伶尤鑫培。尤以夭媚蜚聲一時，既受吳眷，名益著。未幾，以五千金聘之而去。宣統辛亥秋，石家莊之變，吳旣被害，尤在津門，仍操故業矣。

金玉蘭夙慧

自鮮靈芝由津入都，而京都始有女伶，於是楊翠喜、劉喜奎相繼而往，未幾而金玉蘭亦至。玉蘭本貧家女，或曰京師人，或曰揚州人，不可知。父早死，其母攜之寓天津，與下天仙戲園鄰。時翠喜方馳譽津門，其出入也，怒馬澤車，裝飾眩麗，潤色并及其母。而玉蘭之母豔之，乃以玉蘭師某伶，教之劇曲，學秦腔。玉蘭夙慧，未一歲，卽通其技，合拍中節，遂登場演劇。久之，名噪甚。有某將軍者，深賞之，乃出二千金爲之梳櫳。

宣統辛亥，改革事起，吳綬卿死於灤州，六鎭兵譁，天津亂兵亦乘機搶掠，伶人星散。玉蘭與母逃之鄉，途爲亂兵所掠，見其母老，欲戕之，玉蘭力求免母，願殺己以代。兵憐而從之，仍挾母女行。俄有二卒尾至，相與擁玉蘭入道旁叢塚間，欲遞淫焉。方纏縛間，玉蘭視旁一卒若有不然色，乃急呼曰：「某叔，豈忍視我辱耶？」卒於劇場中固識玉蘭者，乃大呼，起斥衆，不當行強凌一弱女子，且謂此吾盟姪也，何可污。於是衆謝不知，以玉蘭付卒，卒脫玉蘭衣飾與衆，攜之俱歸。玉蘭深感卒義，拜爲義父，且告卒以某將軍視己厚，倘語之，必可得濟。時某將軍駐兵近畿，卒持玉蘭手書詣之。將軍大動，出金，令二人偕卒往，慰玉蘭，并召之，自此玉蘭遂寓將軍所，卒亦得玉蘭力，補伍。將軍欲納玉蘭，而母望奢，將軍不能如所欲，因不果。

清稗類鈔

娼妓類

公娼私娼

古有官妓，今無之，然有公娼、私娼之分。納捐於官中，略如營業稅，得公然懸牌，可以出而侑酒、設宴於家者爲公，反是則私。至業此之鴇，所蓄錢樹子，悉爲其假女，姓名皆僞託，閱時稍久，遂不可問，公私皆然，固不僅年齡之不能確計也。

妓有花榜

伶之花榜行於京師，而妓之花榜則屢見不一見，亦以狀元、榜眼、探花甲乙之。一經品題，聲價十倍，其不得列於榜者，輒引以爲憾。然其間之黜陟，亦係乎個人之愛憎，且亦有行賄而得者，其不足徵信，亦與伶之花榜無以異也。

順治丙申秋，松江沈某至蘇，欲定花榜，與下堡金又文招致蘇松名姝五十餘人，選虎丘梅花樓爲花場，品定高下，以朱雲爲狀元，錢端爲榜眼，余華爲探花，某某等爲二十八宿，綵旗錦幰，自胥門迎至虎丘，畫舫蘭橈，傾城遊宴。

順治末，蘇州有金某者，爲相國之俊之宗人，恃勢橫甚，而家亦豪富，爲暴甚多，前有殺人事，未白，復集全吴名妓，品定上下，爲臚傳體，即花榜也。約於某日，親賜出身，自一甲至三甲，諸名妓將次第受賞。虎阜，其唱名處也，傾城聚觀。時李森先奉旨巡按至吴，廉得之，急收捕，并訊殺人事，杖數十，不即死，再鞫，斃之。

乾、嘉時，顧姬霞娛工曲能詩，居揚州姜家墩。錢湘舲遊邗上，於謝未堂司寇筵次品題諸妓，以揚小寶爲狀元，霞娛爲榜眼，楊高三爲探花。

光緒丁丑，上海有書仙花榜，凡名姝二十有八人，而以一花比一姝，各區品目，並列評語。一麗品，王逸卿，芍藥，獨擅風華，自成馨逸。二雅品，李佩蘭，海棠，天半朱霞，雲中白鶴。三韻品，胡素娟，杏花，風前新柳，花底嬌鶯。四玲品，李琴仙，珠蘭，雲天氣概，冰雪聰明。五逸品，李寶卿，玉簪，秀韻天成，逸情雲上。六清品，袁月仙，薔薇，奇花初胎，生氣遠出。七真品，胡寶卿，木香，流水今日，明月前身。八時品，朱秀卿，杜鵑，鐵中錚錚，庸中佼佼。九練品，朱素蘭，藍菊，躡跡寰中，舉頭天外。十俠品，朱幼卿，蜀葵，珠光射斗，劍氣冲霄。十一英品，朱管卿，茉莉，後來之秀，實獲我心。十二穉品，朱榮卿，牽牛，駢枝並蒂，合璧聯珠。十三穠品，趙文翠，紫薇，瑶臺碧日，瓊海珊枝。十四倩品，黄寶卿，木芙蓉，弱不禁風，嫩還怯日。十五名品，朱湘卿，玉蘭，嚼花吹葉，抱月彈風。十六俊品，吴麗娟，梔子，明漪絶底，清露未晞。十七能品，朱鳳娟，玫瑰，周旋中規，折旋中矩。十八柔品，周愛寶，山茶，緑水鴛鴦，青春鸚鵡。十九幽品，朱佩卿，月季，寶鼎香濃，繡簾風細。二十豐品，朱玉卿，繡球，緱山之鶴，華頂之蓮。二十一循品，沈永卿，鳳仙，盈盈秋水，淡淡春山。二十二冶品，朱素芳，碧桃，碧桃滿樹，白雲初晴。二十三姣品，陳月娥，荼蘼，超心鍊冶，著手成春。二十四媚品，楊雲卿，萱花，花開含笑，草種忘憂。二十五膩品，劉文卿，夾竹桃，桃李春風，梧桐夜雨。二十六腴品，江素娥，石榴，癢堪搔背，痛擬捧心。二十七穩品，金素娟，蠟梅，好鳥枝頭，落花水面。二十八豪品，陳芝香，雞冠，耳際風生，鼻中火出。

光緒戊子夏季，上海又有花榜，凡十六人。其第一曰文波樓主姚蓉初，入座留香，當筵顧影，豔如桃李，爛比雲霞，以色勝。第二曰饑素盦主張素雲，豔態迷離，神光離合，豐肌雪膩，媚眼星攢，以態勝。第三曰小廣寒宮仙子陸月舫，體比梅肥，氣同蘭馥，端莊流麗，幽逸風流，以靜勝。第四曰媚春樓主朱素蘭，半面兜情，雙眉起秀，明眸送媚，憨態消狂，以態勝。第五曰蘭茗館主呂翠蘭，粉面呈妍，清矑流盼，珠光四映，玉色遥參，以色勝。第六曰語紅樓主王月紅，麗如月朗，妍比花鮮，貌似珠圓，肌同玉潤，以色勝。第七曰韻珠樓主張善貞，逸響凌雲，妍姿瘦月，歌筵盪氣，夢枕銷魂，以度勝。第八曰絳跗仙館主林黛玉，蓄意纏綿，含情綿邈，嫣然一笑，神在箇中，以韻勝。第九曰湘春館主胡月娥，粉裝玉琢，雪媚花妍，鼻準堆瓊，眉峰横翠，以色勝。第十曰蘭語樓主李秀貞，以貞存心，其秀在骨，態濃意遠，語媚音嬌，以情勝。第十一曰瓊蕤閣主張月娥，薄嗔含嬌，蓄情寄笑，桃花釀色，蘭蕋流芬，以情勝。第十二曰綺霞閣主唐紅玉，容比月圓，視同烟媚，唐環漢合，大玉明珠，以豐勝。第十三曰環碧樓主楊翠芬，秀外慧中，豐碩秀整，號肉屏風，稱大體雙，以豔勝。第十四曰涵碧樓主林湘君，腰細楊柳，臉媚芙蓉，秋水凝愁，遠山蹙黛，以態勝。第十五曰飛雲閣主姚雪鴻，宜笑宜顰，若近若遠，意藏於靜，神注於嬌，以媚勝。第十六曰凝秋榭主朱素芳，素面呈嬌，纖軀逞媚，婀娜流利，竟體芳蘭，以娟勝。

妓之奉客

妓之所以奉客者，夜度而外，曰侑酒，清歌一曲，足以怡情，此外則或飲或博，無非作爲無益而已。

跳槽

跳槽頭，原指妓女而言，謂其琵琶別抱也，譬以馬之就飲食，移就別槽耳。後則以言狎客，謂其去此適彼。不得其解，或本元人傳奇，以魏明帝爲跳槽語也。

烏師

烏師者，妓院之樂師也，南方皆有之。妓出而應徵，烏師輒攜胡絃以從，於席次佐曲。

京師之妓

京師皇華坊有東院，有本司衚衕。本司者，教坊司也。又有勾欄衚衕、演樂衚衕，後改眼藥衚衕，在四牌樓南。其相近復有馬姑娘、宋姑娘衚衕、粉子衚衕，出城則有南院，皆舊日之北里也。順治初，沿明制，設教坊司。

京師指妓館所在地曰衚衕。衚衕者，火弄之音轉耳。凡小巷皆曰衚衕，而獨以衚衕爲北里代名詞，遂以游妓館爲逛衚衕。又指妓館曰小班。小班之名，起於光緒中葉，内城口袋底、磚塔衚衕等地，均有蓄歌妓者，曰小班，以别於外城劇園名某班某班者云爾。自經庚子之亂，内城歌妓星散，而外城各妓館遂沿襲其名，非十年前之舊也。

丁酉、戊戌間，南城娼寮頗卑劣，視韓家潭之伶館不如遠甚。其規制，大抵一果席，二金又當十錢四緡，其次則不設宴，不歌曲，但可留宿，費當十錢二十緡耳。費既少，妓之程度亦甚卑下，僕御走卒得一金，即可強邀一宿，羣妓亦欣然就之。蜀南蕭龍友謂黔卒里使窟穴其中，非虚言也。

京師妓館分三級，一等卽小班，二等謂之茶室，三等謂之下處。此乃營業等級之區别，别有南幫、北幫之稱，則地理上之關係也。

妓寮向分南北幫，界限頗嚴，南不侵北，北不擾南。大抵南幫活潑，而不免浮滑，北幫誠實，而不免固執。南幫儀態萬方，酬應周至，若北幫則床笫外無技能，偎抱外無酬酢。顧亭林論社會情況，以「羣居終日，言不及義，好行小慧」評南人，以「飽食終日，無所用心」評北人，觀南北兩幫之妓女亦猶是也。

北幫妓女，例有上車、下車之典禮，客必賀之。

北幫之養幼女者，教以彈唱，稍長，令至衏院爲妓，得賃金，京師曰領家，亦猶蘇滬之稱本家者也。

歲時，妓恒歸省之。

大了，北幫妓院有之，率爲四五十齡之老婦，管理全院之事，意謂妓與客一切之交涉，皆可由彼了之。妓欲留客，亦必向其請命，得其同意而後可。

南幫妓院例，男傭之外，又有女婢以供驅使。而北幫妓院反是，房中役使之人，皆青年子弟，稱之曰茶壺。

北幫妓院之妓及傭，對於顧客，恒爲同等之待遇，即有軒輊，亦不形諸面目，且不以衣飾之優劣，定遊客之等級，南幫則不然。

合南幫、北幫計之，在光緒丁酉、戊戌間，僅三十七家耳，一家不逾十人，少僅三五人。生客以排果席爲相見禮，一次給現金，此後則皆記之於簿，以故逃債者甚多，掌班者虧累不支，倒閉相屬。庚子亂後，改絃更張，此輩乃得藉以自存，而章制亦略有變更。入門，座客盈室，奴導入小屋中憩息，謂之坐櫃房。前客去，乃引入所親室，謂之到本房。約坐一小時，攬衣起，出擲銀幣一圓於案，鏗然有聲，謂之開盤子。客留止宿，夜度資費銀幣八圓，亦有十二圓者。

光緒末葉，擄人勒贖之風甚熾，妓之著名者，每出門，輒被擄，故相戒不敢出局。業此者，北人謂之渾渾。庚子亂，渾渾多戕死。警署立，又實行保衛，各妓衣服麗都，徹夜來往，老妓見之，咸謂別有天地，非復人間也。

京、滬冶游，有一異點。滬之長三，非有確實之介紹人，不能入門，蓋純係以信用爲主，屬人主義也。京師則不然，無論生張熟魏，識與不識，皆可問津，且大了高叫見客，妓即相率而出，任客選擇也。

冶游者夜手一紙製白小燈，入其門，謂之闖門子。燈爲娼家所贈，甲所贈，攜入乙門而捨之，出乙門，則乙又贈之，以入丙門矣。以是之故，妓寮門內，皆懸紙製白小燈纍纍。入門，羣僕旁立，大呼見客者，上門桁以朱色紙署其班名，紅色布二三尺許，垂於門端，門燈大書「鴻禧」二赤字者是也。

京師酒館，不能召妓侑酒，若在妓院肆筵設席則可。

有所謂割靴者，以甲眷某妓，而其友某乙於暗中復狎暱之也。二人共狎一妓，則稱爲靴兄靴弟，而伶界亦有此言。

或作《燕京雜詠》，其一云：「金粉飄零燕子磯，空梁泥落舊烏衣。如何海外鶼鶼鳥，還傍華林玉樹飛。」蓋指東西洋娼妓雜居內城者而言也。自光緒辛丑和議以後，京師禁令大開，東單牌樓二條胡同第一樓者，初爲日本娼寮所在，馬櫻花下，人影幢幢。繼而改爲西娼，門前遂漸冷落。

道光以前，京師最重像姑，絶少妓寮，金魚池等處，特輿隸溷集之地耳。咸豐時，妓風大熾，胭脂、石頭等衚衕，家懸紗燈，門揭紅帖，每過午，香車絡繹，遊客如雲，呼酒送客之聲，徹夜震耳。士大夫相習成風，恬不知怪，身敗名裂，且有因之褫官者。

京師之伶不敢謁妓，卒然遇之，必屈一膝以致敬，稱之曰姑姑，妓則貽以手巾、荷包等事。光緒庚子以後，伶漸縱恣，與妓會見，則不然，其後且有相狎者矣。然妓女若與優伶共宿，則人皆賤之，若與閹人共宿，則聞者不復顧。

天津之妓

天津密邇京師，水陸交會，俗頗奢靡，故聲色最焉，纏頭豐侈，游人紛沓。國初率多土著，洎康熙時，秦、晉之妓亦聞風而麕至矣。然佳者蓋寡，其稍稍出色者，卽不能留也。至光緒時，妓館之上等者，皆在侯家後，有南幫、北幫之別，更分爲小曲班、坐排班各等。蓋自汽船通後，南幫妓至，遂日盛一日矣。南幫多蘇、揚人，北幫多直隸人。

北幫女閭自稱曰店，其龜鴇曰掌櫃，假母曰領家，領家所居之處曰良房，指引桃源之人曰跑洋河，一曰跑河兒。稍佳之處曰大地方，次者曰小地方。客至，男僕相迎，讓客歸坐，卽捲簾大呼見客，則諸妓相率而至矣。客選中某妓，則開煙盤，打茶圍，曰坐過，收夜度資之半也。客有故稱不中意而行者，謂之打糠燈。至暮，遊人甚夥，東出西進，彼往此來，尤以營伍中人爲多，人稱爲大袴脚，間有專以打糠燈爲事者。等而下之，則在西城外之西關及紫竹林。租界外亦有土娼，所居多矮屋泥垣。

狗男女者，天津下等妓院之名稱，次於小曲班、坐排班者也。光緒時有之，下流社會之人趨之若鶩。若曰此等男女，不擇地，不擇偶，而隨在可合，如狗之奔走道途，急急求歡也。

粵妓多在紫竹林，衣飾簪珥，迴異北地胭脂，俗稱曰廣東娼。然皆北產而爲粵鴇所豢，因習其語言，從其風尚也。

距天津城之西三十里，有地名楊柳青者，瀕運河，人家皆曲折隨水，多樹，繞屋扶疏，中多女閭，始於順、康，至光緒之初葉猶未衰。

開封之妓

開封之妓，上者曰馬班子，居第四巷，或寄居逆旅以伺客，蓋藝妓也。其住會館衚衕者，則專以夜度爲事。

鄭州之妓

鄭州亦有馬班子，善謳侉侉調，若招使侑酒，須錢三千文。其至也，有男傭鳴鑼爲導，且行且擊，蓋預報其至也。逡巡間，妓隨之而進，屈一膝，徧向座客行禮，乃就坐，問座客姓名，行酒畢，手持上有劇目長可尺許之扇，乞主人點曲，主人還以讓之客。點一曲，更賞錢二千文。其下等者，日奔走於鐵路之沿軌，伺過客，隨之入逆旅，嬲客點曲，或且留宿焉。客不屬意，輒出房盤旋於院中以避之。

奉天之妓

奉天之妓院，俗呼爲窰子，分三等，上等曰京班，中等、下等皆曰堂。大率爲京、津、山左之産，而絶無土著。彈唱時，用二胡，皆大鼓調、梆子調也。間有一二能西皮、二黄者，則居爲奇貨，聲價十倍。光緒乙巳以前，衣色尚紅緑，首飾尚長大，塗抹脂粉，自謂美觀。與人對語，口中時有惡臭，則好食葱蒜之故也。

光緒末葉，奉天衙署局所多南人，而江、浙人尤多，於是妓界始有揚州人，繼則蘇州、杭州名妓亦漸有至者。風尚所趨，以致北妓亦盡效南人妝飾，衣服姿態，爲之一變，有南班子、北班子之分。至丁未，官廳以各妓散居，不易檢查，特於西關外改築馬路，直通鐵道，以餘資創平康里五衖，建屋百餘間，使妓院聚於一處。有私行賣笑者，查出懲之。

妓院之規例，其始惟上盤子、留宿二事而已，罕有叫局者。自平康里既成，南妓絡繹赴奉，一二衖中，南妓實居多數，並有南北合院者，北妓亦盡效南妝，始有花酒、和局等種種繁費。惟叫局尚須銀幣五圓，以須侍坐與客同散，不若上海之一唱即去也。

客游於妓院，入門，則妓出迎，謂之見客。客選定一妓，謂之招呼。其最上者，所費之銀幣，上盤子二十角，夜度及博各一百二十角，置酒二百八十角，便餐一百八十角，侑酒五十角。

客初至而欲留宿，須先上盤子，蓋以呈身爲方針耳。留宿須先給資而後入房。而妓女與客有染者，以打罵爲親愛，否則客必鬱鬱不歡，以爲大辱。客至一次，須上一盤子。而規則甚嚴，客狎一妓，凡客之戚友曾同往一次者，即以大爺、二爺呼之，以客禮相待，不能再上盤子，非本客斷絕，別狎他人，不能接待，否則錢雖多，不可也。

土坑，最下等之妓也，旗、漢皆有之。夜度資有銀幣三圓、二圓之別，其狎客以中流社會之人爲多。土窰子皆土著，入夜，客挾制錢五六百文以往，即可於翌晨出門，所往者爲販夫走卒。

蘭州之妓

蘭州之妓，皆爲私賣，且十九非土著，大率各省之官幕兩途，流落隴中，不得已而賣淫者。狎客相語，甲曰「今日吾見某太太」，乙曰「今日吾見某師奶奶」也。

山東大道之妓

同治朝，南北汽船未通之時，凡騾車所經處所，必有逆旅。遵陸者輒於日暮投宿，卸裝入户，恒有所謂小媳婦兒者隨之以進，手抱琵琶，嬲客點戲，强聒不休。夜闌鐙灺，即可留髡，否則亦必唱一二曲，得有酬資而後去。其劣者，則薄予幾錢，亦退矣。惟面目類皆醜惡，濃抹脂粉，高髻緊袴，僅見其剛健而不見其婀娜也。

蘇州揚州清江之妓

古之佳人，大抵出於燕、趙，實指妓女而言。晚近以來，則以揚子江流域之江蘇爲多，蘇州、揚州、清江皆有之，引類呼朋，分往各省，南之閩、粤，北之遼、瀋，無不爲其殖民之地。亦以舟車大通，無羈旅行役之苦，有賓至如歸之樂也。

江蘇多美婦人，不獨蘇州也，而蘇爲尤美。但以娼妓言之，金閶名姬，所在皆有，其在上海者無論矣，近而浙、皖，遠而湘、鄂，且北及於燕、趙以出榆關，所至爲人歡迎，固著稱於通國也。他若揚州、若清江之隸名樂籍者亦多，惟行蹤不甚遠，亦猶汽車、汽船未通以前之情狀耳。

院女之稱姑娘，自蘇滬外，各省皆然。

蘇州之妓

蘇州爲東南一大都會，俗尚豪華，賓游絡繹。宴客者多買棹虎邱，畫舫笙歌，四時不絕，垂楊曲巷，綺閣深藏，銀燭留髡，金觴勸客，見之者輒疑爲天上人也。

蘇之蓄妓者若置產，曰該討人。妓欲嫁人，非出錢與之以自贖不可也。

官人，分任官職者也。「知人則哲，能官人」。又稱人之有官者，韓愈《王適墓誌》：「一女憐之，必嫁官人，不以與凡子。」《宋史》：「岳雲年十二，即從張憲戰，多得其力，軍中呼爲贏官人。」其後常人亦冒此稱。《武林舊事》所載，有金四官人以棋著，陳三官人以演史著。《夢粱錄》所載，有徐官人幞頭鋪，崔官人扇面鋪皆是。久之而亦稱妓爲官人，蓋言其受轄於官而非私娼可比，類於古時官妓之爲在官人役也。後又曰倌人，然非《詩》之「命彼倌人」之爲主駕車馬之官，徒以官而誤爲倌耳。

女傭之已嫁者曰娘姨，未嫁者曰大姐，隨妓應召而往曰跟局。妓以齒稚貌陋，不能度夜，而以娘姨、大姐之名義代小先生營業者，曰打底娘姨、大姐。且有曾爲妓而忽降爲跟局者，又有向爲跟局而忽升爲妓者。

乾隆時，蘇之船娘纏頭有餘，即購樓臺於近水處，几案整潔，筆墨精良，春秋佳日，妝罷登舟，極煙波容與之趣。薄暮維船，登樓重讌，添酒迴鐙，宛如閨閣。遇風雨，不出門，至酷暑嚴寒，雖千呼萬喚不出也。

光緒初，蘇州之湖田，平康最盛，有數百家。及闢商埠於青陽地，妓館遂多。未幾而又移之於閶門外矣。

上海之妓

上海以有滬瀆在邑之東北，故俗稱曰滬。一隅之地，靡麗紛華，甲於通國。花爲世界，月作樓臺，自夜向晨，徵歌鬭舞，由城外以達城内，固所在皆如是也。

滬自嘉、道間名流踵至，提倡風雅，領袖章臺者，如王月仙、褚雲孫，固一時之秀也。其時朱某、陳某以財雄，丁某、王某以俠著，閩、粵大賈固皆擁有巨貲，不惜千金爲此中生色也。

道、咸之交，妓院皆在城中，虹橋左側，鱗次以居，妍媸畢具，門户各分，以産於蘇、常者爲佳，土著次之，維揚、江北又其次也。修容飾貌，争妍取憐，所著衣服，競尚新裁。

唐家衖有二，唐瑜之故宅也。在魚行橋南爲東衖，在闖水橋西爲西衖，悉麗人所居。途雖邐迤，游踪競集，粉壁明窗，備極閒雅。每至更闌人靜，琴韻簫聲，猶徹牆外。閩、粵大腹賈擁厚貲者，遨遊其間，意有所屬，輒張夜讌，鬭酒藏鈎，樂無逾此。纏頭一擲，動費不貲。

梅家衖以梅宣使得名，地頗幽僻。每有麗姝，避喧趨寂，僦屋其中，靚妝雅服，位置自高，羞與市倡爲伍。惜有鋤蘭惡客，斫桂荒傖，摧折百端，以致一月數遷，不遑安處。

鴛鴦廳側，地亦幽深，十餘家相連屬。每有闤闠豪家，月出數十金，供其揮霍，自此閉置閑房，他客不能見矣。然間多黠者，俟其他出，則竊召所懽，啗以重金，甘爲野鴛，恥作家雞，烟花本質，往往然矣。故鮮有能謝客杜門，日不下樓者。

虹橋西南爲白栅，曲折以行爲西倉橋，白栅南爲張家衖，其地附近，多藏名姬。間有雙趺不纏，而姿首明秀，稍著名譽者，大概來自吳門，無所依著，遂不得不作此生活。

咸豐癸丑以後，妓院漸移城外。馬路既建，闤闠日盛，層樓複閣，金碧巍煥，又得名花以點綴其間，於是趨之者如騖。庚辛之交，江、浙淪陷，士女自四方至者，雲臻霧沛，遂爲北里鉅觀。

同治初元，東南兵亂，僦居者衆，貿易繁盛，利市三倍，青樓中擁厚貲者，指不勝屈。丙丁以後，亂既底定，富商殷户皆各回鄉，闤闠遽爲減色，擲纏頭者非復如前之慷慨矣。

妓院之房闥，多以西洋印花紙糊牆壁。所置扇屏燈幔，悉畫疊梅，頗有雅致。陳設各物亦極精麗，掛壁則有鏤金大鏡，近窗則有軟籐睡椅，别以獨脚小圓几列水果其上以供客，呼爲百靈臺。蓋所蓄百靈鳥籠中必有小圓臺，此則取其象形之義也。

同、光間，滬城之妓，皆在老北門内沈香閣東，最著者爲朱家莊。過小石橋爲季家衖、畫錦坊，西爲薛衖，深街曲巷，别有洞天。循徑而行，菜畦數弓，柴扉雙板，自饒幽致。每日薄暮，紅裙翠袖，歷亂簾前，目不給賞。流盼送媚，則滎陽墜鞭；選美徵謌，則霏花奪寵，可不謂其盡態極妍歟！

是時也，公共租界之南京路一帶，亦爲冶葉倡條棲止之所，然大半鳩盤荼，不足當雅人一盼。每當金烏西墜，玉兔東升，塗脂抹粉，遍倚市門，遇鄉氓之抱布貿絲者，輒目挑手招，必欲羅致幕下而後已也。

至如城外之臨河一帶，自北至東，亦多娼家，編竹爲籬，摶泥成壁，湫隘殊甚，稍自愛者每不屑處。然亦有佳麗雜處其中，非由操術不工，即由名譽未噪，託迹下流，爲時白眼，雖名士失所，何以加茲。

滬上地隘人稠，租界屋宇，鱗次櫛比。光緒初，大小妓院遂皆集於是，凡三幢兩廂之屋，輒有數妓分居，長三、野雞皆然。而么二所居，間有廳事，故自其門外觀之，么二規模轉較長三爲宏大。野雞之善於鋪張者，亦與長三相類。惟無論長三、么二、野雞，其門口必有一牌，標題姓名或別號於上，牌以木製之，髹以漆，精者爲銅爲玻璃，且有書姓名於燈者，尋花問柳之人益易辨認矣。

道光以前，上海黃浦多泊賈舶，士人每以舟載妓應客，舟子輒高聲呼曰：「客欲喚妓乎？」客應，即移棹至矣，衾裯笙笛，無不具備，拂曉輒去。亦或與西人結交。西人卽汽船之舟子也。其舟全身白堊，俗謂之白肚皮船，皆泊浦心。舟中所擕紅毛酒，貯以玻璨瓶，色紅味甘，辣如丁香，功勝媚藥。楊徵男嘗有《淞南樂府》云：「淞南好，海舶塞江皋。羅袖争春登白肚，玻瓶卜夜醉紅毛，身世總酕醄。」

黃浦之近虹口處，有西洋妓艘，歲一二至，華人之能效其語言者，可易服裝而往，纏頭費亦僅二十餘金。

妓院初有規則，至光、宣間而蕩然無存。客蒞院，妓侍坐，婢媪遥立，伺應對，後則嬉戲成風，諸譴雜作矣。客初就坐，妓自進瓜子，婢媪進茗，茗碗必有蓋有托，後則以無蓋無托之瓷甌進矣。客設宴，妓自進酒進饌，闔院諸姬皆入室致聲，雖翩然卽去，亦必一一酬應，久之，此風惟行於么二矣。鴇婦羅致人才，出金錢，聘姊妹花，以實院中，謂之帶擋。如別有所適，則完璧歸趙。名妓帶擋，有多至數百金者。而不逞之徒，垂涎獵食，擇肥而噬，自謂花護金鈴，實則子傾錢樹也。

鴇婦之別稱爲本家，親生女之在院者，無論爲妓與否，皆稱小本家。惟私通奴僕，則以良家子女之犯奸視之，而加以責詈。所蓄養女，俗謂之曰討人者，亦以阿姆稱本家，視之如母。

各妓出局侑酒，片刻卽去，例歌一曲，有時或不發聲。且客以茶話飲博而至其家，其位置自高者，且難一面。妓於客私有所索，其費謂之小貨，方法不一，或託言還債，或使客代償衣飾費，或徑言告貸。

妓院之徵收客資，例於端午、中秋、年終。客每有屆時而避匿不見者，或不名一錢，或不能清償，謂之漂帳，蓋如物之入水而漂去也。

論滬妓之差等，輒曰書寓、長三、么二，是固然矣。然在同治初，則書寓自書寓，長三自長三。蓋書寓創設之初，禁例綦嚴，但能侑酒主觴政，爲都知録事，絶不以色身示人。至光緒中葉，書寓、長三始併爲一談，實則皆長三也，無專以説書爲業者。卽謂長三爲冒充書寓，亦無不可。

長三者，最上等之妓也，以應召侍座，例取銀幣三圓，故名。普通稱之曰先生，年長者曰大先生，處女曰小先生，非處女而冒稱小先生者，人稱之曰尖先生。

客之於長三也，非由書樓點曲而相識，亦必有人爲之介紹。至其家作茶話，曰打茶圍。客入門，卽有男傭高呼客來，其女傭必出而相迓。茶圍不給錢，茗飲以外，有水果、瓜子、鴉片煙、水煙之相餉。新歲元宵以前，第一次往，妓出果盤敬客，謂之開果盤，可給銀幣二十圓，或十六圓，或十二圓，至少亦十圓。

叫局，召妓侍座之謂，例須銀幣三圓，旋以欲廣招徠，改爲二圓，後又貶值至一圓。不問生熟客，皆可召之。如有素識之娘姨、大姐在其處，可於箋上書明某某跟局字樣。同座之客，若爲舊相識，遇之亦可轉局。局錢，熟客年節結算，過路之客則臨行時結算，么二亦如之。光緒季年，公共租界工部局以征收曲户轎捐，妓應徵召，不乘轎而坐男傭之肩以行。慮或墮也，則一手據其顱，雖年逾花信者亦然。傭若意甚得者，腰脚挺勁而趨風，而江寧、揚州、鎮江亦然。所謂喫酒者，置酒於其家也，每席銀幣十圓，下脚犒賞男女傭者。五圓。新歲元宵以前及冬至夜酒，下脚加倍。酒錢、局錢隨後結算，下脚飲畢卽付。在打唱如佳節及壽日等，妓家多有打唱。之日，每席點曲二齣，另賞二圓。如遇清明、立夏、端午、七夕、中秋、重九、冬至、燒路頭、卽迎接五路財神之謂。每節二次，曰開帳路頭、收帳路頭。宣卷延道士誦經。等及生日，客例以和酒爲報。每酒一席，謂之一檯，兩席曰雙檯，四席曰雙雙檯。若召友博於妓家叉麻雀者，謂之碰和，每八圈十二圓，客各出三圓，碰畢卽付。碰和之日，妓家例有四盤四碗之和菜敬客，由客點菜亦可。冬夏二季，對先生則給以帽錢及手巾錢，至少十圓。年節將屆，及熟客出門時，娘姨、大姐送盤，男傭進手巾，均須以三圓賞之。轎飯錢，卽犒客之車夫者，通例馬車四角，東洋車二角，此費卽在下脚中取給。

客多，則須津貼若干，至少一圓。

長三不言夜合之資，有客留宿，不書於簿，但隱有標識而已，惟須給下脚費，至少銀幣十圓。向客索銀物，謂之曰斫斧頭。其號爲小先生者，雖不可究詰，而梳櫳之費至巨。如有恩客，則爲鴇婦所不喜，而與客私約嫁娶，尤所猜忌，必盈其欲壑，好事始諧。恩客者，情好尤篤之客也。

光緒初，滬上青樓皆萃於公共租界之兆富、兆貴、兆榮、兆華、東晝錦、西晝錦、日新、久安、同慶、尚仁、百花、桂馨各里，皆上等勾欄也，俗稱板三局。未幾而廢。

同、光間，有所謂二三者，在廿四間樓，客所費銀幣，裝乾濕二圓，出局三圓，蓋以么二排場收長三身價。光緒中葉，已無之矣。

次等之妓爲么二，或稱之曰堂名，亦曰堂子，粉白黛緑，列屋而居，其佳者謂之堂頂，下者謂之堂底。最盛者，一堂中可三四十人。同、光間，城中不盈十家，院宇深沈，樓閣高迴，層檻迴廊，宛如世族，青驄白板，闐咽其間。其後則集於小東門外。久之大火，蕩爲灰燼，始遷公共租界之東西棋盤街。

謂之么二者，以出局必銀幣二圓，故名，從未貶價，不若長三之減至一圓也。雖無人介紹，亦可徑打茶圍。初次入門，喊移茶，男傭高喊移茶一聲。既喊，則粉白黛緑者稱娖而出，環立客前。客指定當意者一人，即入其室，出瓜子、水果以相餉，謂之裝乾濕，給一圓。明日往，可不需資。又明日往，則轉局，蓋仍裝乾濕，仍給一圓也。若於移茶後，越三四日而始再往，則即轉局。此後應否給資，皆視其有無水果爲斷。惟朔望有必裝乾溼之例。開果盤，普通十二圓，喫酒須十二圓，碰和與長三同。

光、宣間，么二生涯銳減，以出局之資昂於長三，且朔望必裝乾溼，故皆望望然去之。於是有六跌倒之說，謂蒞付銀幣六圓，即可留宿，不必植立而使其身倒下也。或以詢丹陽何陟封鑑尹錫詩六圓計算之法，陟封曰：「移茶一圓，轉局一圓，夜厢么二以下之妓留客住宿，曰夜厢。長三無此名詞，雖留客亦惟以借乾舖爲名也。二圓，下脚二圓，合計之則爲六。」蓋已删去叫局、喫酒、碰和之費矣。

么二妓院每於重九前後，設菊花山，嬲客置酒以爲樂。

同、光間，有曰草臺者，房櫳深邃，被服麗都。客至，則調片芥，供瓜果。茗杯甫進，而粉黛雜陳於前。客意有屬，即可定情，躪柳眠花，頓成鴛夢。雖春風一度，各自東西，亦未嘗不可慰牢愁，娛羈旅也。其夜合之資及他事，率遞減於堂名一等，故冶遊而惜費者，往往舍彼就此。

私局之爲地也，至閒靜，亦同、光間有之。未必家有廚孃，每讌會，輒沽酒市脯於外。而帷帳衾裯，務必精潔，花朝月夕，佳客過從，煮茗啣杯，略有風趣。光緒初，城中多至三百餘家。

城中逆旅，率藏麗姬，若愜客意，即薦枕席，賓至如歸，遂有室家之樂，謂之花寓，同、光間有之，至光緒中葉之旅館，雖有流妓寄居營業，客可前往，然非居停主人所蓄之錢樹子也。

滬上商業中人，於凡營業之未入行者，曰野雞，輕之之辭也。久之而妓女亦有得是稱者，以有卑於長三、么二也。自光緒中葉以後，若輩之多，以漢口路、南京路、福州路之西爲最，羣雌粥粥，蹀躞路隅，夜漏三下，猶執途人而語之曰：「盍就宿儂家乎？」又有自炫於茶肆者 此與明代之揚州歪妓，法國巴黎之市娼，無或異也。

客之游野雞妓院者，或偕之往，或自叩門。初至，必裝乾濕，酬以銀幣一圓。明日又明日往，可不出資，以俗有一局三茶圍之説也。裝乾溼，即打茶圍也。惟第四次必轉局，亦給一圓，此後則惟遇朔望始有之。若於初次裝乾溼後，越五六日而始再往，亦必轉局，以隔日稍久未必相識故也。至若爲所強拉而入門，不愜客意，小坐卽行，茗至不飲，可給以銀幣二角，謂之坐房間錢。

客之宿於野雞妓院也，夜廂費爲銀幣一圓半至五六圓。若在深夜十二時後，過客稀少，雨雪交加，而遇哀鳴求偶者，則一圓二角綽有餘裕，以俗本有「準準足足，一圓二角」之説也。客或短衣襤褸，卽不及一圓，亦有之。然於宿費之外，則有下脚費約數角，點心費約數角，少者各一角。越日客起，如需點心，可自出資以購，惟亦須有以餉之。

夜廂之外，在晝曰日廂，在薄暮曰黃昏廂，俗皆謂之曰關房門。其資費大率爲一圓，而仍須下脚。草草了事，匆匆出門，明日相逢，卽視如路人矣。

野雞妓院無喫酒之例，僅可小酌便餐，但約計需錢若干，如數與之，使其婢媪出購，俾得稍有沾潤而已，不必另給資也。且以不喫酒，遂無出局之例。至於碰和之費，則上等者爲銀幣十二圓，次之則八圓、四圓、二圓、一圓、八角。八圓以上有和菜相餉，四圓、二圓有點心，下此則惟茶與水烟。

野雞妓院之虐待討人也，或有虛夕，則鞭撻隨其後，甚至如問官之高坐堂皇，鴇婦高踞於上，討人戰慄於下。叱之來則來，命之跪則跪，當用刑時，哀號呼痛之聲，慘不忍聞，且必嚴戒之曰：「汝若訴諸客，必立置汝於死。」故雖身受劇刑，無敢或言。其出入也，必有一二人尾諸後，蓋恐其懼而逃也。且又迫使未成年之雛女強令接客，故常有一度春風，至數月不能舉一步者。至於病骨支離，而猶令植立於風雨中，半夜雞鳴，不容稍憩，以致病劇而遂不起者，則更比比皆是矣。

名媛賃居僻地，自稱住家，俗謂之曰住家野雞，同、光間已有之。往來狎客，不過數人，無門庭喧遝之擾，唱曲搊箏，捧觴調岕之事，皆不屑爲，其恃嬌尚奢，頗有邀人傅粉不自著衣光景。至光緒甲申以後，若有人介紹，即可得門而入。其規則與普通野雞略同，所異者不上茶樓，客至不裝乾溼耳。每往輒給銀幣一圓，與之讌則不拘，夜度資亦較昂。

同、光間，滬城僻巷各煙館，以售鴉片爲名，率以女子調食。客入，以百錢贈，若留宿，亦須餅金。至光緒中葉，則惟南市沿浦江之鴻昇碼頭一帶有之，恒嫐客多吸，頃刻可七八盒。而公共租界之福州路、北海路、寧波路，亦有類此之煙館，俗曰過夜煙間。開一燈，銀幣三角錢二十文。無家之流氓，輒開燈以待天曙。女子不爲客調烟，惟周旋其間，如文君之當壚然，亦留客。自明令禁烟，皆歇業矣。

花烟間爲滬妓之下等者，以江北人爲最多，同、光間已有之，多在蕩溝橋左右，及北門外之新街。門外悉綴一燈，自橋畔望之，密於繁星。每當夕陽西墜，紅裙翠袖，歷亂簾前。然大抵蘗文變相，見者悉呵以木賊花妖。求於顰眉齲齒中，畧可人意者，百不一覯。至光、宣間，則公共租界、法租界無不有之，而山東路、城河浜、十六鋪、蘭芳里，尤爲麕集之地。日暮夜深，過其地者，輒聞喚客之聲也。開燈吸烟一次，佐以茗及瓜子一小碟，酬以銀幣一角錢二十文。禁烟以後，茗及瓜子而已。且當時亦非真烟，牛皮膏耳。夜度資銀幣一圓三角，其中之三角，析計之，實開燈二角，下脚一角也。若爲日廂、黃昏廂，則各出五角數十文。

滬妓之最下者曰釘棚，出銀幣三角，於光天化日之下，卽可求歡，俗曰打釘。生涯之盛者，日可十餘次。若夜間留宿，所酬較多，然亦不及一圓。

廣州妓女之居滬地者，皆不纏足，曰老舉，簪珥衣飾，迥爾不同。光緒中葉，南京路後之五昌里，有三四家，皆曰某某樓，樓各十餘人。袁翔甫《滬北竹枝詞》云：「輕綃帕首玉生香，共識儂家是五羊。聯袂拖鞋何處去，膚圓兩足白於霜。」卽指此。客至老舉家茶話，曰打水圍，卽打茶圍也，不給錢。惟生客不能逕往，必先招之侑酒，始爲相識，乃可入門。叫局之費，年長者銀幣二圓，稚者半之。如交誼已摯，一日數次，可以一局計資。若在其家，必先叫一本堂之局，始能再叫他局。所謂開廳者，設宴於廳事也，價有十六圓、二十圓、二十四圓、三十圓四種，聽客自擇。所謂消夜者，夜中備小喫也。肴於粵人所設之酒樓喚之，客僅可三四人。惟每客必叫本堂局，至少每客一人。

同、光間，洋涇橋畔多粵東女子，靚妝炫服，窄袖革履，足長七八寸，或跣而不韈，膚圓光緻，輒曳繡花高屧，挽椎髻，著羅褌，以錦帕裹首。其中妍媸不一，稍佳者膚白如雪，眼明於波，意卽粵東蜑婦，至滬牟利，爲洋人所娛樂者也。間有兼接本國人者。西人呼之爲鹹飛司妹，華人效之，簡稱之曰鹹水妹，亦以其初棲宿海中，以船爲家也。又有稱之鹹酸梅者，則謂其別有風味，能領略於酸鹹之外也。久之，滬上黠嫗輒購貧家女，使效其妝束以媚遠客，猝莫能辨也。光、宣間，皆聚集於司考子路、有恆路，列屋而居，門皆樹栅，且有穴門爲牖者。

江寧之妓

江寧之秦淮，爲古佳麗地，自六朝以來，青溪、笛步間，類多韻事。及明，輕烟澹粉，燈火樓臺，號稱極盛。迨順治甲申、乙酉之交，一片歡場，化爲瓦礫。雍、乾時，承平既久，風月撩人，裙屐笙歌，固依然繁豔也。

明之河房，爲文人讌遊之所，妓家至多，舊院在鈔庫街南，與貢院隔河相望。乾隆末，則自利涉橋至武定橋，兩岸河房皆有妓居之。俗稱本地者曰本幫，來自姑蘇者曰蘇幫，來自維揚者曰揚幫。芬芳羅綺，嘹喨笙歌，實足使裙屐少年迷魂蕩志也。

自利涉橋以東爲釣魚巷，迤邐至水關，臨河一帶，地稍静僻，名姬心厭塵市，輒擇此居之。然自夏初水長以迄秋中，遊艇往來，亦復絡繹不絕。

由文德橋而西，爲武定橋，迤西至新橋，亦有河樓，地處西偏，遊蹤稀至，故卜居者少。至白塔巷、王府塘諸處，室宇湫隘，不得與水榭相頡頏，然亦間有麗人。

貢院與學宫毘連，院牆外爲街，街南皆河房。每值賓興之歲，多士雲集，豪華者輒挾重貲擇姝麗，就而僑寓焉。寒素之士，時亦挈伴閒遊，尋蓮訪藕，好風引夢，仙路迷人，求其獨清獨醒者，殆十無二三也。

秦淮河船，上用篷廠，懸以角燈，下設迴欄，中施几榻，盤盂尊罍，色色精美。船左右不設窗寮，以便眺望。每當放船落日，雙槳平分，撲鼻風荷，沁心雪藕，聆清歌之一曲，望彼美兮盈盈，真乃縹緲欲仙，塵襟胥滌矣。

青溪一曲，銷夏最宜。而遊目騁懷，春秋亦多佳日。至於冬令，朔風如刀，招招者絕迹矣。然促坐圍爐，淺斟低唱，作消寒會，亦正不減羅浮夢中也。

秦淮河房之居妓女也，乾隆中葉，僅有數家，開宴延賓，亦不恒有。未幾而户户皆花，家家是玉，冶遊遂無虚日。酒宴之盛，首數蔻香閣，聽春樓、賞心庭院、倚雲閣，雖有他所，莫之與京。蓋主人固雅飭可親，伺應之丫角亦極馴謹，燕晚鶯初之候，風來月到之時，樂且忘年，歡宜卜夜矣。且河房皆有廚娘，水陸珍奇，充盈庖室，猝有客來，咄嗟立辦，燕飲之便，莫過於斯。

凡有特客，或行旅之至白門者，必招遊畫舫以將敬。先數日，即擘小紅牋，貯以小紅封套，牋書「某日買舟候敍，某人拜訂」，命僕送至客所。客若不到，即以小紅箋上書「辭謝」，下書「某人拜手」字樣，仍貯於封套，併原請之箋還之，是曰不擾。否則主人預計客之多寡，或籐綳，或走艙，賃泊水次，臨時速客共登。大率午後方集，早則妓女梳掠未竟，無可省覽。別以小舟載僕從於後，以備裝烟、問話。盤餐由家庖治成，以硃紅油盒擔至馬頭，伺船過送上。或由名館代辦，以取其便。又或傭僱外間庖人，載以七板兒兩隻，謂之火食船，一切盤盂刀砧、醋瓢醬瓿、烏銀瓊屑以及珍禽野獸、果蓏椒豉葱薤之屬，燒割烹調，唯命是聽。獻醻既畢，人倦酒闌，迴顧篷筍燈籠，早已在岸，主客歡揖而散，亦已斗轉參橫矣。乾隆丙申、丁酉之夏爲尤盛，由南門橋迄東水關，燈火遊船，銜尾蟠旋，不覩寸瀾，河亭上下，照耀如晝。諸名姬家賡筵長席，日午至丙夜，座客常滿，樽酒不空。大抵一日之閒，千金糜費，真風流之藪澤，烟月之作坊也。庚子、辛丑之交，即已絶迹，名姝朱素貞、劉大子輩，皆如石氏翻風，退爲房老矣。然五月初五、十三兩日，遊船之盛，猶不減曩時也。

各妓雖嫻法曲，非知音密席，不肯輕囀歌喉。若《寄生草》、《剪靛花》淫靡之音，乃倚門獻笑者歌之，名姬不屑也。

妓女以吹彈、搯蒲爲事，罕有肄習女紅者，所在皆然，秦淮尤甚。至乾隆末葉，則曲聖之外，多有鍼神，刺錦挑羅，争新競巧。

客與妓締交，江寧謂之結線頭，揚州及江北各處皆然。

秦淮諸姬謂狎客之旋來旋去者曰化生，偶一往遊而畏人聞見者曰私娃子，又曰蒲包貨，即私娃子之意。蓋私産之子，多貯以蒲包而棄之也。

秦淮妓家所用男僕曰撈猫，曰鑲鬣，女僕曰端水，曰八老。然皆局外人所呼，其主人則深以爲諱。

乾隆末葉，江寧大家閨秀，亦乘秦淮畫舫，以作清游。惟四圍障以湘簾，龍媪雛姬，當馬門側坐，衣香鬢影，絮語微聞，亦或招名妓一二以佐宴侑觴。惟惜艙中狹隘，無從安頓香奩，終必假熟識之水榭爲更衣地耳。

嘉慶初，游客之設宴於妓船也，未開讌時，先唱崑曲一二齣，合以絲竹鼓板，五音和協，豪邁者令人吐氣揚眉，凄婉者亦足銷魂蕩魄。其始也好整以暇，其繼也中曲徘徊，其終也江上峯青，江心月白，固已盡其技矣。知音者或於酒闌時傾慕再三，必請反而後和。客有善歌者，或亦善繼其聲，不失其爲雅會。其後則略唱崑曲，繼以《馬頭調》、《倒扳槳》諸小曲，且以此爲格外殷勤，聽者亦每樂而忘反。雖繁絃急管，靡靡動人，而風斯下矣。

安化陶文毅公澍督兩江，嚴禁僚屬冶遊。時胡文忠公林翼亦在幕中，僚屬之冶遊者，皆借文忠爲名。而文毅則獨責諸幕僚，不責文忠也，曰：「潤之文忠字。他日爲國勤勞，將無暇晷以行樂，今之所爲，蓋預償其後之勞也。」已而文忠果勤勞國事至死矣。

釣魚巷者，明武宗釣魚之所也，題爲古釣魚巷。桃葉渡在其西，邀笛步在其東，巷盡於此，中有堂門，所謂陸八子、韓裕發、李三白三家者是也，陸爲尤著。自遭粵寇之亂，流落江湖。及同治甲子，曾忠襄公既平粵寇，朝命以其兄文正公督兩江。欲興商業，效管仲之設女閭也，因令於青溪設妓院，限以六家，並爲定制，許增妓，不許增院。六家者，陸、李、劉及韓小師、三和堂是也。別有大行宫釣魚巷，不在六家之列，爲六家所薄視。時陸適自江北來，理故業，與李、韓招四方遊女，居以水榭，泛以樓船，燈火簫鼓，震炫一時，遂復承平之盛。或曰，江寧自克復後數月，畫船簫鼓，漸次萌芽。時六安涂制軍宗瀛方守江寧，亟檄縣厲禁。次日，謁文正，文正笑曰：「聞淮河燈船，尚落落如曙星。吾昔計偕過此，畫舫千百，笙歌徹宵，洵承平樂事也。」又次日，約幕府諸人買棹游覽，並命江寧、上元二邑令設席款涂。一時士女歡聲，商賈麕集，河房榛莽之區，白舫紅簾日益繁盛，寓公土著聞風來歸，遂大有丰昌氣象矣。

沈文肅公葆楨帥兩江時，下令嚴禁娼妓，曲中諸姬咸風流雲散。適揚州太守來見，文肅告以禁娼之政策，且詢以揚州曾禁娼否，守對曰：「大帥禁娼，而臯府治下之娼愈多。妓女多揚州産，臯府不能不許其回原籍也。」文肅爲之恍然，遂弛其禁。

宣統時，妓館之在淮清橋、釣魚巷者，多者一家可有四五十房，房各二三人。客所耗之銀幣，初至，呈茶盒一圓，便飯四圓至七圓，置酒二十五圓至三十二圓，彈唱一圓，若點曲則倍之，夜度無定資。

揚州之妓

揚州爲鹺務所在，至同治初，雖富商巨賈迥異從前，而徵歌選色，習爲故常，獵粉漁脂，寖成風氣。閭閻老媪，畜養女娃，束足布指，塗妝綰髻，節其食飲，以視其肥瘠，教之歌舞絃索之類，以昂其聲價。貧家女往投之，謂之養瘦馬，蓋本於白樂天之詩，詩云：「莫養瘦馬駒，莫教小妓女。」又曰：「馬肥快行走，伎長能歌舞。三年五歲間，已聞換一主。」是也。

是時，新城東南隅之石牌樓，女閭極盛，號爲八大家。雖聚散不一，而粉白黛緑，列屋閒居，盡態極妍，流連杯斝，信乎温柔自有鄉也。其中以高二家爲最，陳四、高麻子、蔣和尚次之，小高二、劉三孃、蔣桂珠又次之。更有熊某，僑寓南河下，道迂且僻，至者頗罕。其他稅屋而居賣花爲活者，新舊城中亦復不少。八家又曰清堂名，下此者謂之渾巢子。凡在渾巢中者，不能自拔，即偶爾雞犬昇天，終不爲同儕所愛重也。

魏晉樂府有《巾舞》、《拂舞》，遺制久佚。同治初，揚州有之，皆妓女也。二八女郎，曼聲按步，宛轉蹋歌，和以箏琶，每當緑酒微醺，紅燈高挂，尋音按節，心調氣和，翠巾徐拂，衣香襲人，有足神移目奪者。然非知音密席，推奬再三，未肯輕試纖腰，偶施雅步也。其曲有《獨上小樓》、《獨對孤燈》諸則，並皆情致纏綿，雖非白雪陽春，而大率爲小兒女語，加以金蓮貼地，瑤珮飛雲，楚楚腰肢，氍毹迴轉，倍覺情文相生。玉蝠、大寶珍、王喜鳳最擅勝場，餘亦有專工者，殆亦《巾舞》之濫觴歟？

杭州之妓

浙有頭亭船、茭白船，船戶凡九姓。船有妓，習絲絃大小曲，可侑觴薦寢。世人輒稱之爲江山船者誤，當曰九姓漁船。船妓之稱同年嫂者，蓋以其半皆嚴郡人，意謂同嚴耳。年、嚴浙音無别。舒鐵雲嘗爲詩以詠之云：「只知蘇小是鄉親，誰識嚴陵亦故人。宋嫂羹湯調自好，吳娘歌曲聽難真。紗窗掩雨眠雙槳，羅襪裁雲印一塵。惆悵芳年有華月，幾錢能買此青春？」

自杭州之江干，溯流而上，若義橋，若富陽，若嚴州，若蘭谿，若金華，若龍游，若衢州，至常山而止，爲程六百里之遥，所至皆有畫舫，多則數十艘，少或數艘。船之增減，視地方之盛衰。停泊處如魚貫，如雁序，粉白黛緑，列舟而居。每當水面風來，天心月朗，杯盤狼藉，絲竹駢羅，洵足結山水之勝緣，消旅居之客感也。光緒癸未、甲申間，箇中翹楚，首推觀鳳，豐容盛鬋，頎立亭亭。工度曲，尤精琵琶，每一發聲，四座傾聽。性嫺雅，無章臺惡習，喜與一二素心人煮茗清談，娓娓不倦。其出應客召也，無論登陸或上船，皆以傭奴背之，作鍾建之負。

藺谿之九姓漁船泊城外，游人之設席者，所賚銀幣普通爲四圓，增肴加二圓，便餐八圓，正餐十二圓，多至百圓，有主賓各出其半者。侑酒曰陪花，一圓。此就宣統末言之，若在光緒中葉，價不若是昂也。

蕪湖之妓

宣統末，蕪湖妓館均在大馬路、迎春坊、錦繡坊、潯陽里、美仁里等處。客之游資，以銀幣計，侑酒二圓。客若不時賭博於其家，則侑酒不須貲。初次度夜，曰結綫頭，十二圓至三十圓。以後曰正帳，少則四圓，多則八圓。惟遇櫻桃、椶子、西瓜、月餅上市之時，必以餉客，客輒酬以一二圓。

南昌之妓

宣統末，南昌妓館有本幫、揚幫之別。本幫之夜度資須錢六千六百文，揚幫則初次曰結綫頭，十六千文，以後曰做正帳，每次八千。至於打茶圍，則本幫無費，然亦有給瓜子錢一二千者，揚幫則上果盒、送水果、帶姑娘，妓敬客以水烟三筒之謂也。帶姑娘者，召妓侑酒之謂也，不帶亦可。各二千。飲博二事，至少各二千，多至四十千者亦有之。

重慶之妓

重慶之妓，光、宣時已有之，分江湖、門門二種，所居爲金沙岡、小校場、天燈街、小井街、總土地、沙井灣、二府街、黄土坡、香水坡、石門坎、馬家巷等處。能彈唱者爲絲絃，否則爲開門。狎客所費之銀幣，置酒十六圓，酒罷留宿，夜度資及雜犒十八圓，侑酒則至少二圓。

漢口之妓

漢口妓院規模宏大，有蘇幫、川幫、湖南幫、江西幫、本幫之别。以龜鴇、烏師、侍役、轎夫合計之，多者至百數十人，向以川幫爲巨擘。光緒初，有江右人焉，所居曰福喜堂，堂有姊妹花七人，皆能歌。宣統末，妓院分四等，一等有蘇幫、湖南幫、四川幫、本幫之别，居歆生路、三分里、四成里、長怡里、通濟里。二等僅有揚幫、湖南幫、本幫之别，皆居南城公所。三等爲本幫，居武聖宫、天字巷。客所費之貲，一等，飲博各銀幣二十圓，侑酒一圓。二等，飲博各錢二十千文，侑酒一千文。三等，飲博各錢十六千文。四等，有湖南幫、本幫之别，皆居沙家巷，開小盤點曲，共錢一千文。

狎妓者召妓侑酒，不至，則謂之打扁擔。打扁擔者，本於粤西之言。猺俗男女倚歌自擇配，女及笄，則縱諸野，少年從者且數十，次第歌意所答，而一人留，男遺女以扁擔一條，女受之即約爲夫婦。意者狎客召妓，猶以扁擔授妓，妓不受，轉將扁擔打之，故引爲大辱歟？

沙市之妓

沙市妓館，在後街，曰絲絃班，侑酒酬錢三緡，置酒酬錢十六緡。

長沙之妓

長沙女閭繁盛，最上者曰堂班，分兩等。其所謂二等者，皆雛妓也。宣統末，散居於仁美園、古大苑、百花村、高家巷、銅鋪巷、福源巷、火官殿、後臯園、後三王街、司禁灣等處，皆懸燈及市招於門。有蘇幫、本幫之分，蘇幫以揚州人爲多，本幫則醴陵産爲多。飲於其家，酒席費錢二十緡，出局侑酒，酬以二緡。若假其室以爲雀戲，給四緡，得餉四肴之餐。往打茶圍，不出貲。惟新正客至，必以果盤相餉，且上燭放爆以迎之，謂之做財神，客必賚以錢十二緡或八緡，别以四緡或二緡犒其左右。妓之生日，必强客置酒二席，曰擺臉面。度夜無定資，謂之掛衣。雛妓梳櫳曰鋪堂，所費約百緡。

次於堂班者曰窰班，亦可飲博於其家，夜度資有錢六緡、四緡、二緡之别。所居爲軒轅殿、石樂私巷、皇城隄、明月街、官園、石門閬、紫荆街一帶。

廣州之妓

廣州豔跡，以珠江爲最，風月繁華，尤聚於穀阜，爲上等，有上中下三擋之分。紫洞艇排如雁齒，密若魚鱗，櫛比蟬聯，幾成衢市，可以信足往來。别有數船，儲貨出鬻，如有所缺乏，取之如攜。至夜，月明風清，波平若鏡，琉璃燈火，皎潔如畫，所有珠孃，成羣結隊，俗所謂老舉者是也。其齒稚者曰琵琶仔。仔，小孩也，蓋言其人與琵琶等長也。晚妝初罷，儀態萬方。客至開筵，陳設華焕，先之以絃管嗷嘈，笙簫喧沸，各逞珠喉，互賡迭唱，脆堪裂帛，響可遏雲。歌聲既闋，然後入席，珍錯雜陳，烹調盡善，鴨臛魚羹，别有風味。席撤再唱，綺與愈濃，往往至星墮月斜，重復入席。斯時侑酒拇戰，釧動釵飛，擊鼓催花，傳觴醉月，倍極其樂。遊客至此，固無不色授神眩，魂銷心蕩也。次之在引珠街，又其次在白鵝潭。

廣州之妓，初以水居者爲上，陸地所有，不足貴也。自經光緒甲辰穀阜大火之後，則陸居者多。其香巢謂之寨，皆在西關塘、魚欄、陳塘南、新田地、河南尾等處，有大寨、二四寨兩等。客之欲設盛筵者，須至旁近酒樓，而招之使往，卽開廳也。若在其家，則曰開房。客欲令大寨之妓伴宿，非百數十金不得染指。

老舉之夜郎自大，尤軼等倫，游客之招以侑酒者，既至，則端坐客後，不言亦不笑，且不詢客姓。臨行時，客如不給侑酒之資，例須索取，客須餉之以瓜子。嶺南通用雙毫，銀幣之二角者是也。客給貲時，如給雙毫七枚，則老舉必給還單毫一枚。有告以無庸給還者，毅然勿聽，其意若謂此十三毫者，乃分内應取之貲，至此一毫則例外，決不能無因濫受。並於給貲時擲之於案，驗其真贋，有聲音不正或聲低而啞者，必使易，始施施然去，蓋純視爲營業之性質也。

潮嘉之妓

潮州嘉應曲部中，半皆蜑户女郎，大率爲麥、濮、蘇、吴、何、顧曾七姓，以舟爲家，互相配偶，人皆賤之。其男子尋尋篷篙,僅於清溪、潮陽五百里內往來,載運貨物。生女,則視其貌之妍媸,或自留撫畜,或賣之鄰舟,父母兄弟仍時相過問。稍長,輒句眉敷粉,擫管調絲,蓋習俗相沿,有不能不爲娼之勢。而妓女寄所歡書,率置燈草於中,蓋潮人呼同心結爲菩薩花也。

宣統末,潮州有南詞歌妓,皆至自江西及汀州,懸牌於門,曰某某堂。客至,所應酬以銀幣者,開天官一圓,唱曲、侑酒各二圓。汕頭亦然。

梧州之妓

梧州之妓,皆居沿河之筏,有三等,中筏爲上。客之置酒者,皆至大艇,不留宿。下筏爲中,上筏爲下。其人大都來自粵東,蓋有汽船可達,甚便利也。

南鄉之妓

横州之南鄉,爲邕、梧往來必經之道。自光緒中葉電船駛行,日漸繁盛。宣統末,流妓麕集,而皆居於筏。筏有兩層,上爲逆旅,下爲娼寮。客子冶游,此爲最便。

福州之妓

福州之妓,宣統末皆在南臺,有四等,一二等爲上,非有人爲導,不得入門。與妓稍譇,卽須請酒。

請酒者，置酒以宴友也。友至，則各出銀幣五圓或三圓，曰壓桌錢。客或便酌於其家，僅四肴，則酬以銀幣五圓，肴多酌加。酒罷留宿，別議資。

別有所謂唱書堂者，客就而聽之，則出銀幣二三圓以壓桌，餘與一二等之妓同。

三四等之妓則劣矣，客所費至多爲銀幣五圓。

廈門之妓

廈門之妓有三大別，俗名童子班者，北詞歌妓也，居寮仔後。俗名閣旦者，南詞歌妓也，居二王宮邊、相公宮邊、蚊烟井。俗名倒鋪者，土娼也，居九條巷、打鐵路、頭箭道。客所費之銀幣，打茶圍二圓至五圓，俗稱開小牌。侑酒，五圓至十圓。置酒，六圓至十二圓。北詞、南詞同。惟北詞有在班開天官五圓至十二圓之例。土娼則惟打茶圍一圓，卜晝二圓至三圓，度夜四圓至六圓。此就宣統末言之也。

金怡安遇卞雲裝

順治初，秦淮妓卞雲裝僑居半塘，仁和金怡安大令漸臯曾遇之。後至杭州，怡安至其繡閣，見案頭有吴梅村詩册，尋覽情詞，不無今昔之感。因取其意，并雲裝近事，檃括成詩。怡安爲明之舉人，入本朝而仕爲縣令者也。詩曰：「芸帙緗函繫所思，玉人鄭重遠相攜。悶來只仗琵琶寫，説處仍防鸚鵡知。破鏡刀環尋舊約，瓊枝壁月費新詞。莫嫌大雅凋零盡，猶有春風屬掃眉。結綺、臨春恨未終，輕烟淡粉掃成空。還家江令頭仍黑，避席崔娘臉自紅。遼海鶴歸無主墓，吴江楓冷未栖鴻。都將月地雲階夢，泣向荒田野草中。不向長安闞狹邪，揭來水國傍蒹葭。曾探織女機邊石，再見玄都觀裏花。秋思潘郎驚鬢髮，夜情白傅感京華。三千年後蓬萊路，知在瓊樓第幾家？」

張宏軒挾倩扶赴會

諸乾一、董蒼水嘗於重陽後作神山之會，蓋松江彭仙人棲神處也。時吴梅村在坐，迭遣人覓女郎倩扶，必不得。夜分，張宏軒刺史自上海來會，投刺後，吴命以己車迎入。使者謂需兩車，咸訝之。及至，則挾一衣冠少年，光艶暗射，若薄雲籠月，人皆望而卻步，且不敢詢姓氏。及移燭燭之，則倩扶也，合座譁然。

王于一晚歲狎妓

王于一晚歲客杭州之西湖，嘗狎一妓，頗粗陋。或嘲之，王笑曰：「近代美人尚肥。」

白狗爲朱竹垞所眷

朱竹垞浪游天下，於歌筵舞席，時一涉足。嘗爲詞以贈妓，其調寄《步蟾宫·贈白狗》者云：「疎簾日影纔鋪地，卻早被金鈴唤起。朝雲一片出巫山，盼不到黄牛峽裏。仙源乍入重門閉，任閒殺桃花春水。劉郎去了阮郎歸,算只有相如伴你。」白狗爲代州之妓,竹垞晨往曲中訪之,不値,因戲投以詞也。

紅娘子爲湯西厓所眷

陸雲士之宰江陰也,湯西厓少宰右曾方爲孝廉,客其幕。羣客交妬,雲士曰:「公等無多言也,天下有幾西厓乎?」時西厓甫冠,美如玉,而詞文秀媚,所至傾坐。邑有妓號紅娘子者,已在杜秋之年矣。西厓悦其妍媚,比於啖蔗之甘,客裝所蓄,盡其所有而去。逾年,西厓登第入翰苑,遣人致書雲士,雲士大喜,以爲西厓心念舊交,不以雪泥有間也。發其緘札,寒喧外,無一語致感謝者,惟惓惓問紅娘子無恙否,且言紅有假子,頗能文,已令采芹入泮否,雲士大怒。

桑枝爲趙秋谷所眷

桑枝者,天津西郭妓也。當康熙戊寅、己卯間,名噪甚,尋常不可得一見。趙秋谷以辛巳之秋,始遊於此,友人百計爲致之,寒夕濃陰,紅燈深屋,翩然而來,明豔奪目。蒲州吴天章方在座,一轉盼間,頓失常度。乃相與爲詩品題,雜以嘲謔,屬和者至盈帙。時桑枝適有所避,於秋谷有知己之感,情殊厚。會秋谷東歸,未幾再至,則已爲有力者所主,不可復見矣。居久之,有爲秋谷傳言者,乃相期於他所,叙舊傷離,數語而别,猶持秋谷前時所書便面,容色憔悴,非復曩態。先是,有問秋谷者曰:「桑姬何如?」秋谷曰:「新荷出水,飛鳥依人。」聞者莫不惝怳自失。及是,秋谷若又自失矣,爲二絶句以示客曰：「烏鵲秋前報好音，人間不信月終沉。如何兩度臨滄海，不見輕泥蘸客襟。」「照水閒花偏有豔，先霜病葉已難支。三年好在遊春夢，悔作重尋杜牧之。」

玉素爲趙秋谷所眷

康熙時，天津之妓有玉素者，行四，人第稱其行第，晉人也。小身常貌，色頗鮮好，至於手足柔纖，膚肌瑩膩，時蓋罕其輩矣。性尤慧利，工於應對。趙秋谷始於甲申初夏燭下見之，贈以《南柯子》詞，又有句云：「何物比將嬌與巧？燕子、鶯兒。」蓋紀實也。然自待過高，意所不愜，雖竭貲力，百計媚之，不能得其歡。其當意者，卽無所隱也。用是爲雅流所賞，而市兒或嫉之如仇。惜其性蕩，舉動佻急，不能自持，語亦敏給，而皆近俚也。

真珠乘趙秋谷於醉

康熙時，天津楊柳青之妓，以真珠、金錢爲尤。北地諸姬以金、玉、珠名者十七八，其俗尚也。真珠貌及中人，齒亦不卑，然恬雅無囂陵習。趙秋谷遇之，意初不甚屬，而真珠乘秋谷於醉，遂與同夢。秋谷乃爲《柳梢青》詞以贈之云：「無計枝梧，病身陡頓，春夢模糊。亂惹閒愁，驚開倦眼，斗帳紅珠。醉濃不省歡娛，曉鏡裏臨窺畫圖。聞道門前，煙波澹沲，楊柳蕭疎。」

金錢爲趙秋谷所眷

有金錢者，楊柳青之妓中翹楚也，與趙秋谷荏苒最久。風韻天然，修眉皓齒，楚楚動人。若其酬答敏慧，雖文士亦靡以加之。間能作吴語。嘗至秋谷寓齋，秋谷曾倣元微之雜憶體，賦「不忘」十絶句以譽之。

李笠翁目王再來爲韻友

喬復生、王再來者，李笠翁所蓄家妓也。殁後，笠翁爲之傳曰：「再來聲容，雖遜復生一籌，然不宜女而宜男，易妝换服，即令人改觀，與美少年無異。予愛其風致，即不登場，亦使角巾相對，執麈尾而伴清談。不知者目爲歌姬，實予之韻友也。」

喬秀婉媚可人

長洲戴藥砰，名延年。有友昵一妓，曰喬秀，雪膚藕腕，婉媚可人，雅愛螺盤雙髻，作佛鬘妝，故又字曰鬘奴。藥砰嘗從其友訪之，梳樓寢閣，凈不容唾。客至不供茗，以玫瑰、薔薇、蘭桂諸花露手自調之，注於碧甌，稍温以進，甘香沁腑，令人作玉液想。一日，曉妝甫畢，緩試新裙，緑羅八幅，緯色作腰。藥砰奇其製，問之，曰：「君不讀唐句乎？一渠春水赤欄橋，此倣其意也。」藥砰贈以詩，有「桃花本是仙家種，謫作人間薄命來」之句。後爲一豪貴所嬲，憤鬱而死。

秋桂多子改子著於時

乾隆末葉，秦淮妓家侍婢如秋桂、多子，均著稱於時，狎客不敢以奴星視之。又有曰改子者，又蘭家花面丫頭也，其丰韻直軼秋桂、多子而上。或曰，甘蔗旁生，荔枝側出，掃眉人固不可無此渲染也。

郭心兒爲武狀元

郭三，名心兒，丹陽人，父早亡。及笄之歲，母惑媒氏言，誤字維揚郭某。成婚未幾，竟以誘脅墮入風塵。年十九，頎而婉，豐而逸，素肌纖趾，温乎如瑩，移家江寧之桃葉渡，妖冶傾一時。秦淮諸姬，以蘇幫爲文，揚幫爲武，心兒雖産於雲陽，而來自邗江，遂爲維揚諸姬之冠，人戲以武狀元目之。其所交好，皆達官貴人及文士之負盛名者，趕熱郎未易得覯顔色也。

二湯爲一雙璧人

乾隆末葉，秦淮名姝首推二湯。二湯者爲土著，以九、十行稱，孿生姊妹也。態度則楊柳晚風，容華若芙蕖曉日，並翠眉而玉頰，各盧瞳而赬脣，乍見者如一對璧人，無分伯仲。注目凝睇，覺九之靨輔微圓，左手背有黑痣一小點，可識别也。早墮風塵，從良未遂，闔户數十指，惟賴二人，雖車馬盈門，而纏頭資到手輒盡。居新橋之牛市，臨流數椽，湫隘已甚，游者憫之。

王秀瑛姿首清妍

王秀瑛，小名愛兒，父母皆蘇州人，生於江寧，遂家焉。以母命，適伶人張七。姿首清妍，舉止閒雅，不樂與姊妹行爲伍。所居鈔庫街之西，闉闍幽深，翛然絕俗。有傖父某以白金四十啗其母，謀一夕歡，不可得。惟二三知己，相對永夕，杯茗清談，鮮及於亂。周稼軒、孫楚儂皆與善，嘗告人云：「秀瑛非五鼓不眠，非日中不起，早飯嚮午，晚膳三更，習以爲常，不能改也。自奉甚薄，宴客必豐。盛服盈笥，弗以被體。能鼓琴，善南北曲，然非興會所至，雖素心人不克强之發聲。」

月上翦髮贈客

乾隆末葉，江寧有妓曰月上者，每與人厚，輒翦髮以表情。或爲之作詩，有句曰：「分明小試騰霄計，親把瓊刀割紫雲。」然其所厚者不一人，而髮亦不一翦，可笑也。

陳銀兒亭亭玉立

陳銀兒，蘇州人，乾隆末葉之秦淮妓也，居水關東。弱歲學歌，聲如雛鳳。嘗一夕而工數曲，老伎師歎弗如。豪客贈遺無虛日，然性慷爽，阿堵物不以關懷。及長，益厭鉛華，素服淡妝，亭亭玉立，璧人也。

趙小如神閒貌婉

趙姿，字小如，乾隆末葉之秦淮妓也。嘗云：「與其倚門而富，無寧補屋而貧。與其爲傖父妻，無寧爲才人妾。」故在院雖久，太璞猶完。有號梅隱者，初與之晤，卽稱其神閒貌婉，當不作率爾人也。

董三天然韶令

董三，蘇州人，乾隆末葉在秦淮爲妓，肌膚不甚白，而天然韶令，雖粗服亂頭，自有一顧傾城之致，或戲以墨牡丹名之。惜遇人不淑，孽海飄零，所得纏頭之資，悉以償博債，故眉黛間常若有恨色也。

許壽子如閨秀

許壽子，乾隆末葉之秦淮妓也，爲土著。年逾二紀，舉止風韻，儼如閨秀。張某夙與善，以筆耕爲業而未有室家，歲入悉以遺之，如是者有年。既而某以旅邸久居，饔飧不繼，壽子聞而招致之，終歲日用皆取給焉，衣履亦代製之。繼復爲宛轉營謀，得膺某邑侯之聘，館穀豐美。瀕行時，置酒祖餞，戀戀不忍別。酒半，壽子忽抗聲曰：「青樓中有情好，所綢繆者錢耳。君留戀烟花，罔思自立，浪游數載，如夢如泡。今年已三旬，豈容再誤。自茲以往，君當絕迹狹邪，亟圖嘉耦。妾不能終事君，亦不顧繼見君，此間君勿復來，亦毋復以妾爲念也。」言已欷歔。某大感動，即振策去。旋就館三年，積貲頗厚，且娶妾生子，不負壽子別時之所囑也。

朱大爲袁子才所眷

朱大，蘇州人，乾隆末葉之秦淮妓也。身體弱小，狎客戲以朱骨稱之。細骨輕軀，踐塵無迹，神光陸離，風度高雅。袁子才遂初既賦，寄興掃眉，雅與之善，蒼髯紅粉，常相對於銀燈緑酒之間。大有女，年十歲，教以歌曲，不肯發聲，自言願歸里門，織布爲業。或聞之，歎曰：「此大知識之女也，宜成其志。」

馬如蘭爲袁子才所眷

馬如蘭少未有名，袁子才過吳門，乃爲之命名，子才詩所謂「如蘭二字付卿卿」者是也。瀕行，與之約，返吳，當作兩月留。至梁溪，盛稱之於嵇公子集虛，謂向來評泊羣花，必如其分，獨於馬，莫得形容語。嵇曰：「豈即不著一字，盡得風流者與？」子才擊節，乃相與大噱。

金三姐爲袁子才所眷

楊笠湖厭聞名妓二字，袁子才嘗引爲同情，而貽書笠湖曰：「人世之有娼妓，猶人世之有僧道。僕不喜二氏家言，獨不厭僧道。」子才六十初度，適在吳門，效明人康對山自壽之舉，集名妓百人，使唱百年歌。惟謂庸脂俗粉，當意無多，加之平康習氣太深，則亦如俗僧劣道之不足爲伍耳。有金三姐者，含睇宜笑，矯矯庸中，遂爲所賞。明年至蘇，三姐故無恙，相與探梅鄧尉，載艶同游。後三姐爲官事所累，乃懇蘇州守爲之緩頰。

蕊仙爲袁子才所眷

袁子才在蘇，偕友泛舟横塘，停泊時，有船妓蕊仙者，舟與之鄰。蕊仙貌絶麗，而以身分自矜，隔窗對語，不進艙侍飲。客許重贈纏頭，蕊仙拒不受。子才知蕊仙之知文墨也，戲題一詩贈之。少頃，月出矣，蕊仙持扇求書。子才曰："「老人吟詩作字，能得美人磨墨爲佳。」蕊仙乃一笑進艙，客戲謂子才曰："「人謂酒爲色媒，君以詩爲色媒，可謂巧於誘引矣。然夜已深，誘引人家子女，是爲作奸犯科，何乃一無忌憚也！」子才大笑，蕊仙亦爲之嫣然。

袁子才評廣潮船妓

袁子才久聞廣州珠娘之麗而羡之，及其弟香亭出守端州，遂以耄耋之年至廣州。戚友招飲花船，則謂所見絶無佳者，故有「青脣吹火拖鞋出，難近都如鬼手馨」之句。旋聞潮州緑蓬船人物殊勝，猶未信也。及見毘陵太守李寧圃《程江竹枝詞》，輒又爲之神往。其《竹枝詞》曰："「程江幾曲接韓江，水膩風微蕩小艭。爲恐晨曦驚曉夢，四圍黄篾悄無窗。」「江上瀟瀟暮雨時，家家蓬底理哀絲。怪他楚調兼潮調，半唱消魂妙絶詞。」

琳娘風韻天然

乾隆時，潮州有妓曰琳娘者，不好妝飾，粗服亂頭，天然風韻。有潔癖，常手一塵，拂拭几榻塵，終日不去手。達官賈人雖挾重貲求見，概不納。獨與程介夫善，故介夫贈詩有「作客頭將白，逢卿眼倍青」之句。介夫得疾旋里，逾年無訊，其鄉人王百川過琳娘，見淚痕滿面，伏枕不起。詢其故，曰：「昨夜夢介夫死矣。」百川多方慰喻，終不釋。已而凶問果至，琳娘爲之哭泣者累日。

桂姐不苟言笑

乾隆時，潮州有妓曰桂姐者，粗具姿首，而故自矜莊，不苟言笑。傖夫妄稱其有閨閣態，互相推奉，桂姐益自信不疑，甚且客至其舟，白眼相對，無一言酬答。有惡少恨之，飾爲貴公子，乘其舟至清溪道上，俟夜深人靜，令乞兒數輩褫其衣而迭就之，創甚。自此稍斂戢，昔日伎倆不敢復試矣。

濮小姑爲吳頡雲所眷

濮小姑，潮州人，態度豐豔，柔情綽約，雖不嫺文翰，而吐屬温和。遇少年服飾炫麗舉止浮蕩者，厭薄之，名士騷客，聯句飛觴，則櫻脣微綻，粉靨生渦，輒侍坐終日。否則邀之亦不至，即至，酒數行，先姊妹歌《滿江紅》一曲，便向座客斂衽辭去。雖有力者啗以金帛，脅以威勢，不顧也。是以當時才流，凡有雅集，必登小姑舟。

杭州吳頡雲殿撰鴻校試潮嘉，適乘其舟，嚴諭從人，禁妓不得入謁。小姑竊窺而心慕之，然以學使尊嚴，不敢自薦，轆轤於中，莫可排解者累日矣。一日薄暮，舟次齊昌江口，密雨如注，小姑曰：「此天贊我也。」因與其母定計設筵，醉僕從於他舟，潛令篙師約當吳寢所穴篷數處，頃之，衾枕淋漓，吳急起狂呼，莫有應者。小姑佯自夢中驚覺，挑燈出視，謂吳曰：「湫隘何可憩息，後有小榻，尚潔，敢請移寢，何如？」吳睨之，嫣然一笑，媚致橫流，不覺心動，遂與燕婉。及試罷，返省，題便面以贈小姑曰：「輕衫薄鬢雅相宜，檀板低敲唱竹枝。好似曲江春宴後，月明初見鄭都知。」「折柳河干共黯然，分襟恰值暮秋天。碧山一自送人去，十日篷窗便百年。」小姑捧詩而拜，欲脱籍隨行，吳不可，殷勤慰諭而止。於是潮人咸呼小姑爲殿撰夫人矣。小姑益自矜貴，卽名士騷人，亦難輕覿其面。假母逼之，小姑曰：「兒曾侍寢玉堂，何可復理故業！」遂出私蓄千金，於湘子橋邊築精舍，焚香禮佛。後聞吳逝，設位哭奠，數日不食而卒。

曾春姑爲金聽濤所眷

曾春姑，澄海人，自幼父母俱喪，依嬸母蓉娘。丰姿穠粹，如碧桃初放，滿座生春。顧性孤峻，每日晨起梳洗畢，輒閉户焚香，或臨牕刺繡，不喜見人。嘗有販米客備百金以求歡，春姑鄙其人，毀妝稱疾。

客去，蓉娘讓之，春姑曰：「撫育之恩，兒豈忘懷，容得當以報，毋相迫也。」蓉娘無如之何。然春姑之名，自此噪甚，欲締交者踵至，然皆不當意。

吴江金聽濤尚書爲諸生時，嘗客潮州，聞其名，訪之。值午睡，因朗吟梁簡文《美人春睡圖》「低鬟壓落花」之句。驚回幽夢，倦眼斜注，覺金之神彩不似庸流，整巾徐起，敍談良久，情意頓洽，遂成燕婉。未幾，金鄉試旋里，祖餞江邊，攬衣揮涕。金取小端硯勒其事於背，贈之，曰：「我苟富貴，攜此而來，當不相負。」春姑珍之如趙璧也。後十餘年，金以内閣學士校試潮嘉。向例，當道往來，蜑船應役。時春姑猶在舟，未脱籍，隨蓉娘至清溪，聞學使姓名、里居甚確，伏篷底窺之，態度宛然，密謂蓉娘曰：「是誠前度劉郎也。」夜分，設筵舟中，延其幕客沈靜常邀金過飲。春姑作別時裝束，俟酒酣，用盤承硯獻之。金就燭取視，驚曰：「爾豈昔年韓江曾春姑耶？」春姑嗚咽不成一語。金攜硯返舟，作詩二首，贈白金五百兩，慰遣之。春姑遂留金於蓉娘，曰：「兒不能復事賤役，聊借金公之惠，以報阿母恩。」因擇士人委身而去。詩曰：「含顰憶昔侍尊前，麗服明妝似水仙。今日相逢卿老矣，不堪回首問當年。」「不抱琵琶過別船，芳心與石一般堅。相思有證分明在，淚漬模糊滿硯田。」

郭十娘爲金柳南所眷

郭十娘居齊昌西門外，早著豔名，一時名流争妍取媚，尋盟責諾無虚日，十娘蔑如也。獨與金柳南傾蓋輸心，私心竊計，謂意中目中，微斯人，莫可委身者。柳南，名作機，卓犖不羣，意氣豪邁，工吟詠，屢應童子試不售，卽棄去，遊於滇、楚，臨流攬勝，慷慨悲歌。久之賦歸，益無聊，因挾中、韓業遊嶺南，理文案，詳慎明敏，雖久居要津者不能及，人多忌之，以是恆賦閒。然雖貧，猶典衣聚書，至數千卷，嘯歌不廢，而所爲詩益工，宜其縱情風月，欲銷鬱勃之氣於温柔鄉也。

先是，柳南遊幕齊昌，公餘，登河濱之嫏嬛樓，屢招十娘不至，因以蟬翼紗一端、並蒂蘭一枝，遣僮申款曲。十娘納蘭返紗，謂僮曰：「歸語汝主，好珍重，此花拜惠多矣。」越日，柳南張筵邀之，少選，姗姗來，雅服靚妝，容華妍秀。席次奏《湘妃怨》一曲，宛然幽篁浥淚，音韻悽楚。定情未幾，而十娘遽嬰疾，柳南爲之焚香默禱。由是十娘情意逾密，欲脫籍相從。而柳南旅橐羞澀，因裂如意一鉤，各執半要盟，以待異日。某邑令夙聞柳南名，專伻厚幣以聘，勢不可卻，刻日戒途。十娘設讌以餞，相對汍瀾。酒半，柳南佯醉，離席馳馬去，自此關河間隔，歡會難期矣。柳南以世無黃衫客也，恆鬱鬱，因賦《如意》詩寄十娘曰：「如意不如意，其如如意何？望穿信杳別，別久淚痕多。孤月照裙屐，重雲鎖黛螺。回頭似一夢，壯志盡銷磨。」

後十年，柳南重過嫏嬛，十娘已卧病，玉容憔悴，握手失聲。柳南賦詩二十首，歌以當哭。今節錄其半云：「十載重來事已非，梨花零落燕分飛。徐娘未老風姿減，淚溼當年舊舞衣。」「幽蘭一剪證前因，蟬翅紗輕穩稱身。對鏡嫣然渾一笑，分明我是意中人。」「挹翠偎紅正暮春，名花齊折鬭芳辰。一枝冷豔誰堪似？妙手玲瓏寫洛神。」「樺燭高燒照綺筵，清歌兩部醉羣仙。漏聲欲斷人初散，偷近熏籠倚玉肩。」「小閣濛濛細雨中，殘燈隱約背牕紅。傷春倦卧無人問，獨爇心香禱碧空。」「沈疴乍起倍清癯，閉户兼旬似隱居。興至偶然乘彩鷁，閒憑水榭數遊魚。」「不曾豎指學紅綃，鐵練何須鎖綺寮。怪底連宵玩明月，出門動即遺垂髫。」「半鈎如意締三生，密誓雙雙對短檠。小語有時紅兩頰，欲呼夫壻又低聲。」「悲莫悲兮生別離，臨歧揮淚共牽衣。明朝南濟橋頭水，不見鴛鴦相並飛。」「賣賦慙非司馬才，空教紅粉委荒萊。不知海國蒼茫外，何處黄金可築臺？」未幾，十娘奄逝，柳南攜尊哭奠，且以其生前愛桃花，爲購數十株，環種墓門。十娘，乾隆時妓也。

郭紐兒眉目韶秀

郭十娘有妹曰紐兒，膚髮光膩，眉目韶秀，惜兩腋下有氣，觸鼻甚穢，俗名爲狐騷臭，遇讌集酒酣，輒熏蒸滿座，往往有掩鼻而去者。周海廬與之暱，贈以詩。

石姑小娜爲陳雲所眷

石姑，又名十姑，白如玉肪，眉目楚楚，饒有風致。曾嫁傖父，四年而寡，無所倚，遂返程江，理故業。曲中姊妹咸非笑之，獨小娜與之款洽，相對忘懷。小娜潔白，可匹石姑，而冶容柔態則過之。乾隆時，毘陵陳雲旅梅州，每月夜，即招兩人煮工夫茶，細啜清談，至曉不及亂，人怪之，答曰：「譬彼名花，綴於樹枝，迎風浥露，神致飛越。若折而嗅之，生氣寂然，有何意趣！」後解維返省，石姑、小娜望南涕零，甚於所歡。

周公子爲妓所紿

元和周季堂初以未入流分發楚北，隨畢秋帆制府征教匪，荐升至臬司，才識精練，聲勢赫奕。其長公子舉孝廉，入都會試，渡江至漢口，買車登陸，有慫之者，導之冶游，令妓窮極媚惑，持扇索書，且乞署款曰「付姬人某」。公子風流豪縱，求輒許之，且繾綣數夕而去。

翌年春，公子報罷留京。九月朔，季堂詣制府稱賀畢，甫出轅，未登輿，見道旁一媼，年可五十許，捧牒而跪，後隨少婦，青帕蒙頭，手抱呱呱者而立。以爲鳴冤者，收其牒，命隨至署。升輿注視，所訴乃公子前所狎妓已生子來謁翁也。大怒，發漢陽府刑鞫。妓出扇，手迹宛然。守亦有憾於季堂，直白秋帆。秋帆夙遇季堂厚，囑善處之。乃畀以三千金，留其子。然子實非妓生，乃慫之者所買，賄妓爲之也。後季堂被劾，白簡中亦列此款，頗費斡旋，乃免褫公子衣衿。

妓餌老翁

吳興某村翁頗足穀，以值千金之絲命其子往金陵鬻之。子戀一妓，久不歸，翁探知之，趣金陵妓家訪焉。妓家曰：「汝子誠在，適外遊，可稍俟之。」翁待至晚，子不歸，其家以惡草具餉之，宿之外室。次日，子仍不歸。至三日，將晚，一媪出曰：「翁待久矣，坐守良苦，曷入一觀花乎？」翁欣然隨之入，至中堂舉目，則湘簾翠幌，清池小山，花木掩映於朱欄曲檻間。一少姬濃妝前拜，引入幽室，進以金樽，款以珍饌，翁不覺陶然徑醉，即與之狎。巫山夢覺，而紅日下簾。甫起，即進飲食，而其子適至，父子相見，默無一語。飯畢，子請歸，翁良久曰：「子曷先還，吾取逋貨畢，即歸也。」翁乃獨留妓家一月，貲斧畢秏，遂孑身而返。

商寶意懷金陵舊游

會稽商寶意太守以編修乞外，授鎮江府同知。解官，居秦淮水榭，眷一妓，甚麗。臨去，出白玉墜爲贈，時把翫之，不釋手。其後累宦邊郡，投老沅江，追念昔游，形諸篇詠。嘗曰：「吾鄉陸放翁在蜀十年，曾有所盼，歸日每懷舊游，屢見吟詠。僕於金陵亦然，月地花天，復此追憶，不自知身滯百蠻也。」

王香柳清麗

王香柳，行三，嘉慶初之蘇妓也，居濠上。吴門食單之美，燈船著稱，而王家爲尤精，鼈裙鳧蹠，熊掌豹胎，燀以秋橙，酤以春梅，擬於郇公廚、李太尉焉。香柳貌清麗，沈默寡言，與之纏頭金則受，或雜以衣飾釵釧，則受金反璧。或詰之，曰：「兒非傾心阿堵，顧阿母以錢樹子望我，其奚辭！至一身漂泊，未識所歸，雖金縷千絲，明珠百琲，非我有也。適一旦脱然去，其與有此者，寧復知公等乎！公等亦胡爲者？」客爲之爽然若失。後適邑人某。

陸小玉丰韻天然

嘉慶初，蘇妓陸小玉居山塘，蛾眉淡掃，丰韻天然，而翠袖霞裳，丁東環佩，濃淡亦復相稱。所居近河干，屋小如舟。嘗有人寄其家，聞客至，匿於幃。客盛稱家世，誇豪富，小玉厭之，餉以閉門羹。客不解，轉詰焉。其人嗤於幃，遂逸去。

李倚玉白晳而頎

李倚玉，行三，白晳而頎，而秋波一剪，盈盈欲語，尤可療飢。居虎邱得月樓，樓枕河干，在花市西頭，卽俗呼冶坊浜者，爲游船停聚處。每當曜靈西匿，蟾魄未升，歌吹遏雲，畫橈動地，紅妝與烏帽相掩映，居高臨下，固莫不歷歷目前也。

周新官黑而津

嘉慶初，蘇妓有周新官者，居山塘，面黑而津，娭光眇視，丰致嫣然，時人以墨牡丹稱之。

趙某官温婉而捷給

嘉慶初，蘇妓趙某官居閶門之上塘，温婉而捷給，長筵廣席，各勸一觴，莫不欣然受之。悦潒上某欲嫁之。某初饒於財，喜狹邪游，丈夫也，而嫵媚若巾幗，諸校書争愛之，由是家中落，不名一錢。聞趙言，以匱乏告。趙招之至家，衣食供奉如伉儷然，雖時出見客，而卧榻側久不容他人鼾睡矣。

李新官吐辭伉爽

李新官，字畹蘭，泰州人。嘉慶初，居蘇州之算盤巷。眉不畫而翠横一字，髮不髢而緑透三層，吐辭伉爽，略無浮文，而摻摻長爪，雅自愛護。有謂其所歡亦長爪者，或偶晤於方輼之處，戲驗之，良不誣。

程月娥玉浄花明

程月娥，籍新安，嘉慶初至蘇，居楊庵衖。玉浄花明，雛鶯幺鳳。年十五，以父死不克償逋負，遂入青樓，故酬對羞澀，而女工獨嫻，兼善刷印碑版坊刻，稱之曰校書，名實相副矣。

舒鐵雲認藕雪爲鄉親

嘉慶某歲小春八日，舒鐵雲在蘇州，飲於范少府之新柳詩屋，以女郎藕雪爲觥録事。酒闌索句，鐵雲知其越三日而瓜期初度也，乃即席占贈，書於琵琶之背。詩云：「鳳皇絃上細如塵，洒地詩天一種因。芳樹臨風新樂府，梅花生日小陽春。擕來鹿脯能供客，載得鴟夷莫贈人。漫訝停橈便評泊，査橋支巷是鄉親。」

楊福齡春容大雅

嘉慶時，江寧有名妓楊福齡者，先居文德橋右，後移鍼巷。春容大雅，動止宜人，工琵琶、洋琴，偶一奏技，聽者神移。其母若妹皆盲於目，家中食指以百餘計，胥仰給於福齡。而所得纏頭，或一疋綾，一斛珠，莫不珍重受之，不以豐菲爲軒輊也。

楊多子爲人所珍慰

楊多子，嘉慶時之秦淮妓也。芳齡荳蔻，羞靨芙蓉，六寸膚圓，春光緻緻，不諳絲竹之技，而拔來報往，蹀躞甚勞，見者皆珍慰之。

蘇緑珠諳素女術

蘇緑珠爲小卿妹，江寧之天方教人也。容曜秋菊，采麗春葩，間或按象版，炙鵝笙，紫腔緑韻，才一繞梁，玉塵乃簌簌下落。嘉慶時，居八府塘西。先是，小卿擅名河上，緑珠嗣起，一時幾有二喬之目。且諳素女術，凡與昵者，輒不忍舍之。

王倚紅動止無俗態

王小荇，字倚紅，嘉慶時之江寧名妓，瑶雰閣豔雪女也。適伶人郭蘭。年十七，美麗不遜其母，而冷雋處或又過之，蓮瓣纖纖，花鬘裊裊。一日，有客過之，值其晨妝未竟，悄擁圓冰，手挽青絲三五綹，猶委地尺餘，雙腕瑩膩如雪。客至，迺提鞋偎母，瀹茗呼奴，秀可療飢，嬌真消渴。蓋豔雪早與韻秋、春痕、秋影諸人角勝花場，小荇湔染既深，動止自無俗態也。

大奀潔而妍

大奀，嘉慶時廣州船妓之翹楚也。質潔而妍，人每以明珠仙露比之，又稱爲花魁，聲價殊重。以置身卑辱爲恨，恆語人曰：「儂輩增一分聲價，便多一分賤態，人以爲可喜，儂以爲可悲也。」性高尚，遇風流名士，則肆其詼諧，而不及褻。有貴介致五百金，求半月歡，母利之，不可，强之，遂絶粒。

麥大安善談諧

嘉慶時，廣州校書麥大安喜風雅士，善談諧，終日娓娓無倦容，不尚豪華。未幾，繆蓮仙訪之，一見如平生歡。因慕王笠航名，以團扇屬蓮仙索笠航書。大安工酬應，送迎無虚日，恆致病。一夕，蓮仙往視，伏枕妝樓，强起坐與語，輒淚下，蓋憂從中來也。因譜《師師令》詞贈之云：「翠眉雙鎖，又淚珠交墮，此時心事有誰知？低首向妝臺斜坐。甚閒愁，難貼妥，到這般慵惰。可憐弱體嬌無那，又似風吹花朵。了無情緒病懨懨，怎得個相思醫可。燕子樓頭人獨卧，坐悶懷如我。」

廣州有揚幫妓

阮文達公元總制兩廣時，初抵省河，泊舟揚幫之船側。揚幫者，其地爲流娼所居，娼多揚州人，故名。文達始至，不知也。頃之，四面絃索聲起，時已入夕，一望青簾白舫中，燈火燦爛，異之，顧左右曰：「此何地也？」隨員知縣某率爾而對曰：「揚幫也。」問何由得此名，曰：「此地居户皆揚州人，揚州人皆婊子，以此得名。」蓋忘文達之爲揚州人也。文達撚鬚微笑曰：「然則揚州人至此者皆婊子乎？」某至是始悟，免冠頓首而出，明日，襆被行矣。

蔣伯生日爲平康游

嘉慶時，山左有知縣蔣因培者，字伯生，江蘇舉人，善詩律，少負文名。仕齊魯，日爲平康遊。夏日，嘗插花擁髻，放舟大明湖，遇上官，亦不引避，惟傴軀唱諾而已。後爲錢中丞臻劾罷，遣戍。吴中士大夫尚惜其才，爲之延譽，未期年，復其職。

寶釵爲方潘所眷

廣州妓寶釵姿態秀雅，薄負時名。蘇州方某宦粤，偶詣船，見而悦之，約爲夫婦，寶釵笑而諾。然寶釵故與富家子潘某暱，潘每至，則寶釵終日不梳頭。此中人語云：「潘生平不入章臺。某日輕舸過穀埠，遥見寶釵跣足立船首，如雲之髮，下垂未梳，亂頭時節，妍媚無倫。立停舟，遣人招之，且戒曰：「來時勿梳頭也。」自是至潘所，輒不妝飾，遂成習慣。潘温温如處女，方則深於世故。寶釵剛日留方，柔日留潘，情好若一，而實偏於潘，以潘之柔婉如意也。

寶釵體弱，善病。方稍暇，即走訊之，遇寶釵服藥，必先嘗。寶釵身承愛憐，至是，以爲潘不如方矣。疾稍瘳，方擕之上白雲某寺避囂，日暮風和，寶釵憑欄，仰視歸鳥繞樹，方曰：「繞樹三匝，無枝可依，飛鳥亦殊可憐。」寶釵曰：「此所謂揀盡寒枝不肯棲也。」方聞寶釵語，以爲風雅而又寄意深遠，還家，市磁青絹扇，以乳金寫秦淮名妓馬湘蘭小傳，字端而小，贈寶釵。一日，娼船有火，燬及寶釵所居。方聞警，往視寶釵，問贈扇燬否，寶釵曰：「火至時，金珠手鐲幾不及擕，何暇挈扇也！」方微笑，謂其友曰：「今乃知勾欄中人財重於情矣。」

容憐餌陸某

山陰陸某習申、韓家言，久幕潮州。潮州船妓頗盛，客是土者，大率罄所得不足償游貲。惟陸素以老成稱，每燕集，未嘗喚妓。以是數十年，得積金近萬，將俶裝回里，偏別故舊，因自矜曰：「吾幸心有主宰，今日垂老，得歸故鄉。」時有妓名容憐者，名噪一時，聞其語，乃遣人招陸之僕李升至，曰：「汝能使汝主人來我舟，即酬汝百金。」一日，陸方薙髮，李忽至前，半跪即起立，若有所求。陸叱問故，李曰：「小人隨主人數十年，今主人歸故里，小人將擠溝壑矣，欲小求於主人，可乎？」陸曰：「第言之。」李曰：「今有妓某者，素慕主人名，聞主人將歸，乃丐小的請主人詣其舟，且曰，若得主人寵臨，則當賜小人百金。」陸訝其敢爲是言，乃曰：「姑從汝。」因令僕與約某日往。

屆時，陸易新衣，乘肩輿往，降輿登船。時潮水方漲，舟易移動，甫登跳板，板滑，陸忽失足入水，舟人紛紛以篙繩施救，不能遽得。正惶急間，忽一女子華妝豔服，躍入水中，翼陸出，女衣妝悉毀。陸見之，既驚且感。女令舟子持衣來，舟子以故衣至，女叱令易新衣，乃更以他服來。時方冬日，凡所需衣袴鞋襪及銀鼠袍馬褂，無不具，且稱身，復令速溫酒暖腹。陸見其尚服溼衣，良不忍，亦令其易衣。女曰：「君千金之體，不可輕也。吾儕賤人，何足置慮！」正言間，忽李入，半跪謝，言已得百金，皆主人之賜也，遂去。女爲誰？卽容憐也。

已而陸易衣履竟，容憐乃徐自易之。陸見其態媚肌白，不能無動，又感其相待之厚，似不可卽去，乃令置酒，則妙語溫言，令人魂銷。飲畢，陸半醉，將去，容憐因言今日落水，不免受寒，且又醉，不可以風。陸爲所持，又顧李不在，無人爲傭轎，因遂留宿。容憐繾綣備至。自是，陸亦戀戀不言歸矣。居數十日，李不至，亦無一友來探候，惟日與之酣博，間或召女之姊妹行來同飲。舟中用貲，皆令舟子至其寓取用。一日，容憐忽問陸曰：「君果積貲若干？」曰：「萬金。」曰：「君自忖來此若干日，用若干？」陸瞠然。容憐命司帳者至，問陸所應償者，則對曰：「合酒貲、舟貲、宿貲、博貲、置衣飾貲，約計萬餘金，已付七千，尚短三四千。」陸聞之，舌撟不能下。容憐正色謂之曰：「論理，宜悉付此款，然念汝勤苦一生，僅積有此，若令盡給，將不能生還鄉里，實不忍。今所欠之款，悉當豁免，並當別贈五百金，使汝知吾輩俠腸，非盡嗜利忘義者。汝當速收合餘燼，挈妻孥旋里，勿再有所留戀。惟有一言奉告，凡心無主宰者，必不可輕視一切也。」陸至此，始知爲所算，乃嗒焉若喪，匆匆攜所贈金而去。

素芳爲清淮賈人所眷

清淮賈人某嘗眷一妓，名素芳，居大河之南，常衣縞素，藝蘭數盆，終日靜坐若處女。訪之者，往往以病謝，惟某來，焚香操琴一曲，或請某唱崑曲一節，自擫篴以和之，蓋某非俗賈也。有暴客嫉之，造勢不兩全之蜚語。素芳卽毀其跡，委身於某。暴客聞之尤嫉，思中傷之。

會改七薌至清江，某與之有舊，丐七薌爲素芳寫貌。裱褙時，幐之店壁，暴客見之，曰：「計得矣。」暴客充淮揚道轎役，道之眷出，暴客常見之。素芳之貌髣髴似道之新妾，妾亦娼也。乃詭言於裱褙店主曰：「有欲見此小像者，借觀卽返。」乃攜像至署，倩女僕進言賈人竊新姨貌，圖形於市，殊不雅觀。道怒責新姨，新姨憤將死，賴幕賓爲言是圖乃七薌所畫，七薌在此，曷召問之。道稱善。七薌入見，言寫貌人之居，去署不遠，盍招之。及至，使與新姨並立，不獨形貌相似，長短肥瘦、手足行動無一不肖。及問生年月日時，亦相同。道奇之，乃使賈充河兵，不三年，爲守備，暴客亦無如之何。由是素芳與新姨稱姊妹行。

姚修竹慕李杰

黔人李杰能詩善畫，以知州需次於滇。某年，奉檄運銅入都，溯江東下，紆道游姑蘇，遇蘇妓姚修竹，議出千金，爲之脱籍。以王事匆促，亟欲北上，先留雙玉佩爲聘，約俟一年後改官吴中納之。自是，修竹遂獨居小樓，閉闗謝客矣。

修竹善度曲，容麗而性靜，平日於富家兒貴公子鮮有許可者，獨於杰，則一見如故。至是益自晦。母或强之見客，循例寒暄數語而已。已而杰爽約，修竹抑鬱成疾，彌留時，執母手欷歔而言曰：「兒之思慕李郎，亦以其妹爲天下奇女子，李父曾官提督，其妹身長玉立，馳馬試劍，年十四時，從父殺苗立功。則李郎必爲奇男子，遂不覺若是之傾倒也。兒病若此，不可久留矣，願得雙玉佩爲殉，殯於寺中，以冀李郎之來，憑棺一慟，使知天下有奇人亦有癡兒也。」

趙梅卿車馬盈門

墨池雪嶺，聲價增重，文士筆端，自有一種作用。王愓甫詩云：「白璧千雙珠作闕，金釵十二玉爲裾。人間多少繁華夢，比到梅花總不如。」道光時，蘇州閶門有妓趙梅卿者，夙未著名，吴江趙蓉裳一見而大賞之，戲書此詩於梅卿之扇，未幾而車馬盈門矣。

鳳雲爲應敏齋所眷

應敏齋方伯寶時嘗眷一妓曰鳳雲，丁娘十索，至典裘貨馬而爲之，時應尚爲秋風遊客也。未幾，擢關道篆，而鳳雲已不知何往矣。有贈鳳雲一聯云：「桐鳳緑么花十八，梨雲紅亞月初三。」

三姑娘爲載廉所眷

載廉，漢軍廂紅旗人，本姓田。年十七，補弟子員，十九，舉於鄉。性豪爽，不拘小節。京師胭脂衚衕爲烟花藪，載偏覽無佳者，恆鬱鬱。中元日，散步城南城隍廟，寶車絡繹不絕。至門，見一女郎扶蓬首婢，蹣跚下車，忸怩作媚態。載從之行，至大殿，見女郎向佛盈盈拜。拜已，作嬌喘，倚欄小憩。載私念必貴家寵妾，傍左右不去。已而女徐徐出廟，婢呼車。載立車側，俟登既，搴衣隨之。女隔簾呼婢耳語，笑吃吃不絕，時露面外窺。載愈迷，奔不已。時秋雨新霽，道旁泥没脛，憊甚，揮汗如雨。女似憐之，囑御者緩轡焉。未幾，入一委巷，審之，胭脂衚衕也。載大疑。踟躕間，見女下車叩白板門，顧載笑，婢亦笑，旋入。載欲隨之，轉念未攜資，恐弗諧，遂過某妓家，述所遇，妓笑曰：「是三姑娘也，去冬適某觀察，攜之任，以嫡妬遣回。今其姊將居爲奇貨，郎所過白板門，其姊家也。」載私喜，明日，具厚禮，徑造其室，以出門告，惘惘返，終夜反側。雞初鳴，趣御者狂馳至，則雙扉未闢。俄一老媪啓扉，載具道誠意，媪揺手曰：「三姑昨日受風寒也。」載歸而不懌者累日。適友有選任邱令者，強載爲佐治，而胭脂衚衕之望遂絶。

次年春，友引覯，載與俱。一日，月初上，信步出櫻桃斜街，遇同學友某某，拉至平康，設筵招歌者侑酒，強載書箋，載姑書三姑娘名以應。俄而一淡服人款款入，傍載坐。載問識我否，三姑曰：「久矣。」問何處相識，曰：「城隍廟也。」問何時，曰：「中元也。」載深感之。自是載日一至三姑家。三姑家故有姊妹三，皆殊色。一日，同學輩蹤跡至，適載來，遂相約爲聯芳會，言於三姑，俾各占一枝。華筵既張，乃推戴三姑爲盟主。

王壬秋以十五齡女郎侑酒

鄱陽楙園，舊爲冶游之地，琵琶勸酒者，且百餘女。咸豐壬子夏，王壬秋檢討闓運嘗從酒徒輩游宴其處，笙歌既合，各有所以侑坐者。時王未婚，羞於履舄，適有十五齡女郎抱病未妝，姑指以塞衆意。俄而女至，垂鬟憮然，辭不理曲。時長日酒多，意倦久坐，獨倚几熏香以待酒散而已。明年在樂平，則有使來，稱前女郎遣致問，及過客往往傳説此事，云有匜盥之請。後一月，復書於王，封髮寄焉。王因謂使曰：「髮翦易長，若能斷指示信，當以桃葉迎汝。」使笑而去，然自此亦不復至矣。

喬氏蓄錢償娼家

松江鄒某娶妻喬氏，生一子，名阿九，甫周歲而鄒死，喬守志撫孤，家尚小康，頗足自存。而是時粤寇已據蘇、杭，松江亦被陷，喬慮不免，思一死以自全，而顧此呱呱者，又非母不活，意未能決。其夜，忽夢夫謂之曰：「吾家三世單傳，今止此一塊肉，吾已請於先亡諸尊長矣，汝寧失節，毋棄孤兒。」喬寤而思之，以爲夫雖言之有故，持之成理，然婦人以節爲重，終不可失，意仍未決。其夜，又夢夫偕二老人至，則翁媪也，曰：「吾乃汝之舅姑，汝意大佳，然爲汝一身計，則以守節爲重，爲吾一家計，則以存孤爲重。願汝爲吾一家計，勿徒爲一身計。」婦寤，乃設祭拜其舅姑與夫曰：「吾聞命矣。」後母子皆爲寇所得，從寇至蘇州。喬有絶色，爲寇所嬖，而喬抱阿九，無一日離，語寇曰：「若愛妾者，願兼愛此兒。兒死，妾亦死矣。」寇戀其色，竟不奪阿九。久之，以喬爲貞人，以阿九爲公子。貞人者，寇婦中之有名號者也。

方是時，寇踞蘇、杭久，城外村聚焚掠殆盡，雞豚之類，亦皆斷種，寇日用所需，悉以重價買之於江北。於是江北諸貧民，率以小舟載雜貨渡江，私售於寇。有張禿子者，夫婦二人，操是業最久，寇尤信之，予以小旗，有寇之境，無不可至。喬聞之，乃使人傳貞人命，召張妻入内與語，使買江北諸物。往來既諗，乃密以情告，謀與俱亡。乘寇酋赴湖州，佯言己生日，醉諸侍者以酒，而夜抱阿九登張舟以遁。舟有寇旗，無誰何者，安穩達江北。而張夫婦意喬居寇中久，必有所齎，偵之無有，頗失望，乃載之揚州，鬻喬於娼家，喬不知也。娼家率多人篡之去，喬仍抱阿九不釋，語娼家曰：「汝家買我者，以我爲錢樹子耳。此兒死，我亦死，汝家人財兩失矣。若任我撫養此兒，則我故失行之婦，豈當復論名節。」娼家然之。喬居娼家數年，阿九亦長成。喬自以纏頭資爲束脩，俾阿九從塾師讀。俄而寇平，喬自蓄錢償娼家，贖身，挈阿九歸松江，從其兄弟以居。阿九長，爲娶婦，乃復設祭拜其舅姑與夫曰：「曩奉命存孤，幸不辱命。然婦人，究以節爲重，我一婦人始爲寇之貞人，繼爲娼，尚何面目復生人世乎？」遂縊而死。

安月娥著豔名

安月娥，江寧人，巧齡、巧珠之假母也，爲秦淮妓。粤寇未至時，齒尚穉，頗著豔名。有自號煮石頑仙者，賞之，贈以《一萼紅》云：「稱芳名，是廣寒舊隊，小謫下瑶京。蛾様猶纖，蟾輝未滿，神采先放光明。曾學過霓裳法曲，串新聲嚦嚦妒啼鶯。靨笑添渦，眉修露慧，睇轉流情。悮到團圓時候，勸靈娥珍重，莫墮愁城。荳蔻含香，芙蓉作蕊，煩惱何苦相縈。須記著前身小影，伴青天碧海耐凄清。留待梯雲客至，喚取卿卿。」咸豐癸丑，江寧陷，月娥避至他處。亂平，始歸，六代鶯花，都非疇昔，遍訪當年姊妹，率皆玉碎珠沉，自顧馬齒亦加長矣。舊居牛市水閣，尚存廢址，牽蘿補屋，粗作安排。所歡某二尹久定終身，而業已床頭金盡，不得已，補綴箏琶，重爲蕩婦。幸而歌喉未改，節拍分明，迥非時下雛鬟所能企及。因此招之侑酒者，不以色選而以藝登，且重其爲京幫，生涯頗不落寞。每當酒闌夜永，與二三熟客，談白下往日風光，真如天寶宫人説開元遺事也。

陸蘭英垂髫名重

陸蘭英，江寧人，爲陸二養女。陸二者，秦淮名妓，豪華奢靡，傾動一時。所居畫閣紅樓，珠簾繡幕，爲北里之冠。江寧某方伯公餘退食，常過其家，愛其屋宇軒敞，談風月於此，會衣冠亦於此。時值上恬下嬉，見者習慣自然，了不爲怪。蘭英方在垂髫，得假母提唱，名頗重，江督陸建瀛之公子最昵愛之。咸豐癸丑，江寧陷，避居姑蘇，門前車馬，不異當年。姑蘇再陷，遂轉徙無定所。其後重至秦淮，眉稜翠偃，鬟影蓬飛，秋娘老矣。賃居石壩街煙局後，湫隘囂塵，不潔已甚，每有博徒隸役過往，名流因以絶迹，匪特憎其齒之暮也。

袁雅琴色藝超倫

袁雅琴，嘉興人，本姓王，宦裔也。父曾官奉賢縣丞。咸豐庚辛粤寇之亂，年甫六齡，散失無歸，爲乳媪所鬻，遂隸樂籍。而色藝超倫，丰姿綽約，素妝淡服，情韻天然。客有過而訪之者，一見卽泊然静坐，不輕言笑。或戲謂之曰：「卿胡爲有名士風？」雅琴曰：「余本非此中人，斷不久戀於此，亦何必效章臺習氣耶？」客默然。

韻珊美豔絶倫

大文寶，字韻珊，江寧良家女。以粤寇之亂，隨母避杭州，轉徙至滬，遂落平康籍。年四十，美豔絶倫。滬爲商埠，巨賈麕集。時江、浙猶未克復，兩省豪貴多寄居。於是名大噪，門前車馬如織，而韻珊獨敬禮文士，視市儈蔑如也。時滬之樂户在洋涇浜，有數千家，多蘇人，習尚柔靡。韻珊獨以俊爽勝，名在蘇幫上，與黄愛卿、小桂珠相伯仲。

同治庚午，韻珊歸金陵，杜門謝客，惟名流文酒之會，招之必至，不取纏頭貲。所居曲房綺闥，香爐茗椀，位置楚楚。一日，進香清涼山，爲一素不識者所偵知，馳數十騎隨之，繞佛殿三匝，不能禮拜，急登輿歸。秦淮兵燹之後，河房雖未復舊，而燈舫較盛於前。韻珊每值夏夕，獨坐涼篷，懸燈數盞，及名人書畫，以棗花簾障之，供建蘭、茉莉盆，旁侍一女童，時徜徉於青溪、長板間，見者疑爲神仙，可望而不可卽也。惟性孤傲，頗以標格自矜，非其意所屬者，雖以厚幣招之，不往。

大金鳳舉止温雅

大金鳳，揚州人，齒稍長，丰致嫣然，舉止温雅，工於應對，知音識曲，能豪飲，居江寧淮清橋察院之東偏。同治初，以久經咸豐兵燹，舊院遺址，無可尋覓，卽利涉橋、文德橋一帶，所謂「丁字簾前落日放船好」之諸名勝，亦皆鞠爲茂草。女閭叢集釣魚巷，湫隘已甚，名流望而卻步。大金鳳家獨室宇精潔，無纖塵，笛床琴几，位置不俗。起坐一小樓，鍾山嵐翠，撲入簾桁間，如在畫圖中也。

岳蘭史媚慧

蘭史，岳姓，小字鳳，蘇州望亭農家女。父爲布客，挈鳳寓吴郡，其大父仍鄉居。咸豐庚申，兵燹中父歿，鳳隨母至滬，時年十齡許耳。客至，恆避匿不出，有喜其聰慧者，聒而與語，輒登榻蒙被卧。滬有清河叟賞之，欲購爲媵，未諧，贈以金，使遷居城北。母見其姿首明黠，謂可作錢樹子，使習歌舞應客。

未逾年，聲名大噪。鳳眉目如畫，體裁適中，寡言笑，而媚慧，善伺人意。又舉止倜儻，不喜作兒女態，工心計，多億中。傾慕者擲纏頭鉅萬，以得一顰笑爲幸，而鳳猶少所許可也。

某提督自津抵滬，啗以重金，拒之。謀刼之，輒以計免。其心屬者爲某貴介。同治壬申，以五千金爲聘，許之。其大父猶未知其爲章臺柳也，堅欲其歸以字鄉人，遂輾轉不就。而鳳亦旋悔，放浪江湖者半年許。癸酉春，重游滬瀆，年逾笄，名益盛，高軒過客以不見爲恥，選色徵聲，非鳳在，弗樂也。是年秋，忽置酒召所知，掩泣而言曰：「余以一身歷花月刼者十載，誨盜誨淫，此間不宜居矣，將歸老茅屋，請從此辭。」各贈一小影爲別。明日，盡室他徙矣。

李芸負盛名

同治壬申，有校書李芸者，年齒稍長，風韻超儕偶。僦屋江寧莫愁湖畔，編竹爲籬，泊然雅素，撫琴洗硏，晏如也。初未知名，吳門秦鍾吾過江訪艷，贈之以詩，書於冷金箋，芸粘於圍屏，以碧紗籠之，於是名傾白下。惟性極高傲，苟不當意，雖貴客大賈，不納也。時江左章臺，競尚華靡，芸雖負盛名，猶蒔花種竹，非文酒之讌不預。有妹曰緑媛，姿容慧麗，較芸尤艷。而善爲酒糾，並善詼諧，辭意之間，翩翩有致，兼工簫笛，發聲清越，足以怡情，士林稱之爲雙絕，不誣也。

張少卿色藝冠一時

同治時，張文達公之萬自閩浙總督任告終養，奉母夫人居蘇州之湖院。文達少年科第，又雅善詞翰，兼擅丹青。時吴下名妓有張少卿者，色藝冠一時，嘗爲花榜狀頭。文達時召至府第，令奏技，兼以佐萊衣之樂，嘗笑謂之曰：「吾與汝皆狀元，洵爲一時佳話。」偶集《四書》作對贈之曰：「少之時不亦樂乎，卿以下何足算也。」時以爲名對。

少卿擅名既盛，所得纏頭金無算。有某者，云係江南候補道，瞰其多金，因至蘇，盛飾甘辭誘之，遂娶歸。無何，偶假小過讁之，閉諸一室而括取其資。少卿單衣出走，復至蘇。諸少年聞之，争爲醵貲，得數千金，卽爲營置香巢，賓客之盛，與昔無異。然少卿意終鬱鬱，未幾死。

陸愛寶楚楚可憐

陸愛寶，蘇州閶門外之湖田人，雲鬟霧鬢，楚楚可憐。至滬，隸籍金玉堂，爲酒糾。同治癸酉冬，堂不戒於火，歌扇舞衫，付之一炬，乃僦居於法租界。一椽風月，半世鶯花，思欲擇人而事，絶少知音。且在堂時，負帶擋貲百數十金，既爲祝融所燬，院中姊妹風流雲散，衣飾皆以帶擋折除。鴇母以其獨居無偶，遂偕吕宋人以計篡之去，閉置空屋中。吕宋人者，鴇倚之如左右手，藉以索債取償者也。愛寶有前時所識客某，具豪俠氣，能急人之急，聞耗，遽報總巡捕。總巡捕曰：「是不可爲訓。」亟破關出之。

妓爲情死

合肥李某赴江寧鄉試，刻苦讀書，不與諸惡少酒食徵逐。劉壯肅公銘傳時在寧，嘗清晨至各寓覘之，歸而歎曰：「莘莘士子，多無大志，紅日在窗，尚高卧未起，其餘則在釣魚巷宿妓未歸耳。獨某某已執筆屬文，凝神盡思，誤以角黍濡墨中，猶以爲人糖盤也。」一日，爲友人強拉入曲院，有名妓見而愛之，願從爲小星。某迫於家庭，勢不可，然又不能絶之而去，特假宴客，令妓取琵琶度曲。曲半，某起如廁，出門策駿馬，飛奔而去，遺書絶之。妓日夕鬱鬱，竟嘔血死。

香雲爲徐宗海所眷

香雲爲光緒初漢臯有名妓，武昌人。媚眼流波，長眉入鬢，慧中秀外，冠絶一時。富商貴介，招妓侑觴者，輒樂就之。以是徵歌佐酒，殆無虚日。香雲亦身價自高，齷齪浮浪子，視之蔑如也。所與往來者，多名下士，酒闌燈灺，惟事談詩問字，語不及私。湘陰徐宗海茂才尤與之善，以終身爲訂，嘗曰：「若得負郭田數十畝，環植桑柘，結廬其中，竹籬茅屋，淡泊自甘，妾爲蓄蠶織縑，以納太平之租，暇則茗碗鑪香，讀書作畫，花開月上，陪君小飲，此樂雖神仙不易也。」宗海然之，日夕籌貲，謀爲之脱籍。假得同學友三百金，與鴇商，鴇必欲取盈，香雲乃出私蓄畀之，已有成説。一夕，宗海寓廬不戒於火，一切蕩然。香雲知之，恚而病。宗海之父得耗，寄書促速歸，乃走辭香雲，時已病不能起，相見執手，嗚咽不作一語。别後十日而死，比宗海至，已葬於北郊矣。宗海特購沈香木，覓巧匠鐫小像，置於小龕，撰長聯以輓之。上聯云：「試問十九年磨折，御苦誰來？如蠟自煎，如蠶自縛，没奈何羅網頻加。曾語予云，君固憐薄命者，忍不一援手耶？嗚呼！亦足悲矣。憶昔芙蓉露下，楊柳風前，舌妙吴歈，腰輕楚舞。每值酡顔之醉，常勞玉腕之扶，廣寒無此游，會真無此遇，天台無此緣。縱教善病工愁，憐渠憔悴，尚恁地談心永夜，數盡雞籌，怎能忘嫋嫋娉娉齊齊整整。」下聯云：「不圖三兩月歡娱，竟拋儂去，問魚常杳，問雁常空，料不定琵琶別抱。然爲卿計，爾豈昧夙根者，而肯再辱身也。若是，殆其死乎！至今荳蔻香消，蘼蕪路斷，門猶崔認，樓已秦封。難招紅粉之魂，枉墮青衫之淚，少君弗能禱，精衛弗能填，女媧弗能補。但願降神入夢，與我周旋，更大家稽首慈雲，乞還鴛牒，或有箇夫夫婦婦，世世生生。」

徐瑞卿創小雙擋

徐瑞卿，滬妓也。蓄雛姬二，年僅十二三，教之歌，既成，名之曰自鳴鐘、八音琴，使侍客。每應召，則二雛偕，各歌一曲，謂之小雙擋。其後則僅以一雛侑觴矣。

王翠雲丰姿綽約

王翠雲，揚州人。其父以賈吴門遷吴，繼以憂死，母鬻之章臺，遂至滬。時爲光緒初，豔名大噪，爲此中巨擘。丰姿綽約，性格温和，徵歌選舞者多樂就之。一夕，客設席於房，拈鬮藏鉤，已近酒闌。有客繼至，則素與翠雲相暱者，亦設席於聽事，飛花賭酒，其興方酣，翠雲爰舍房中之客而往就焉。頃之，房中之客屢唤，而雲不來，欲行，而雲又不送，意頗近於負氣者。既撤筵，客散，侍婢規之，意謂待客之道，宜兩得其中。雲怒呵之，謂渠非出貲與吾落籍者，吾何惜焉。婢喃喃不止，雲大怒曰：「我今即不作此生涯，奈我何！」婢見不可勸，悄然自睡。雲思之，益忿，潛服紫霞膏而寢。次晨，婢入房視之，於紗幮外見其似裸卧者，婢曰：「早涼如是，可卸卻單衫耶？」撫之，則玉體冰矣。

德仙欺金某

光緒初，鄞人金某至滬，眷妓德仙。德仙籍維揚，意殊落落，異吴中人之纏緜旖旎，蓋習與性成也。兩月餘，買笑錢約銀幣三百圓，而德仙落寞殊甚，蓋以金面麻而黑，貌實不颺故也。嘗曰：「人生貴及時行樂，雖金多如季子，亦難甘此面目，與同衾枕。金銀我請所固有，嗅之不馨，握之輒冰，何肯以此易彼哉！」

一夕漏三下，金以歸途遥遠，將寄宿，兩有成言。逾時客至，德仙毁前約。金以爲見金夫不有躬也，謂德仙曰：「卿能圖今夕之歡，以遣良宵風月，中秋節屆，當薄具二十金，聊助花粉費。」不允，謂將期諸異日。閲三日，略亡而往，則德仙方留客宿。客固美少年，翩翩濁世佳公子也。金相形見絀，因悟德仙奚落之由，急袖金往曰：「今已矣，繁華夢醒矣，除夜度資外，備犒使銀幣四圓。」舊例，房中僕婦與堂外紀綱，各分其半，德仙悉以給臧獲，另賜金畀以銀幣四圓。金未應，德仙曰：「尚需與汝索節費耳。」金曰：「汝鴛夢同人，而蠅頭逐我，此款已同落花流水，一筆勾銷矣。」德仙無言，遽批其頰。滬俗素惡此，謂非吉徵，金邀多人與議，德仙匿不與面，鴇請肆筵謝過，乃寢。

雙鴛爲吳樵珊所眷

光緒初，滬有名妓雙鴛者，膚色黑，而光艷絶人，人謂之墨芙蓉，蓋媚豬之儔也。其家在滬之東村，初甚貧，以鍼黹度日，後爲陸媪所見，謂其母曰：「爾家有錢樹子，何憂爲！」母惑之，因卜居於城，偶遇大賈，驟獲不貲。吳樵珊嘗狎之，時雙鴛已厭風塵，意將擇人而事，囑樵珊至其母家。越數月，樵珊往訪，天台路歧，竟迷前蹤，乃徘徊久之，惆悵而返。

林愛官爲雍某所眷

林愛官，江寧人，本良家女，幼失怙恃，爲其戚所鬻，入青樓。光緒初，爲妓於滬，年二十餘，風格温重，寡言語，不喜妝飾。與長安雍某遇，一見如故，遂私訂終身。雍故翩翩書記也，以力薄，不能爲之脱籍。荏苒數年，雍不能離林，林亦不能離雍。雍之友陳某者，素揮霍，悦林之貌，求通燕好，不可，强以鴇母命，林不能卻。比入帷，林扃户出刃，向陳長跪而請曰：「妾本薄命，生死不足重輕，所以苟延有待者，以雖隸烟花，尚復貞一，君家擁花園柳，何處不逢佳麗，若必挾制以言歡，則欲污吾身，請污吾刃。」言訖，以刃置妝臺，陳啞然曰：「予固知爾之鍾情於雍，然彼力薄不濟，奈何？」曰：「不濟，則以死繼之。不然，懷此刃何爲者？」陳乃慨然曰：「爾識雍，予豈不識雍哉？」於是啓户遽出，乘夜挾雍至林所，出所帶金條脱兩枚付鴇母，謂之曰：「林不爾向矣，舍女而取金，爾之見機也。如不從，曷覿此刃！」

鴇母無奈，遂以歸雍。

小玉紅如太原公子

小玉紅，六合人，轉徙揚州。光緒初，年十三，至江寧，慧眼修蛾，天然韶秀，雛髮未燥，盤辮插花，丰姿殊韻絶也。兩顴微高，而其儁逸之氣，如太原公子裼裘而來，自不可掩。又如高秋健鶻，乍得新霜，分外神俊。至其柔膩熨貼，則飛鳥依人，明月入懷，别有一種風致。

素娟秀色可餐

素娟，海陵人，光緒初之秦淮妓也。聲價至高，而性情閒逸。所居臨桃葉渡，每日曉妝初罷，手扶綸竿，倚檻垂釣。人見之，如煙籠白芍藥，柔荏清艷，殆鮮其倫，有謂其秀色可餐，真得山川靈氣者。秦淮燈舫盛時，游女如雲，貴家眷屬愛素娟婉麗，時招同游，院中人尤羨慕之。

王寶珠頎立亭亭

王寶珠，錢唐人，幼爲父母鬻於江寧王姓家。年十六，豐肌秀骨，兩靨微渦，頎立亭亭，有玉樹臨風之致。曲師導學琵琶，並度曲，意不屑也。所居小樓一角，房櫳幽静，貴游文酒之宴，坐無寶珠，不樂也。

蘅香舉止瀟灑

蘅香，揚州人，光緒初之秦淮妓也。舉止瀟灑，落落有大家風。愛作淡妝，無抹脂障袖之習。工度崑曲，意氣豪宕，高響遏雲。時江寧宴會，以桼偻齋爲最盛，幕客寓公之逭暑消寒者，均集於此。每集，蘅香必與。惟既與諸名流游，遂高自位置，俯視一切，碩腹賈無從望見顔色。因此所如不合，鬱鬱不得志，遇有高會，輒以酒澆塊壘，一舉數十觥。醉後耳熱，按拍悲歌，聽者至爲之掩淚。

鳳仙談秦淮舊事

光緒初，秦淮有校書曰鳳仙者，色藝可人。以忤當道，避難出奔，輾轉至杭州，江秋珊、楊桂峯、張初白、汪蘭生、朱硯臣諸名流皆眷之，每宴集，輒招以侑酒。癸未十二月十九日爲東坡生日，硯臣招同人集於其居之樂山草堂，作消寒第五集，鳳仙與焉。秋珊、桂峯與談秦淮舊事，娓娓不倦，大有天寶宫人之感。秋珊因作三絶句以贈之，詩云：「已過當筵酒十分，忽聞蘭麝吐清芬。好花先獻東坡佛，不是朝雲即暮雲。」「風前弱柳鬬腰肢，正值盈盈十五時。妾是桐花郎是鳳，江東羅隱漫題詩。」「何處烏衣認畫梁，一雙么鳥喜收香。坐中尚有江南客，曾識當年哈意娘。」哈意珠爲咸豐時秦淮妓院八仙之一，秋珊、桂峯皆曾見之。秋珊，旌德人，桂峯，上元人，故曰江南客也。

李如蘭爲三人所眷

秦淮有名妓李如蘭者，揚州産也，美而豔，慧而辯，與吴志甫善。吴以富著稱，未半載，纏頭之費所耗不貲，日必過之，每設宴，則必偕其友孫純伯往。孫貌美年少，不一月，李與之暱矣。孫之中表兄周玉如者，富家兒也，與吴亦相識，慕李名，一日，丐孫挈之往，李亦傾心焉。自是而李之妝閣，恆有吴、孫、周三人之蹤跡。然李之室多，客至，每異其室，不謀面也。

久而爲吴所知，欲諷之。一日，往候於門，則孫至，吴乃出而覓周，遇焉。三人者乃相將入室，坐定，吴語之曰：「吾輩皆相知，獨樂不如衆樂也。今將置酒，且痛飲，賞心樂事，誠無逾於此也。」孫、周唯唯而已。日晡，乃命酌，三人入席，各據一方，上吴，左孫，右周，而李坐於下。酒數巡，吴語李曰：「吾三人皆爲卿之莫逆交，彼此愛情，孰爲最？」李目吴而大笑曰：「君。」李言時，潛於案下以左足蹴孫，右足蹴周。至是而吴意謂君之一字，脱口而出，不假思索，誠中形外，自必屬意於我矣，孫、周各受其足之蹴，則亦自以爲爲其所鍾情者也。

雙鳳願許某收尸

雙鳳，如皋娼也，於許某有委身之誓。許貧，假母時婪索之，不能如其欲，過從遂疏。假母既怒，不悦他客，時笞苦之，鳳竟以被虐死。將絶，泣曰：「收我者許也。」范肯堂、張季直、朱曼君乃哀之而爲之詩。

傅二寶屬意楊某

蘇妓傅二寶，光緒時名噪甚。太倉楊孝廉，翩翩美少年也，與有嚙臂盟。而歸安富人某亦豔其貌，將納爲簉室，已與其假母議約矣。而二寶意屬楊，詢之，則曰：「彼少年登科，必易顯達，可爲終身之託也。」乃截髮貽之，以矢不二。某至是而自恨未舉於鄉也，思有以敵之，乃出鉅資助賑，得獎舉人，並得京卿銜。於是訟楊於公庭，對簿時，楊袖二寶髮出以爲證，而二寶竟言其誣，某乃載二寶以歸。

婢三嫁而終於娼

馬玉山中丞丕瑶以多姬妾爲言官所劾，奉旨派粵督某查辦。時馬已薨，某乘行弔之便，以姬妾幾人詢諸馬子。馬子知關係參案，詭詞對曰：「先君晚年多病，須人伺應，故侍婢略多，其備姬妾之列者，不過二三人。」某即據以覆奏。馬子旋亦擇其新納年少者悉放之。中有粵籍一人，貌最妖冶，爲屬員某所獻。此女初本某富翁家婢，納爲妾，不數月，富翁死，再嫁著名花旦鮮花發，鮮花發者，名發，廣西宣化縣人，故綽號宣化發，後以其貌豔如花，音近而訛，乃呼爲鮮花發。僅半載，鮮花發又死，適馬有納妾意，乃購之，飾爲室女以進，馬惑焉。不一年，馬薨，女被放，依母而居，仍欲擇人而事。蹉跎數年，乃墮入樂籍。或云，竟抑鬱死矣。

李佩蘭苛於選客

李佩蘭爲滬妓，名噪一時，而苛於選客，獨與上海令莫祥芝之長子善，訂終身，懾於家法，將有待也。會有勢豪欲奪之，佩蘭懼，促其請於父，不許，旋以染疫殁。祥芝聞人言，疑其爲相思死也，遷怒佩蘭，曰：「不肖子之死，妖姬實致之。」召佩蘭至，詰之曰：「汝欲嫁吾子，誠耶？」曰：「誠。」曰：「吾子今死矣，若果誠，當卽居此，爲服三年之喪。」佩蘭諾，卽日持服，居苫塊，儼然未亡人也。祥芝使人試調之，嚴厲不可近。既三年，逐之出，乃重理舊業。

吳蒓香色藝兼勝

滬妓吳蒓香色藝兼勝，以嘗爲春江花榜之狀元，而名益噪。粤之富商某欲以娶狀元誇於人，將納之。蒓香雅不願，要之曰：「如必娶我，當以冠帔彩輿相迓。」某諾之。嫁之日，所識之客咸集妝閣，置酒爲賀，曰：「送狀元下嫁也。」不久卽下堂，重理故業，然亦自是而能操粤語，粤人遂趨之若鶩。晚年蓄二雛，曰静蘭，曰小香。静蘭旋適人。未幾，小香叛蒓香，自蓄一雛，曰小桂芬，貌殊寢，而以技著。

李三三美而豔

李三三，本姓金，杭州世家女，美而豔。父宦蘇。父亡，恆從其母乘燈船，挾妓出游，或設席於家，召妓侑酒。三三濡染既久，於妓之行止彈唱，皆習能之。未幾，母率之至滬，寓大亨客棧。棧與妓寮鄰，遂與妓時相過從。亡何，資斧乏絶，母女相對愁歎。妓有察其隱者，諷令倚門。三三爲母所迫，從之。未幾，名大噪，有作三三詞六十章以提倡之者，車馬盈門，如在山陰道上矣。杭之族人知其事，馳書戒其母，令速歸。母乃爲三三變姓名，曰張蘊玉，徙居以掩飾之，而覆書於族人，強致辨白。未幾而又爲族人偵知，專使至滬，迫之返。而母已樂此不疲，置不顧，曰：「彼奈我何！」族人不得已，控於會審公廨。時讞員爲陳寶蕖，金之戚也，亦怒，提母女到案，判族人領三三去。母又謂無面目回故鄉，不如就滬擇壻，旋以六千金鬻之於石子山明府爲妾。

時石方權永嘉令，三三從之往。而其母雖獲巨資，濫博無度，未幾，盡負去，乃奔永嘉，謀於三三，唆使復出。三三不可，則以死要之。三三曰：「去無詞，奈何？」母曰：「是有策，汝佯顛也，彼豈尚留汝耶？」三三曰：「奈何吾不顛？」母曰：「是可僞爲也。」三三自是乃佯顛。石初耐之，一日，石方會客，三三裸體奔客座，石曰：「是不可留矣。」乃遣之。母遂偕之至滬，假寓周某家，幾三月，謀復出。事爲石之友金某所聞，飛書告之，石大怒。會其母病死，而周索三月宿膳之費數千金，石幾無以爲計。其友劉松山，維忠之子也，聞之，曰：「是不難，吾當力任之。」乃言於維忠，刼周以威，僅犒以數十金，俾石挈以去。三三至是遂終爲石所有。

左紅玉享盛名

左紅玉爲粤産，老舉也。自改隸蘇籍，卽適金氏。以不安於室，下堂去，理舊業。旋適浙人許某，生子矣。既而又下堂。旋又至滬，復懸牌應客，恆至北益泰書場奏技，遇劉永福。劉方自越南歸，聞其能操粵語也，大悅，點百曲，自是遂享盛名。未幾而爲人所簪，祝髮爲尼。其重墮樂籍時，許氏所生之子年十六七矣，恆至其室，紅玉輒留之飯，撫摩憐惜，儼然母子也。

陸月舫爲王紫詮所眷

光緒丙戌，滬妓有陸月舫者，居福州路尚仁里，以色藝著，車馬盈門。吳縣王紫詮布衣韜亦暱之，曾約同眷月舫者八人置酒其家，令月舫侍座，謂之同靴團拜。同靴者，京師相識之友同暱一伶者之稱謂，此沿之也。

萬人迷工內媚

萬人迷者，光緒中葉京師之名妓也，佚其名。初爲某副都統婢，與僕私通，事覺，并逐之。萬語僕曰：「爾我當自審所處，坐食，僵死矣。聞南城妓院有百順班者，其掌班甚良善，將往依之。」語畢，卽驅車自投，鬻身於百順，得價四百金，出百金與僕，曰：「以此爲訣。」以三百金飾妝閣，購衾枕，陳設華麗。數日，名大噪，雖貌不驚人而工內媚術，且英采煥發，神於肆應，是以見者眼熱，暱者心醉也。內務府郎中海某，以暱萬，傾其家。會歲終，索逋者麕集，海匿於萬所，萬語之曰：「吾前言以身事君，君見容否？如諾我，今日卽返君宅，債事當爲君了之。」海大喜，萬卽代海出千金，交鴇。返宅，出金，料量債事畢，以其餘購田宅，數年，富倍於昔矣。其後丁修甫曾作《萬人迷》詩云：「打是歡喜罵是愛，萬人心迷無定在。情人眼裏出西施，尤物動人少年戒。拳民恃法如著魔，迷而不悟可奈何！萬人同歸極樂國，非女戎亦傾山河，先機誰早驚南柯？」詩蓋作於庚子拳亂後也。

小蘋果爲陳曾佑所眷

京妓疲於見客，一小時或至數十次，往來蹀躞無已時。若遇販豎走卒，一言不當，即抵案大罵，搗毀器具。小蘋果極負盛名，客之問名者踵相接。時陳曾佑眷之篤，嘗十餘日不出，一揮數千金。一日，蘋果語陳曰：「君愛我甚，不敢忘。但君日踞我妝閣，令新舊客來者皆負氣狂罵，爲君受屈者屢矣。君幸憐我。」陳會意，自是不敢逐日至，即至，亦不復久坐，曰：「恐累吾蘋卿也。」

金小寶有吳娘本色

光緒中葉，上海名妓有所謂四大金剛者，曰林黛玉，曰陸蘭芬，曰金小寶，曰張書玉，蓋繼如來三寶之吳新寶、黄銀寶、何雙寶而起者也。金，名粟，爲吳娘，曾居閶門下塘，手足柔纖，肌膚瑩膩，風韻體態，雅近上流。若其酬答敏慧，雖文士，靡有加也。旋徙滬，負一時盛名，而絕無叫囂隳突之習，固猶是吳娘本色也。後適馬氏。未幾，挈厚資下堂去。有兩客争餌之，互致謗語，小寶左右之，不知所可。已而回蘇，言將入校肄業。又未幾，重至滬，羅致舊客，設博場，役一俊僕，名之曰同胞。

林黛玉爲曲中祭酒

上海妓女林黛玉，松江產也。光緒中葉之坊曲中，推爲祭酒。所與往還者，多碩腹賈一流人物。然其人風流放誕，雄才大略，頗有歷史上名妓風概。某歲，鄭叔問、沈硯傳、張子苾、易實甫諸人一時同集於滬，皆當時盛流，才名傾動一世者也。忽一日，盡爲林所羅致，扃諸樓，所以供張之者甚盛，酒肴衾枕，皆極上品。林有暇，輒與諸人縱談，嬉笑怒罵，無所不至，第不及亂耳。室中琴書筆硯，位置楚楚，皆極精物。林出，則諸人者姑假以自娛，而獨不許出門一步，恐其遁也，則盡收其履而鐍諸篋。某嘗竊得侍婢拖履一雙，急曳之而逃。甫下樓，爲林所知，追而牽以返。竟一月歡，始縱之出。叔問嘗爲朱古微言之，謂詩酒之樂，蓋無過於此時也。然究不知林之此舉，果何所爲而發。或謂林於當代人物，無不以土芥視之，喜則與暱，怒則揮之使去，生平所暱達官、巨賈與夫面首之倫，不可勝數，獨未嘗一領略名士風味，故爲此狡獪，亦西人好闢新殖民地之意耳。

林屢適人而屢下堂，所嫁者不可以數計。其自稱適人曰浴。蓋舉止豪邁，易負巨債，至無可彌縫之時，即以適人爲避地之計，使代償其負。已而不安於室，出理舊業。及逋負又多而不得償，乃復作前計。此所以謂之浴，蓋自謂得水而污垢悉去也。

陸蘭芬之榮哀

陸蘭芬爲蘇州趙氏女，本曰胡月娥，旋徙滬。秀色可餐，天然嫵媚，西人曾攝其影，寄歸本國，稱之爲支那美婦人。性靜穆，喜雅淡，風雅士多就之。所居爲福州路西俗稱胡家宅之西式房屋。嘗以初度稱觴，傭巡警守門，往祝者咸衣禮服，乘馬車，翎頂輝煌，周旋揖讓。其子甫五六齡，亦戴晶頂，披蟒袍，而迎送於庭中。其歿也，所歡王某爲之發喪，於訃文喪牌，均署曰先室陸宜人。生榮死哀，一妓也而兼之矣。

陸昭容自炫

與胡寶玉同時著稱之滬妓，有陸昭容，後適王某，高車駟馬，常日出游，路人皆目逆而送之。然其初之行事，類似野雞妓女，蓋嘗至福州路之華衆會品茗自炫，藉以延攬游客也。

頓金蘭言家世

江寧教坊之樂户，有明初没入教坊者，頓、脱諸姓是也，至本朝猶未脱籍。王文簡公詩所謂「舊院風流數頓楊，梨園往事淚沾裳。樽前白髮談天寶，零落人間脱十孃」者是也。光緒丁酉，皇甫鵬九在金陵，嘗作冶游，有妓曰頓金蘭者，爲言其家世頗悉。

袁忠節以紅顏爲知己

桐廬袁忠節公昶嘗觀察蕪湖，光緒甲午，張文襄督兩江，一日，特召忠節至節署，留十數日。僚友迭邀爲秦淮之游，妓之獻酬款曲，習以爲常，忠節不知也。偶值明眸一顧，便大喜，以爲傾城悦名士，謂之紅顔知己。遂出千金爲之脱籍，載歸蕪湖，日扃之小室中。慮薛夫人見逼，以親兵守其户，行部，則以匙交門生歙縣汪某掌之。薛夫人向汪索鑰，汪持不可，薛夫人徑往扭鎖，汪當門大呼曰：「某在此，非老師，不許入！」

林宛宛爲陳大器所眷

王無爲曰，閩西門有湖曰西湖，湖中畫舫多如鯽，舫妓十九皆曲蹄奴種，多秀美，而林宛宛尤娟好，年十五六，豐容盛鬋，見者豔之。光緒戊戌，城中魁輔里有陳珩字大器者，其父，巨紳也。年二十許，稍能文，丰采翩翩，相見歡甚，愛好逾伉儷，議嫁娶，然格於俗，曲蹄不能與平民通婚姻。而宛母方倚之爲錢樹子，尤非多金不售。大器家久索，莫能辦，議久莫決，謀偕遁，行有日矣，大器忽告宛曰：「老父暮景，子亡，益傷，將奈何？」宛泣曰：「微君言，吾幾忘之。吾雖操賤業，母子愛亦猶人，背母與所歡亡，謂我何心？」語已，泣數行下。大器慰之，若無聞。少焉，哭益縱，問故，不答。大器誓不娶，宛曰：「信乎？」大器曰：「歡情方洽，生死皆甘。」宛曰：「愛弛寵衰，悠悠行路，盟不足寒也。」大器曰：「如之何而可？」宛曰：「此未易言。誠能不貳，勿御女也。」大器曰：「然則慮一二三耳。請迹吾行，朝秦暮楚，則休也，否則姑待吾發迹。」宛破涕爲笑，乃綢繆繾綣，歡倍曩時，由是往來益諳。

越三月，值夏日，大器詣宛。宛方偷觴，久不出，使促，乃出，然恍惘不語。大器笑曰：「何相怒，得勿遇佳客？」徐復曰：「湖中芙蕖何似顏色？」宛他顧曰：「命薄而已，色則未也。」大器曰：「怨乎？」宛曰：「命不猶人，將誰怨！」大器曰：「然則曷少安。」宛曰：「小住亦適，固將安也。」大器頗愕，強笑曰：「吾知罪矣。昨言晨來，今且午。」宛微哂曰：「午，庸何傷，何不信？」大器曰：「責不既過乎？」宛曰：「雖病不病，吾旡問矣。」大器謝且慰，宛嫣然曰：「吾已釋矣，然將有問，奴亦猶人乎？」大器曰：「等耳。」宛曰：「或恐未然。曲蹄良弗貴，齊民恥與齒，況紳耶？」大器曰：「何出此言？」宛凄然曰：「頃君友論貴賤，奴種弗儕，吾出此言，不亦宜乎？」大器曰：「吾寧爲此腐心之言？」宛笑曰：「休矣，行且自濯。」大器曰：「若之何而濯？」宛曰：「決斯可矣。」大器曰：「何謂決？」宛曰：「必也。」大器不敢復詰，怏怏歸。

宛夜見夢於大器曰：「負君盟矣。雖然，生且娼，不如歸，辱相愛，走相別。」大器曰：「將奚適？」宛笑曰：「靡有寧居，何煩相問。」大器悲不自勝，握手固請，宛泣曰：「君歸我，則告，否將終密。」大器諾之。曰：「實告君，行將焉往，適君家耳。」語已，自入廳事。呼之，不答。驚寤，知爲夢，異之。亟往訪，宛溺水死矣。撫尸大慟，尸忽張目視且笑。意其甦也，守竟日，無異，乃殮。及歸家，聞室有哭聲，聆爲宛，入室，聲遂寂。乃請於父，歸其柩，葬祖塋側，且置主焉。

黃雲仙雙眸尤媚

黃雲仙，天津人，七歲，典於湯伯述觀察家爲婢，約十年贖回。至十四歲，其父母持原價往贖，湯以未滿年，不許。其父哀乞曰：「十年之約，固不敢負，奈吾女幼字與夫某甲，今甲已諏吉矣。」湯素知津俗，有女已字人，先令爲娼數年而後遣嫁，母家可藉沾潤，非徒爲奩資計，其夫亦有知之而不過問者，因戒之曰：「若女果嫁，吾不計年，姑從若請。設詭詞誑我，而因以賣娼，爲我偵知，必嚴懲。」其父諾，雲仙遂得歸。

未幾，入娼寮，卽有客爲之梳櫳。雲仙色絕麗，雙眸尤媚，人皆稱之曰七姑娘。時丁紫垣大令以其兄欲納妾，物色風塵，見雲仙，詫曰：「余閱人多矣，未見有此麗質，北地胭脂，果勝南朝金粉乎？」乃屬友某爲之作合。初所望不奢，後其母詢知欲娶之者爲南人，遽十倍其值，居爲奇貨，議遂不諧。

一夕，某晤湯於酒樓，告以雲仙之貌，湯立招之。雲仙知湯在坐，詭云回家，辭不至。越日往訪，遷矣。旋爲某偵知，詢以前夕何不至，雲仙曰：「君識湯乎？余不欲見之，此後幸勿以余之蹤跡告。」詰之，終不言。某以其言告湯，湯曰：「是殆余前所典之婢歟？」詳述其貌，果合。光緒庚子，拳匪亂後，聯軍駐天津，恐妓之患梅毒也，設局驗之，雲仙累絕而蘇，深以爲恥，不數日，從一賈人去。

楊氏賣娼異國

楊氏女，順天人，僑居廣州，色美而足纖，幼聰慧，善文翰。嘗從其兄習武藝，所用銅練二，右手重九斤，左手重八斤，嘗持之以舞。解音樂，能捶洋琴，口誦曹一士「仁親以爲寶」文，頗合節奏。及笄，矢志不嫁，父母以鍾愛故，許之。析產所得，視諸兄並，從以四婢，異屋而別居。

某富人女好作男裝，一日，與女遇於某園，談次甚洽，自是卽時相過從。嘗偕女泛舟珠江，招花旦某侑酒，旋與通。無賴子某豔其色，挑之，不從，拳之，應手而倒，諸惡少遂不敢近。乃狂游無度，斥産供用。久之，金盡。時父母皆物故，諸兄薄其行，無拯之者。貧不能自存，乃鬻身爲妓，居南關增沙廣惠客棧。

會有某甲者，富而嗇，一日，與遇，爲之脱籍，以六千金購屋於十六浦，居之。其性豪侈，用常不給，時蓄去志。居一年，見甲之慳吝益甚，設計與博，甲屢負，積逋至萬金。而女每次能博，即令甲以所負之數登載簿籍，將持之以爲他日索還之地，甲不知也。惑其承事之謹，益嬖之。日夥甲游香港，先令人往賃某旅館。既至，見廳事太廣，令棧夥購湖縐數匹以圍之。棧夥以緑色者進，弗悦，别購緋紅者，而以緑縐分贈各夥。

不數月，女遂有外遇。甲大忿，控之英官，女侃侃對簿，求斷離，並呈甲所書賭欠簿册。旋有人勸甲償金而縱之去，乃如數與之。

女旋往安南，入牌館，爲知客。有土豪負館友債，不償，女與館友嗤，忿之，爲毆土豪，幾斃。然女以是故，知犯衆怒，乃返港賃屋，與美少年某私，因得恣所用。比至困乏，乃約同赴南洋，時光緒丙戌也。而某少年者，實鬻之於紅霞，地名，屬穆拉油，距新加坡二日程，爲妓者有入無出。使爲妓。女見狎客之非其偶也，日夕求死。鴇母頗憐之，謂予弗强汝接客，第勿在予家死，當鬻汝於庇能，英之屬地。以俾予得汝身價，女允之。既至庇，媒家遂得善價。庇有官署，乃保護婦女者，居民稱爲新審。女往籲，求從良，竟得請。自是旅居庇，賣淫者二年。

戊子，女歸港，寓石街某號二樓。二婢亞微、亞静，感其向日還以身契之義，遂相約不嫁，連袂事之，仍爲夜度娘。旋嫁某商爲小妻，卽居二號樓。而大婦知之，奔往譴責。女頗以禮事主婦，而大婦欲削其鼻，女乃毆之，大婦傷。某商至是亦恚，令大婦回家養疴，棄女。女亦自願離異，因下堂，仍操舊業。旋識文士某，某固貧，日久而不給於用，遂絶迹。

女自是獨處無俚，吸鴉片自遣，益貧，婢亦辭去，賴度曲以自給，一曲資三角。未幾，港官下令逐流娼，乃回廣州。以淫蕩不禮於兄，因至雅荷塘盲婆家，爲弦索手。以盜盲婆物，發覺，被逐。至是衣食俱絶，乃持歌板至轂阜花舫，伺客筵將散，在船頭度曲，其聲悽楚。旋得病。辛丑八月初五日死於廁，葬之義塚。無何，某至廣州，聞女死，哀之，訪叢葬地，得之，爲植碑，題曰恨塚。

秋玉蟾賣娼異國

我國人之商於日本神户者，所居爲南京町，其地無女閭。光緒壬寅，忽有閩妓秋玉蟾者至，僦屋而居，以賣淫爲業。時年甫十九，美而豔，髪可鑑人，效倭妝，梳高髻，並以善歌聞，且凡琵琶、月琴、木琴、胡琴、風琴以及笙簫笛板、鉦鼓鐃鈸，靡不精。以是爲日本人所賞，應召奏技，所獲纏頭資，三倍於日本藝妓，夜度資須日金二百圓，月入殊鉅。然悉以貽其所歡日人某，不自享也。

玉蟾本左氏女，父母殁時，年僅十二，喜習音樂，爲戚某所略賣。自入京師，隸樂籍，技益精。十六，轉徙至滬，名大噪，賓客紛沓，而日本人亦有眷之者。久之，與日本一不名一錢之浪人某暱。會有富家子欲納玉蟾爲簉室者，乃索富家子巨金以與某，而卻其請。富家子大怒，與之絶，播其事於人，由是狎客咸裹足，負債纍纍。計無所出，遂從某至神户，爲所迫，理舊業。某坐享其所入，偶拂意，輒鞭箠隨之。數年，擁巨資矣。旋病肺，不能應客，某遂席捲其所有而去。華僑亦怒其貽祖國恥也，弗之恤。未幾，以病死。

洪奶奶與婦女暱

滬妓有洪奶奶者，佚其名，居公共租界之恩慶里，爲海上八怪之一。客有張某者與之暱，面首也。初訂交，即流連經旬，不使歸。張之父，短衣而禿帽者也，聞之，往叩其門，拘之去。然洪之怪不在此，所狎之男子絶少，而婦女喜與之暱，俗所謂磨鏡黨者是也，洪爲之魁。兩女相愛，較男女之狎媟爲甚，因妬而争之事時有之，且或以性命相搏，乃由洪爲之判斷，黨員唯唯從命，不敢違。

有妓曰金賽玉者，適人矣，與洪有同病，遂挾巨資出，易姓曰陳，居九江里。與洪衡宇相望，爲洪所惑，盡喪其資斧，幾不能自存。洪之服御奢靡，揮霍甚豪，固皆取給於所歡之婦女，而得於陳者尤多也。與洪暱者，初僅爲北里中人，久之而巨室之妾女亦紛紛入其黨，自是而卽視男子爲厭物矣。有花筱紅者，初亦妓也，美而豔，名大噪，嫁萬某爲妾，頗相安。未幾，即有人爲之介紹，與洪爲莫逆交，時誕子未彌月也，遂以此得病而死。

林秀珠笑容可掬

滬妓之後於四大金剛而崛起者，有一人曰阿彌陀佛，以其面團團而笑容可掬也，故名，實爲北産之林秀珠。初在天津，依南班之鴇婦阿桂，因被挈至蘇。稍長，仍至津。光緒庚子，以拳亂徙滬，善歌，工應對，達官貴人多暱之。

小林寶珠之榮哀

小林寶珠，滬妓也。貌不甚揚，以歌勝，客趨之若鶩。侍酒之局，日以百計，每至即歌，歌已即去，時有拈「曲終人不見」之句以贈之者。用是博纏頭無算，臂釧纍纍然，肘爲之不曲，衣一日十數易。光緒壬寅夏，染時疫，暴亡。臨危，猶高歌《目蓮救母》一折。既殁，鴇爲之市櫬，而客有以楠木所製者贈之。未幾，又一客以一具至。及發引，則有「誥封宜人」「晉封恭人」等銜牌導之以行。

張純卿私通圉人

張純卿，滬妓也，獨以淫著，時人呼之曰九花娘。妓之私通圉人，實自純卿始。卒以驕奢淫佚之故，逋巨債，無所償，奔天津，不知所終。

李蘋香楚楚可觀

滬妓李蘋香者，當塗人，實爲黄鉞之裔。嘗從其父宦松江，繼而居嘉善。貌楚楚可觀，能作小詩。適劉氏。有潘某與之私，被挈至滬，初爲野雞，旋擢么二，晉長三，名曰金蓮。後又嫁人復出，則并姓而易之，爲謝文漪矣。其以蘋香著名時，達官名士争趨之，頗爲某封翁所賞，封翁之子孫亦有往來，尤與其孫暱。事爲封翁之眷所聞，召之往，罰令長跽謝過，大狼狽。既出，語人曰：「吾爲妓，顧我者皆客也。彼自陷於聚麀而責我，我豈能於客之來者，先索觀三代履歷而後延之耶？」

楊妃榻肥白如瓠

滬有鴇曰楊妃榻者，爲粵寇洪仁玕寵姬楊淑真之女，咳名曰亞珍。仁玕死，從淑真遁，輾轉至滬。淑真初本爲妓，至是，遂重理舊業，亞珍亦隨之應客，以肥白如瓠，人遂以楊妃榻稱之。未幾，亞珍挾之以遊津，稍稍積金資，蓄養女雪香、三寶，復姓爲洪。尋又還滬，以虐養女案被人告訐，乃遁而之杭。

傅彩雲久著豔名

有傅彩雲者，久著豔名，一曰曹夢蘭，蘇州名妓也。年十三，依姊居滬。吴縣洪文卿侍郎鈞初得大魁，銜恤歸，一見悦之，以重金置爲簉室，待年於外。祥琴始調，金屋斯啓，攜至都下，寵以專房。文卿持節使英，萬里鯨天，鶼鶼並載。既至英，六珈象服，儼然敵體。英女主維多利亞年垂八十，雄長歐洲，尊無與並，彩出入椒風，獨與抗禮。維多利亞嘗偕其並坐照像，時論奇之。文卿代歸，從居京邸，與小奴阿福姦，生一女，文卿逐福留彩，寖與疏隔。俄而文園消渴，竟夭天年。彩故與他僕私，至是遂爲夫婦。居無何，私蓄略盡，所歡亦殂，仍返滬，爲賣笑計，改名曰賽金花。蘇人公檄逐之，轉至津門。雖年逾三十，而豔名不減疇昔。未幾南下，復張豔幟於滬。

光緒庚子重入都，築香巢於陝西巷，暱八國聯軍統帥德人瓦德西。瓦欲肆殘殺，宛轉陳說，保全至多。性俊爽，客至，掀簾出，神光四射。其裝束日必數易，有見之者，謂此一賽金花，彼亦一賽金花也。出必以馬，見者稱之爲賽二爺。京師經庚子之亂，娼業大衰，乃集羣鴇，爲之手疏章程，斟酌社會情狀行之。其所居與謝珊珊望衡對宇，一時親貴，趨之如騖。嘗蓄雛妓六，中有名蝶芬者，花嬌月媚，尤傑出，內務府某特愛之，暇輒往訪，纏頭之資不靳也。彩知其意，迫使度夜。蝶以齒穉哀免，不允，數淩虐之，鞭笞無完膚。不堪其毒，遂仰藥死。乃裸而裹以蘆席，瘞後院隙地，賄左右，無敢言者。某至，聞其死，傷悼不已。詢之同輩，大疑，乃續識一雛妓，使之燒阿芙蓉，以言餂之，得端倪，卽驅車返。次日，使僕報五城公所。時掌中城者爲丁之栻，率番役往掘屍身，驗之，鱗傷徧體，怒甚，乃將彩帶案，送刑部，於是瑯璫枷鎖，俯首而入犴狴矣。後有大力者出，爲之極力運動，刑部定讞，謂蝶之死實自盡，彩遞回原籍而已。

先是，文卿未第時，爲人司書記，居煙臺，與妓愛珠有嚙臂盟。比再至，已魁天下，遽與珠絶。珠寃痛累月，竟不知所終。過市門者，指狀元之第曰：「得非霍小玉冥報李十郎乎？」

光緒己亥，樊雲門方伯作《彩雲曲》云：「姑蘇男子多美人，姑蘇女子如瓊英。水上桃花知性格，湖中秋藕比聰明。自從西子湖船住，女貞盡化垂楊樹。可憐辛相尚吴緜，何論紅紅兼素素。山塘女伴訪春申，名字偷來五色雲。樓上玉人吹玉管，渡頭桃葉倚桃根。約略鵶鬟十三四，未遣金刀破瓜字。歌舞常先菊部頭，釵梳早入妝樓記。北門學士素衣人，蹔踏毬場訪玉真。直爲麗華輕故劍，况兼蘇小是鄉親。海棠聘後寒梅喜，待年居外明詩禮。兩見瀧岡墓草青，鴛鴦紘上春風起。畫鷁東乘海上潮，鳳凰城裏並吹簫。安排銀鹿娛遲暮，打疊金貂護早朝。深宫欲得皇華使，才地容齋最清異。夢入天驕帳殿遊，閼氏含笑聽和議。博望仙槎萬里通，霓旌難得彩鸞同。詞賦環球知繡虎，釵鈿橫海照驚鴻。女君維亞喬松壽，夫人城闕花如繡。河上蛟龍盡外孫，房中鸚鵡稱天后。使節西來婁奉春，錦車馮嫽亦傾城。冕旒七毳瞻繁露，槃敦雙龍贈寶星。雙成雅得西王意，出入椒庭整瓊佩。妃主青禽時往來，初三下九同游戲。妝束潛隨夷俗更，語言總愛吴桂娟。侍食偏能饜海鮮，書報亦解繙英字。鳳紙宣來鏡殿寒，玻璃取影御牀寬。誰知坤媼山河貌，衹與楊枝一例看。三年海外雙飛俊，還朝未幾相如病。香息常教韓壽聞，花頭每與秦宫並。春光漏洩柳條輕，郎主空嗔梁玉清。衹許大夫驅便了，不教琴客別宜城。從此羅帷怨離索，雲藍小袖知誰託。紅閨何日放金雞，玉貌一春鎖銅雀。雲雨巫山枉見猜，楚襄無意近陽臺。擁衾總怨金龜壻，連臂猶歌赤鳳來。玉棺晝下新宫啓，轉盼王郎長已矣。春風肯墜緑珠樓，香徑還思苧蘿水。一點雙星照玉臺，樵青婉孌漁僮美。繐帷尚掛鬱金堂，飛去玳梁雙燕子。那知薄命不猶人，御叔子南後先死。蓬巷難栽北里花，明珠忍換長安米。身是輕雲再出山，瓊枝又落平康里。綺羅叢裏脱青衣，翡翠巢邊夢朱邸。章臺依舊柳毿毿，「琴操禪心未許參。杏子衫痕學宫樣，枇杷門牓換冰銜。吁嗟乎，情天從古多緣業，舊事煙臺那可説。微時菅蒯得恩憐，貴後荳芳成棄擲。怨曲争傳紫玉釵，春游未遇黄衫客。君既負人人負君，散灰扃户知何益。歌曲休歌金縷衣，買花休買馬塍枝。彩雲易散琉璃脆，此是香山悟道詩。」

玉芙爲蘇某所眷

光緒壬寅、癸卯間，京師名妓最著名者爲三芙蓉，銀芙、玉芙、金芙是也。蘇某眷玉芙，既出都，耿耿不忘。越三載重至，玉芙殞矣。或語蘇曰：「某肆有玉芙褻衣，君出銀幣二十圓購之，葬陶然亭香塚側，勒碑記其事，亦佳話也。」蘇然之，奔走數日，無所得。有語蘇者曰：「某君言妄也，豈有褻衣而列肆出賣乎？」蘇乃止。

金菊仙爲吴彦復所眷

彭香雲，武進人，稍長，游滬，著聲北里，當時所傳金菊仙者是也。所居爲層樓，出則驅駿馬，擁幰車，攬轡絶街衢，訪賢豪不得。久之，得廬江吴公子。

公子名保初，字彦復，武壯公長慶仲子也。光緒乙巳夏五月，大讌諸名士於滬上之酒樓，聞菊仙名，招之。座客争索曲，菊仙哀歌激楚，乃咯血。翼日，病大作，門巷蕭條，而彦復至，憫之，奔走求醫。病愈，菊仙鍵户謝客，獨約彦復爲清譚，語及家國狀，菊仙輒流涕，如是者半月。

海上名姬夙重身價，有私適客者，院中人或嗾父母訟諸官。菊仙憂之，陰牒長官，杜其變，左右及彦復皆不知也。一日，屏人白其志，彦復歎曰："吾妻悍，不克歸，旅居懼弗給，子其能處此耶？"菊仙嫣然不復道。當是時，菊仙年已二十四，海上兩巨公争出萬金求菊仙，菊仙笑曰："吾所欲者，大丈夫耳，烏用此巨金！"一日，偕彦復出，飲酣，從容請曰："君客况，妾所知，今方六月，客逋妾金已數千，至八月，且萬，請以此益君。"彦復笑曰："吾所欲者知己耳，他奚愛焉！"菊仙毅然曰："君若此，復何待！"竟同車歸，客逋置弗顧，時六月六日也。彦復自爲《天䁖因緣記》紀其事。

菊仙既嫁，復彭氏，更名嫣。彦復以書法篆刻授之，自是嫣名遂播公卿間。而彦復貧益甚，海内人士被武壯澤，無過問者，嫣之囊裝罄矣。久之，彦復走天津，怏怏不樂，自署曰癯公，嫣則旦夕歌笑慰解之。居三年，貌益澤，嘗曰："吾得嫣，始知天壤間有生人之樂。"已而彦復病，嫣割臂肉療之。陳伯嚴嘗贈彦復以詩云："酸儒不值一文錢，來訪癯公漲海邊。執袂擎杯無雜語，喜心和淚説彭嫣。彭嫣不獨憐才耳，誰識彭嫣萬刼心。吾友堂堂終付汝，彌天四海爲沈吟。"

陳某設妓寮

京師桐花莊等班房屋，爲户部書吏陳某舊産。某既盡售其舊業，漸貧窘，乃自設妓寮，沾溉夜度資餘潤以餬口，蘊香小班是也。

胡寶玉久著豔名

胡寶玉爲滬妓之久著豔名者，本姓潘，小鏡子外嬖之女。小鏡子以咸豐癸丑從劉麗川戕官據滬城被誅者也。寶玉美而豔，善修飾。其爲妓時，初曰林黛玉，嘗嫁甬人楊四，未幾下堂，乃易姓名，旋游嶺南。及歸，則置紅木几案於室，遂爲北里之倡。

是時，達官富商、王孫公子皆趨之若鶩。客之豪者，爲蔡菉卿、梅道欽、楊子京、宋子蘊、李桂泉、孫葵石、李頌芬諸人，而寶玉猶以爲未足，乃時挾鹹水妹驅車出游，從習英語，更效鹹水妹之額髮下覆。語成，遂別闢一西式器具之室，以研究外交，碧眼黃髯兒時或盈座矣。

又久之而與伶人遊，如楊月樓，如黃月山，皆莫逆交也，而尤與侯俊山暱。亡何，俊山還都，寶玉思之不置，乃北走京師以就之。既而俊三不堪其嬲，遽疏之，始踉蹌南下，仍返滬，理舊業。或曰，寶玉素與武旦黑兒善，黑兒往析津，卽附汽船往訪之。既抵津門，衆客皆紛紛挈具而去，寶玉獨從容櫛髮，細勻鉛黃，妝竟，循梯而登，倚舵遥望，若有所俟。逮至日昃，意中人始策蹇而來，乃匆匆偕肩輿以俱去。旋卽回滬。

寶玉既返滬，狎客之多，不減於昔。日夕伺客，則環視座中，擇其最能揮霍者，獨與之厚。一旦取盈，卽舍之，別擇一客，亦如是，而隨手輒盡。蓋挹彼注兹，皆爲年少貌都者所分得者也。潮州人郭綏之尤爲所變，被錮於室者年餘。無錫張某，亦其一也。又有某學徒者，嘗至其家，置酒宴客。寶玉疑其爲寠人子，密詢座客，其年俸固不及錢十緡。寶玉曰：「彼何作此豪舉？」客曰：「慕卿而至耳。」席終，學徒置下脚費四金於几，寶玉遽納還之，曰：「子宜留以自用，此間非善地，不宜至也。」

寶玉色漸衰，乃自隱其名，賃居於公共租界之漢口路。其家庖肴饌之精，與所謂四娘姨者並著於時，且蓄雛妓胡玉蓮、左芸臺諸人以應客，而榜其門曰慶餘堂。某歲冬，有訪之者，見其喬爲男妝，輕裘緩帶，冠綴明珠，手金質菸管，從容而出，向客一一致敬已，遂作茗話。偶及災賑事，議論風發，動中肯綮，精神四屬，不令座客一人向隅，髣髴堂屬之相見於公署也。某甲者，以小吏聽鼓吳中，亦執業商界，平時與顯者遇，唯唯以外，不復有辭。忽見寶玉正色莊語，頓忘爲青樓，屏息矜貌，聳腰斂足，如對上官，寶玉有言，必敬諾。尻骨僅及胡牀，有推之以手者，仆矣。衆覩狀，皆匿笑，而某殊不自覺也。

光緒丙午春，寶玉以所蓄雛妓紛紛遣嫁，而自適一陳姓者以去，距生於咸豐癸丑，已五十四歲矣。嫁之日，乘彩輿，鼓吹前導，路人咸嘖嘖羨之，曰：「胡寶玉後福不淺哉！」乃甫踰月而又下堂，羣見其高車駟馬招摇過市矣。

長沙八大妓

光、宣之交，長沙堂班有八妓，皆負盛名，好事者均有一字之褒，今僅記其七。楊佩蘭曰技，沈白蘭曰戲，周寶釵曰色，文素娥曰倩，甘鳳珠曰窈，冷秋雲曰冷，花月紅曰籤。籤者，狀其內媚術之態度也。

賽淥江悦某孝廉

賽淥江者，醴陵女，不知誰氏，少隨母淪落爲娼，以色傾一縣，故名。某孝廉新舉於鄉，文名藉甚。女故有才藝，通書史，見之，相慕悦，要以白首。久之，某有桂林之行，將别，謂女曰：「吾有婦在室，又行急，不能汝攜，姑俟之，必謀取汝。」女諾，遂行。時女母已死，不復有所迫，乃爲閉門計，賃居一複室，深自匿，遊客罕覩其面。以是家益落，恃鬻簪飾衣服以自給。念某遠涉，不常有書至，每自傷而泣。或常數月病，至於憂愁憤鬱，但日飲亡何爲醉忘而已。鄰嫗素與往來，莫聞其語也。

會某亦落拓，人或短女於某，勸某且絶慮，自是某書益不至。女自分見棄，不復欲事人，益耽飲，一醻率盡汾酒二斤，病益劇。適某有舊僕將之某所，告於女，許爲通其意。女以爲難，然不無萬一，冀其迎己，乃以緑染薑，鹽漬而曝乾之，爲大裹，使僕雜其家物以進。某得之，果疑，問僕，僕曰：「此飃緑薑也。」某悟爲女所爲，急馳書至，未至而女死。死之日，移寄戚家，貧無餘物，某少年爲醵十金斂葬之。遺一女，大類某，旋亦夭死。

楊蘭官負盛名

宣統末，無錫有妓曰楊蘭官者，當時巨擘也，與王、蔣、謝三姓同爲北里世族，稱四大家。家有畫舫，巨而精雅，几浄窗明，可設綺筵二三席。舟皆泊於其家河房之下。往遊者必豫訂，屆時，自河房登舟，由芙蓉湖過黄婆墩，至惠山浜而開宴。筵資雜費，約須銀幣五十圓。其肴饌，視蘇之燈船所有，實遠勝之，最著者爲魚翅。若在夏夜，必泊舟小尖以納涼，洗盞更酌而後歸。光緒中葉則泊於醬園浜。蘭官負盛名，生涯尤盛，評錫山風月者，每首屈一指焉。

王西神嘗語金奇中曰："「蘭官姿色雖在季孟之下，而性柔媚，善酬應，喜與人昵語，酒闌燈灺，娓娓不倦，聞者輒爲之心醉。」又言無錫女閭，元、明時在綺塍街，即五里香塍，俗稱五里街，在西門外之惠山、錫山之麓。兩旁飛樓傑閣，日夕笙歌，翠袖紅妝，時掩映於湖光山緑間，浦長源詩所謂「出郭樓臺三四里，遊人不得見山容」，及錫諺所謂「惠山街，五里長，踏花歸，鞋底香」者是也。至國朝而物换星移，皆徙附郭之地。自光緒中葉以後，則皆於北門城下，列屋而居，蓋以其間有繭市、米市，商賈雲集，便於招徠也。

蔓菁光豔照人

瞞精，蒙古妓也，生長和碩特，肌肥理膩，光豔照人。善琵琶，能作夷曲舞。通漢語，唱伊涼曲，聞者壯之。光緒某歲，陳南村出塞時，嘗見之，以瞞精二字音同蔓菁，且瞞精爲西域之蔬，味甘美，似内地蘿蔔，因爲易其名曰蔓菁。南村，名鼐，四川蓬溪人。

窗上使老

西藏女子，皆塗面如戲中小丑。某大僚駐藏時，嘗微服出遊，見一傅粉抹脂者，詢之，名妓也，身價甚高，招之不能卽至，問其名，則「窗上使老」四字也。大僚召之，卽呼爲倉場侍郎，後頗有沿此名者。

清稗類鈔

胥役類

胥役須點卯

胥役，皆在官之人也，大小衙署皆有之，以法定之期，赴署報到候驗也。李存義有役謡云：「五更飯罷走畫卯。」今衙署中猶有卯期、點卯、卯數等語。州縣署有所謂三班六房者，合胥役而言之也。牧令初蒞任，於行香、放告、閲獄、巡城諸事外，尚有點卯之具文。點時，於三班六房按照清册點驗卯名，然每項大率僅到數人，唱名之時，到者爲不到者代應之。

崇文門胥役之需索

榷税之關，以京師崇文門胥役爲最侈且暴，言官屢劾，諭旨屢誡，而積習如故也。商賈行旅，固莫敢或抗矣。凡外官入都，官職愈尊，則需索愈重，大臣展覲，亦從無與較者。乾隆時，吴江陸朗夫中丞燿以山東布政使陛見，關吏所索過奢，陸不能與，乃置衣被於外，攜一僕前行，曰：「我有身耳，何税爲！」既入，從故人借衾褥，事竣，還之而去。

崇文門胥役之於過客，遇有食物，羣攫食之。道光時，有何某者，嗜鼻煙，每行，必攜精美古壺十數具，皆貯佳品。一日入城，盡爲胥所攫，何大憤，因告其友周某。周曰：「此易耳，當爲君報之。」因研疥痂末入鼻煙，貯八九壺，僞爲過客，入崇文門。役得煙壺，甚喜，復攫之。越十餘日，周復入城，見役皆疥，大笑。胥詰之，周從容語前事，胥皆怒，周曰：「疥已入臟，急懺猶可治，不然，爛死矣。」衆懼，跪乞其方，誓以後不再索難。周因與藥，並屬急須懺罪。越數日，疥者皆瘥，自是詰客稍寬矣。

左文襄以大拜入覲，入都，進崇文門，行李甚夥。門者留難，索巨賄，始放入。時崇文門監督爲某邸，翌晨，文襄入覲，至朝房，見某邸來，將詰之。某邸遽向文襄拱手曰：「公昨入城，何必賞若輩以多金！」再三稱謝。文襄不及措詞，唯唯而已。

林清曾爲胥役

林清，大興人，先世居紹興，父北徙，僑居大興黃村之宋家莊，充南路巡檢司書吏。少無賴，父捶撻之，不克悛。屏處藥肆習商，體生瘍疽，遂見逐，大困，爲宣武傭役，擊柝守夜。父卒，充黃村書吏，旋被革，乃往江南充糧道署役，又役於丹陽縣署。有口給，能營賄賂，所得卽散棄若糞土。及事覺，官繩以法，乃潛逃，尋入天理教。嘉慶癸酉，遂爲亂。

某夫人吆喝胥役

長沙嶽麓山之雲麓峯，爲最高處，歲重九，郡人相率登高。同治某年九日，莊心盦方伯賡良方爲善化令，其夫人某氏往游，憇於某觀，觀中道人設果茗相享。有院生六七人山下有嶽麓書院。過門外，胥役吆喝，衆不服，呵叱之聲達於内室。夫人詗知之，正色責胥役曰：「奴輩太無知，寧不知汝主人爲善化一縣人之父母官耶？汝主人是衆相公之父，我即是衆相公之母，子見母，奚爲不可，也值得一吆喝耶？」衆無言，相率趨出。一時聞之者，咸服其有權術。

胥吏之名稱

胥吏，公家所用掌理案牘之吏也，各治其房科之事，俗稱之曰書辦。凡部院衙門之吏，以役分名，有堂吏、門吏、都吏、書吏、知印、火房、獄典之别，統名曰經承。

舍人

世稱常闗之書吏曰舍人。

號房柬房

官署之司投刺、通謁及傳達文書之事者，曰號房，一曰柬房，蓋類於胥者也。

代書須考充

代書，州縣署有之，當行政、司法混合時代，以代訴訟者書寫狀紙者也，必考充。牧令初蒞任，輒於放告之前考之，先期牌示，某月日招考代書。是日也，官高坐堂皇，應考者靜候點名給卷，試以策論或告示，所命題率爲清訟息争、奉公守法等語。揭曉所取，八名或六名，給以戳記，蓋書狀時所鈐以爲證也。且訴訟者之狀紙，無論誰某主稿，必有戳而始爲合式，否則官必斥之曰白稟不收，或批曰違式特飭。

例吏利

陸清獻公隴其嘗曰：「本朝大弊，只三字，曰例吏利。」郭筠僊侍郎嵩燾曰：「歷朝風氣，皆名利遞嬗，如西漢好利，東漢好名；唐好利，宋好名；元好利，明好名；國朝好利。」又曰：「漢、唐以來，雖號爲君主，然權力實不足，不能不有所分寄。故西漢與宰相、外戚共天下，東漢與太監、名士共天下，唐與后妃、藩鎮共天下，北宋與奸臣共天下，南宋與外國共天下，元與奸臣、番僧共天下，明與宰相、太監共天下，本朝則與胥吏共天下耳。」

各部書吏主案牘

各部司官，不習吏事，堂官無論已，一切案牘皆書吏主之。故每辦一案，堂官委之司官，司官委之書吏，書吏檢閱成案比照律，呈之司官，司官略加潤色，呈之堂官，堂官若不駁斥，則此案定矣。然堂官久於其部者，能有幾人？卽久於其部，而能於此部成案條舉歷歷者，更有幾人？下及司官，罔不如是。而祖孫父子世代相傳者，惟吏耳。雖有三年退卯之制，而屢更其名，無從稽考也。或退卯而逗留，所更者，非子姪卽弟子也。

司官欲檢一案，每以屬書吏，必援例，必檢例案。而例案之堆積，高與屋齊，非熟手，末從得一紙。書吏皆世業，窟穴其中，牢不可拔，輒執例以制司官，司官末如之何，乃遂藉以售其奸，而皆得致富。都中有東富西貴之諺，蓋若輩多居正陽門東與崇文門外，恆多華宅，司官則居宣武門外者爲多也。

書吏稱司官曰某老爺，司官稱書吏曰某先生。至司堂，侍立白事，司官輒起而與言，雖偶怒，亦必不敢開罪於書吏，懼掣肘也。

户部書吏最盛，有千餘之多，吏部、兵部次之。文武補官，必請命於部，書吏因缺之肥瘠以索賄，賄不至，非駁斥，卽延閣，故外官得缺，必須到部打點，質言之，卽行賄也。至於選缺，則後先之序，有年資限之，書吏則按籍以求索焉。易以他途，所費尤鉅。有時爲例所縛，不能通融，卽亦無如之何。若循年資而得者，亦百不一覯。

吏、兵二部書吏之索賄，及於文武補官而止，不及户部之甚也。蓋各省款項之核銷，户部主之，稱闊書辦者必首户部。軍費報銷之出入，輒百數十萬，凡核銷一案，有往返駁辯至數年之久者，故必預計打點之費，少則數萬，多則數十萬。掌印主稿之司官，恆聽命於書吏，藉以分潤，堂官亦間有染指者。他若發饟撥款，亦必假手於書吏，故皆有所沾溉，是以户部書吏之富，可埒王侯。

工部事較簡，然遇大興作，書吏輒大獲利。

禮部向以窮署著稱，然當會試或大婚、國喪之年，吏乃大忙，而書吏亦欣欣然以從事矣。

刑部書吏之私幸竊冀者，外省有大案之發生也。

光緒癸卯之裁書吏，實長沙張文達公百熙倡之。時張爲吏部尚書，擇新到司官，使代任書吏之事，他部起而效之。至户部裁書吏，而各部之吏遂無一存。

庚子拳禍，文武百官皆出走，而書吏猶在京。及回鑾，德宗以有人建言例案太繁宜悉焚燬者，乃命陳雨蒼尚書璧至户部，擇而燬之，時陳方爲御史也。陳往，書吏陳列諸例案，高與大堂之檐齊，啓陳，請徧閱，陳瞠目不知所答。有頃，令擇要存之，書吏以無一非要仍請自擇爲言。陳至是窮於術，惟使燬其殘缺不全者而已。

胡文忠論部吏

胡文忠公林翼嘗云：「大清律易遵，例難盡悉；刑律易悉，吏部處分律難盡悉，此不過專爲吏部生財耳，於實政無絲毫之益。夫疆吏殫竭血誠以辦事，而部吏得持其短長，豈不令英雄短氣乎？」又云：「六部之胥，無異宰相之柄。」

蒙古不能延請內地書吏

內外扎薩克汗、王、貝勒、貝子、公、台吉、塔布囊等，不准延請內地書吏教讀，或使充書吏。違者，王、公、台吉照不應重私罪議處，該書吏交地方官遞籍，嚴行收管，但訊有串通唆教等情，則加等治罪。

供事

軍機處、國史、會典、方略、玉牒各館之吏，稱供事，無俸，所覬覦者，保舉也。軍機處保舉尤優，効力三年，保異常勞績，有歷三次而保至道員者。司官或得京察外放，轉爲之屬。而曾爲供事之上官，於司官之初至也，輒具舊屬刺投之，不敢受也。光緒時，長蘆鹽運使陸嘉穀固曾充軍機處供事者，而軍機章京番禺淩福彭時方守天津，須堂參，陸乃先以舊屬禮謁之是也。

周宗之横暴一時

順治初，蘇有周宗之者，爲長洲縣猾吏，横暴一時，爲直指張慎學所訪拿，杖斃之，大快人意。其門上春聯，書「曲巷幽人宅，高門大士家」二句，胡溯翁乃作歌以詠之，歌云：「城南曲巷宗之宅，大士高門自標額。華堂麗宇初構成，粉壁磨磚浄如拭。側聞其內加精妍，洞房綺疏屈曲連。朝恩室中魚藻洞，格天閣上簇花氈。百凡器皿皆精絶，花梨梓椅來滇粤。錦帳一牀六十金，他物稱是何須說。前列優俳後羅綺，食客平原無愧矣。勢能炙手氣薰天，忘卻由來吏委瑣。嗟嗟小吏何能爲，泥沙漏卮安從來？考課不明銓選雜，前後作令皆駑駘。錢穀訟獄懵無識，上下其手聽出入。哆口嚼民如寇讎，官取其十吏取百。滿堂知縣人閧傳，宗之相公閣老權。片言能合宰公意，隻字可發官帑錢。塗脂釁膏曾未已，御史風雷申法紀。窗户青黃猶帶溫，主人骨肉飛紅雨。廷中呼暴漸無聞，室内丁丁纔住聲。斥賣屋居償帑值，兩妻削髮投空門。人言宅兆凶有由，前傷沈胥今損周。驟然興廢同一轍，官府估價何人酬？吾謂此言猶耳食，人凶宅兆何由吉？鞭撻民髓供藻飾，築愁府怨居安得！伏闕難留直指公，長懸秦鏡照吳中。神奸斂迹吏道肅，比屋城南盡可封，曲巷之宅誰云凶？」

部吏索賄於福文襄

文襄王福康安平西藏還，以奏銷屬部吏，吏索萬金，福怒曰：「汝敢索我賄耶？」吏曰：「非敢索賄，爲中堂計耳。中堂大功告成，聖衷悦豫，奏章速上，立邀諭旨。部書才十數人，帳牘雲屯，非二年不辦，彼時交部核議，則事未可知矣，誠不如速上。欲速上，必多傭寫人，多傭寫人，需款必甚鉅，職是之故，惟中堂圖之。」福立予萬金，越旬日，奏聞依議。

部吏索賄於某封翁

禮部尚書某之封翁，以某年陣殁，太夫人遺腹生某某，旋由翰林擢禮部尚書。同鄉爲其太夫人請旌，文已至部，方繕辦間，一日，某歸寓，三更後，忽有禮房吏造門，請曰：「有要公來見。」問何事，曰：「爲公請旌事。」問請旌事胡來謁我，曰：「公請旌，須給小人萬金。」曰：「然則汝敢向予搕詐耶？」曰：「索萬金，正爲公辦事也。」問其故，曰：「封翁以某年陣歿。太夫人遺腹生公，公今年應若干歲。然公考試時，少報兩歲，是太夫人生公，在封翁歿後二年，於理未洽。」某大愕，問計將安出，曰：「公考試時，府縣院及吏部皆有檔册，服官後，禮部及各衙門亦皆有檔册，應將各衙門所報年歲逐一更正，然所費亦不貲矣。」從其言，贈金如數而去。

王書常私鐫假印

嘉慶己巳冬，工部有書吏王書常者，恆私鐫假印，冒支國帑，於欽派歲修工程，皆假捏大員姓名，重複向户曹支領，歲耗銀至數千餘萬兩。後爲工頭某告發，置書常於法，大員降黜有差。夫水曹支領，必諸司空簽押畢，關知户曹，度支大員復加查覈，然後發帑。定例本極詳慎，乃諸部曹夤緣爲奸，伺大員談笑會飲時，將稿文雁行斜進，大員不復寓目，仰視屋梁，手畫大諾而已，更有倩幕友代畫者，遂使奸蠹胥吏，得肆其技焉。

部吏駁阻從祀

道光時，有請以明高忠憲公攀龍從祀聖廟者，部吏徵賄不得，引忠憲遺疏中「願畢來生」之語，以爲出於釋氏，力駁之。

鴉片啓釁誤於胥吏

世傳林文忠公則徐焚鴉片而不給價，故致啓釁，其實不然。當時固以茶葉一箱易煙一箱，而茶爲胥吏所辦，中多雜以沙石，既至歐洲，又以不能售也而寄回，商人耗本無算，遂致激成釁端。文忠聞有伍氏通西人，乃屢苛罰之，曾令繳軍餉至數百萬。伍每入見，多爲署中人所侵，至費千金，始得一椅。後文忠復出而隕於軍，或曰，實伍畏其復至，使人謀斃之。

庫吏玩弄縣令致死

光緒初，皖之廬江，有庫吏陳運昌者，管庫有年，老而多智。甲申冬，令劉某至，索金，故不遽應，劉怒其猾，易之，募人任其事。米賈唐端富有田宅，羨陳之長袖善舞也，欲壟斷其事，賂劉巨金，得之。陳怨唐之甚己也，匿舊籍弗予。唐年少，初爲吏，大喜，謂可致富，倩人爲書春聯，有「户吏堆金寶，房科積玉財」之句。乙酉春，上忙開徵，劉責賦於唐，唐語衆里胥。故事，田賦春納其四，秋納其六。以廬民春鮮種麥，無可償，大半賴里胥貸於人，秋責償於民，民亦相安無違言。劉嗜利，當春，督責無已。衆里胥易唐，益不奉命。唐大窘，補苴彌縫，傾産不足償賦，無以爲計，大窘，乃自書其事，吞鴉片烟以死。其妻乃素服乘輿，訴之劉，出而號於市，人咸傷之。

游智開爲胥吏所愚

光緒朝，游智開爲永平知府時，好以察察爲明。一日，微服私行，入一茶肆。時肆中人滿，內有府中胥吏，僞不識游者，相與譽游清廉，天下無兩。游故曰：「此官雖好，然自某觀之，亦尚未盡善。」忽有一胥吏起批其頰，曰：「游公青天，汝一小民，敢謗清官耶！」游以爲部民中心説而誠服也，不知其侮，轉而大喜。

庫吏中傷閻文介

部吏舞弊，當事者或議整飭，法久玩生，非第無效，或且有受其侮弄者。閻文介公敬銘長户部時，日坐堂皇，嚴查弊竇，庫吏啣之刺骨。一日，文介將入朝，冠上紅頂忽不翼而飛，倉卒間，假諸他處而入，則內監已向朝房催詢數四。及返，見案上所置醇邸屬題小影，亦不知所往，百計搜覓，終不能得。月餘，則小影仍置於案，而紅頂竟如金杯之羽化矣。文介知庫吏所爲，馭下益嚴，然不久卽觸孝欽后怒，出户部，蓋仍爲庫吏賄內監所中傷也。

部吏索賄於某令

光緒時，浙江候補知縣某，至浙，當補某缺，部吏貽書告之曰：「某缺，君依例當補，然須予我千金。」

某不欲打點，意謂循例之事，何用賂吏，不許。已而缺出，補他人，大詫，託人探之，則某曾經保舉，臨補時，吏謂一人不能兩班置之。某急丐吏爲設法，吏曰：「今已無及，爲將來計則可，然須五千金；若不可，則請兩班中注銷一班，亦可有補缺望也。」某不能措巨資，意保舉班無補期，不若勞績之可恃，遂注銷保舉班。逾日，吏又貽書曰：「保舉班以人少，君當補，惜已注銷，致爲他人補矣。」某大懊喪。

藩吏索賄

州縣之得委缺者，當藩署書吏送委札到寓時，例須給以賞封，數之多寡，悉以其缺之肥瘠而定。將赴任時，又須致送利市，務饜其欲而後已。否則凡有文書上省，多扞格，必使其忤上官之意而後止。此之謂陋規。

部吏庫吏舞弊

光緒乙巳，有錢塘汪某者，以知縣至京投供，署年爲三十七。次年至吏部投供，視所書年，仍三十七，曰：「誤矣。」部吏曰：「汝原開履歷爲三十七，何得誤？」曰：「去年三十七，今年非三十八乎？」吏曰：「若欲改三十八，須取同鄉官印結方可。」某不顧，去，出語人，莫不軒渠。

又凡州縣官之前任虧空，上司無如之何，乃物色能代彌補者爲之代，或竟強令後任代之，此雖非法，然各省多如是。河南洛陽縣某令卒，虧空甚巨，藩司朱壽鏞知武陽某令與之同居，乃勒令代填虧空，始準赴任。時某令適自藩署領庫平銀四千兩，即繳入，代還虧款。藩署吏不受，云須照例加傾鎔火耗，駭曰：「此適自署領出，緘識如故，何加耗之有？」詢之朱，朱曰：「此庫吏事，汝須與彼言之。」某不得已，加耗銀，始得收納。

差役之名稱

差役，奔走於公家，執雜役者也，亦稱差人。晚近以來，吏治混淆，循良者少，非悉由百官之不職也，亦胥役之營私舞弊有以害之耳。俗稱衙署差役曰快手，蓋沿《宋書》建平王左右勇士數十人，並荆楚快手，《南史》黄回募江西楚人得快手八百之名稱也。捕盜賊者曰捕快，亦曰馬快，則以事急時騎而行耳。

差役索草鞋錢

草鞋錢爲陋規之一，差役出差，輒索草鞋錢於原告者。

蜀中差役之需索

蜀中差役滋擾，甚於他省，凡竊案呈報後，百端需索，擇被竊之鄰右殷實無權勢者，誣指爲窩户，拘押索賄，謂之賊開花。某典史嘗書聯懸之堂云：「若要子孫能結果，除非賊案不開花。」

蘇拉

内廷有當差者曰蘇拉，滿語，執役人之義也，隸於太監。凡引見者必向索費，然僅京錢四千文，合制錢四百文而已。引見畢，可隨意觀覽，否則即爲所逐，不容稍留。若吝而不予，則其恫喝有出人意料外者。某蘇拉嘗謂一選人曰：「亦攜元青外褂乎？」選人曰：「何需此？」蘇拉曰：「入對時語言有誤，便砍頭，彼時即須衣之。」又有引見既畢而回寓者，蘇拉往謂之曰：「亦願揚名天下乎？」其人漫應之。越日，持邸抄至，則有某某謝恩等字，每字索銀二兩。其人無奈，如數給之。又蘇拉者，軍機處、内務府皆有之，雍和宫則有蘇拉喇嘛，乃喇嘛之執役者也。

各部之雜役開銷

各部司員到部當差，有所謂雜役開銷者，其數視名目多寡爲差，其名目極可哂，約略舉之，可得數種。大堂有大堂廳差，有堂皂，有堂小馬，有七堂車轎班。丞參廳有茶房，有看廳，有長差，有小馬，有皂役。本司有茶房，有皂役，有傳事，有長差，有小馬，有聽差，有看司，有知會，有廚房，有當日巡邏。庶務科有事宜册，有住址單，有履歷册，有畫到簿，有禮部謝恩單。頭門有門皂，有門小馬。此外又有所謂送知會者，送請進署帶見稟者，更有所謂賞皮衣者，五光十色，莫可究詰。而衙署之較大者，其開銷約錢百千左右，叩之，則曰照例。每署司員，多者以千計，故或司員累年不得一差，而雜役開銷固自若也。

庫丁

户部有銀庫，額設庫役四十人，曰庫丁，一曰庫兵，三年而替，以旗人充之。每屆點充時，滿尚書及其左右皆有規費，輒六七千金。費既納，滿尚書乃坐堂皇，唱名而點之，庫丁跪謝而出。出時，必有保鏢者護之以行，恐人刼之也。行刼者，大率爲覬覦丁缺無力賄充之人，並糾集無賴而爲之，伺新充者至大堂階下，卽刼之以去，囚於家，使誤卯期而縱之歸。蓋冀其誤卯而另派他人，則規費便虚擲矣。欲其卽釋，亦須賂以數千金。

番役

步軍統領衙門番役私用之白役人等，俗名圓扁子，非額設，無定數，每藉番役索詐滋事。遂其所欲，事卽消弭，否則告知捕役，捕治之，得賞銀。往往出資設計，誘人犯法，大爲人民之害。自乾隆丙辰，高宗嚴諭革退，番役亦稍稍斂迹矣。

偵探告密之原始

國初，大將軍祖某撫吴時，凡吴之不法者，悉鬻身於其部曲，謂之投旗。既投之後，平日小嫌細忿，以片上之幕府，即率其徒數十，以一銀鐺鎖其人去，非破産不止。同時聞風起者，不可枚舉，至有大家閨婦不得意於其夫，亦欲投旗以陷之者。此與近世偵探誣人之風，無或稍異。然妻之控夫，僅於粤省偶一有之。

水卒報警

黄河報汛之水卒，有所謂羊報者。河在皋蘭城西，有鐵索船橋，亙兩岸，立鐵柱，刻痕尺寸以測水，河水高鐵痕一寸，則中州水高一丈，例用羊報先傳警汛。其法以大羊空其腹，密縫之，浸以蔴油，令水不透，選卒勇壯者縛羊背，如乘馬然，食不饑丸，腰繫水籤數十。至河南境，緣溜擲之，流如飛，瞬息千里。河卒操急舟於大溜，候之，拾籤，知水尺寸，得豫備搶護。至江南，營弁以舟邀報卒登岸，解其縛，人無恙，賞白金五十兩，酒食無算，令乘車從容歸，三月始達，蓋即元世祖革囊之遺法也。

巡丁

關卡有巡丁，役也，凡驗貨、收捐之事皆司之。驗貨時，手持鐵籤，故曰籤子手。籤，一作扦。隨時點派，無卯缺。

桃花乞

桃花乞，不分男女，由張家口至察哈爾，凡四十四臺，無論正臺、幫臺，輪應出蒙古包一座者，其人即爲其地之守兵。例應男丁供役，無男，則可以女代之。蓋蒙女壯健耐勞，同於男也。

號軍

貢院，爲試士之所，諸生席舍曰號房，人以一兵守之，謂之號軍，始於明也。蓋明代科舉，功令極嚴，故派軍役守之，以防槍替、傳遞。本朝亦有號軍之名，則僅供掃除，爲士子服役而已，且非軍人也，充之者皆貧人。

門斗

舊稱爲學官供役者曰門斗，蓋學中本爲生員設廩膳，稱門斗者，當是以司閽兼司倉，故合門子、斗子之名而稱之耳。

烏拉娃

烏拉，西藏番人支差之名，牛曰馬拉，馬曰烏拉馬，司其事之役人曰烏拉娃。其轉運物件，既至其地，僅給犒金，不發足價。巴塘初設時，日需烏拉以千計，蠻民苦之。邊務大臣趙爾豐乃定價，計程一站，給藏洋半元，合通用銀一錢六分。行程遠近，以此計算，足價之例，自此興焉。

解役毆陳星齋

陳星齋太僕居憂時，河庫道何某聘之課子。乾隆己巳二月，赴淮，舟泊丹陽，遇秋審解犯數船，自鎮江往蘇。兩船偶觸，解役突率衆囚徒入船，各持器械，雜手中鐵鍊，指揮刼奪，罄所有以去。太僕方與客對弈，猝被一囚連毆三鍊，頭顱脊背受創極重，流血昏暈。蓋每歲秋讞時，胥役囚徒互相狼狽，以亡命横行爲利藪，而不知星齋之爲貴人也。痛定，鳴官，得其主名，經丹陽令請撫軍具奏，立置重典，嗣是此風稍戢矣。辛未，星齋服闋入京，高宗方自南巡還，星齋道旁迎鑾，猶垂問此事甚詳，且霽顏曰：「汝何不言雞肋不足當尊拳耶？」

悍役不敢登王氏門

婁縣泰來橋王氏昆弟三人，皆諸生。有催租役至，入門䠥突，王怒，毆之，焚其船。役歸，訴之令。令逮三生，置於獄，詳革衣頂。學使李因培批其牘，駁斥數百言，後云：「要之，秀才欠糧，貧也。役稟被毆，索詐不遂也。因一役而革三生，何其酷也？本欲參處，念爾非箇中人也。諸生完款，俟歲考畢，徐徐繳納可也。」令遂出三生於獄。三生故不肯出，勸之，始赴歲試，由是悍役不敢登王氏門。

清稗類鈔

奴婢類

奴婢之解釋

古罪人之子女，從坐而没入官以給役使者，曰奴婢，後則價買而依主人之姓者亦曰奴，若給工值傭用者，則謂之傭工，然普通心目中，輒皆視之爲奴。至於婢，則皆出價購之，鬻身以充役，非遣嫁，或轉售，則終身不得出主人之門。然於傭用之女僕，亦或以婢視之，則源於韓愈詩「丁寧顧婢子」句也。

主人召僕呼來

主人之於僕從，有事傳召，不呼其名，以人多不能悉記，且恐呼甲而甲適不在，呼乙而乙亦適不在也，故惟大聲而曰「來」，堂上一呼，堂下百諾，即紛紛趨進矣。

薦頭介紹傭僕

上海之介紹傭僕者，曰薦頭，有店，設於通衢，以蘇州、常熟、揚州爲最多，且有松江、鎮江、通海、紹興、杭州、寧波人所設者。男女傭僕，均可介紹，惟車夫、廚子二項不薦。揚州薦頭有證書，大姐工資大約半於娘姨，每領一人至，給薦頭酒錢若干。試用三日，議定工資，即須先付一月，以後月杪照付。薦頭用錢，則視工資多少，抽取四成，主僕各任其半。例如工資每月銀三圓，則主僕各出六角。如有意外之事，雖可向薦頭追問，然若輩類多狡滑，每不負責。傭僕之黠者，且常有盜竊銀物、串拐婦女之事也。

管事

管事，見《史記·李斯傳》：「高固内管之厮役也，幸而以刀筆之文進入秦宫，管事二十餘年。」高，即趙高，秦宦者也。今人謂管理家事者曰管事，源於此。

大姓買僕

徽州之汪氏、吴氏，桐城之姚氏、張氏、左氏、馬氏，皆大姓也，恆買僕，或使營運，或使耕鑿。久之，積有資，即不與家僮共執賤役，其子弟讀書進取，或納貲入官，主不之禁。惟既已賣身，例從主姓。及顯達，即不稱主僕，而呼主爲叔矣，蓋以同姓不婚，杜後日連姻之弊也。

京師閽人之惡習

達官貴人之僕役，其司閽者，謂之門上，儕輩尊之曰門政，客至則通報，不僅司啓閉也。惟客之徒行者，或衣履樸素者，薄其窮酸，竟不傳刺。又或客稱有事欲面語，怠於伺候，主人在家，亦飾言外出。至修門生、屬吏之禮者，必先饜所欲，而後爲通，使得見。士子入京，初亦未嘗不苦之，及自爲達官，倚之爲心腹耳目，容忍故縱，頓忘前苦矣。又有喧囂於門者，主人雖達官，叱之亦不避，惟司閽者一揮便退。又凡有興作及購物等事，多由司閽之手，司閽必先得賄，使昂其價值，然後引之進門。倘主人斥去，令其改招他人，雖易數家，其價遞倍，主人無奈何，卒依初價，蓋有折扣也，俗名之曰底兒錢。

從僕有隨封

以財物餽人並餽其從僕，多者十分之一，少者百分之一，謂之隨封，蓋始於後漢。《後漢書·宦者傳》云：「每郡國貢獻，先輸中署，爲導行費。」注：「謂貢獻外別有所入，以爲所獻物之導引。」此後世隨封所自昉也。

長班

京師各會館、各科分均有長班，凡同鄉、同年有宴會及紅白事，則傳而指揮之，亦即奴僕也。

長隨帶馱子

外官以貧而不能赴任者，輒覓長隨，向之假貸，藉以製冠裳，備舟車，一切費用皆取給焉。從之赴任所，派爲司閽，任重事，數年而清償子母，傭值必加豐，謂之帶馱子，蓋取馬騾負重之意。世人訛馱爲肚，已屬費解，復以官有事故不能償者，稱爲瀉肚，尤訛之訛矣。若輩多有恃財傲上，難保其終者，器小易盈，無足怪也。

同、光間，乃有以幕友而爲帶馱子之事者，帳房是也。

坐省家丁

省外各府州縣，皆有坐省家丁，駐會垣，以本官自派者爲多，其有以藩司門丁兼之者，則由府州縣給以工食，歲時亦有犒。通省大小文武官吏之黜陟、遷轉、慶弔諸事，無不先日報告，曰坐省條子。間若干日，輒附轅門抄以寄之。且大吏及其父母夫人之壽辰，皆列一表，以紅紙印之，年月爲綱，以次敍列。

烏拉和爾嘉

青海、蒙古之王、公、台吉家，常資僱番人爲傭，男僕曰烏拉，西藏聽差者亦曰烏拉。女僕曰和爾嘉。主僕親如家人，無尊卑親疎之分，視世之頤動指使輕視臧獲者，大有别矣。

康熙初八旗僕婢自盡之多

主僕之分，滿洲尤嚴。康熙初，大司寇朱之弼疏言：「臣見八旗僕婢，每歲報部自盡者，不下二千人，豈皆樂死惡生哉？由其平日教不謹而養不備，飢寒切於中，鞭扑加於外，飲恨自盡，勢固然也。請敕刑部歲終備造一年自盡人數，係某旗某佐領下某僕，注册呈覽，俾人知儆惕，而生全者衆。」聖祖然之，諭如所請。

張去瑕示飭約於諸僮

揚州張去瑕大令瑾年十二而孤，性嚴明。其治喪也，見諸僮惰嫚，輒歎曰：「此健僕不職，主幼也。」迺大書飭約，牓於庭曰：「主無幼，有主必有法，法必行。」有識者異之曰：「老獄才也。」因賀其母。母謝客，撻之曰：「我不欲兒效張湯之劾鼠也。」然私心異之。

石哈生自鬻於西安某家

石哈生者，一名哈興，或曰秦人，或曰蜀人。長七尺餘，力能扛鼎，無妻子生業。自鬻於西安某家，供芻米薪水之役惟謹，無大小皆喜之。居常寡言笑，無喜慍色，人莫測其爲何人。詢之，不言，問其名，亦不告，因共呼爲哈生。哈生者，諺所謂無能而虛生者是也。

馮甦賣身於吳三桂藩下

平西王吳三桂鎮守滇中，久蓄異志，擁有關市、鹽稅、鹽井、金礦、銅山之利，遂得以金錢網羅人才。

其時文武官銓選到滇者，輒陰遣私人誘令鬻身於王府，領身價銀，爲其效用，多者金數萬，少亦萬餘，視其才爲等差，官吏趨之若鶩，可謂名節掃地矣　南昌劉崐官雲南同知，初到省，吳令其壻胡國柱報謁，乘間道意，袖出馮某賣身文契以示之，蓋諷劉，欲其效馮也。契云：「立賣身文書馮甦，本籍浙江臨海縣，今同母某氏賣到平西王藩下，當日得受身價銀一萬七千兩。媒人胡國柱，賣身人馮甦」云云。劉見之，大駭。凡賣身藩府者，例拜國柱爲師，當時人言滇中有三好，吳三桂好爲人主，士大夫好爲人奴，胡國柱好爲人師是也。

俞文爲馮家奴

錢塘馮山公家有老僕俞文，金華人，少讀書，明大義。身長八尺，軀幹魁偉，廣眉修髯，耳長三寸許，發聲如鐘。爲讎家所陷，囚於獄，山公之父出之，德焉，因委身爲奴。

明珠馭家奴之嚴

納蘭太傅明珠，爲康熙時權相，卒以賄罷。然生平馭下極嚴，廣置田產，命諸僕主之，厚加賞賚，使人人充足，而嚴禁其干預外事。立主家長一人，綜理家務，不法者，許主家長斃之杖下，即幸免而被逐，亦無他人敢容留之，曰：「伊於明府尚不能存，況他處乎！」

孫子未幼爲青衣

孫襄，字子未。幼孤貧，鬻於某家爲青衣。性聰穎，嘗伴主人之子讀書，代其作文。塾師大奇之，告知主人，養爲己子，遂中康熙己丑進士，官至通政司參議，文名重一時。

世宗詔除樂户等籍

雍正丁未，世宗諭内閣轉知晉、浙、皖督撫曰：「山西之樂户，浙江之惰民，皆除其賤籍，使爲良民。近聞江南徽州府則有伴儅，寧國府則有世僕，本地呼爲細民，幾與樂户、惰民相等。又其甚者，如二姓丁户村莊相等，而此姓乃係彼姓伴儅世僕，凡彼姓有婚喪之事，此姓卽往服役，稍有不合，加以箠楚。及訊其僕役起自何時，則皆茫然無考，非有上下之分，不過相沿惡習耳。著該督查明，定議具奏。」尋由禮部議准安慶巡撫魏廷珍遵旨議奏：「江南徽、寧等處，向有伴儅世僕名色，請嗣後紳衿之家，典買奴僕，有文契可考，未經贖身者，本身及子孫俱聽從伊主役使。至年代久遠，文契無存，不受主家豢養者，概不得以世僕名之，永行嚴禁。」從之。

莊某著長隨論

況夔笙太守周頤嘗寓金陵，一日，於東牌樓冚董攤購書一册，一九峯書院本《中州樂府》，後爲朱古微侍郎據以覆刻。一寫本《長隨論》，前序略云：「《偏途福》，又名《仕途軌範》，俗曰《長隨論》。曩余寄跡漣水官廨，見有《長隨福》一書，友人置之案頭，據載，國朝莊有恭作，相傳已久。開卷瀏覽，撥宂遂録。其篇之語易解，所載之法易明，所述之言頗有淺俗之句，惟是初入長隨之諸君子，不可不加意温習。類如卷中十要一節，十不可一節，呈詞分別刑錢一節，用印信條款一節，禮部鑄印局一節，國家喜詔遺詔一節，皆文墨之要訣。又梆點金鼓一節，朝賀祭祀一節，柬帖稱呼一節，皆典禮之要訣。又接詔迎官一節，驛遞差徭一節，綵觴宴會一節，鋪墊親隨一節，皆差務之要訣。至於監獄班館，紅衣督護，尤爲防範攸關，不可稍涉疏忽。是書條分縷析，理明詞達，令讀者觸目會心，易於傚法者也。同治戊辰六月，北平劉炳麟録於祝其捐局。」序後一則略云：「莊先生諱有恭，廣東人，乾隆己未科狀元。未第時，父爲蘇州府司閽。及第後，仍執司如故，經太守婉謝，不肯歸。嗣先生督學江蘇，太守親送江陰使署，爲封翁焉。舊例，長隨之子毋許應試。據光緒丙子科某省有捷秋闈者，計偕入都，同鄉官不肯出印結，竟不得覆試。而莊不然，詎當時尚可通融，視晚季稍忠厚耶？是書於州縣衙門公事程式，記載至詳。」

霍集占子爲奴

回部霍集占之子某，高宗以賜傅文忠宅爲奴。文襄王福康安委任之，招攬事權，頗爲殷富。回部王公朝貢至者，叩拜其門，某坐受之，主僕之禮儼如也。

蘇撫司閽侮褚筠心

吳中褚筠心學士居憂在籍，一日，乘輿出答客，經閶門隘巷，止容一輿，對面有一華輿突來，從以豪僕三四，高聲喝令讓道。褚輿夫不退，兩輿遂對立，彼此互詈。輿中人大怒，嗾僕毆之，將褚輿擊毀，曳之出，則無頂帶之布素老人也，益肆拳脚，衣冠盡裂，鬚去其半，怒駡而去。問之，則撫署中人。時撫軍爲褚之小門生，褚大憤，徑詣撫署。撫軍出見之，大駭。褚告以故，撫軍惶悚請罪，責問何人出署，則某司閽赴妓席未回，衆不敢隱。撫軍益愧怒，立出硃簽，鎖縶而至，傳令巡捕，即在廳前階下痛杖，無庸計數，以無聲息方止。未四十，已斃杖下。即登門負荆。自是而各署僕役，相戒斂迹，無敢肆横矣。

畢秋帆改歌僮爲僕

五雲者，丹徒王夢樓太守文治所蓄歌僮，曰素雲、寶雲、輕雲、緑雲、鮮雲也，年俱十二三，垂髫纖足，善歌舞。越數年，五雲漸長成矣，惟輕雲、緑雲、鮮雲遣去，自攜素雲、寶雲至湖北，贈畢秋帆制府。畢審視之，則男子也，大笑，乃謂兩雲曰：「吾爲汝開放之。」乃薙其頭，放其足，使爲僕。

袁子才遣僕

袁子才有僕曰琴書，給事八年矣。一日，方洒掃，顔色憔悴，若重有憂者，袖中遺一小紙條於地。袁拾視之，有詩二語曰：「洒掃幾時新隸學，性情那得舊人知？」袁知其有求去意，爲改「幾時」曰「應教」，「那得」曰「惟有」，而足成之，焚其券，並作詩以遺之去，有「交還鑰鎖知誰託？欲掃樓臺誤喚名」之句。琴書跪辭，至泣下。後琴書有孫，亦事子才之孫又村明府棠。又村嘗攝上海縣篆，粵寇之亂，主僕同殉焉。

金冬心攜傔從以游

錢塘金冬心，名農，以書畫遨嬉名勝四十餘年。所攜傔從亦各擅一藝，甬東朱龍善琢硯，新安張喜子精界烏絲闌，會稽鄭小邑皃工鈔書，吴趨莊閏郎操縵能理琴曲，涇陽蔡春解歌元、白《新樂府》，皆庸保都養之錚佼者也。

黑王送和珅壽儀

乾隆末，交河王某充粵海關司閽，性迂曲，不甚得主人歡，儕輩有私獲，往往不得與，人因以黑王呼之。某年夏，病痢甚劇，穢液污衣袴。及愈，澣之於江，時嗅之以鼻，蓋以辨其污之浄否也。時泊於江上者，有大船二泊焉，見王作頻嗅狀，遥伸兩指示之。王不解，仍且澣且嗅。舟人又易以五指，王仍不解，則揮兩手答之，意謂若所云吾不了了也，舟人乃已。是夜，舟人忽至王寓，出萬金券授之。王大駭，詰其故，舟人曰：「晝間已許我於江干矣，問何爲！」王愈疑，知其中必有説，姑受其金，私詢之儕輩，儕輩曰：「此私販硫磺者也。泊舟之處，水中必有磺味，彼見君頻嗅，疑已窺見其私，故伸指以示意耳。今既以金來，受之無妨也。」

王既驟得鉅金，則數購珍物奉主母。嘉慶己未，和珅壽辰期近，其主母以王能，爲言於主人，使入都致儀物。中途患病，誤其期，王自度歸必受譴，逃亦非計，方旁皇無策，而和已奉旨查辦矣。王乃馳書白主人，詭言至京後，聞和惡耗，故置儀物弗進，徐以觀其後，今和果得禍，主人庶幾免矣。主人得書，大喜過望。和既敗，羽黨多被株累，凡名在祝壽簿册者，幾皆不免，而黑王之主人獨無恙，則黑王之功也。

和珅府中之三爺

和珅當國時，其三爺且甚豪。三爺者，爲僕所役使之人，重儓也。僕稱二爺，故重儓稱三爺。寧羌守備張某嘗奉陝撫令，齎二十萬金饋和珅，既投書，日偵探不得耗，費銀五千餘，始見一年少麗服奴出，問白者黄者，某以銀對。奴顧左右，令收之外庫，授一名柬，曰：「可以此還報，答書另發矣。」某意奴非司閽人，必和之心腹。或笑曰：「此三爺耳。其心腹司閽，豈數千金能見顏色。」是時天下承平，物力殷富，獻媚者誇多争勝，若以數萬金進，不值一盼也。

道光乙未，蘇州許某在都，遇一叟於茶肆，叟告之曰：「予故和府三爺也。當中堂用事時，聲勢赫然，凡四方之獻物者，皆有副貢，與進上之物無二，甚有加美於正貢者。司閽人劉某髮種種，人稱劉禿子，與督撫抗衡，或相約爲兄弟，司道以下望而卻步，必贈吾輩以重金，始爲之先容，尤必厚贈劉。金入，始獲接歡笑，代通刺，達主人。封疆大吏入都，可晉謁一二次。藩臬道府，則俟中堂出，與前長跪，頷之而已。如是數十載，劉擁巨資，我亦蓄金二十萬。及事敗，中堂伏法，劉亦籍沒遠戍，吾輩三十餘人，以賤得免查產，分撥八旗披甲爲奴，我隸廂藍旗某部下。因向爲三十人之首，有富名，旗主涎之，派司買辦，日發單，令備，不旬日，費約三千金。懼甚，乃夤緣小婢，求老主母，以二千金爲壽，始改派灑掃，乃稍安逸。旗主故任宿衛官，扈駕謁陵，乘隙央女婢，謀脫籍，贈以金二千，乃達於老主母，復獻二萬金。迨主歸，數日無耗，心怦怦然。一日清晨，我方執掃除役未竟，主出，責以慵惰，又屢梗老主母命，不堪驅使，卽時逐出，乃得歸。然所費已三萬餘金矣。」

何子貞僮僕無月給

何子貞所蓄僮僕，無月給，遇年節，則隨意書楹聯若干副予之。僮僕持之出，售於人，輒得數十金，其所入，轉視在他處所得者爲優，故無辭去者。

奴盜主妾

安化陶文毅公澍督兩江時，姬妾多，奴僕亦多。或告以閫內人雜，恐不盡妥，因留意察之。一日，方自內室出，遽回某妾房，惟聞妾叱人曰：「老爺方出，而汝卽來，何如此大膽！」陶遂潛出，告人曰：「吾妾尚知規矩，還是好人。」

山左劉燕庭方伯喜海嘗爲浙江布政，姬侍極夥，而檢束頗嚴，以高年媪守中門，男僕均不得入，甚至子女同母者，皆令隔絶，惟年節始得一見。諸女咸分院居，四時之首，令老僕領裁縫，持剪尺，問衣裙長短，各製時服一稱，平時，雖父母，不得一見也。一日，在某妾房，忽聞院中石板有聲，則見有人隨板而起，近視之，乃隨身之僕。拘訊之，詞連婢媪無算，次日乃大加沙汰焉。

文武賀撫署閹人生子

嘉、道以降，外省督撫信任門丁，吏治之壞，廉恥之牿，半由於此。道光丙午，清苑王曉林侍郎撫皖，有陳七，其門丁也，小有才，王信任之，倚勢弄權，屬官多奔走其門。有仇恩榮者，任池州守。一日，宴僚屬，座客都司某方自省歸，仇問曰：「足下在省，何久留？」某曰：「以往賀王撫軍誕子之故，而不意撫署門公陳七亦生子，亦不得不往賀，故回署稍遲。」仇正色曰：「中丞生子可賀，其門丁生子亦賀，不畏人笑罵乎？」某曰：「闔城文武無不往賀，未赴省者亦專使送禮，豈獨我一人，能人人而罵乎？」仇顧坐客曰：「且食蛤蜊。」

王在皖久，陳所入甚厚。咸豐初，潛入京華，冒捐官職。癸亥正月，侍郎王發桂方在鄉人家慶賀，見同席一人，藍頂貂褂，詢之，有告者曰：「此陳小山，君不識耶？」蓋七自號小山，儼以觀察使者自居矣。後爲御史孟傳金所劾，遂被斥。

楊竹村自甘为僕

楊筠，字竹村，爲疋倫名大堉之嗣子。忽思欲得多金，惟爲人僕，事差易，遂至父執某家求供奔走。某大驚，訓責備至。楊求益切，自陳謀生無術，惟此差可免凍餒，遂留其家。某固業鹺，楊因是頗有所獲。時值粤寇之亂，諸商將運鹽過洪澤湖，他人憚險不欲行，楊獨願往，大有所獲，多没爲己有。已而轉入李世忠營，司載鹽等事，乘間牟利，積貲甚巨，捐至道員。然行止與人稍異，每行至門前，輒側身旁立，如有所避，蓋習慣使然也。

粤寇令幼童服役

道、咸間，粤寇洪秀全肆擾，所至掠人。嘗取幼童十二三歲以上者六千餘人，悉數閹割，剜去腎囊，得活者僅七百餘人。被閹幼童之蠢陋者，俱令服役，名爲打扇。端麗者悉裹足，有一童不允，即斬足以徇。既裹足，皆令作女裝。楊秀清先選之，蓄爲男妾，合格者給黄羅手帕，不合格者給素羅手帕。

曾文正薦僕於某監司

曾文正督兩江日，署有一亭甚高，憑欄遠眺，可窺内外情景。一日，徘徊亭中，見有翎頂輝煌者，持手版，向司閽人作哀懇狀。閽人揮手止之，狀甚倨，其人怏怏去。明日登亭，又見之，狀如前。又明日，見其人摸索袖中，得一裹物，鞠躬以獻，閽人色驟霽，心疑焉。有頃，入簽押房，閽者持手版入，謂有新補某監司求謁。立命延入，乃卽連日在亭所見向閽哀懇之人也。詢以何日來省，答來已三日。問何不進見，則支吾不能對。文正語之曰：「兄新蒞任，得毋缺紀綱乎？」監司答以署中雖有人滿之患，公若有賞薦者，敢不如命。文正曰：「大佳。惟此僕狡詐實甚，斷不可派要差，但令其得一噉飯地足矣。」監司唯唯。遂喚閽者進，正色謂之曰：「此間已無用汝處，頃特薦之某大人，其善事新主人，毋怠。」閽者不得已，屈一膝以謝。及退，大忿，攜行李他去，不知所之。

趙繩先爲黠僕所紿

湘鄉趙繩先以歲貢生在左文襄幕，性迂謹，左亦泛泛待之。同幕惜其遇，醵金使捐佐貳，趙從之，果得籤發江南。同幕又爲請於左，爲致函蘇藩，旋得大通聾驗局差。是差就額搜取，歲獲三萬金。其僕欺其迂謬，請於趙曰：「上憲耳目多，稍獲贏餘，必受指摘，擬請將舊有陋規汰之。」趙從之，每月於額薪外不苟取。留差六年，所得薪不足支用，借款纍纍，不得已鬻家中所有田以清夙累。僕聞之，託言有某將置產，價昂賤不計，惟不願見主人面，但求主人書券予之，便能取價歸。趙垂涕，書券與僕，僕惟以半價繳呈，自是而僕遂有趙田矣。

王得勝爲擔水夫

某宰承順時，庖有擔水夫，孔武有力，嗜酒，得錢輒沽飲，短褐不完，無妻子之累，一身以外無長物，晏如也。或問其姓名，輒支吾以對，屢易其辭。一日，與之酒一壺，喜甚，縱飲之盡，且醉。因詢其出身，則自衣袋中摸索出數紙，視之，都司告身也，王其姓，得勝其名。問何以至此，曷不求官，則笑曰：「此薄薄一紙，不值拭穢，得之，寒不能衣，飢不能食，貧不能易錢。咸豐軍興以後，朝廷以此奔走天下豪傑，其捐頂踵冒萬死而暴骨於沙場者，何可勝道。即幸而躋顯秩專閫外者，固不乏人，然抱此一紙而老死於厮養者，亦車載斗量。吾今不得官，命也。然吾亦嘗入仕途矣。區區一武夫，當世固視爲無足重輕，而同僚又齷齪鄙陋，不足伍，視長官顏色，仰鼻息，屈膝稽首，有事則爲供使令之役，與吾今日之擔水，亦何異哉！擔水以力，自食其力，吾心安之，榮辱得失，不縈於心也。」問何以得此，則曰：「吾嘗從湘軍轉戰舒、桐間，屢瀕於死，徼天之幸，得生還。積功至都司，主將頤指氣使，蹂躪無人道，吾故負氣還家。今雖垂老，頗自得，無所怨也。」乃出示背上創痕，班駮重疊，猶想見其肉薄血戰時也。遇陰雨，輒呼號，痛裂欲死。翌年，果以創發而殁，無以斂，某捐廉市棺衾，埋之署側。

于氏僕以假契過户

揚州于某席先人蔭，未嘗留意家事。某歲，有一管家事之僕辭去，已而司會計者告匱。于初不知錢所從得，憶平時所恃者，惟田租耳，然向時收租之事，悉委此僕，未嘗過問，因稍清理之，始知良田數千畝，悉已化爲烏有。蓋久被諸僕瓜分，别造假契，向縣署提糧過户，垂二十年矣。問以歷年田單、糧串，則皆署過户後之花名，且不存於家矣。于欲訟，則無據，即有老契，而歷年田單、糧串均全，不易辨也，遂即時爲寠人。

周得標棄官爲傭

杭人阮端之大令達元以隨宦於湘，居長沙。光緒庚辰，計偕入都，挈一僕，曰周得標，長沙人也，同居逆旅中。端之好飲博，輒從旁誡之曰：「主人即日捷南宮，青雲在望矣，何自暴棄爲！主人幸文階，非若吾輩之博得告身，不值一醉也。前程遠大，其努力焉。」阮駴而詰之，乃備言昔從楚軍積功至游擊，發標學習三年而無事，故棄官而爲傭也。阮爲之扼腕太息，自是而優禮有加焉。

陳冠生有長揖僕

每屆鄉試之年，京曹典試各直省，命下之日，鄉年寅好，薦僕從者，紛至沓來，而尤以師門函屬爲誼不可卻，且錄用之後，駕馭匪易，蓋隱有所挾以爲重也。光緒己丑恩科，宛平陳冠生修撰冕拜湖南主考之命，適同年某來賀，談次，出名條於夾袋，自言深知人浮於事，緣某友轉託，弗獲辭，幸損覆寸椷，俾報命前途耳。陳亦極言竿牘填委，重以情貌，即簡言善辭，亦筆舌俱困。語未終，門者以緘進，啓視之，則南皮張文達公之萬薦僕之書也。文達於陳爲座師兼同鄉，不可卻之尤者也。陳蹙額久之，勉令進見，則衣屨樸野，長揖而外，木立不知所云。陳殊忻慰，亟獎藉之，因留侍左右。

任筱棠之待僕

山陰任筱棠觀察之齡初治申、韓家言，久幕於湘，郡邑幕僚大率爲其門徒。幕例，師薦徒於人，月必以所得館穀分潤於師，習以爲常，賢者不免。以故任之歲入殊鉅，遂積貲數十萬，蓄田宅，置姬妾，享用豪侈，擬於素封。而能體貼下情，待遇僮僕，備極優厚。所傭紀綱，多至十數人，人給屋三間，俾棲其孥，月俸錢十緡，年穀二石，歲時復有所犒，惟於有非分婪索者，必嚴懲之不稍貸。

皖撫司閽索門包

某爲皖臬時，以新蒞任，謁中丞，至官廳，閽人索門包費，問需若干，答言一百。某因命僕至懷寧縣令處，借銀一百圓。懷寧縣親送銀至官廳，某謝之曰：「此小事耳，何勞親至！」因與閽人。閽人曰：「一百者，非一百圓之謂，乃一百兩之謂也。」某因以還懷寧令，曰：「請更借銀一百兩，愼勿親來，令僕攜來可矣。」懷寧令還，如命，令僕人送銀一百兩至，復與閽人。閽人曰：「尚有小門包之例。」某曰：「當需若干？」答曰：「十分之一。」因大聲斥之，責其需索無已。旁有閽人爲之轉圜曰：「請大人勿怒，此人新至不解事，手版已投矣。」少頃，中丞傳見，送茶就坐，某卽作色而言曰：「大人門包，請明定章程，並須體卹屬員而後可。本司旅費艱窘，更無餘資能充門包。乃閽人初索一百，及向懷寧縣借銀一百圓，至則又索一百兩，及復借一百兩至，則又索小門包，似此種種刁難，將何以堪！本司自清晨至是，已十餘小時，上下方磚，實已數百次矣。待本司如此，則其需索於府州縣佐貳者，必更十倍於此可想見也。若不明定章程，恐大人聲名爲若輩所壞矣。」中丞謝過曰：「請無怒，當懲之。」明日答謁，並袖還其門包一百兩。故事，上憲答謁屬員，必擋駕不敢當。至是，某竟請見，受其還銀，中丞大慚。

章鐵拳受典爲奴

章鐵拳，江湖賣技者也，張兩拳如鐵，刀斧不能傷，因以爲號。章本山左農家子，父爲富人佃，歲歉，租無所出，富人追之急，則以二十千錢被典爲富家奴。入其門，待之酷，日使舂米。舂必以杵，富人厭其遲，則令去其杵，以拳代之，而日必責米一斗，稻芒刺膚，不敢言痛，苟米不成，則笞撻更甚於是也。初典以二年爲期，及期，其父不能贖，於是遂廢契，永爲之奴。而拳亦肌肉盡削，骨瘦如鐵，蓋日與稻臼磨鍊而然也。某夜，入富人室，哀以情，不可，反舉杖痛撻。格拒間，揮拳中其胸，富人倒。乃急奔至家，放火焚廬，扶父母，匿山谷間竟夕。明日，易乞丐裝出境，道聞富人受傷死，愈不敢歸，自此遂漂泊江湖，附於賣技之流，博錢米以養父母矣。

二毛錢受傭於妓館

京都男子之供妓女奔走者曰跑廳。有二毛錢者，服役於妓館，初侍榮泉秀雲校書。其本姓名不知云何，曰二毛錢者，都人謂銀幣二角爲二毛，蓋賤之也。爲人愿謹，羣妓皆喜役之。狎客某呼而語之曰：「二毛錢尚未少增價值耶？」二毛錢肅立答謝曰：「深負厚恩，依然二毛錢耳。」

外務部有余廚子

自恭忠親王奕訢管理總理衙門以來，其間易若干管部親王，易若干尚書、侍郎，易若干司員，而始終未脱關係者，則余廚子也。余有聲勢，擁巨資，有民政部街之高大洋房，有萬甡園之宴春園，有石頭胡同之天和玉，且又連結宮禁，交通豪貴。光緒辛丑，兩宮回鑾，孝欽后宴各國公使夫人及在京東西洋貴婦，耗資巨萬。時議和大使李文忠公鴻章已爲孝欽雇一著名西洋廚夫，以備供奉。次日入御，后忽謂李曰：「明日請客，還是用外務部之廚子爲便。」其運動力之大，可與李對抗，自餘可知，余亦以此所贏不貲矣。

余在外部，各親貴及外部尚、侍有讌會喜慶諸事，無不極力供奉，亦待之以殊禮，亦衣公服，掌招待之職，與王公貴人及搢紳先生分庭抗坐，而不躬親匕鬯，蓋亦捐納得花翎二品銜候補道也。

汪伯棠侍郎大燮自外部司員荐擢侍郎，未嘗略受餽進，故余稍憚之。一日，汪赴慶王宴，方及門，遥見余翎頂輝煌，與衆客蹌濟於一堂，愕然不能舉步。余見汪來，則亦面發赬而口囁嚅，倉卒中避入側室。汪亦未遑久留，退而告人，謂今日余廚子尚是給我面子，可爲榮幸。

慶王管部數年，余最得意，顧亦頗能撝謙守分，不敢爲十分高倨之狀，於本部司員則竭力籠絡之。其時外部衙門最稱闊綽，司員日在署一飯，而額定每人飯銀八錢，故外部恆食，一席之費，蓋六兩四錢。

司官既貴倨已甚，輒謂衙門飯不能喫，故常俟家食而後上署，於是此等飯銀，爲余中飽者半。以此故，則司員需索極多，或臨時易菜，或全席都換，或別索點心，無不一一供應，弗稍違也。

閽人受門包

門包之陋規，與二百六十八年之國祚相始終，而實肇端於吴三桂之出關乞師，欲求見攝政王多爾袞而不可得，乃以重資賂其左右，始開門接見，其後遂成爲陋規，牢不可破。及宣統辛亥八月十九日之前，武漢起事，時楊洪勝等謀變，爲武昌府某所詗知，謁鄂督瑞莘儒制軍澂，將密告之。時值深夜，閽人索特别門包，某謂此何時，此何事，尚可循囊例乎？閽人不得已，始通報。事爲瑞所聞，大斥之。及楊等破獲，閽人猶向索賞犒。或謂本朝之得國以門包，其失國亦以門包，可謂奇矣。

乾隆時，曾有諭旨禁革門包陋規。辛丑又諭云：「各省督撫，何得任聽家人向屬員恣索門包？且督撫原係封鎖衙門，一應親族奴僕，俱例禁出入，是以設有中軍及巡捕等官及供稽察傳禀。今伊等仍令家人傳事，以致積收門包，盈千累萬，所謂封鎖者安在？若不明禁革，流弊恐無底止。卽奏事處，向有收受督撫隨封銀兩，此係舊時規例，相沿至今。但各督撫俱爲朕所管教，若不一體裁減，伊等轉有所藉口。嗣後奏事處隨封銀兩，俱照向例裁減一半，卽向得雙分者，亦衹許得半分。督撫至道府，概不許收受屬員門包，各督撫不許另設立管門家人。」

凡致送門包於閽人，其緘封之紅籤，輒書「門敬」二字，或曰「門禮」。

上炕老媽

女僕曰老媽。京都有所謂上炕老媽者，年率二十許，旅京久鰥者，以薄值雇用，用約十餘金。訂立契約，日間操作，夜則侍寢，期滿卽歸，絕無依戀。京中竹枝詞云：「粉面油頭青布衫，女奴多半是京南。老媽稱謂何曾老，弱齒無非廿二三。」卽詠此。此蓋同、光以前之習慣也。

梳頭媽

廣州有梳頭媽，受傭於人，以梳髻爲職務。西關多巨室，若輩遂羣趨之。業此者之年齡，大率爲二三十，雖來自田間，而面目白晳，體態輕盈，赤足拖鞋，身著薯莨衣褲。其出也，手中往往持傘，爲蔽日禦雨之用。少年子弟頗有暱之者。

門檻裏

金陵人尚大足女僕，呼之爲大脚仙。其人皆膚色潔白，面目姣好，尤善梳掠，髮光可鑑，荆釵布裙，頗楚楚。足不裹，然亦不甚長，且甚窄。履淺而尖，作鸚嘴式，俗名划船樣，行時波峭，如風擺柳，富家房中多置此輩。有中人產者，年老失偶，不便續娶納妾，亦用之，晝則服役，夜則薦枕。傭值亦不昂，年少貌美者，在光緒初，月不過錢三千，稱爲門檻裏。

搭脚娘姨

蘇俗稱母之姊妹曰娘姨，而於受雇之女僕亦以是稱之。若輩類皆天足，無不善自修飾，楚楚有致，知審美者輒顧而樂之。且喜其給事左右之可人意也，與之有私，曰搭脚。吳諺有曰：「娘姨弗搭脚，落裏有縐紗馬甲。」落裏，何處也。縐紗馬甲，湖縐坎肩也。謂既得歡於主人，主人自必以坎肩贈之。

大姐

蘇州未嫁之鄉女受傭於人家以供輕便之役者，曰大姐，秀慧者多，皆天足也。間有面目黧黑，亂頭粗服，不事修飾者，然亦無不備具美人姿勢，綽約婀娜，丰神絕世，見之者幾不知其皆從田間來也。主人恆暱之。其在十齡左右者，曰小大姐。

小大子

江寧、揚州、鎮江人家所傭之處女，曰小大子，略如蘇州之大姐。雖不及其嫵媚，而一雙金齒屐，大踏步出來，亦自俊爽可人，好之者亦不以其裝束不盡入時而外之也。

近身

廣州之梳頭媽，其爲主人梳髻也，每日一次，或間日一次，或三日一次，五日一次，月終給資若干。

富貴家則專雇一人，名曰近身，卽貼身伺候者也。此中不無粲者，有師傅，有別館，其香巢多在西關。其人多從順德、容奇、桂洲各鄉而來，衣服之整潔，語言之尖厲，眞足令人銷魂也。

喜婆

紹興有墮民巷者，居方里，男爲樂户，女爲喜婆。齊民婚嫁，則其男歌唱，其婦扶持新娘梳妝拜謁，立侍房闥如婢，新娘就寢始出，謂之喜婆，能迎合人意，各遂其歡。服役之家有常主，如田之有佃，得自相頂替，彼此買賣，皆有契券。婚嫁、祭祀外，常時則以説媒、售衣錦爲業。

送娘子

寧波有送娘子者，與紹興之喜婆同，亦墮民也。其髻異於齊民，出行輒持傘，不問晴雨，蓋以爲標識也。衣裙皆黑色。

喜娘

蘇州之喜婆曰喜娘，齊民爲之，其職務略如喜婆，年少者爲多。大抵妝束入時，善自修飾，天足細腰，殊可人意。

粤人蓄婢

粤人蓄婢者極多，視其稍可造就而面目不甚怪醜者，多加意教之，教以烹飪、刺繡、治家細務，且教之識字，即文理不甚通順，亦必能繕録賬目，如此乃爲上乘。俟其年長，即售與人爲妾。價昂者，自五百金至千金。次者亦必能烹飪、縫紉，方爲合格，身價自二三百金至五百金，下者一二百金。舊家之中落者，每多蓄婢，俟其長而賣之，得金殊不貲也。

蘇麻喇姑

蘇麻喇姑，爲孝莊后侍女，性巧黠，國初衣冠飾物之式樣，皆其手製。聖祖幼時，賴其誨迪，手教國書，宫中甚推重之。康熙壬午始逝，以嬪禮瘞於昭陵之西側。

招姐精烹飪

袁子才家有寵婢曰招姐者，年少貌秀，服役甚勤，裁縫澣濯之外，兼精烹飪，凡袁不時之需，先已預備，誠能聽於無聲視於無形也。其姬人方聰娘，本諳袁之嗜好，招姐更左之右之，袁常自詡其口福也。有不速之客來，摘園蔬，烹池魚，筵席可咄嗟辦，具饌供客，有絡秀風。年二十三而嫁，袁曰：「鄙人口腹，被夫已氏平分強半去矣。」聞者笑之。蓋袁以招姐贈劉霞裳也。

葛裙

江東某大姓以禍死，其寵姬皆挾金珠散去，一婢堅不行。婢常著葛裙，人以葛裙呼之。自言主人嘗被酒一召我，我誓報之。豪家吞其屋，葛裙奉木主卧一室，堅守，力不支，絶粒斃。豪憫之，扃此室，並其主瘞焉，曰：「還汝一塊土。」其事絶可傳。龔定菴曾有《水龍吟》一闋詠之，詞云：「君家花月笙歌，葛裙那許陪宵讌？嘯如魯柱，才如買錦，空遇如班扇。蓬鬢傭裝，蛾眉怕妬，天寒誰管？算平生已矣，春風一度，恩歇絶，何曾怨。一夕倉皇家變，抱琵琶傾城都散。雍門琴碎，雀臺香燼，西陵墓遠。塊土爭還，芳魂永守，秋燐如電。憶史家柱叔敖公，千載下，今重見。」

婢以護印作夫人

光緒時，江人鏡任漢黄德道，一夕，漏三下，署不戒於火，衆自睡夢中驚逸，太半索幝履弗及。一孫甫周歲，由乳媪倒抱而出，其匆遽可想。幕府某疾趨至，問印已攜出否。江惶急，不知所措。蓋印若被燬，則處分至重也。

江有長公子娶於延陵者，其媵婢豔而慧。方覓印時，亭亭自衆中出，莊肅奉印而上之，黄袱宛然，江大喜。秀水錢子密尚書應溥，江之兒女姻也，方枋樞要，道署之火，印與大堂皆未燬，復爲之地，僅予薄譴。未幾，擢兩淮運使，而昔日護印之功人，始猶肅抱衾裯，繼且榮膺珈服。蓋都轉久虚嫡室，至是，竟敵體中闈矣。後數舉丈夫子，皆成立；所生女，亦作嬪名門。揚人士作《護印緣》院本張其事，謂夫人以護印得夫人，非尋常護印夫人比。夫人性慷慨，樂施予，御下以寬，而內政殊井井，持滿戒溢，絕無驕奢侈靡之習，亦難能也。

桂林某大家有慧婢

廣右人呼婢曰蕉葉，殆有所本。桂林某大家有一婢，絕慧，一日，主人與客談次，偶及植物之葉，謂何者最大。客未對，婢適擎茶至，儳言曰：「蕉葉最大。」竟無以難之。此呼婢曰蕉葉之所由始也。

清稗類鈔

盜賊類

盜賊橫行

凡財物所有權之在人者而我取之也，以強力行之者爲盜，其得之也曰搶；以詭計行之者爲賊，其得之也曰竊。然亦有謂盜爲賊者，馬賊是也。亦有謂賊爲盜者，盜猶言取也。吾國盜賊多於他國，久爲外人所詬病，致謚之曰盜賊國。晚近以來，四海承平，已歷數十年之久，生齒日繁，生計日絀，遂至盜賊橫行，明火執仗之徒，鼠竊狗偷之輩，幾已所在皆是矣。

某乙先盜而後賊

淄川有貧民某乙者，殘臘向盡，身無完衣，自念何以卒歲，不敢與妻言，潛操白梃出，伏墓中，冀有孑身而過者，劫其所有。懸望甚苦，渺無人跡，而松風刺骨，不復可耐，意瀕絶矣。忽一人傴僂來，心竊喜，持梃遽出，則一叟負囊道左，哀曰：「一身實無長物，家絶食，適於壻家乞得五斗米耳。」乙奪米，復欲褫其絮襖，叟苦哀之。乙憐其老，釋之，負米而歸。妻詰其自來，詭以賭債對，陰念此策良佳也。

次日而復往，無幾時，見一人荷梃來，亦投墓中，蹲踞眺望，意似同道。乙乃逡巡自塚後出，其人驚問誰何，答云：「行道者。」問何不行，曰：「待君耳。」其人失笑，各以意會，並道飢寒之苦。夜既深，無所獵，乙欲歸，其人曰：「子雖作此道，然猶雛也。前村有嫁女者，營辦中夜，舉家必疲。從我去，得，當均之。」乙喜，從之。至一門，隔壁聞炊餅聲，知未寢，伏伺之。無何，一人啓闔，荷杖出行汲，二人乘間掩入，見燈輝北舍，他屋皆暗黑，聞一媪曰：「大姐，可向東舍一矚，汝奩具悉在櫝，忘扃鐍未也？」聞少女作嬌惰聲。二人竊喜，潛趨東舍，暗中摸索，得臥櫝，啓覆，探之，深不見底。其人謂乙曰：「入之。」乙果入，得一裹，轉遞而出。其人問盡矣乎，曰：「盡矣。」又紿之曰：「再索之。」乃閉櫝，加鎖而去。乙在內，窘急無計。未幾，燈火亮入，先炤櫝，聞媪云：「誰已扃矣。」於是母及女上榻，息燭。乙急甚，乃作鼠囓物聲，女曰：「櫝中有鼠。」媪曰：「勿壞而衣，我疲頓已極，汝宜自覘之。」女振衣起，發扃，啓櫝，乙突出，女驚仆。乙拔關奔去，雖無所得，而竊幸得免。嫁女家被盜，四方流播，或議乙，乙懼，東遁百里，爲逆旅主人賃作傭。年餘，浮言稍息，始與妻同居，不執白梃矣。

盜賊充斤

光緒時，浙人某觀察被命爲駐日本公使，時恭忠親王當國，某摳衣入謁，偶談時事，謂現在盜賊充斤，王不解，後始悟斤字爲斥字之訛。翌日，至總理衙門，謂須更換。羣詢其故，恭王謂日本爲同文之國，某誕妄若此，恐貽笑柄，重爲我國之羞也。旋經旁坐者竭力解圍始已。

盜有徒爲賊

劫盜之中，別有一類曰趕蛋，不爲盜於齊民家，而爲盜盜之盜。其行盜也，必伺羣盜之出發，或襲其巢，或要於路，出百計以劫盜所劫之財。謂爲盜，則所獲爲贓；謂爲非盜，則所爲實盜。官無律可引，盜無力可制，皆強黠者爲之也。

興化沈慶齡廣文暮年燕居，輒喜問米鹽瑣屑。適家有慶事，賓散，偕僕掩門户，以燭灼之，懼有野犬留廚下。不料炊草中一物蜷伏，以足蹴之，則起而跪陳，乃一五十許人。知是偷兒也，詰之，則爲著名積盜，行劫於五百里之遠近，巢穴在海子池茅屋中，人咸呼爲老漢。沈以其憨老可憫，不之叱責，惠以銅錢數千，使之改行爲善，以保殘年，老漢叩謝而去。

未幾，老漢以小資本作走販，日積月計，稱小康。門下賊徒纍纍，皆覬覦之，而莫之敢發。有樊川産之劉阿七者，老漢之徒也，夜入老漢室，冀傾其篋。漏三下，老漢卧矣，少頃，忽促其婦起，燃燈檢門户曰：「今夕當有兒輩來作祟也。」婦怨爲見鬼，不得已，索之，絮聒而入。老漢怒，起而親檢之，果大索不得。沈思良久，忽指盛水缸而詈曰：「小孽障必在此。黔驢之技止此耶？速出，毋自斃！」語甫訖，果一人破水出，阿七也。蓋阿七聞老漢睡夢中言，知難苟免，因潛身缸水中，以瓢掩其頂，以蘆管透其氣，冀或避面也。老漢見阿七出，微笑而責之曰：「小孩子膽壯，智略亦高，特與老夫惡作劇，未免班門弄斧矣。今姑與爾約，爾能盜我尺寸縑，當予以百金，否則毋自貽醜也。」阿七惶恐去。未一月，阿七之母攜幼孫哭於老漢之門云："孽子自得罪後，歸家懊喪，竟於前夜自縊死，乞賞粒米，得延命，誓世世不忘。"老漢疑其詐，密使人往探之，果有薄棺厝破屋中，當惠以米五升，錢一千，俾老幼分攜而去。旋歸，謂其婦曰："阿七死，我安枕矣。"由是老漢遂不防阿七。

越月，老漢家忽被竊，而賊來無迹，因具訴於縣，便道訪舊同事者助緝。適由阿七家過，問之鄰右云："今晨阿七攜母歸樊川矣。"老漢頓足大呼曰："我爲阿七賣矣，我爲阿七賣矣！"即歸與婦言，裝束赴樊川，訪三月，卒莫見阿七面，是非趕蛋中之聖手耶？

上海多盜而少賊

上海多盜而少賊，通衢大道，商店民居，皆羣盜臨存之所。盜之多，始於光緒之中葉，而蔓延於宣統時。租界警政尚修，俗所謂巡捕者，巡士也，有時植立於馬路之中，有時巡邏於永巷之内，一二鼠偷狗竊者流，自能見而卻步。若夫盜，則雖非明火，亦皆執仗，成羣結伴，攜槍帶刀，巡捕懾於其黨之衆、械之利，早已望望然去之。以是益肆無忌憚，出没自如，而日益横行矣。推原其故，蓋裁兵逃匪時而集合，時而解散，生計所迫之故也。

趁火打劫

有所謂趁火打劫者，臨時之盜也。遇有人家失火，即約一二伴侣，飛奔入内，見物即取，或持之，或負之，或扛之。主人加以訶斥，則曰：「將爲汝寄頓於吾家也。」蓋倉猝起意，利人之危而乘之耳。

擄人勒贖

擄人勒贖之事，初惟廣東爲甚，繼而東三省之馬賊尤而效之，後且及於江、浙。宣統時，上海亦有此風，雖人煙稠密，探捕林立，不顧也。限滿不贖，則被擄者之生命不保矣。

擄船勒贖

水盜之猖獗者，當之者財物被奪，固無幸矣，且或擄其船舶以俟贖，非予重金不還也。

盜有把風

盜之行劫也，必先探其地之富室爲誰，既確知其居室之所在，乃始結黨而趨之。慮其家中人之出而呼號，或有兵警往捕也，則以數人守其宅之前後左右，曰把風。

土國寶以盜投誠

土國寶者，明太湖盜也，國初歸降，洪文襄公承疇薦授蘇州巡撫。性殘暴，一時縉紳故老，咸被其害。又因抗糧案株連生員數百，盡行斥革。後又交通鄭氏，欲以地叛，爲制府麻文僖公勒吉所知，因盡調其兵馬糧餉赴江寧，露章劾之。國寶偵知，欲逃，城門已閉，乃與其婦同縊死於鐘樓。

蘇盜打糧

國初羣盜蜂起，太湖有赤脚張三、毛二、沈泮、柏相甫、扒平大王等，盤踞澱山、長白、蕩澄湖，白晝搶刼，名曰打糧。擇縉紳富人及其愛子，擒匿盜穴，勒千金萬金以取贖。愆期不至，有水牢、河泥、糞窖、煙薰眼等刑。且自投刺謁巨室，曰貸餉，不允，則夜必燒劫。貧人獻薪者或邀厚賞，故衆多歸之。流毒數十年，始剿滅。

老爪掘坎瘞行旅

康熙時，定州有盜號老爪者，其黨大抵皆畿内河北人，佯具行李爲商賈或仕宦狀，與行旅之人同行且宿，漸親密，輒誘之於雞未鳴時起行，別遣徒衆於前途二三里許，掘坎以待。至其地，則皆縊殺而瘞之，不留一人，刼其裝去，無可蹤跡，車夫亦多其黨也。

李笠翁盜庫金

康熙時，有李笠翁者，名漁，薄負文采，游京師，名動公卿，其爲盜，人不盡知也。有江陰章老人者，嘗述其高祖鎮兖州，曾祖隨宦焉。時滿洲某以帝室懿親撫山東，邀李主章奏。李風流自賞，暇輒挾諸大僚子弟，載酒大明湖，徜徉嘯傲，裘馬翩翩，大率少年選事者。時承平未久，大臣子弟例習武，備干城選，不論將家子矣。予曾祖以總兵子廁於其間，擊劍超距，靡所不爲。而李文士也，從容諸人間，時強拉與戲，顛仆之，以爲笑樂。李被顛，起或詼諧自調，色不忤，故諸人樂與之遊，絕不覺其有武勇也。一日，謂諸人曰：「歷下風土，諸公子當倦游覽矣。南朝景物，秀絕人寰，廣陵痛靡麗，爲三吴冠，盍買舟作廣陵游乎？」諸公子喜，載數畫舫，聯檣南下，抵廣陵。至則繫舟數月，興闌欲歸，行解維矣，李忽置酒徧拜諸人曰：「漁辱從諸公子游已久，今有急，未識諸公子肯援手乎？」諸人笑扶李起曰：「先生屬尊，何必爾，敢不惟命。」李起曰：「吾頃需金數萬，無所措。」諸人聞數鉅，有難色。須臾，李又曰：「諸公子固不能相假，吾知運司庫金銀無慮千萬，視戔戔者，不啻九千一毫，於國帑無大損，諸公子材武，盍助漁取之？」諸人相顧駭愕，不敢應。李憤，作色脅諸人曰：「諸公子必不相援，漁能自取之。明晨，捨少金諸公子舟他遁，禍嫁諸公子矣。事發，累尊公，禍必不輕。諸公子卽能自白，恐不免比匪之罪。能行，必無禍。」諸人不得已，應之。李曰：「信乎？」曰：「信。」李呼舟人曰：「止酒。俟奏凱還，飲至，爲諸公子策勳未晚也。」舟人讙應如雷，諸人益驚，乃知舟人皆李黨。李起，取佩刀，指諸公子曰：「此行無争鬭，不必人人持械，漁操刀爲諸公子衛。諸公子速隨漁登。」語畢，巨躍如飛，先登岸。諸人隨之，疾趨，登運庫屋，揭瓦斬椽，驅諸人探身下盜金，自操刀踞屋頂瞭望，備有變。既，諸人以次負金出，驅諸人先行而自殿後。抵舟，命舟人揚帆，時酒尚温也。李酌酒飲諸人曰：「諸公子身下盜庫金，而漁居屋頂瞭，事發，不必首漁而從諸公子也，諸公子幸好自愛。」諸人默然。歸，乃不敢與李暱，然亦勿敢聲，亦不知其多金果何所用也。

盜冒太守名到任

康熙甲辰，池州守郭某領憑赴任，中途被盜劫，眷六十餘皆殲焉，惟妻及幼子得生，盜竟掩爲己之妻子矣。既得憑，卽揚揚至任，謁上臺。爲政精明，人咸愛重之，惟所徵錢糧久不起解。上臺詰之，謂錢糧重事，必親解，不能數往來，俟數足，當齎至，如不信，遣吏按驗可也。按之庫，果纍纍，上臺大喜。未幾而郭之鄉人有往探郭者，每一人至，則迎入，潛殺之，無得出。其鄉人在家者疑之，郭之妻兄乃往探，至，適守出行，遇之於途，則見輿中人非郭，大駭，卽飾爲丐狀，詣府署，曰：「吾千里流落至此，府署日需水，願供此以餬口。」迺擔水至內衙，見其妹，妹搖手使勿言。後日再進，則妹已密書一封投之，出視，則知郭已爲盜殺，盜三十餘人咸在署，乃密控縣官及上臺。上臺以人多，非可猝擒，聞其人多精算，迺陽謂之曰：「各縣錢糧未明，聞汝署中人多能，可爲我分其勞乎？」曰：「可。」於是每縣遣二人行，而密告其縣令，各將此二人下之獄。迺以他事召僞守，至卽縛之，鞫得實，庫金凡八萬兩，滿十一月卽思逸去矣。

黠盜取汪山樵玉龜

康熙時，蘇州汪山樵官陝西興平縣，腰際嘗佩一玉龜。玉不甚白，微帶紫紅色，龜目爲二黑點所琢成，腹下斑斑數圈，作龜甲狀。不甚大，縱一寸三四分，橫可寸許。某日，驗尸至鄉，夜宿民家，夢一衣緋衣者拜手而進，云是張昌宗，此玉龜乃則天皇后寵幸時所賜，嘗命其子死後以此殉葬，乃頭方落，而其子已私質三千金於某平章。如此不肖，使我尋覓至今，今既覓得，原物應歸主人。遂伸臂解山樵腰間玉龜持之，復三拜手而出。及醒，視腰際玉龜，已不翼而飛矣。而相對言語，聲息形狀，猶宛然在目也。山樵至輟食三日，復嗟悼者久之。

或謂山樵曰：「君所夢，非夢，實人也。陝中劍客甚多，爲盜者亦不少，惟劫官，不劫民家，劫豪富，不劫小康，君之所遇，其亦此類。假託張昌宗，已露破綻，豈有爲鬼而尚戀戀一玉龜，亦豈有自唐歷五代、宋、元、明諸朝，尋覓不得，而乃於七八百年後尋得之理乎？其初進時，履屋瓦如平地，寂無聲息，而不使有一瓦碎，故隨從諸役俱不聞焉。其既進後，用異術使君不知不覺如入夢然。即今之催眠術。然後自託古人，盜取君物。不然，君必根究也。」山樵聞之，悵然若失。

漳州守爲盜

康熙時，福建龍溪縣有富室，屢失珠玉重物，案久不破。官嚴比，捕役患之，邀精幹者數人分途緝捕，且託大户爲邏察之。某夕，漏三下，忽有持燈而來者，衣短黑衣，外罩一藍色袍，過一井，以燈懸之井中，覆以袍。役於暗處躡其後，至高墉下，飛騰而上。未幾，負一小匣出，跡之，從漳州守郡廨後垣躍入。捕飛一刀擊之，不中，擲一磚，中額。捕不敢入，命諸役環守之，天明不出。密白大令，請於晨，將府中胥徒雜役一一點名，有無傷額者。詢守，守辭以疾。令自言稍知岐黃，請入內視脈。不得已，見之，兩手脈無恙，惟以烏紗帕裹額，微有血痕，問之，曰：「頭風。」令大疑，亟白上臺，備述其狀，使兵役圍署搜之，得真贓，招失主認領。撫軍奏聞，上大駭曰：「知府中有若輩乎？」飭會制軍嚴訊，始知其先爲積猾，得巨金援例部選也。訊其既爲官，何復爾爾，曰：「故智復萌，情不自禁，所謂經營長物無饜足也。」遂從重置法。

郁雙蓄靈獼以爲助

雍正時，濟南有大盜曰郁雙，積案纍纍，官吏莫能捕。徒黨甚衆，凡在其門下者，盜掠所得，輒自取十之七，而以三獻郁，以是所蓄數十萬矣。某年，爲郁七十壽辰，先十日，柬邀其侶至，並言春秋已高，自是不復再作殺人越貨之事，將以飲宴而與諸君別，屆時務須賁臨，苟不如約者，誓與諸君共棄之。江湖後進，既畏郁之威名，而又不敢拂其意，及期，果盈庭濟濟，劍戟相望。筵宴至八十餘席，皆虎頭燕頷之偉丈夫也，循班次列坐。末席則一巨猴，赤面金睛，體高約三四尺，毛色絳黑，酬酢悉如人，惟其頂光滑，儼如僧之新剃度者，兩耳無一存，望之若黝洞然。座客咸詫之，相與耳語。樂既作，水陸雜陳。少頃，止樂，郁舉爵而笑，掀髯謂客曰：「狂飲寡歡，不可無下酒物，然吾輩又不欲效文人墨客苦思酒令，無已，其與諸君各述平時武勇及所經歷，有異常勞績能人所不能者，相與各浮一大白以賀，何如？」衆曰：「諾。」乃各依次而敍述焉。

至猴，猴不能語，然頗解人意，目四顧，若有所陳。郁遂指猴示諸客曰：「猴乎，吾之俠友，而又功臣也。在理，吾不能昧其勳烈。今吾已洗手，吾僅有一女，已適人，更無有塵事足攖吾心，今後吾惟攜吾俠友入山耳。俠友曰靈獼，幼年得之於粵東。吾素喜拳棒，嘗從名師游，凡師之所授，吾過時輒不復記憶。獼在吾身側，慧心敏腕，一見遂領略，而吾轉受業於獼。如是者數年，余稍稍從諸前輩習爲剽掠，凡遇富室，重門洞闢，牆檐有高至丈餘者，獼輒竄身而上，疾如飛隼。既入其家，凡窗户，一一解其鎖鍵，吾輩乃持刀直入。吾問出他郡，一時腰橐既罄，或攜之，賣技於廣場，食宿之資，咸取給於是。人以吾爲演猴戲而已，初不疑吾爲盜。有時安居旅館，夜深，即遣獼出，獵取黄白。獼不俟吾指揮，破曉歸來，則手握金銀而口銜珠寶，脱口出之，其光芒射人目。獼初不分吾顆粒，吾饋以果酒，則跳躍大樂。既飽，乃與吾抵足而寢，雖寒冬，膩然温如爐火。由是吾與獼日益親，而余之有俠友，亦爲路人所知，遂有捕役日伺吾之蹤跡者。一日，道過保定，吾攜獼行於曠野，北風怒吼，雪花如掌，積尺餘，幸余與獼身軀偉健，然亦幾没脛骨矣。余撫獼，坐地而大慟。幸同伴已舁牀至，余卧其上，並有二人各扶獼，相與馳入山谷。獼休息旬日，始復常態，余亦漸痊。同伴告余，謂某日雪夜，衆方擁爐圍坐，忽見獼坌息而至，狀極倉遽。獼苦不能語，見余輩，惟指手作勢。遂從之行，得見古寺，乃分道刺探，始稍稍聞人傳言，謂捕得巨盜某某，將就戮，計無所施，愁苦終日。後念獼能潛身入獄，於是相約在獄外靜待。余聞而大感，由是與獼益有骨肉之感焉。」

方郁述獼事時，四座咸寂然，及聞獼風雪逃災、黑夜劫獄事，有泣下者。郁亦不覺以手掠鬚，潸然墮淚。獮則連引數觥，婆娑起舞，衆亦争舉大杯以賀之。

郁又續言曰："吾適所述，猶人所能爲者，未足以盡獮之異績也。不見其頭顱之濯濯乎？此其事更有足使諸君讚歎者。曩時，聖祖登極，青宮衆多，各懷異志，諸皇子咸蓄有奇人異士。門户既分，黨争遂起。某皇子得海外某國貢奇珠一，其貴重罕與倫比，什襲珍藏。有愛姬岫雲者，鍾愛異於他妃，乃以此珠賜之。岫雲因獲此珠，恐有覬覦之者，亦多所防備。其侍女咸解武事。某年，吾同黨人大會於九華山，因議及是珠，謂有人能取之者，當集資爲壽，且舉之爲魁。顧贊成者雖多，至欲實行入宮，則相與瞠目而視，不敢冒此大險，遂亦一笑而罷。獮彼時亦聞是語，乃乘吾不備，飄然而去。吾大驚訝，謂相處十餘年，仍背吾他適，初不疑其負有盜珠之志也。吾用是鬱鬱成疾，困頓牀席十有餘日。吾同伴及諸弟子率來視吾疾，門限爲穿。一日，方共集於吾室，乃獮忽破窗直入，然其形狀殊不類平昔，血溢額際，痂厚結如錢。余驟見獮，大喜，病若失，趿履下牀，見狀大驚。獮見吾，忽探頰嗛出大珠。時日甫西匿，室黑，未及秉燭，而是珠光芒乃鑒人毛髮。諸友咸在，見而駭絶，始悟其被創之由，實爲盜珠也。獮不能述盜時情事，吾後從他人得聞之。謂岫雲藏珠之所，雖所親無知之者。獮入宮，乘夜破扉，傾箱倒篋。岫雲大呼，侍婢盡起，争持刃逐獮，獮遁去。岫雲恐獮爲盜珠而來，防範益嚴。慮藏珠之所爲獮偵察，乃白皇子，延俠士入宮，己則抱珠於懷，終夕列炬，衆目共監視此珠，意獮雖狡，當不容獵取。如是者凡七晝夜。是夜，獮忽取一巨爆，從檐角燃之，其聲震瓦。衆知有變，咸出宮偵視，已躍入岫雲之懷，奪珠入手。岫雲驚號，獮又竄出窗外。俠客急飛劍馳逐，獮見白光，知爲勁敵，急吞珠入口，且馳且避，而白光盤繞頂際不已。宮有圊，乃不顧污穢，藏其中，白光遽斂。此時露一頂於外，遂被創，乃折而返，出浴於御溝，沿城而行，亦無覺察之者。大功於是告成，而宮人諱言其事，亦不敢大索賊。」

郁言甫畢，諸客咸擊掌稱善，争視獮，獮意益得。郁又曰：「吾得此珠，終無所用，欲售之，而當世無人肯出巨資者。余乃捨此珠於嵩山白鶴觀，以觀中有塔，巍然高出雲表，遂安此珠於塔頂焉。」

茭塘海盜

番禺之茭塘，凡十數村，其村民以盜爲業，盜於海，所乘之船曰多槳船，槳有三十六枝者。行劫皆以晝，遥望客舟如黑豆許，則聽之，大如鴨，則必爲所追，至則以鐵鈎拽其船，乃持刀仗往劫。亦有盜船仍被盜劫者。此船一二十人方劫得資貨，又遇盜船三四十人者，輒復爲所劫。

盜覷李晴山行篋

江都李晴山，名道南，乾隆朝進士也。某年春，將赴禮部試，苦治裝無具，乃以居屋出鬻，得五十金，爲路資，行李狼狽。有從者肩二篋隨於其後，甚重。宿臨淄道中，有盜私伺之，耳語曰：「若者敝甚，非紿我乎？視其篋，疑必有藏金也。」晴山聞之，故啓其篋，皆破碎經史，硃圈墨跡，無一完善本。盜相顧，歎息而去。

東南海上多盜

嘉慶初，東南海上多盜，曰鳳尾幫，曰水澳幫，曰蔡牽幫，閩盜也。曰箬横小幫，浙盜也。曰朱濆幫，粤盜也。續出者，有黄葵幫及和尚秋等小盜，則皆閩、粤間人。

勒保鋼表被盜

嘉慶時，川督勒保頗黷貨，嘗督師剿川楚教匪，久而無功。其後内調入閣，瀕行，輜重無算。時海禁未開，各國之商船未至，計時之鐘表罕有輸入。勒有鋼表一，愛之甚，佩諸身。時羣盜如毛，途次，忽被盜，牕户如故，而囊橐半空，並所寶鋼表亦失之，邏卒無一覺者。

勒以失表，大怒，嚴檄地方官勒限破獲。一夜，方伏枕假寐，忽微風掠面，驚起視之，一人作健兒裝，半跪榻前而言曰：「中堂安。」繼而曰：「中堂之物，實某取之。中堂所得皆不義財，某代取之，所以爲中堂弭罪孽也。中堂乃復窮究，枉及無辜，將更取中堂之首矣。」遂以表擲之榻，曰：「姑以此物還中堂，餘不可得矣。」言已，一躍上屋而逝。勒大驚，翌日，面諭所司，令不復究。

盜善走

姑蘇閶門内有巨室，嘉慶丁巳，中秋之夕，忽有三盜至，皆執凶器，家奴畢集，見其蹲伏屋脊，因鳴金聚衆。三盜驚走，一以腹貼瓦，如蛇之遊，迅速無比，一以手代足，倒身而行，亦甚捷，一則縱身跳躍，簷瓦無聲。時觀者若鯽，鎗棍齊舉，僅得捕其跳躍者，俄仍被脫。越日，則下塘某質肆之銀房，被劫一空矣。

搶米爲臨時之盜

嘉慶甲子五月，吳郡大雨者幾二十日，田不能蒔秧。六月初一日，鄉民結黨成羣，搶奪富家倉粟及衣箱物件之類，九邑同日而起。搶至初六日，凡一千七百五十七案。

張保以盜緝盜

閩、浙海盜之與蔡牽同時者有張保，甚猖獗。官軍出征，力竭請降，授官至參將。有擬薦擢總兵以示羈縻者，桐城姚石甫觀察瑩言於大吏曰：「保無尺寸功，窮蹙乞降，官至三品，寬厚至矣。再遷擢，何以服奸宄？不如以海洋緝盜責之，有功則遷擢不爲濫，有罪則謫降不爲苛。」保卒以此奔走海上而死。

張忠武少曾爲盜

張忠武公國樑保障蘇、浙郡縣，垂七八年，其後以兵餉大權爲共事者所掣肘，卒以身殉。

忠武初名嘉祥，廣東高要縣人，美秀而文，恂恂如儒者，然喜任俠，跅弛不羈。年十五，之粤西，從其叔學賈，心弗喜也，日與輕俠惡少年遊。其黨有爲土豪所困者，往助之，殺人犯法。官捕之急，遂投某山盜藪。盜魁奇其貌，以女妻之，女嫌其疏賤，不可。盜魁欲拔之爲己副，其黨又不可。山中例呼盜魁爲老大，其支黨皆爲兄弟稱，自二三四五以下，各以才之大小，爲次之先後，乃呼忠武爲老么。么者，第十也。然每出劫，必倍獲，抗官軍，必告捷，羣盜皆驚服。一日，山中糧匱，因往劫越南邊境，名爲借糧。越南人驅象陣來禦，盜馬皆奔。忠武使其黨捕鼠數百，明日復戰，擲鼠於地，縱横跳踉，象見之，皆慴伏不動，遂獲全勝，乃大掠而歸。

頃之，盜魁病死，羣盜推忠武爲魁。忠武有衆萬人，以兵法部勒之，與之約曰：「凡劫官商，毋得殺人，財貨必留還十之一，俾得爲商之資本、官民之旅費。」既而官軍討之，山中倉猝無兵器，忠武使人揭一竹竿，以禦兵器。戰益久，則愈削愈鋭，以刺人，無不死且傷，又獲大捷。然兵吏之爲所執者，皆禮而遣之，且具書自陳不得已爲盜狀，謂苟蒙赦宥，願效死。及粤寇洪秀全起於金田，遣黨招之，拒不往，曰：「吾之爲盜，非得已也，豈從叛賊者哉！」向忠武公榮提軍廣西，使紳士朱琦爲書招之。忠武約官軍壓其巢，出禦而佯敗，乃悉括山中財物，散遣其黨，使歸爲良，而自降於布政使勞崇光軍前，改名國樑。得旨賞千總銜，歸向差遣。由此戰必爲士卒先，威名聞天下。蓋忠武年十八而作盜魁，二十八而折節從軍，爲國虎臣，三十八而致命遂志，平生大小數十百戰，善於寡擊衆，每出己意，坐作進止，率與古兵法暗合也。

盜爲蛇所逐

雁蕩有寺，多田，每歲穫已，海盜輒來殺人，刦糧去，以是僧莫敢居。道光初，有僧攜一徒，言自峨嵋山來，居之不疑。盜初以爲有術也，繼審爲無，復肆刦焉，且刃傷僧足，僧仍不去。寺後有眢井，僧無事輒窺之，投食其中。居三年，盜凡五至。一夕，盜又至，掠甫竟，僧蹙口作聲，忽大小蛇麕至，勢若風雨，巨者如楹如棟，小者如臂如指，四面圍繞。盜揮以刃，雖傷數頭，莫之止也。頃刻，周其身如縛。僧笑曰：「知罪否？」盜叩頭乞哀，僧復長嘯，蛇遽釋之。盜踉蹌下山，不敢復至。他日，村人過寺，僧使視眢井，蜿蜒者充塞其中，素所畜也，因呼爲蛇和尚。於是鳩工庀材，卽以寺產修寺，不一載，頓復舊觀。後之住持者，猶能傳其弄蛇之技也。

盜割婢臂

咸豐初，江蘇有進士某選授閩省某縣令，挈眷赴任。一日，舟抵某處，忽盜艇四集，蜂擁登舟，刀光閃爍，人語喧嘩。矚其魁，則一翩翩少年也，貌甚美，揮衆將肆刦。忽問主人爲誰，某方悚惕伏艙陬，噤不敢應。僕從中有膽壯者告之，盜曰：「是某年伯耶？幾驚長者！」戒其侶毋擾，又曰：「旣爲某年伯，婢中有巧奴者何在？」僕乃指巧奴，盜曳令前，掣其素腕，用利刃割臂肉少許，置掌中，若甚珍重，急出白色藥敷傷處，慰之曰：「毋恐，卽愈也。」握肉出艙，致聲孟浪，率衆揚帆去，他物一無所動。某與僕皆不識盜，問巧奴，亦不知。視割處，傷痕漸斂，洵良藥也。相與駭歎久之。終莫得其故。

盜劫御賜貂馬褂

咸豐甲寅十二月，文宗賜曾文正公國藩以御用黄裏貂馬褂，頒到之翌日，有盜以小舟夜劫文正座船，取其褂而去，文正噤不敢言。

昌平女僕通盜

京師某巨室雄於貲，傭一僕婦，爲昌平州人，服役有年，性甚黠，主婦頗委任之，凡金帛所藏，悉與知焉。一夜，人定後，有盜六人自屋而下，皆塗面執刃，羣僕驚逸，此婦聞聲趨出，爲盜所執，以刃擬其頸，曰：「爾主人何在？」曰：「值内班未歸。」盜揮其徒曰：「速縛其主婦來！」婦跪而泣曰：「主母遇我厚，願勿嚇之，我願以身代。」盜曰：「既如此，爾但告我金帛所在。」婦囁嚅不欲言，盜舉刃欲斫之，婦大駭，乃具告焉。盜搜括既已，意猶未足，復以刃脅之，使盡言，婦曰：「金帛盡矣，惟有珠寶首飾在某所。」於是盜又盡取之，笑謂婦曰：「汝言未必盡實，今姑留餘地。」乃呼嘯而去。

盜既去，主母深感此婦，慰謝之。而婦面色如土，不作他語，連呼嚇殺嚇殺而已。比曉，主人歸，知狀，亦慰謝之。然念婦雖爲盜所劫，何盡情洩露，當皇遽時，乃纖悉不遺如此乎？且僕婦甚多，何以獨劫此婦，其事似有可疑。而婦自此即云驚悸成疾，越三日，以病重告歸。主人重賞而遣之，密遣幹僕尾之行。婦初卧車中，出齊化門，即自起，遣車反，而別雇一車以行，至昌平州某村止焉。有數人迎門而笑，婦亦笑而入。僕即奔告於官，遣役偕往。時已夜半，奪門而進，則婦方與衆分所盜之物，金帛首飾俱在，縛送官，論如律。

濟寧女傭通盜

江淮間有王某者，以武科起家，官都司，因事削職，隱於鄉，年未及三十也。好馳馬，有馬名雪花驄者，服官時，以千金購之，日行七百里，無汗，頗寶之，雖戚友不借乘。所居在山麓，鄰居絶少，自恃其力，不懼。久之，亦無盜患。一日，有婦來，年四十許，操濟寧音，自言孀居數載，依猶子度日。猶子無賴，時虞凍餒，願留此受傭。王以其舉止大方，不類村媼，謀於妻，留之。婦不苟言笑，與婢僕尤睦，頗得主婦懽。工針黹，略解書算，王旋令司會計，貨財出入咸知之。

某日黃昏時，門外人聲如沸，王疑有盜，欲出視。婦力阻，謂不宜開門揖盜，待其入而後禦，主客殊形，攻守異勢，盜可擒也。王善其説，遂止。須臾，盜壞門入，王持短楷守寢門。時妻子及婢僕皆匿迹，侍左右者僅婦而已。盜力攻不能破，正相持間，王腰際陡痛，似有人自後襲擊者，不可支，被盜獲。盜縛其手足，横卧於地。次及婦，婦曰：「我，傭也，縛我何益！主人非吝於與者，釋之，惟子所欲。」盜問王，所答亦如婦言，遂釋縛，令獻其所有。顧腰痛，不可行，盜强之，婦曰：「隨我來，毋苦主人。」盜隨婦入，傾倒筐篋，乘雪花驄呼嘯去。盜既去，婦淚流被面，謂主人受无妄災，扶登榻，爲之撫摩。主婦則匿榻下，驚魂甫定也。由是益感婦意。卧旬日，傷愈，婦欲回家視猶子，謂約半月可返，許之。

王既喪駿馬，頗抑鬱，遂如山左訪友，不遇，悵然歸。距家百里，忽大雪，無可投止，忽見林中有村落，繫於籬角之馬，方嚙芻，酷似雪花驄，迫視之，果然，乃大疑。及暮，躡茅屋潛窺之，則有暴客六七輩縱横坐大嚼，所談皆盜馬事。屋隅有婦，似曾相識者，諦視之，傭也。急躍出，星夜馳歸，召其徒，得十餘人，各持器械至其地，破扉入，擒其四。婦則匿竈下，曳之出，俯首無辭。王謂婦曰：「汝能述顛末，不罪汝。」窮詰良久，始吐實。蓋婦實盜媒，擊王腰際者，則豫匿盜於室，攻其無備也。遂送有司，置之法，餘盜徒流有差，而驄已不復如前之神駿矣。

子劫父

咸、同間，粵寇難作，曾文正公在籍辦團練，召募鄉勇，號湘軍。湘人王友雄者，應募從之。家有一妻一子，時友雄年甫二十餘，子僅周歲。既從軍，音書斷絶，妻茹苦含辛，藉十指自給，撫其子。子年漸長，以貧故，無力就學，日惟與諸無賴遊，習與性成，遂流而爲盜，有時駕舟湘、沅間，遇孤客，則殺而取其財。母雖知之，弗能禁也。

友雄在軍久，頗著戰功，歷二十餘年，擢都司。然目不識丁，不能執筆，故絶未嘗與家人通音問。某歲將就任蘭州，自念離家三十年，妻子不知存亡，決計回家省視，將挈以赴任。摒擋行李，水陸奔馳。既抵湘，乃雇舟旋里。舟子同夥四人，皆好身手，故舟之馳行甚速。迨夜深，駛至僻處，舟子持刀入艙，乃以刀加友雄頸。友雄跪乞命，僅許全尸，四人共舁之而沉諸河。友雄諳水性，身畔尚有零錢，潛泅登岸，購易新服，沿途訪問，得抵家門。入室，妻已不能相認，爲語顛末。妻大喜，問行李安在，語盜劫事，相與嗟歎不已。鄰人聞友雄得官歸，亦來一親顏色。友雄問子何往，妻告以子與無賴游，一出恆數日不返。方絮絮道家常事，無何，有數人扛箱入室，審視，皆已被盜劫之行李也。又一中年男子亦隨之昂然入，卽舟中之一人也。妻呼其名，令拜父，男子錯愕不知所爲，强拜之，神色倉皇，悚息不安。友雄明知其故，温言撫慰之。越數日，友雄遍召父老，觴之於祖祠。酒酣，出鎖鏈其子於祠，數其罪，拔刀欲殺之，衆父老爲之緩頰，子亦跪乞命。友雄曰：「吾殺賊多矣，豈家中之賊獨可宥乎？吾爲社會除一害蠹也。」卒殺之。

浙東有盜藪

明戚繼光嘗云：「浙江台州人悍狡而黠忍，撫之可利，與江蘇豐、沛人相似。」溯古例今，殆猶俄之哥薩克也。然山地生產之人，多可爲兵，亦卽多可爲盜。國初入關時，大嵐砦主名震東南。大嵐山卽四明、天台山脈之內部平坦處。咸、同間，天台、四明二山脈間，李鍔聚衆數萬，雁蕩、括蒼二山脈間，亦多據山稱主，蓋皆浙東之盜藪也。

夫婦爲盜

義烏人恆尚勇，明戚繼光用烏傷兵，即義烏人也。有楊固者，號穿山甲，能縮其肢幹，堅如團鐵，手足一縱，當者皆靡，甚有名於江湖間。其族兄官菏澤令，往省之，自河南走定陶。時天已向暮，見一婦人策蹇行，頗緩，固負襆，然健步直出驢前。婦人踞鞍作呻楚聲，固不之顧。又行里許，忽遇七騎，均下拜此婦人，婦人偃蹇不爲禮，固始大異。夜宿逆旅，而七騎者及婦人咸在，轟飲甚讙。固閉户寢，中夜，忽聞庭際有異聲，起自窗隙外窺，則見此婦人者短劍單衣，與一髯丈夫格於庭中。丈夫握長刃，皓如霜雪，而婦人短劍，兔起鶻落，髯之劍乃不能損其毫髮。已而七人皆出，跪庭墀，求止鬭。髯怫然收劍，引馬出店而去。婦人詈曰："我自適己事，汝何涉者，乃必止我！"固聞之，撟舌不下。

固侵晨起，行道中，見數賈人皆中劍創，似受劫於暴客者。問盜狀，則店中婦人及七騎也。固回憶婦人，則似髯丈夫者爲其夫，諫止婦人勿劫行客，因而致鬬。顧不能即此七騎而問，遂怏怏赴菏澤。告其兄，兄曰："是間羣盜如毛，吾烏知此雌雄者爲誰！"

曹州之盜有黑店

曹州多盜，不僅出入於闤市也，且設旅舍以誘行人。同治季年，江右周平甫過其地，薄暮，投逆旅，忽聞叩門聲甚急，亟啓扉，則一美婦人，謂："此爲黑店，盜所設也。室之壁有暗門，夜深必爲所算，今入陷阱矣。妾久落於此，店主覬覦妾貌，故相留。妾思遁者數，夜當與君偕行耳。"言畢，即相將而出，盜未知也。

拉疙疸

湖北襄、棗間有盜，捉人勒贖，曰拉疙疸。疙，禿頭瘡也，本《淮南子》，俗作疙疸。《明史》王疙疸已從俗書。被其禍者，或於贖歸後，擇鄉里間愚而肥者，百計恫嚇，誣爲盜黨，必獻重賂以脱厄，而所得之資，或豐於所失。被盜，奇禍也，反因以爲利，人情變怪乃至此。

盜爲子延師

有黄某者，以課徒爲生，歲入脩脯，僅數十金，尚不足養妻子。某歲，歲終散學，諸生以來歲均將習賈告，黄唯唯。村去家數里，踽踽獨行，途遇一叟，率然問曰：「先生解館矣，明年有所主否？」黄答曰：「明歲尚未有設帳所也。」叟曰：「有葭莩親，欲延師課其子，如不棄，當作曹邱，可乎？」黄方以失館爲憂，聞之大悦，即曰：「諾。」黄與叟且語且行，絮絮詢叟居址，叟曰：「至日，老夫當自來，無煩相過也。」旋與黄分道而去。

黄歸，與妻子語所遇，頗欣慰。既度歲，一日，忽聞剥啄聲，啟户視之，叟也，謂黄曰：「敝戚命逆文旌。」言時，探之袖，出聘金陳於案，曰：「此戔戔，聘儀也。」黄視之，銀百兩，大喜過望。叟請即行，黄立命妻檢行囊，叟止之曰：「無須，已爲先生備具矣。」黄乃與叟相將出門。黄居故距河近，叟引黄行，至河干，有舟繫焉，邀黄共登，解纜遄發。約行三晝夜，叟曰：「至矣。」命舟人艤舟，偕黄登岸。行半里，則岀徑羊腸，枋林蓊翳，似入亂山中。復前里許，恍有廬舍，朱門華屋，浮漚宛然。導黃入門，升堂，左折入一門，行曲徑，似園囿，山石花草竹木，位置井井。中有屋數楹，精潔特甚，叟曰：「是書室也，先生即下榻於是。」

無何，叟入內，引一少年出，向黃拜，曰：「從先生受業者，是子也。」起而旁立，黃視之，貌亦甚佳，珠冠繡服，類貴介子弟。略詰年歲，一一具答。少年退，則有僮以酒肴來，陳列滿案。叟肅黃上座，曰：「敬備薄酒，爲先生洗塵。主人適他出，歸無定期，改日再當上謁。」言畢，舉盞勸進，酒甚醇厚，肴亦精美。薄暮席散，叟告别，囑僮侍茶水。黃獨坐，頗疲倦，展衾就卧，則衾褥皆温軟無比。次日，叟引少年來，出書，請先生句讀，視之，則《三國演義》、《水滸傳》各一部，又俠義諸書數十册，固無所謂帖括及詩古文辭者，更何論及經傳。黃訝甚，詰叟，叟曰：「先生毋疑，若曹無志科名，但能識字義，明大理，稍習世事足矣，故無用經傳詩文爲也。」叟退，循例授課。自是，書室中除叟時至，與僮供呼喚外，絶無一他人來。而飲食均甚精美，少年甚聰穎，講解輒了悟，黃頗愛之。暇時詢以家世，則祕不告，或問僮，亦以不知對。

黃居久之，主人卒未歸，僅於紙隙簾罅間，髣髴見一偉丈夫，服御擬王者，不知爲何許人也。值歲暮，盛筵款黃，叟及少年與焉。乃召優伶，以樂侑食，首演《盜御馬》，扮竇爾東者，奕奕有神，白口道至「排道送天霸」，振衣抖擻，部下健兒，奉命維謹。少年覩此，亦眉飛色舞，鼓掌稱善。叟捧戲單請黃點一齣，黃以座客好觀武劇，乃點《白水灘》以迎合之。有頃，青面虎出幕，狼狽狂呼，手加銬鐐，少年已有不豫色。至戰敗被僇，少年爲之掩泣，且失聲曰：「阿爹休矣。」叟急亂以他語。黄知其異，且畏禍及，劇既終，乃乘間遁。走十餘里，鈴聲漸緊，輕騎飛來，一壯士下馬，稱奉主人命，敬送先生，持一函，啓而視之，書云：「山居簡陋，辱設絳帳，淹留期年，以未謀面爲憾。倉卒束装，不告而去，豈有所開罪耶？方今舉世滔滔，竊國者侯，彼以民物自任者，大都有挾以求，弱者迹類胠篋穿窬，强者直是殺人行劫，先生轉不之怪，而獨視敝廬如針氈何耶？士各有志，不能相强。差幸豚兒受教以來，賴先生講解明晰，於有關實用各書，頗已領會，志氣亦極軒昂，毫無猥瑣態，僕之受賜多矣。敬䝉白金五百，藉慰教勤。」下署名心具。黄閲竟，亦不知所云，亟稱謝袖金而返。後復沿舊途覓初地，憶叢篁中有小洞，即前所匍匐而出者，視之，則洞口已塞，新砌泥痕尚歷歷可辨也。

竇開山盗婦女

竇開山，乳名爾敦，一曰二東，兄大東，皆獻縣劇盗。能舞鎗，使人對面放鏢，十鏢齊發，爾敦能以鎗鋒抵鏢鋒，俱使反射，十不失一。舞雙刀，尤壓倒儕輩。嘗劫一巨室，官捕之急，偵得其所在，往跡之。爾敦持雙刀閃舞而前，捕卒未見其人，但若有白練一尺，旋行而過，遥望之，隱隱然猶在目，不知其已遠颺數十里外矣。捕卒等視所騎馬二十五匹，其尾尖俱截去尺許，始恍然歎其藝之精，非所敵也。

爾敦每於夜半入人家，持刀直奔寢室，老少婦女，俱遭奸污。其尤麗者，必背負被褥，挾之，越重牆而去。黎明，仍挾之以送至原地。凡被污者不敢言，否則次夜仍越牆挾之去，不復送回，蓋懼惡跡之遠揚也。以故婦女輩凡於夜中見其來，俱呼曰竇師父，則金珠飾物，厚有所餽。爾敦恃其技，橫行阜城、肅寧、交河、吴橋諸縣，官知之不能捕也。

茹某劫山西黄氏

茹某，汴人，少習擊刺，輒能離地躍數丈，因有賽時遷之稱。飛簷走壁，取物如探囊，從不破案。聞山西多富室，黄氏與尉遲氏尤著，乃裹糧而往。月餘至黄家，有寨，其外如小城，垣甚峻，堞樓三四，邏者十數。居宅數百間，迴廊曲逕，極富麗。庫有七，高其閈閎。及夜，先登半里許關帝廟之華表柱瞭之，知其大概。次夕，越垣入，庫門有銀堆二十餘，審之，殆各重千斤，白光耀目，即世所稱之没奈何也。不庫中東西置大鐵櫃，高與人齊，長丈餘，寬五尺許，前後門啓不閉，寂無守者，心異之，思遠道而來，不獲珍寶，虚此一行。至第七庫，則西廂有微鼾聲，撥門入，陳設雅潔，有榻，懸紗帳。審視之，則所卧之女郎驚而覺，啓帳由後下。聞錚鏦聲，急奔，女郎尾之。甫至庫門，欲踰出，突有飛叉中肩，創甚，隨叉而倒。女郎曰：「昧死强徒，外庫不少金銀，敢入人閨闥耶！」不得已，乞命，曰：「初次姑宥，再來不赦。」女郎因給以藥，使敷傷處，痛旋止，復踰重垣而出，狼狽回里，遂改業焉。

黄金滿有大王之稱

光緒初，台州巨盜黄金滿嘯聚北岸之桐樹坑，專與官軍爲難，温、台間人呼之曰金滿大王。省吏嚴飭温、台二郡文武合剿，金滿不能拒，遁入海。水師蹤之，金滿乃率其悍黨四十人走樂清灣，迷失道，至雁蕩東外谷之石梁峒止焉。

石梁峒位於謝公嶺之北方，廣三十餘丈，峒口一石，横亙若懸梁然，因以得名。峒前一徑，通大道，築牆極堅，有一人當關萬夫莫入之概。自餘三面，皆峭壁嵯峨，無去路，能進而不能出，絶地也。金滿既抵石梁，詢之洞中人，始知距樂清、黄巖等處皆甚近，急議遷地，而台、温標營已得報追至，密圍洞下，逾二日夜。時火器入吾國未久，而金滿所攜之槍，皆毛瑟、利明登之類，極快利。官兵數逾千人，畏其槍械，不敢逼。至第三日拂曉，山多霧，金滿得間，率衆竄出，越謝公嶺，至東内谷碧霄洞早餐，上南坑，向永嘉而遁。將所攜衣物金錢反途散棄，以迷官軍之追襲。及圍軍察覺，金滿離石梁已逾三時矣。

金滿飛行絶跡，來去如風。一日，某守赴聖廟拈香，見大成殿上新懸一額，字大於斗，其署款則黄金滿也。而窗櫺塵封如故，不知其何自來，而何自去也，一城爲之大駭。

金滿常年借宿人家，使其徒黨爇香寸許，握之於手，徒黨有倦而思卧者，火灼其膚，以是終夜戒嚴，得不爲捕者所算。

浙撫陳士杰辦理金滿一事，遷延不獲，兩奉嚴旨，懼無所出，乃以重賄得調山東。劉秉璋繼其任，又不能獲，乃勉以招撫了結。時盛伯羲祭酒昱方官侍讀，劾其將爲楊嗣昌，嚴旨督責。劉乃奏覆，願以身保其不反，後爲彭剛直公玉麟所撫。癸未冬，調金滿赴廣東，隨營効力，遂官至參將銜守備。

遇紅姑娘者十九死

紅姑娘，女盜也，出没於山東、河南間。周某者，江南人，光緒初，以應禮部試，過河南，投宿彰德境之某旅店，下車而散步。河南地平坦，居民多種麥，時麥苗方盛，一女子提竹筐以行，著淡紅衫，風致翩然。周視久之，尾行三四里，暮矣。女回首問曰：「日暮矣，將往何許？」周漫應之曰：「往劉家莊，迷途矣，敢問。」蓋實無其地也。女曰：「劉家莊耶？問此人可矣。」遽以筐中布裹與之。發視之，人頭也，大驚，不知所措，而女已逝。急擲而遁，則已忘其逆旅之所在。至夜半，不得宿處，匿破屋竟夜。

明日，周遇樵者，問以途，始得返。昨夜所遇，不敢告人，而猶惴惴畏禍。入室，門未啓，行囊已失，怒詰主人，主人曰：「不可返也。君不聞紅姑娘乎？其劫人財物也，不必破扉。卽殺人，亦無敢究，況此區區乎！」周不信。明日，箱篋忽自來，檢物無所失，益一書，書曰：「與汝戲耳。獃書生，劫之可憐。昨夜人頭，去之何許矣？」周閱竟，始信主人言，而知昨所遇卽紅姑娘，幸免於禍，竊自喜，亟束裝行。後與人言，或有知紅姑娘者，曰：「君幸矣，遇紅姑娘者，十九死，君獨免，獃之力也。」又曰，紅姓洪，以好著紅衣，人故呼之爲紅姑娘。

蘭因爲女盜

光緒初，陝有女盜曰蘭因，劫財傷人之事時有之。容色豔治，年十五六，好馳馬郊外，人莫知其爲盜也。

新嫁娘作盜

温州女，盜也，幼字鄰村農人子。尋父母相繼卒，育於舅家。年十七，舅又死，農子慮其無依也，迎以歸。嫁之夕，資裝甚盛，女尤婉妙絶人，農子大喜。

及夕，入洞房，農子方近前，將爲女緩襦結，女忽障以手，曰：「勿爾，今夕吉期，當聽我得彩乃歸。」自褫外衣，則藏白刃尺有咫，短槍二。農子瞠目不知所爲，女笑曰：「子毋然，此後當無憂衣食。身既從子，安有二心，今夕當聽吾去。」農子不敢挽，女一躍如燕，翩然不知所向。久之，農子神稍定，檢奩具，多且華，摩挲久之。夜過午，聞背後有吃吃笑聲，回顧，則女已至前，解背上裝，黄白物纍纍然，農子目爲之眩。是夜合歡，猶處子也。女戒勿多言。農子畏其力而戀其美，悉如所教。明日，傳聞百里外有某大户被劫，盜僅一人，而槍殪其鏢客三，失貴重物尤多。報之官，大索盜，農子固知女所爲也。

女間月輒一出。一夕，甫出門，遽奔還，倉皇失色。農子問故，曰：「殆矣，樊七方自後尾我。樊七者，名捕也。吾每出，必過前村驛亭。今日忽有黑影自亭出，吾前亦前，吾返亦返，恆相去十餘丈。吾逃之蘆中，曲折盤回，乃浮水歸，幸彼未覺。非樊七，安能輕捷如此！」

翌日，農子挑菜入城，果聞官自仙居調名捕樊七。農子歸以告，女自是不敢出，日與農子相守。逾月，農子又挑菜入城，忽短衣窄袖者數人，邀入酒肆。坐既定，有黑衣者語農子曰：「汝有罪，知之乎？」

農子倉猝無以答，黑衣者微哂曰：「汝婦頃於公堂自承之，猶諱之耶？吾輩受汝婦金，特告汝，速自陳，庶可免也。」農子懼，盡吐實。黑衣人顧旁坐藍衣者曰：「樊七之言不謬也。」復顧農子曰：「吾儕將逮汝婦，汝速爲導。」農子驚曰：「天乎！吾婦未被獲耶？」衆曰：「若被獲，則汝亦同罪矣。留汝爲導，以脱汝也。」農子方遲疑，黑衣起，將拽以送官。衆人復力爲解釋，農子無如何，則先行。諸人者，皆捕夥，受樊七命來者也。至其家，以十數人圍其前後，令三四人從農子入。女方坐階前，妍豔如桃李，農子遽前牽衣大哭。女望見衆人，歎曰：「命也夫！」顧農子曰：「不忍累汝，請行可也。」衆加桎梏焉。女至縣衙前，語衆曰：「孰爲樊七？吾欲見之。」衆呼之至，女點首曰：「果豪傑，吾死不枉矣。」樊欣然有得色。女遽噫其氣，有針自口出，直射樊喉，不及避，女笑曰：「今日併命矣，汝猶能自雄否？」讞定，女卒棄市，農子亦緣此破家，痛憤自縊死。

王二李善以盜除盜

劇盜王二，來往山東、河南間。其行劫也，不結伴，不殺人，不劫人於旅店，亦不破人室家而劫財帛，常於路上攫人之所有，然亦無定處。

淮人李善，本農家子，年少多力，從某僧習拳術，因更名爲武。時江淮多盜，經商者每邀李與俱，則羣盜屏息，李遂以護商爲業，十餘年未嘗有所挫。商人某運資往直隸，邀李偕行，遇數盜，李揮之以肱，殊不當意。一日，李受某商託，獨挾黄金數百兩，由京至豫，行四五日。一日傍午，至山坡，忽有一人拱手向武言曰：「請留黃金，然後行。不然，前途頗險也。」李笑曰：「君不知李武乎？李武豈畏盜哉！」其人曰：「若然，則不能怪我矣。」遂以手擊李。李方抵禦，盜以左足加李之腹，李即仆於尋丈外，其人挈金而走，瞬息即渺。李自念失金損名，日圖報復。後知爲王二，問之同業者，皆云此人不可犯，遂嗒然自喪，返淮而家居。

越數年，江淮商人具簡相邀，更請護行。李自念江淮熟地，當無有王二其人者，於是復理舊業。某日，護商自鎮至漢，受酬金百兩，獨步歸淮。至潯陽一村落，茅屋隱約山凹間。薄暮，寓一店，解銀沽酒。店主曰：「銀毋使人見，盜可畏也。」李笑曰：「李武來往江淮數十年，爾不知耶？」店主曰：「君三年不行此地矣，近有一盜，非他盜可比。」李曰：「盜何名？」店主曰：「王二。」李曰：「王二耶？」遂不言。

黎明，李行，方十餘里，遙見前面山岡立一人，恍惚王也，遂折而斜走。王自後追之。可二十餘里，山角露一佛寺，李急叩寺門投止，倉皇匿鐵佛後。少頃，王亦投焉。王入寺，見寺門已閉，有數千斤鐵板自上垂下，正阻寺門，頗疑之。用力猛舉，而鐵板不動，若別有機械以司之者。周視四壁，皆巨石，堅而滑，高約三丈餘。寺空無人，神龕鐵佛長二丈，頭大如箕。王知此非善處，大呼曰：「匿者速出，我與爾俱陷死地，不復劫爾矣。」李從佛後出，王曰：「爾非某年在某地被我仆倒者耶？」李曰：「然。」王曰：「君亦未必絕無用者，二人協力，或可出險。」時日光射鐵佛上，見鐵佛左右兩臂，若有階級可登。李拾級而上，以手按佛頭，頭忽動，謂王曰：「在此矣。」去佛頭，中空如洞，下極寬，若房若廳。李與王自佛頭轉鐵梯穿佛腹而下，一僧臥胡牀，見李、王，即起立曰：「二君何來？」王曰：「尋君耳。」僧曰：「甚善。」遂以一拳虛映王面，王閃過，迎之以刀。僧一躍，立數丈外，笑曰：「君豈不能白戰乎？」王亦笑而擲刀直立。僧驟來如疾鷹，以手抉王眼。王低頭，以手加僧腰，李復自左側加以足。僧仆地，作大嘯聲。遥聞人聲嘈雜，李急以刀抉僧首。俄頃僧集，約十餘，皆長鎗短刀，王、李盡力禦之，殺其六七。視各處，婦女甚多，財帛亦頗巨，蓋此僧本一猾盜也。遂散其婦女與其屈服者，各給與財帛之半，王與李分其半。二人自經此險，遂相結，改業爲商。

豫西刀匪之多

豫西山箐叢密，宛、洛之交，尤號盜藪。盜之羣曰刀匪，其魁稱桿子首，名者以十數。光緒時，洛陽張黑子、汝州董萬川、南陽王八老虎尤慓悍。豫中吏治不修，政敝民困，貧者從盜以爲生，富者奉盜以苟存，白晝剽劫，擄人勒贖，固莫敢誰何也。

盜誘伶爲子

蘇伶集秀班最著名，同時又有集芬班者，譽稍遜，而旦之妍麗過之。一日，有人來稱狼山鎮署太夫人慶壽，持五百金聘之往，以舟來迎，晚泊海口，中夜揚帆而去。三晝夜，抵一島，乃盜窟也。島中屋宇相連，有巨第，堂設虎皮座五。令羣優演劇三日，擇旦五人，各據其一，餘俱閉之空室，日給兩餐。數月後呼出，擇其曉事識字者分派執管，餘則種地灌園而已。島中貨物山積，宰豬三十餘隻，人給肉四兩。

每朔望，山人均至絶顛廟中叩拜，内塑一像，如道士狀，髯長尺許，架插大刀一柄，云明福王時高傑部下參將也。高被殺，引兵數千人攜餉銀自長江直下，欲於海島覓棲身處，以素精地理，見此山風水絶佳，遂結營其上。義子五人，分作五房。相傳山中不得有一婦女，有則必敗。故如僧道收徒之法，每令其黨扮作客商，採買未十歲之幼童，派與羣盜爲子，自墾自種，已百餘年。所蓄甚富，從無刧掠之事，而財用不竭。且五人亦安之，不作歸家想矣。其中有姚某，夙在班中彈絃子者，一日，偶步山麓，見海舟遇風泊其下，急登其舟，勸之速行，遂附舟歸。初，班中人之去而不返也，羣疑覆舟於海。姚歸，遂向同班中送信，始知爲盜所誘，已七年矣。

米禾登

湘潭有劇盜曰米禾登者，名甚著，遠近之人多畏之。其實米乃侏儒，力不勝重，且訥於言，其所以坐享大名者，皆徒衆之力耳。米少無依，爲人牧牛羊，亡犢，懼責而亡，爲盜魁所收。以黠詐善謀，頗爲衆盜所服。盜魁死，衆擁米繼之，專爲畫策，因是而有名。後爲官所收，斃於杖。

礮船中人爲盜

東南礮船弁兵之爲盜者，時有所聞，蓋實與盜通同一氣者也，而非所論於安徽之玉溪口。玉溪口嘗泊有礮船二，有某廣文挈眷乘小船，過其地，日暮，泊焉。夜鼓再嚴，管帶礮船之營官乘他船出巡，船中兵勇起意，至小船行劫，持刀登其艫。廣文見盜至，大呼礮船救援，卽殺之，並及其一妻、一子、一女、一僕，長年三老均投於水。因斷其纜，使順流而去。及營官回，見鄰舟不在，問之，衆曰：「已解維行矣。」營官驚曰：「黑夜江行，必先事，汝曹胡不阻之？」衆曰：「阻而不聽也。」營官見几有翡翠條脱一事，審視，卽鄰舟女子腕上物也，因亦不言。及旦，鼓發，乃告統帶，捕船中兵勇，嚴鞫得實，梟其首於竿。

楊某盜人之盜

楊某，逸其名，勇而多智，常遨遊江湖，以操舟爲業。某歲赴蘇，中途遇盜舟四，同泊一港。日落後，楊恐爲盜劫，思有以懾服之。乃取篙一枝，向盜舟乞火。盜謂竹粗不易燃，楊卽以手搓篙，篙破裂若竹絲。羣盜見之大駭，卽邀之過舟，慇懃款待，詳詢里居姓氏，楊詭對之。翌日，楊問盜何往，盜以劫蘇城外某典肆對，並謂能出奇制勝者，卽推爲首領。楊微笑曰：「是不難，苟聽吾令，不患不成。惟所劫貨財，我須獨得其半耳。」衆詢其謀，楊具告之，且囑其預備應用各物。羣盜聞之，皆鼓掌稱善。

越二日，抵蘇，楊使一盜僞作僕人狀，持名帖，至典肆，詭稱主人赴某省上任，中途遇盜，劫去大皮箱九只，黑者五，黄者四。如有人荷此箱來店質錢者，卽請至某處所泊官船，通消息，以便派衛兵捕拏。盜如就擒，當以五百金爲主人壽。店主允之。翌日下午，果有負箱求質者，形色與楊所述同。店主乃邀入後室，啓其一箱，評論衣服優劣，故靳其值，不卽成交，而暗令夥友通信。未幾，衛兵十餘人身著號衣，奔入肆中，即揮前櫃質物者出，扃其門。肆中人覩此情形，以爲必懼盜之兔脱，不虞有他也。門既扃，衞兵即出利刃，迫各夥至後室，取箱中之所藏之麻繩敗絮，縛其手，塞其口。蓋負箱至肆者，本盜之同類，箱所貯者，僅一箱爲衣服，餘皆繩絮也。縛塞既畢，乃選擇珍重衣飾，分貯之箱，且搜集食品而飽啖焉。及夜闌，始共舁箱歸。計所獲之物，運入楊舟者，有大半。是日風大，晚猶未息也，楊即呼夥友張帆而逸。羣盜既覺，亦張帆逐之。甫行十數丈，桅斷帆落，不能行，楊舟則乘風破浪，瞬息已杳。羣盜察桅斷處，皆有鋸痕，始悟上岸行劫時，楊陰使船夥鋸之。桅斷處已過半，故張帆後，一受風力，即中斷也。

浮梁黑店

長江下游匪徒甚多，晝奪夜劫，時有所聞，陸道則尤多黑店，與山左無異也。江西浮梁縣某鎮，爲行人往來孔道，有匪類夫婦二人，設逆旅。一日，有收賬之販豬客投宿焉，衣服雖襤褸，而藏金頗富。某夕，有與豬客素識之販燈草客，亦往投宿，居樓上，豬客在樓下。甫初更，各就寢，惟豬客不寐，乃趨友室告友曰：「余今夜不知何故，常心驚，半夜未能睡。」友曰：「子必厭住樓下，故有此象。如子欲與我更換卧處，亦無不可。」豬客從之。夜未三鼓，店主夫婦持刀入燈草客室，即豬客所住之室。猛斫數刀。豬客在樓聞有聲，窺之，戰慄萬狀。天明，逕赴縣控告焉。

鄭七遇神駒李天馥

鄭七者，陜西人，以罪流入閩。然雅善捕盜，官中卽署籍爲吏，鄭亦改行爲善，娶婦生子矣。一日野適，見一美少年，曳輕綃之衣，執紈扇，狀若貴公子。時野次有亭，媪張幔賣茶，鄭乃與少年同坐。少年啜茗，命媪取盥器，滌其手，然指甲中時落黃土之屑，鄭始大疑。時城中被巨盜，官不得盜，且嚴符勒鄭。鄭懼，故野行襲盜跡。今亭上遇少年，異其迹，則尾逐之行。少年之行飄瞥如風，而已覺有人尾其後，則回顧曰："足下珍重，更前，且無幸。吾知汝食於縣官，故以得我爲利，然吾不易得也。幸歸，夜中固有所報。"鄭竦然反。

及夜，鄭嚴扃其户，與妻卧，語少年事，忽聞有人跽牀前謝曰："幸先生惠愛赦我，我必不忘德。"鄭大呼而起，以火四索，户扃如故，不知盜之所從入。然鄭慧黠無倫，趣其妻起，以物承其榻，令稍高，復息燈卧。未移時，而牀沿有異聲，似匕首插入，牀柱震震然。鄭復大號，奮起燭之，果一匕首銛利如霜，陷入牀沿可徑寸。妻大悚曰："汝胡知盜之行刺，而故高其牀寢？"鄭曰："易辨耳。前此之長跽，非謝也。蓋跽按吾榻之尺寸，而剸刃焉，冀弗誤中。今吾榻高，盜但中其沿。然且更來，更來者必有物以懾我。"五更向盡，果有物寘於几上，曰："善視之。"遲明，見几上白金百兩，白刃一，鄭謂妻曰："汝何取？"妻曰："取金。"鄭曰："殆矣。得金而舍刃，謂心知有金，不怖刃也，爲仇且更劇。今當舍金藏刃，敬以名紙寘瓦上報禮，或無事。"明日，金果失，亦以名紙報鄭，上書"神駒李天馥"也。

某二爺擄人

光緒甲午夏秋間，京師兵馬司指揮范某乘車行道中，忽有數人推其御者下，而驅其車速行。某驚問，則曰：「某二爺命相請。」某二爺者，某公爵之子某也。指揮大驚，在車中大呼，無應者。過某街，有一坊官呵問，則對曰：「是某公府所要之人。」坊官不敢詰。良久，至府第，亟擁入，置一室中。某偶見有人過，輒哀其相釋，咸曰：「二爺有命，我等不敢知。」次日，聞窗外人呼曰：「二爺來矣。」果有一人入見，甚謹敬，前致詞曰：「君非湖北人范某乎？緣近以萬壽，我處費無出，欲告借一二十萬，望勿卻。」范大驚曰：「我實兵馬司官，非湖北范某也。且我一窮官，何從辦此巨資？」二爺曰：「我已探確，故敢相延，勿諉。」范曰：「我實非湖北范某，有文書可證。」卽從靴中出文書示之。二爺見之，卽頓足曰：「誤矣，誤矣。」便起去。范惘惘不知所措，哀府中人求出，皆曰：「二爺僅言誤矣誤矣，無他語，我等不敢擅釋。」翌日，府中人見二爺請示，二爺始曰：「皆庖人誤我，聽之，聽之。」范始得出。時范某之父方將控官，見其出，始止。

康八康九兄弟爲盜

光緒中葉，京東有康八、康九者，兄弟之同爲盜者也。號召族中無賴子弟，荼毒行旅，且好漁色，有行道婦女之稍具姿首者，率爲所污，或更竄取之，使充下陳，久之，則他鬻。

康八，人呼之曰康小八，初爲農民，御騾車以載行客，歲饑無所食，又爲人報仇殺人，懼法，逸山澤爲盜，時變姓名，易服色，出没京、津間。一日，至津某薙髮店薙髮，薙髮者問曰：「客從何來？」曰：「適來自京。」薙髮者又曰：「客亦聞有康小八乎？此盜虐甚，行旅至重足不敢行，雖捕者四出，不能得，狡哉！」言次，殊忿忿，小八默然。薙畢，語薙髮者曰：「隨我去取資可也。」薙髮者尾之以前行，至一曲巷，出槍向之曰：「爾亦知小八耶？爾覷吾似小八否？」薙髮者觳觫不能出聲，伏地求恕，小八遽以槍斃之，揚長去。

鬍匪

明袁崇煥計殺毛文龍，文龍部下乃散而入海爲盜，出没於遼瀋、登萊間，此卽鬍匪之所自始也。厥後，邊將孔有德、耿仲明、祖大壽等，相繼叛明而降於本朝，其部下或有懷田横五百人之志，不願寄身於降將旗下者，則亦附和爲文龍之遺衆，自逃於海。日久，凡亡卒悉加入之，遂成一黨。其始專與官吏爲讎，絶不行劫也。後官兵力盛，不能抗，而又以部衆蔓延，未能加以約束也，遂肆劫掠。然亦惟於豪商巨賈行經關内外及直、魯一帶者，擄而勒出巨金以贖之。而所謂響馬諸賊，亦與之聯合焉。有商峻者，故毛氏部將，長其曹，爲之部勒其衆，故商氏世爲鬍匪，其後裔今猶有譜系可稽也。

鬍匪以有響馬賊之聯合，故一曰馬賊。首領不一，各自爲股，股或數人或數十人，多則二三百人，無紀律，剽悍特甚，不相統一，故時有互鬨。其搶掠之道有二。擄人勒贖曰綁票，被綁之家，須探明爲何路何股之所爲，倩人設法商議贖價，然亦有由其定價勒限以告者。價之高下，視被綁者之身家及其關係。倘逾限不贖，則被綁者必無幸。掠奪牲口日出販，意蓋謂奪於此而販於他也。遇官兵，則權衡勢力以定抗否，非必拒捕也。倘勢不敵，則四散。遇追急，則沿途奪馬，以易其疲者。騎術極嫺，故捕之者每無如之何。惟爲害閭閻而掠不及官。

久之，鬍匪有以股而結爲幫者，一幫未平，一幫又起，大有野火春風之概。每幫多則千人，少則數百或數十人。然一幫之中，必有一首領，此首領乃衆所推舉，而亦必有驚人之技。如鑽天燕子者，穿山越嶺，步履如飛，日行八百里；黃四癲王者，馬上擊槍百步之外，擊人左眼，不致移至右眼；而托什套、藍燕翼子，均能於百步之外，雙槍齊發，百發百中；獨眼龍飛走擊彈，百發百中，故往往聞槍不見人；六一手能舉五百斤等類，皆是也。然既已舉定，衆無不聽首領之指揮，而首領亦時時與其部下同甘苦，且時時相見以誠，凡有所得，計人均分，首領固不絲毫多取也。而部下視其首領，其親愛且甚於父母。首領有難，部下不論何人，皆能捨性命以拯救，而首領之視部下亦如之。

或曰，鬍匪行劫時，以紅色塗鬚髯，故又名紅鬍子。

或曰，鬍匪用火鎗，率以紅纓塞鎗之口徑，及用時，拔其纓，啣諸口，遠望似鬍，故名。

每歲之秋，高粱未割，長與人齊，輒連亙十餘里，鬍匪之黠而乏技勇者，每用之以藏身，出則掠奪行旅，謂爲青紗幛。意在藏於內，可望人，而人不能見，如人之藏於青紗幛內者然。

鬍匪之行劫也，既劫財，又劫色，甚而置人於死。稍與抗，卽施以種種之酷刑，爇火於鑪，捺人坐其上，謂之坐火車；或以鐵線入火中，俟紅，徧烙人身，謂之燈草絨背心。

長春之鬍匪最多，其出劫也，嘗短衣匹馬，背鎗囊彈，見人蹤跡，卽於距離數里之遠，高聲互喝報字。報字者，各有幫，每用一字或用一特別名詞，惟彼黨所知者，自爲識別，以便此黨與彼黨遇，藉以通聲氣也。果彼此皆爲鬍匪，莫不速報字號。苟不知所以報，若爲官兵，則互相轟擊；若爲旅客，則直前行劫矣。至其同類談話，輒用隱語，殊離奇不可解。如官兵曰花鷂子，喫飯曰朝的，軍官曰官兔子，中彈曰貼金，富人曰大糧户，拷問曰聽秧子，殺人曰扯了人，窩巢曰大當鋪裏，擄人勒贖曰綁票，手鎗曰腰逼子，刀曰口鋒子，頭目曰當家福之類是也。

鬍匪被官擒獲，没收其所掠有，曰賊産，除粟麥外，牲畜爲多。有籍没一家，而牲畜多至四五百口者。獲後，官申報賊産，於牲畜一項，必多報一二，以侈其功。數日後，乃報倒斃，陸續申報，至案結變價，則向獲牲畜四五百口者，僅存一二成耳。所謂倒斃者，實已全售得價，飽私囊矣。

東三省之鬍匪，昔之爲害猶淺，至光緒甲辰日俄戰役以後，東三省乃始成爲鬍匪世界。推其原始，實以軍械精良之故。軍械之精良，則基於日俄戰役。蓋是役也，俄兵多棄械，滿地槍彈，乃不需代價而得利器，故日俄戰役實釀奉天之盜源，且當日鬍匪嘗爲日軍所利用，藉以禦俄也。

黃四癩王

大連鬍匪之首領曰黃四癩王，安東人，自稱明總兵黃得功之裔。天命時，太祖信降將劉某言，捕得功，其五世祖亡命至安東，因聚族以居。黄軀幹魁梧，豐頤廣耳，目炯炯有光。然出則必僞飾老態，若臃腫不任事者。及馳馬控弦，雖壯夫莫之能及，不知者疑其人有特質，實則其年不踰知命，雖伉勇亦未足奇也。體素癩，搔之，則疴痂紛落，故曰癩王，又自稱爲大刀王五之徒。

陶什陶横行於奉天

陶什陶亦鬍匪，東三省緝捕公文作托什套，簡稱則曰套匪，爲車臣汗旗人，系出貴族，曾襲廕台吉。光緒庚子亂後，始出没於奉天之西蒙境，驍勇慓悍，稱雄於洮、遼一帶。其左右雖僅六十人，顧皆勇悍善鬭，耐勞苦，騎而行，日或五六百里，晝夜不休。馬困踣，則路劫易乘，終不進食。怯懦者往投，鮮所延納，即往，亦弗受也。於是此六十人者，躍馬縱横，遂號稱無敵矣。

唐殿榮專劫俄人

唐殿榮，山東人。光緒中葉，流轉關外，充哨官，以事罹法網，乃遁入三姓爲金匪。金匪者，盜也，亦即鬍匪也。所踞金溝，距三姓城尚百餘里，自溝口距其所居地又六十里，深山窮谷，向絶人跡，唐乃廣聚亡命，達三萬人。

唐善槍法，以兵法部勒其衆，乏糧械子藥，輒越界大掠俄屯，蹤跡飄忽，俄人無如何也。唐常孑身赴中東鐵路某小站，站有俄兵五十，爲野外射擊，唐伏草閒伺之。俄兵方持槍俯首，唐自後遽發槍，俄兵應聲仆。餘兵以爲誤發槍機，致傷己身也。一兵續持槍進，仆如前。凡仆四兵，俄兵始大呼有盜。窮搜草間，唐兩手方挾四槍，四槍連發，俄兵四人仆。方搶攘間，唐已移其蹲伏地，轟然一聲，又一兵應聲倒，唐乃移其蹲伏地如前。如是者凡七八次，餘兵僅數人，乃狂竄。唐自草間出，檢槍枝，捆載而去。

唐之羽衆，不擾商民，溝商交易悉如常。一日，某商送糧赴溝，中途被劫，商往愬於唐。唐乃集其衆，得二人，卽劫糧者，唐謂之曰：「劫糧事小，萬一以此而商民裹足，遮斷交通，吾數萬同仇之士，性命休矣，此則不能宥恕者。」命人押送出溝。既出溝，押者植立，遥指前途曰：「汝二人行至所指處，卽爲汝界，吾任汝行矣。」二人欣然前行，方及所指處，雙槍並發，二人仆。

庚子拳亂起，東省號稱仇外，俄人亟欲得之。將軍長某遣使招撫，唐乃盡率三萬衆赴省投誠，駐蓮花泡。長卽命唐編其衆爲營，以唐爲統領，而令唐舉二人以自輔。有劉彈子者，唐之義子也，請於唐，願得爲分統，唐曰：「汝何可哉！吾已屬之十四閻王矣。」十四閻王者，亦唐黨，蓋在溝時綽號也。劉大怒，屢欲尋閻王起釁。唐曰：「今朝廷待吾等厚，宜自勵，爲國殺賊，豈可自相屠僇如草澤時耶！」卽授劉爲營官。又慮其未必能無事也，則借事遣之外出，劉怏怏領隊行。明晨，忽回至唐帳下。時唐卧未起，劉排闥入其外室。俄而唐起，劉奉匜入，唐唶曰：「汝未行耶？」曰：「固也，吾有事奉白。」唐曰：「休矣，勿復言，此決辦不到者。」劉曰：「果耶？」立拔刀斫唐，深入數寸。帳下健兒聞聲至，縶劉，唐曰：「勿爾，此吾過也。」揮劉曰：「速走！」因走筆上將軍書，言「劉固忠於吾，此次之變，咎在吾激之太過，彼實無罪，乞宥其一死」云云。逾一日遂死。劉後亡命爲渠魁，而閻王在省垣，俄人忌之甚，卒由俄廨米隘爾招飲，伏兵擒之，縶送海參崴。

棒客

棒客，盜也。棒客之在蜀，幾如鬍匪之在東三省，刀匪之在陝、甘也。平日專以劫掠爲事，擄人勒贖，乃其慣技。所在州縣，若有中資以上之人家，不有所獻，必難安居，然猶不若鬍匪之凶殘也。

虬髯客經手無所失

武昌某傭於四川，積得五十金，垂老思歸，念孤身不能挾重資，乃裹入破絮，爲丐者狀。至重慶，過一酒肆，有七八人，衣冠俊偉，據上坐豪飲。某往乞，坐中人不之顧。久之，聲益哀，一少而俊者略顧而笑曰：「得五十金，尚不足耶？何乞爲！」某大驚，遂長跪。四座皆驚，顧而笑，一長髯者指某曰：「將汝絮裹來！」某自度不能隱，遂與之。髯者解其繩縶而重爲結束，縱横十數結訖，擲之，曰：「汝第去，無動此結，此物終爲汝有矣。」謝而出。

某至石門，有兩人迎而笑曰：「元寶來矣。」某大驚。兩人將奪之，睨其絮裹，久之，撫其背曰：「與汝戲也，汝行矣！」某重覆以敝衣。至巴陵境，有一人隨之行，或前或後。某小憩，其人持其裹，將奪之，去敝衣，忽罵曰：「累乃公一日！」某請其故，曰：「汝識某髯，髯所經手，雖萬里無失也。但汝不宜以敝衣覆之，令人不見結耳。」某大驚，去其衣，露裹而行。至家，五十金無一缺者。

沈坦若遇虬髯

吴人沈坦若，精操縵彈棋之技，挾技以遊楚。經道士洑，失舟，僅以身免，小泊沙際，信步至山椒一寺，見有虬髯岸幘者，從數人，散步於堂。詢沈鄉貫，告以吴門。問何所之，因言挾技至此，爲陽侯所苦，俟易舟前進耳。虬髯者曰："君有此妙技，能從我游乎？"沈許之。即邀登大艦，揚帆而上。行數日，至大澤中，渺無際岸，有數百艘來迎，入巨室，館於客舍，供張甚麗，左右使令，三尺童子外，皆美嬛也。日相對手談，沈亦高妙，互有勝負。間談文史，沈亦淹貫，未能屈也。如是者三月。一日，置酒相款，贈以詩曰："不羡扶餘老此身，漫從河海寄修鱗。知交若問行藏處，莫道虬髯是主人。"並出千金爲贈，曰："請從此别，我亦從此逝矣。"即命艇送至漢口。

盜有法水

秦有估客，負販遠行，過荒祠而息。渴甚，見神龕側有杯水，交二箸其上，即一舉盡之，投箸覆杯，復前行。至一村，叩門投宿，具晚餐，與主人對食。食方半，忽有一衣服襤褸髮蓬蓬若囚人者，自外入，即立主人側，主人不顧。須臾餐畢，主人入，其人亦隨入。已，主人復出，從客談，客因從容問頃所見爲何許人，主人曰："無之。"客因以告，曰："此無乃鬼耶？不然，當爲盜。"主人請搜索之。客久於行旅，善武技，恆以一鐵尺自隨。於是主客秉燭入内，搜索至牀側，客指曰："在是矣。"主人視之，不見。其人忽縱起揮拳，毆主人仆地，趨欲出，客急追之。其人方拔關，客以鐵尺擊之，傷其肩。主人已蹶起，見客手鐵尺，揮舞力鬬，隱約有物，主人頓悟，舉糞穢沃之，其人立現，然猛甚，主客合搏之。主人有妻有二子，一時併出，乃就縛。詢其人何所來，來何爲，則閉口不言。

村人聞其事，乃麕集，搜其身，得金珠銀幣甚多。衆惡其不承，痛撻之。其人顧客冷笑曰：「今日吾死，固當，然汝竊飲吾法水，吾死，汝能得幾日活耶？」檢其物，率皆近村人所失者；視其身，墨印爲滿，隱隱滲入膚裏。前數日，村中有少婦獨宿，爲強暴所污，且席捲室中以去，婦羞憤自縊。村人疑所爲，訊之，終不承。或以蜈蚣齧其臍，乃承，果所爲也。詰墨印，曰：「宿婦人，以此爲紀念者。」數之，得七十三。村人怒，積薪焚之。將舉火，客忽呼腹痛，宛轉欲絕。衆知其人所爲，一老者曰：「速焚之，令彼死，術當自解。」焚之，且灌以油，須臾成燼。客痛暈於地，已，復醒。村人有知醫者，服以藥，下血升餘，始無恙。

盜匿藩署

周子迪方伯有親信家人某，劇盜也，日侍左右，雖劫案纍纍，縣中捕役咸束手。漸有指其爲盜者，周亦微有所聞，察之綦嚴，然久而無據，遂寢之。一日，周方宴客，回顧忽不見某。少選某入，則面無人色，詰之，但張口不語。正駭異間，忽一吏倉皇入，密白捕役何某挈多人來，言盜匿署中，請容其一入搜，允之。何入，見某在堦墀，向前拽之。某出刀相禦，鬬於庭，格格有聲。未幾，某就擒，積案數十起，同日爲之一清。蓋縣境所有刦案，皆某一人所爲，恆於夜深乘周熟睡，縋城而出，合署内外弗之覺也。何初亦巨盜，故某之蹤跡獨知之。

兩粵盜風之熾

兩粵盜風之熾，甲於通國，俗有男子三十不成事業便當落草之諺。落草者，爲盜也。蓋粵人嗜利，而具冒險性質，見有利，輒趨之。凡可以致富救貧者，雖陷罪致死，不之顧。得金，則揮之如土。既罄，無他術以謀生，卽爲盜矣。

粵人貧富之不均，甚於他省，富者極富，而貧者極貧。貧人既無生計，饑寒亦死，爲盜而爲官所捕亦死，等是一死，而饑寒重迫，必死無疑，爲盜雖犯法，然未必爲盜者人人盡爲官所捕，卽捕，亦不過一死。是不爲盜則死在目前，且必無幸免之理，而爲盜則非特目前不死，且可以僥倖不死。既若此，是亦何樂而不爲盜也。粵人爲盜者之心理蓋如此。

粵人之防盜也，法至周密。巨室院中，皆有鐵網，以防盜之由屋而下。牆垣至厚，均以浄磚砌成，攻之不易。若典肆，則高其四周之垣墉，遥望之，直與城垣無異。四角有瞭樓，更夫守之。有警，則鳴鑼以告。且有招募之勇士，持械守衞，日夕如臨大敵焉。

粵盜之借路

廣州城市中，商店人家，每於夜深聞有言笑步履聲，如驚呼之，則厲聲答曰：「吾輩借路，干卿何事？」居民亦無如之何。防之之法，既於天井網以鐵絲，復砌屋瓦成階級形，屋與屋之斷續處，貫以木橋，蓋以便擊柝者之夜行巡邏也。光緒壬辰夏，汪仲虞太守大鈞需次羊城，方在書齋判牘，忽聞屋瓦作響，大驚而呼，則一石破鐵網而下，毁玻璃窗，旋亦寂然。

飛天蜘蛛

光緒時，粤有劇盜名飛天蜘蛛者。其爲盜也，不合羣，不持械，隻身入巨室，飛牆越壁如平地，人因名之曰飛天蜘蛛。

粤盜之收水打單

粤盜術至多，於明火執仗而外，有所謂收水打單者。收水者，歲向商店收取例規也。打單者，蓋選擇居民或商店之素稱殷實者，以紅紙作書一函，内開某某向某某暫借銀若干兩，限於三日或五日内送至某處，届時自有人在彼照收，不得遲誤等語。其所索之銀，少則數百，多或數萬。膽怯者得其書，不敢報官，如數賫而往。盜則遣其黨於所約之地收之，且給收據以示信。膽大者即報之官，派兵至所約交銀之處，捕其同黨，則盜魁已得他人警告，黨羽亦隱匿無蹤，窮搜不獲，其捕得者蓋百無一二也。事後，盜魁必出其全力，以仇報告之人，其幸而獲免，不受其荼毒者，百中僅一二也。故粤人既得打單，不敢告官者居多數。惟打單之具名者，必爲著名盜魁，如陸蘭清者，乃有打單之資格，否則不特他人受者置之不理，卽同黨中人亦將與之大鬨，甚至處以死刑，以爲私自打單也。

蘭淸本文人，小試不售，無以爲生，遂憤而爲盜。二十年間，一躍而爲羣盜之首領。雖殺人如草，然不妄殺，慷慨好施與，凡貧而無告者，必周之。故官中欲捕蘭淸，賞格至鉅萬，而終不獲。蓋貧人甚德蘭淸，惟恐其不至。官軍嚴捕之時，鄉人争匿蘭淸，輾轉相隱。所司雖奉嚴檄，必欲得蘭淸，而終無如何也。

盜許保護佛山

光緒某年九月杪，佛山有迎神會七日。先期有本地流民串通刦盜搶刦鎭市之謠，鎭人大恐。一夜，忽街市徧貼傅贊開告白，謂佛山爲商賈薈萃之區，乃軍餉從出之所，該處出會，不特不許手下人騷擾，並當力爲保護云云，闔鎭人心始安。自始至終，不特無搶刦之事，且翦綹失竊亦均無之。

粤盜打單於譚文卿

光緒朝，粤督譚文卿制軍鍾麟蒞粤有年，以予告歸，方受代而卽行，人咸異之。蓋傅贊開前曾向之打單，索銀十萬，及聞譚有去任消息，復致函云：「汝既去官，吾不索汝銀。惟去任後，須限五日出境，否則繳銀五萬。如不繳銀，須得汝頭。」故行速也。

粤盗向某鎮軍打單

粤中有某鎮軍者，一日得盗書，欲借銀二萬兩，約日往取。鎮軍特調親兵小隊駐署側，嚴爲之備。至期，署前兵衛嚴密，忽一達官乘緑呢轎，戈什哈數人前導至，言有要事來謁。閽者甫持帖入，則轎已入大門，客叱戈什哈閉門，署前人錯愕不敢詰問。入二門，亦如之。客遂下輿，入花廳。鎮軍肅衣冠出見，客即執其手，問曰：「二萬金備齊否？」鎮軍驚應曰：「已取之，未至也。」客曰：「無妨，可即書一票，由銀號兑付可也。」鎮軍不敢違，書與之。客使其從者偕至銀號照驗，歸報客。客因起謝，且告别，因曳鎮軍曰：「汝須送我一程。」遂攜至江岸，始釋鎮軍登船去。

粤盗縛主人而要之送

粤盗以白晝劫掠爲常，結黨成羣，横行無忌。然亦有用詭計者，每劫人家，輒三兩人，皆衣長衫，手紈扇，持名刺叩門報謁。婢僕甫啟門，盗入，即以手槍擬之，而爲之閉門，悉縛其家中人置一室，分入各屋，徧括細軟納之身，乃釋主人縛，且稱謝曰：「承惠既多，君宜相送。」行數十步，乃縱主人歸。旁人見其揖讓從容，方謂賢主嘉賓，異常款洽，而不知其爲暴客也。

九龍山之盗

閩有九龍山，亦素稱盜藪，然不爲近地之患，似一方之雄耳。有自其中出者，謂儼然一國也。世界之所有，無不具備，槍礮尤精美，物産豐饒，製造工巧，男多業農，女多業織，故終歲温飽，可不外求。據云，二百餘年前，已嘯聚於此。若以年代考之，或卽明末遺民，以山作桃源也。

吴川多海盜

廣東有吴川縣，屬高州，地濱海，其南曰廣州灣，越南之役，租借於法。其地海港紛歧，海水直薄縣城外，登高一望，汪洋無際，而海聲澎湃，昕夕震人耳。有時夜午，海水忽發巨嘯，如龍吟聲，聞者心頓壯。故生其地者，咸富於冒險之性，往往孤身乘破船，破浪而行，顛播風濤中，夷然無懼色。而爲海濱生業者，又往往隨身入海底石窟中，數晝夜不起以爲常。是以其地多盜，彪悍善搏，挾利刃，其行如風。

焦四以盜墓致富

廣州劇盜焦四，駐防也，常於白雲山旁近，以盜墓爲業。其徒數十人，有聽雨、聽風、聽雷、觀草色、泥痕等術，百不一失。一日，出北郊，時方卓午，雷電交作，焦囑衆人分投四方以察之，謂雖疾雷電，暴風雨，不得稍卻，有所聞見，默記以告。焦乃屹立於嶺巔雷雨之中。少頃，雨霽，東方一人歸，謂大雷時，隱隱覺脚下浮動，似聞地下有聲相應者，焦喜曰：「得之矣。」

翌晨，焦召集其徒，建篷廠於其地，日夜興工，力掘之。每深一尺，必細辨其土質。及掘至丈餘，陡聞崩裂聲，白煙一縷，自穴口噴出，約炊許而盡。焦乃選有膽勇者數人，使手炬，坐竹筐，懸長繩以下。謂若有不虞，當振鈴爲號，以待救援。約盡五丈餘繩，筐頓止。逾時，有鈴聲，引下穴諸人以上，述所見。或謂穴底有數大殿，或謂中藏十餘柩，或謂正中一棺面列銅人，高可數尺，焦悉領之。入夜，焦乃選十餘人，令持炬下穴，則見穴有三殿，中殿金棺，列銅人數具，猊猙獰，前爲饗殿，鼎彝具備，後殿殘破，有柩十數，蓋當時殉葬人也。及啓棺，則見尸之長髯繞頰，骨肉如石，叩之有聲，中實金珠無算。其卧處，鋪金箔盈尺，捲疊如席。亟將各物取歸，漸貨之，遂以致富。

莊芋爲美人所困

莊芋，臺灣劇盜也，劫取人財，以施貧乏。官捕既急，貧民恆以死衞之，終不可迹。莊之宿人家也，恆鑿洞其壁，開門執槍而假寐。於是官中人謀以美人餌之，聚三美婦人，使設盛筵於衙院以宴之，先期招之往。屆期，芋就飲，且醉。壯士入撲，芋覺，亟自衆人頂上飛出。衆追逐之，而芋已霑醉，爲拳石所梗，仆，亂刃交其背，立死。

黃蕭養中響箭而殞

黃蕭養初爲盜，下獄，旋率諸囚越獄逃，乃糾集戰船數百艘，由大王江直犯廣州五羊驛，僭稱東陽王，授僞官百餘人。

珠江之南有南漢離宮故址，增築以居之。船抵五羊門外，其屬下衣貌與同者數十人，官兵莫能辨，乃以響箭向天射。蕭養仰視，一箭直貫其喉，遂墜水而殞，其衆盡降，廣州因是始作外羅城，即新城是也。

黃八子避重就輕

黃八子，太湖盜匪也。一日，往劫富室，明火執仗者十八人，破門入，搜劫財帛。一女年甫十五六，聞盜至，驚駭戰慄，蒙被不敢聲。盜魁豔其姿，強淫之，爲八子所覺，頓足曰：「噫，行此不義，必遭誅戮，我等爲汝誤矣。」盜魁笑曰：「毋相訴也。」八子怒曰：「汝不記吾黨規條乎？貪淫必敗，天道昭彰，我將去之。」遂出告諸盜，辭別，欲挽留之，不聽，與之財帛，亦不受，脱然而去。至海寧，投縣，自首絲肆被竊案。然此案實非八子所爲，蓋與劫富室同時，冒之以就輕也。羈禁日久，以無原贓，案莫結。時有刑書某以辦漕虧欠收禁，八子深與結納，問得若干銀可仍回刑房，某以四百金告。八子曰：「是不難，我爲先生完此事。」某曰：「果如是，我必有以報。」自此交益密。某家送飯食，恆與八子共之。一日，晚餐食羊腿，八子甘之，問係自置乎，某曰：「買諸市肆。」八子曰：「何處有？」某曰：「熟食鋪皆有之。」八子驟欲飽啖，某曰：「門已封矣，明日囑家人多備可也。」八子不能俟，取錢出院，但聞鎖鐐脱落聲，禁子出視，僅遺刑具，而八子不知所往矣。某囑禁子勿張皇，謂彼去即來，必無他慮也。未幾，仍鎖鐐而入，肩負羊腿，笑曰：「尚不辱命，共切食之。」某曰：「君來去何速？」八子曰：「我今與君交深，敢以實告。我因盜黨採花必敗，不愿共之，故避重就輕，以認此案。惟原贓難得，求先生出後，可託事主不必深究，見贓即領，我事畢矣。不然，脱禁而去，亦何難。不欲爲者，避前事耳。況我日在禁中，夜則游行自在，同監多人皆不知之。今與先生言，明夜將往取財帛以了先生事。」因復潛出，伏巨室屋上，係庫書某家，是日方得千金賄。八子俟夜深人靜，竊取而回。明日，以四百金交某完虧釋放。而富室女子已羞忿自縊矣，事主上控，都察奏參，奉旨嚴拿，盜魁十七人全獲，無一漏網者。供及黄八子，行文到縣，刑書以八子是月日夜方在此行竊絲肆，豈能遠往三百里外爲盜乎，其爲仇攀可知。據情移覆，亦不深究，並爲書達事主，求其以物之相似者充原物領認。事主允，而八子之案遂決，照自首例減等。

胡大拒捕

粤東有胡大者，積年劇盜也，雄捷能躍樓門。少時習少林拳棒，得祕授。其師曰法雲上人，嘗戒之曰：「覩子之貌，當入於邪僻，以非命終。然子之聰明才力，實爲及門冠，吾傳衣鉢得矣。吾有絶技，舍汝無可傳者。但傳之，則恐汝爲害於人；不傳，恐此藝湮没，豈不可惜。」胡指天自誓，謂必束身正道，不爲師門玷，法雲乃盡心教之。

及胡父母亡，乃爲盜，明火執仗，横行鄉里，積案纍纍。捕役畏其勇，莫敢擒。一日，胡潛至省垣，匿城西塘魚欄附近，蹤跡詭祕。某弁亦以拳勇名，聞之，選壯勇百餘，各持槍械前往，圍之三匝。時胡手無利器，從容啓户，以酒肴陳於廳事，高坐細嚼。衆相視，莫敢先發。某弁大怒，持矛逕入，衆亦隨之。胡擲杯大笑，跳而前，大聲謂衆曰：「勿太相逼，乃公去矣。」言未畢，滾入人叢，三起三仆，凡壯勇手中所持刀棍皆落地，若有捽之去者。某弁舉刀飛擲之，誤中堦石，火星迸發，而胡已逝矣。然壯勇已死三人，傷者十餘人，蓋皆在前列，而爲其拳脚所奮踢者也。

隸因謎獲盜

昔有人襆被行山徑間，遇惡少，意所負必楮鏹也，擊殺之。視襆中，特楮衾耳，大悔之，乃書楮衾曰：「的的的，孰令爾紙被似鈔角。問吾何處住，五色雲中住。問吾是何姓，杓子少個柄。爾也錯，吾也錯，不如歸去，的的的。」愬官，不知主名，召商謎者問之，曰：「五色雲，綵煙也。綵煙，新昌山名。杓子少柄，盂也，蓋于姓也。」密令隸人往蹤跡之，久而不得。隸人亦了事者，一日，坐鑷肆櫛髮，見一人對門置餅，鼓其槌，作的的聲，乃揚言曰：「某山中劫負紙被者，官察知賊處，卽來捕也。」覘其人，有懼色。次日，竟閉門不賣餅矣。捕之，果服罪。

小德盜珠寶

光緒辛丑、壬寅間，有名噪京師之小德，佚其名，某部主事也，都人咸以德大爺呼之。父爲奉天某部侍郎靈某。靈之幕賓多諳柔術，德從之習拳。及靈殁，德返京師，應官之暇，販珠寶以爲業。一日，侍郎景灃邸舍被盜，失珠寶二巨箱。景大怒，謂可懸重賞緝捕。景之夫人有心計，以小諸葛名於時，曰：「若是，則其人遠颺，宜勿聲。」居久之，揚言將嫁女，願出重價購珠寶。未幾，廊房頭條胡同某肆有送至者，則原璧也。窮詰之，謂購之於德。景乃告步軍統領，並令肆主邀德至肆。時番役已圍肆之四周，德不知也。肆主詰其從來，德以購自前門外不知姓名之某攤對。對答間，德面已變色，肆主以危詞恫之，德大怒曰：「君何逼人太甚，果見疑者，可以熱水至，待我浴後，偕往見之。」肆主諾，德起立，陡以水擲院中，熱氣瀰漫，德已跳躍而去。頃刻至石頭胡同四喜班，縱身下，蹲牆陰。一童奏廁，瞥見之，失聲長號。名伶俞莊兒知有異，遽手鐵桿出。德躍登屋頂，俞以鐵桿掃其足，遂墮地就縛。俞送之於坊，訊知爲盜景之珠寶者，旋由巡城御史咨送刑部，訊明斬決。

盜劫香港銀行

香港雖割於英，爲其屬地，而近接廣州，一葦可杭。其地警政修明，鵠立衢市之巡士，咫尺相望，而廣州之盜亦聚焉。一日，謀劫銀行，苦無從著手也，乃令其徒黨伺巡士方值班時，卽以物塞其口中，褫其制服，反接其手，縛於自來火柱。他巡士望見，意爲此巡士方獲一盜而縛之也，不之顧。於是左右之巡士，次第就縛，而銀行旁近，闃然無巡士矣。盜乃相率入行，悉索金銀，從容登其預泊之小汽船，鼓輪逕去。

盜報仇

香港駐有英國武官，職若我國之總兵者，以能捕盜聞，殺盜無算。一日，騎而出，督隊巡海岸，有一服裝類鄉人者，手持書，交其前驅。前驅指武官而告之，令面遞。武官方伸手取書，則其人忽出利刃，斷其臂，而躍入海舟遁矣。

梟匪有擄人勒贖之事

梟匪，以販鹽爲生，雖亦商，而官吏齊民以其侵害鹺務，且亦有擄人勒贖之事也，故皆以盜視之，斥之曰匪。光緒末，蘇屬梟匪極猖獗。候補道某榷釐稅於奔牛，積資頗厚，爲梟所擄，索五萬金以勒贖。知府某方之任，爲梟所劫，叩頭乞饒命。梟曰：「汝頭汝膝不值錢，衹合向爾上司乞憐耳，我等不慣見此卑鄙行徑也。」某曰：「吾輩仕宦，譬之行乞，苟有所需，自當與君訂立證書，分期以付。若需巨款，則實難應命。」因於身畔出質券數紙示之。蓋某知道路不靖，特假之於人，以備臨時卻敵之用者也。梟乃不顧而去。

抖路

盜之中有所謂打悶棍者，夜伺於僻左之道路，見有徒行之孤客，即狙擊之，劫其財物而去。晚近以來，則不必在僻徑，不必在深夜，且不以棍，而以鐵尺，以小刀，以手鎗矣。上海則謂之曰抖路。

硬爬

盜之中有所謂硬爬者，上海爲多，黑暗之處，所在有之。然如公共租界静安寺路之跑馬場與法租界鄰接之城河浜，皆通道也，若輩亦横行其間。且猶不止此，如南京路、福州路者，行道之人，往來如織，較之跑馬場、城河浜，繁盛且倍，乃亦有於日高舂、日下舂時，男失其冠，女失其珥者，轉不若内地之安靖也。

陳老三劫某藩司

鄂人某宦川中，運動某權貴，得調江寧藩司。值秋高水涸，舟不可通，慮陸行多盜，嚴備之。舁行李者以千計，益以衞兵數百人，絡繹道上，綿亙至數里，聲勢甚盛。開、萬間有大盜曰陳老三，得部下報告，大喜，思攫取之。或言備嚴人多，著手不易，則掀髯笑曰：「老夫固操刀以割，目無全牛者也。」繼又續得報告，謂黄白物約數十萬，珠寶倍之，陳作色曰：「肥哉！」因選精壯者百餘人，牛五十頭，授以計。陳所據山，驛路出其下，岡巒起伏，亙官道可十七八里。山下道旁，每五里許，有茆屋數十家，輒見酒帘飄揚風中。山中林木蓊翳，羊腸險巇，入其中者，第見翠嶂拔起，鳥道横空而已。逾峻嶺百數十里，爲大江，蘆葦菁密，碎石如斗，小艇數十，潛艤水涘。凡有所得，初藏山中，嗣由此分運長江一帶貨之，其所賴以爲尾閭之宣洩者如是。

某既抵萵，盛傳有盜將襲奪，不敢前。然延宕非計，且無可繞道，不得已，更益衞兵，令實子彈於槍，備戰。日旰，漸近山麓，見林木甚惡，大疑，令騎者探而後進。復十餘里，路窄，僅容一車馬，兩旁層崖如削，林木間鴟鵂見人驚起，聲格磔，應山谷。某大懼，以爲有盜則殆矣。已而漸出谷，竟無異，心稍安。復十數里，日已晡，而彌望荒落，忽見山坡間有一人類樵者，亟命人往，詢近處有無小市集，樵曰：「距此六七里，有居民數十家，可投宿，背山面路之茆屋是也。過此以往，須四五十里，今日不及矣。」問有盜否，樵沈吟曰：「盜不知。惟山中有虎，常出食人畜，吾儕皆畏之。」言已，擔柴自去。

問者以樵之言告某，某喜，陰念既有虎，殆無盜，且人多，虎亦不足畏。方凝想間，陡見高峯插天，衆憚登陟，相顧色駭。某方以樵言自慰，亦不疑慮。已而果見有茆屋倚山臨路者數十家，雞鳴狗吠，儼然村落。日已夕矣，於是遣人商宿處。此數十家中，有爲客店者，有爲沽肆者，然人多不能容，行李輜重及某之眷屬，幸得屋宇以庇，餘人皆求蔭於大樹若巖石。安置粗定，村中人宰豬割雞，狀至忙碌。已又出藏釀餉客，酒味芳冽，而值綦廉。衆大悦，爭取沽飲。肆數家，有酒數十甕，頃刻都盡。

某見兵士及舁夫皆露宿，已獨得安處，心惴惴不自安，因向衆道歉。見衆方歡呼鯨飲，無怨言，心始安。入夜，展轉不成寐。三鼓，忽呼嘯聲自遠而至，山鳴谷應，如風起潮湧，聲勢萬千。乃大驚，知有變，急呼左右，無應者。遍蹴之，酣卧不能起，有一二起者，駭絶無人色，不知所爲，而糾糾者執大刀闖斧破扉入矣　捉醒者，反縶之，從容輦金帛財貨，並執主人以行。逾山岡，至一草寨，踞案高坐者，陳老三也。三數人曳某入，捽之使跪。某至此，知無幸，不敢自大，命跪即跪，不稍抗。老三含笑熟視，霽顔詢姓名、籍貫、官階，某具告之，有乞憐意。老三大怒，拍案罵曰：「狗官，無怪汝有如許啓發，原以媚骨易得來。」啓發者，彼等隱語，蓋貨財也。某俯伏惶恐而對曰：「是，是。」老三益怒，戟指呵之曰：「若爲監司大員，不惜對強盜作此態，即此可見汝平日搖尾乞憐狀。吾殺汝，如殺一狗，然不屑以汝齷齪血污乃公刃。」乃命健兒數輩褫其衣，移數百斤巨石壓其一手一足，曰：「明日當有人來救汝歸後，爲我告貪官污吏，刮地皮時勿太高興，須以汝爲鑒也。」乃於山谷中牽牛數十頭至，分委所得輜重於牛背，驅之逕去。翌晨，衆醒，有大膽者，得主人於山半草屋中，一手一足已折，惟呼吸尚不絶如縷，救之得活。然自是殘廢，以貧病終。

以假兇器行劫

滬上雖鮮明火執仗之盜，而藏兇器於身者固有之，鐵尺、刺刀、手槍是也。而又有徒事恐嚇而實不足以致人生命者，爲洋鐵小手銃，蓋以煤油箱之一小方圈，捶成一小管，不知者以爲勃郎林手槍也。或且僅鏽鐵一段，充其極，亦惟代棍之作用而已。暮夜遇之，孰能辨別，自必聽其劫奪財物而無敢或違也。

以藥水迷人而行劫

有藏藥水於身，行狹巷中，伺有人過，傾於手攜之巾，按其手鼻，即能使人昏迷，亟褫其衣奪其物者，行劫之小盜也。

冒爲郵差以行劫

自郵政創行快信，薄暮深夜，信至卽遞。於是有冒爲郵差以叩門者，曰有快信，啓户納之，則盜也。少則三五人，多或十餘人，卽入卽閉門，於是升堂入室，翻箱倒篋，輒飽掠而去。雖上海之租界亦常有之。

冒爲人夫以劫衣

有小家婦持衣至長生庫質錢者，方在櫃外論價，突有短衣持竹筐狀似買物之男子入門，摑其頰曰：「我以汝爲何往，乃不顧家中兒女而在此質錢，果安所用者！」遂自櫃奪其衣，飛步出門去。婦大愕而哭。庫中人曰：「汝夫取歸耳，何哭爲！」婦曰：「彼何人斯，吾之夫棄世久矣。」

馮少村皮篋爲盜所奪

馮少村自吳淞附汽車至滬，夜深矣，自負小皮篋攜革囊以行於愛而近路，忽有以手槍擬其胸者，盜也，亟棄皮篋，而植立道旁。盜負篋疾行，爲馬車所撞，有聲鏗然落地，而人杳矣。少村趨視之，則廢鐵管也，始大悔皮篋之棄也。

盜棺

鴉片之禁既嚴，奸商輒以土置棺中，白衣號泣，僞爲扶櫬還鄉者。宣統庚戌，廈門某卡有扶柩過門者，色怪異，關吏疑爲私土，乃反復詰問。其人言語支吾，爲狀大懼。啟視之，中卧一老人，鼻息尚存，逾時而欠伸曰：「吾誠醉耶？苟有醇醪，尚能飲十數斗。」瞠目四顧曰：「胡至此？得毋夢乎？」關吏大駭，知有異，送有司詳審。蓋老人爲一富家翁，縱飲醉死，葬於附近某山。扶柩人蓋盜墓者，因棺堅難開，欲久作盤桓，又恐爲人所見，乃舁歸，欲從容啟之，意謂即廢棺之木，亦可作爨薪，孰知事竟敗露耶。

臺灣生番劫人

臺灣之山產藤，粗如繩，長數十丈。人跡不到，深林蓊翳之區，滋芃茸沿盤澗谷間，生番往往匿其中持刃以劫人。

九股苗喜爲盜

九股苗在施秉凱里，與偏頭黑苗同類。服尚青，性尤猛悍。頭盔身鎧，鎧重三十餘斤。又以鐵片裹骸。左手木牌，右手鏢桿，口銜大刀，上山如飛。挽強弩，名曰偏架，一人持之，二人蹶張，發無不貫，故常喜爲盜。

番盜慘謬漢人

川邊關外番盜，每擒獲漢人，殺僇至慘，其最酷者，爲剥皮、坐樁、放風箏諸名目。凡爲番盜生擒者，先剥其皮至盡，乃斫開腦頂，注酥油其中，引火燃之，名曰人酥燈。

廣南夷人爲盜

滇中之廣南一路多夷人，質而馴，不知爲盜。漢人之出於其途者，若入其門，而以鹽及檳榔，金絲煙餽之，必留宿，且必䞋以豚酒薪米諸物。宣統時，滇、粵大通，商旅踵至，有外來之盜竄入，夷入其黨，羣伏深箐中，持刃伺過客，得金二篋。自是遂以行劫爲事，而聚衆數百人，横行無忌矣。

某盜臨刑書聯

某盜臨刑，索筆書一聯云：「鐵頭何奇，借與你博斗大黄金印，熱血可愛，還讓我灑幾行絶命書。」

賊之類别

凡非明火執仗、塗面毁容而攘人財物者，皆謂之賊。然其中正自有别，平時各執一門，不相混雜，且各有師傳也。

其行於陸者有十二：

翻高頭，即越牆賊也。不用器具，翻身上牆屋者曰上手把子，猶言本領大也。若下手把子，須有滑條。滑條，竹竿也。

開天窗，即在屋面掀去磚瓦，拍去椽子而下也。

開窰口，即掘壁賊也，又曰開桃源。窰口愈小，本領愈大。有專至稀窰者。稀窰，卧室也。有專至歡喜燈者。歡喜燈，竈室也。

排塞賊，即撬門而入者。

闖窰堂，即白日闖也，有早闖、日闖、黄昏闖之别。

踏早青，即侵晨竊物，亦早闖之流也。

跑燈花，即於薄暮時，出人不意，攫物而逸者，又曰燈花拍過。

喫恰子，即乘主人鎖户外出，裂鎖而入者。恰子，鎖也。

鐵算盤，蓋役鬼以竊人財物者。其人入門，必先就主家乞茶或水飲之，否則不能算。且必主家自知所貯之數目，始能竊之。

拍花，即以迷藥施於行道之人，使其昏迷不醒，攘奪財物也。

收晒朗，即乘人不備，竊其所晒衣物者也。

插手，即翦綹賊也。但用手指者曰清插，用銀皮紙者曰渾插。翦綹二字，見於《明會典》。京師謂之小綹，疑是音轉之訛。

扒手，乘人之不備而取其隨身之財物也，亦作扒弄。

拾帳頭，即偷雞賊也。

對買，即以同形式或同重量之物易人財物者，如混入商店竊買主之手巾包，而易以同式之手巾包，或籃中有錢若干，而易以同重量之磚石等是也。

其行於水者有三：

鑽底子，即至船艙中竊物者。底子，船也。

挖腰子，即不上船而以能伸縮之竹竿伸入船窗，鈎人衣被者也。

掉包，即在船冒充乘客，乘間而竊物者，亦對買之流也。

某乙再作賊致富

淄川某乙，故梁上君子也。其妻深以爲懼，屢勸止之，乙遂改過自新。居二三年，貧窶不能自堪，思一作馮婦，乃託言貿易，就善卜者問何往之善。術者占曰：「東南吉，利小人，不利君子。」兆隱與心合，竊喜，遂南行。抵蘇、松間，日遊村郭，凡數月，偶入一寺，見牆隅堆石子二三枚，心知其異，亦以一石投之，徑趨龕後臥。日既暮，聞寺中有聚語聲，似有十餘人。忽一人數石，訝其多，因共搜龕後，得乙，問投石者汝耶？乙諾。詰里居姓名，乙詭對之。乃授以兵，率與共去。至一巨第，出輭梯，爭踰垣入。以乙遠至，徑不熟，使伏牆外，司傳遞，守囊橐焉。少頃，擲一裹下，又少頃，縋一篋下。乙舉篋，知有物，乃破篋，以手揣取，凡沉重物悉內之囊，負之疾走，竟取道歸。由此建樓閣，買良田，爲子納粟，邑令匾其門曰善士。後大案發，羣偷悉獲，惟乙無名籍，莫可查詰，得免。事寖既久，乙醉後，時自述之。

賊栽贓

康熙時，廣西失竊之案，真者十一二，誣者十八九。刁險之徒，與人有隙，往往以些少財物，於夜中自牆外擲入其家，至旦，則偕鄉約、村老往搜之，得所擲物，即以爲真贓現獲，拘之解縣。當事者素諳其惡，轉將事主刑訊，科以誣良之罪，而蹈轍者猶屢效之而不悛。某歲，某諸生實被竊，所投呈曰賊不知何人，不敢妄指。當事者喜其愿也，批之曰：「賊本不當妄指，所控是，准差緝。」

賈五竊寶石頂

乾隆時，京師有賈五者，率其徒爲剪綹賊。一日，賈自外歸，過某胡同，見車轂塞道，不能進，問其故，乃知爲趨賀某相之以參贊軍務功，而獲賜寶石頂者也。越日，某設謝筵，席次，自述本朝王公以外，得膺是賞者幾人，己年最輕，蒙恩最早，頗自得。席未終，忽報中使賚諭至，乃急具衣冠跽迎，開讀之，則云：「有人奏汝於邊事多掩飾，且侵冒軍餉，念前功不深究，著收還前賜寶石頂。」中使既追取，即馳歸，賓客聞信，稍稍散。

相素驕貴，驟遭此辱，則大慚，遂謝病。高宗聞之，遣使賜醫藥食物，不絶於途。某本無病，見恩禮尚優，意稍安。踰數日，入朝，召見於便殿，論事畢，上熟視笑曰：「前日賜汝寶石頂，胡不戴？」某以上戲之也，跪謝曰：「臣無狀，負上恩。既追取，安敢復戴！」上訝曰：「朕未有是旨。」問内閣及吏、禮二部，皆不知，令嚴詰矯詔者。蓋前日之中使追取，實賈使其徒詐爲者也。相驚且怒，出謂步軍統領某尚書及巡城諸御史曰：「欽賜物且被竊，要汝等何用？若三日不得，莫怪有大處分也。」諸人素懾某勢，又奉有諭旨，遂百計窮搜，凡茶寮、酒肆、旅館及形跡可疑之家，皆被騷擾。賈之徒告賈曰：「事亟矣，久則恐禍及。」賈曰：「吾以其太驕，故戲之。既擾民，可急還。」問諸人誰能爲此者，一夥自薦曰：「能。」次日，相自朝回，方倦憩，司閽持某尚書名刺至，謂：「今日某處見有形狀慌張者，搜其橐，果得頂，但未識果爲相國之物否？其人已併獲，或按懲，或送究，皆惟命。」相曰：「爲我傳語，物果是，惟須其人自將以至，吾將面詰之。」使者去未久，尚書旋至，坐定，相謝其獲賊功，且問人曾否送至。尚書變色，曰：「某方以連日窮搜不獲賊，來相國處請展限，烏得有是事？」某遂出寶石頂，且述使者形狀言語，並其名刺，尚書皆不知，蓋又賈之徒所爲也。尚書大怒，曰：「鼠輩鬼蜮至此，誓不破案不休。」相沈吟久之，曰：「此輩皆亡命無賴，急持之，恐有意外變。吾之物已獲矣，姑徐徐可也。」尚書喻其意，置不究。

胠篋者擲某生煩

某生夜讀制藝，往復數百遍，猶不熟。漏四下，誦聲益喧，意且達旦矣。有胠篋者伏牀下，躁甚，突起摑之曰：「爾非生鐵，何頑鈍若此？余焉能待！」遽趨出門外，鼓掌而去。

竊牛賊爲犬所捕

嘉慶時，南匯有瀕湖而居者，畜牛犬各一，同槭而臥。一夕，主人就寢，有賊將竊其牛，犬吠於主人寢門，且以頭撞之。主人起視，賊匿不見，主人因嗔犬之吠影吠聲也，鞭之，仍就寢。賊卒牽牛去，至大團鎮，犬潛尾之。明晨，主人起，方歎牛之失，犬之逸也。未幾，犬返，吠不止，並作牽牛狀。主人會其意，迹至竊牛者家，竟獲之，乃送竊牛者於官。

賊以剪綹術懾盜

貫城李者，京師鏢局之一，《施公案》所云神彈李五後是也。有某甲者，居與鄰，其人嚮爲剪綹賊，輒身懷二錢，礱治其半邊，至鋒鋭，駢夾兩指間，垂手行闤市，鋒交，劃人衣囊，盜銀物，無覺者。心豔走鏢者之豐於獲也，一日，請於主人曰：「君家客之間關無阻者，徒恃君家幟耳，誰則不能者！我試爲之，可乎？」主人諳其素行，揶揄之。甲固請。適有雇人護資往南方者，主人以客盡出傭，無以應。甲在旁自陳願往，主人不得已，許之。臨行，囑曰：「君雖猝任事，不諳盜情，然盜睹吾家幟，必無害。惟或以新相識邀君過飲者，宜急卻勿往。」語半，且戲語之曰：「誠知君雅善探人囊，然慎無探盜窟也。」甲聞之，亦自哂。

中途，甲遇盜，睹貫城李幟，疑甲爲李氏素所識客，乃邀甲過家宿，甲坦然承之，盜固疑其有恃矣。已，抵盜家，盛供張，肅之首坐，羣盜左右環坐侍飲。酒酣，盜引一觴進，曰：「君李氏客，必有異能。」甲固遜，一盜又曰：「君今無過謙，非得式瞻君威者，吾儕不與君行矣。」語漸侵迫，甲乃謝曰：「幸有薄技，應得供諸君一噱。」語畢，起便旋，繞座右下，歸，自座左上。酒數行，盜又請曰：「君妙技可得瞻乎？」甲哂曰：「盍各視君辮。」羣盜知有異，亟反手引辮，不獲，大驚相索視，髮種種盡爲人截取，不知何往矣。甲乃徐出之袖，纍纍陳案上，蓋甲素所習剪綹技然也。羣盜不測所爲，羅拜曰：「君誠神人也。」自是，甲名大著，爲人護財貨，所至無敢犯者。

小李伺書生

京師之剪綹賊，有混號曰小李者，亦工剪綹術，往往於鬧市中行之。被剪者覺而獲之，雖加毆辱，弗怨，或旁人指破，則必報怨矣。有女郎坐香車，一書生行其旁，兩美相顧，頗有情。小李者伺書生後，將下手，書生不知也。方回顧，女郎不便語，但以口頰作勢隱示，若有人伺於後者。書生覺而斥之，小李遂去。未幾，車轉曲巷，女郎口忽爲小刀劃破矣。

盲賊

京師有巨賊神於竊，雖富貴家之堅壁高墉，重門疊户，所藏金銀珠寶，輒搜括一空。於是被竊之家，歲以百計。捕益急而竊愈夥，坊役悉受嚴比。一日，有役晝飲兵馬司街，見有盲叟持四尺長杖，探路而行，將入巷，役呼曰：「此巷塞，莫誤入。」叟諾而去。未逾時，復至，仍欲入巷。役呼如前，叟仍諾而去。役詫之，守終日，不再至。次日復待，見叟執杖來，行入巷，乃尾之。叟至巨室門首，知門雙扃，以手探環，以杖測簷，量度多時，立杖於門側，出而就溺。役謀先竊其杖，次擊其人。往取杖，杖重百餘斤，雙手舉之不得。叟聞杖響，知有人圖之，卽奔入尋杖，手杖而去。役失色，出巷尋叟，不知何往。役思叟技如此，難以力制。次日，巨室詣縣投狀云，夜間門戶不開，財寶已失。役心知叟所爲，由是沿途訪叟。後於騾馬市見叟點杖而行，役隨至僻地，謂之曰：「汝事已發覺矣，曾知否？」叟曰：「既發覺，且聽其發覺。」遂挽役入市，至僻店沽飲，問役姓氏居址，及所轄地段，役告之。叟曰：「既蒙相知，必圖厚贈，此地非談心之所，來日於陶然亭下俟我，尚有要言一敍，幸勿爽約。」役諾而散。晨興往候，終無叟跡。如是者三日，役復遍察通衢，忽遇之，責以欺誑。叟曰：「予久待汝不至，兩造尊室，賢伉儷酣眠熟寢，未敢聲呼，所有要言及酬謝物，已置之牀側矣，歸驗便知。」役愕然而回，移衾揭帳，見東隅柱上插一利刃，旁列一函，金三百兩。誦其函曰：「予之行徑，爲爾窺破，本應殺汝，以圖滅口，復思尚無深仇，何必作孽。外三百金，酬報未宣之惠。此後休問予事，各不相侵。倘生妄想，當以利刃爲鑒。」役大慄，不敢洩。後之報竊者愈烈，諸役杖斃無數。時南省餉銀解部，路宿雄縣，鞘堆積大堂，派役守之。旋報重門尚扃，亡兩鞘。宰驚訝，密招營弁捕賊，弁未至而鞘又亡二。弁至，宰以失告，弁曰：「此飛簷走壁之人，須於上流節制。」約數弁挾器升屋上待，仍令兵役持刃下俟。無何，見一人持杖飛來，兩臂各挾一鞘而躍。諸役刃之不及，屋弁以銅鞭擊之，鞭折弁隕。次弁復擊以雙鐧，一鐧傷賊臂，賊落地，棄鞘持杖奔檐，仍遭鐧傷墜地，而鐧弁已爲杖斷雙股矣。衆役就地縛之，則盲叟也。其杖以鋼鑄，外髹以漆，重不能舉。一嚴刑審訊，京中大案悉認不諱，其黨至死不招。問何以盲猶爲此，曰：「因欲爲此，所以致盲。不盲，久爲役捕；惟盲，人不及覺，始得至今日耳。」乃戮之以狥。

賊爲舟中老人所欺

運河經無錫北門外，曰蓉湖，湖水寬廣，帆檣林立。有竊賊，善泅水，凡舟載貨以泊者，恒爲所取，案如山積，不能破。一日薄暮，有巨舟掛帆來，抵水濱，帆落，遂泊焉。賊自岸側睨之，窗掩無所見，遂泅水至彼岸遥望，則見窗洞開，燭熒然，白髮老人據案坐，手執卷審視。時尚早，遂就茶肆小憩。二更許，仍隔水窺伺，老人態如前，風自窗入，吹手中卷，卷頁一一如輪轉，不之覺。以爲是必老於行旅者，挾巨資，故無寐，實則睡已熟，燃燭作展卷狀者，示吾輩以有備耳。時不可失，勿爲所欺。於是潛行水中，距舟尺許，出水，探首向窗視，木匣縱横，列榻下，高可二尺，廣半之，燭花大如棗，老人鼾聲如雷，涎自口角流下。案側有鎗，不及五尺，鋭利有光，取之出。視老人，寂然，膽陡壯，蛇行入，先以繩寬縛老人於椅背，轉身挾木匣一，急從窗出。力過猛，舟動，老人覺，顧身縛不能立，手探窗際，僅及脚跟，捉之，竟脱，遁去。賊既入水，知老人有備，伏舟底。須臾，矢果雨下。夜將半，始行，未及半里，老人泅水尾追之。木匣重，行遲，幾爲所獲。將及三里橋，適有舟自橋出，櫓摇波動，乘間竄橋下，置木匣而後遁。老人無所獲，乃返。自忖雖辛苦，幸有木匣在。明日人靜時，至橋下取歸，啓視之，則磚石也。大懊喪，誓不復作賊。踵皮已脱，不良於行，匿鄉曲，以更夫終。此咸豐時事也。

刀客竊印

山東多刀客，往往劓人於國門之外，然矯健絶倫者，亦不多覯。咸豐時，登州某縣有刀客某，猱捷迅速，垣壁所不能隔。其友某，有技，與之相埒，亦刀客也。刀客犯案纍纍，官府購之急，則逃至汴，充捕役，凡案情重大非弋獲不可者，恆責之。某夜，撫院忽失印，即令緝之。某奉命躊躇，知爲巨賊，密索諸城内外，凡城垣之上，樓房之脊，以及船桅、旗竿之顛，搜之幾徧。一夜，至城東北鐵塔旁，見有人自頂下，瞬息無蹤。因超越而上，伏候之。須臾，其人返，相視驚喜，則友也。與敍間闊，並詢竊印故。友曰：「吾來尋君，思非此不能速遇，且將一試技能，使知吾輩中大有人耳。兄曷偕我去，何充此齷齪捕，受官府惡氣耶？」某然之，反撫印，偕友行。撫窮緝之，渺矣。

吕二改行致富

吕二，賊之雄也，不知所從來，或曰湘人，或曰鄂人，或曰皖人。其蹤跡以皖城爲多，凡江湖流竊來皖者，必吕允，始可施其技。其竊也，禁用暴力，雖攜械，當破獲之際，務以智自脱，否則寧弭首受縛，不得傷人。

歙有曹某，其大弟子也，能傳其術。邑之富人方迎娶，奩具極豐，吕與曹及其他一人往，雜衆中爲僞觀者。入其室，使一人手布包走，且呼曰：「賊，賊！」布包者，其所早備以爲囮，中敝衣數件，無他物也。衆人驚起競逐之。其人行甚疾，衆追稍遠，曹則盡捲几案鋪陳一切，乘間分塞來賓所乘輿之底。衆追得之，審其非，釋令去。歸而陳設不見，皆大駭。方紛亂間，曹與吕又盡竊其首飾之貴重者去矣。久之，亂定，始覺，已不可追。

吕之教人，分別門類，鑽穴者，踰牆者，剪綹者，探鑰者，各以類相從。其避光匿影、絶聲滅跡之法，暇日輒爲其徒口講指畫。晚年洗手，不復爲此，亦戒曹令自懲毖，曹不能從。吕六十餘，乃經商於外，七十四始還皖，富已不貲，人已不復知其向爲賊矣。一旦，忽柬招城中紳商農工有名者數百人飲宴，酒酣，出簿籍一，盡列諸人姓名，上書某若干，某若干，按籍付資。衆驚怪不受，吕笑曰：「我即向日之吕二也，擾諸君多矣，簿記具在。今行將就木，故躬行陶朱之術以贖前愆，此非盜泉也。今於諸君，本利皆清償，不更賈污名入泉下，不亦善乎！諸君拒我，便非與人爲善之義。」衆不得已受之。所餘猶可萬金。歲餘，吕疾，召其徒，舉餘款盡分授之，令各自謀生，毋更爲此，遂卒。其徒得資，亦頗有改行者。而曹終不悔，後十年，斃於錢塘獄。

曾文正有珠被竊

曾文正入覲，恩禮優渥，賜物累累稱異數，中有明珠一顆，綰以金絲，綴之項下，斯須不去。一日有讌會，賓客滿座，談次，或謂近日京中劇騙甚多，且其術至黠，不可捉摸，吾輩宜慎之。曾掀髯笑曰：「鼠輩伎倆，吾未之信。果能騙得乃公項下珠者，斯神技耳。雖然，吾知其無此術也。」越宿復入覲，乘肩輿入禁城。禁城地廣漠，一望可數里許，於晨光熹微中，見有車遠至，一出一入，須臾已近。車中似一親貴，鬚眉殊軒爽，似曾相識，然實不知其爲誰。曾出輿步行以示敬，親貴亦步行，忽揚聲曰：「爾非某某乎？」曾唯唯，卻立，似有所思。親貴前謂之曰：「二十年前某月日，曾與足下一面。當時足下無鬚，余方年少。今日相見，足下之鬚如許斑白，余亦于思爾爾矣。」言時，以指自捋其鬚，並引鬚與曾鬚相比。既而大笑，拱手遂去，曾亦登輿進。無何，朝罷歸，方欲解衣而明珠已不翼而飛矣。駭甚，徧索不得，始悟所遇者，剪綹賊也。又數日，應同鄉某御史之約，赴戲園觀劇，顧曲者或木天名宿，或豪貴少年，座爲之滿。劇將半，覺靴中似有不適，脫之，有物墮地，拾而視之，則曩日所失珠也。

鑪坑内有賊自首

周某家有菊，一日，閒步庭前而賞之，忽聞大呼曰：「有賊！」其聲喑嗚，如牛鳴盎中，舉家駭異。俄連呼不已，諦聽之，乃在廡下鑪坑内。乃邀邏者來啓視，則傫然一餓夫，昂首長跪，自言爲前夕乘闇闖入，匿於此，冀夜深出竊。不虞二更微雨，有人移醃虀兩甕置坑板上，遂不能出。尚冀雨霽移下，乃兩日不移，餓不可忍。自思出而被執，罪不過杖，不出則終爲餓鬼，故反作聲自呼耳。

文淵閣書被竊

文淵閣多藏書，每年伏日，例須晒書一次，十餘日而畢。直閣事者不監視，供事下役輒竊之以鬻錢，惟所竊皆零本耳。

太和門庫物被竊

太和門左有明庫六，歲派滿大臣二員，督率司官盤查一次。每查一次，即爲其從人竊一次。其中一庫，皆簾幙衣履之屬，中有珠幔，寬長可八尺，爲珍珠所穿，四圍以紅緑寶石間之，小者如緑豆，大者如龍眼核，線已朽敗，一抖晾，則珠紛紛落，必一一拾而裹之，記於簿，加印花焉，然已易爲贗者矣。更有明萬曆宫人繡履七八箱，嵌珠如椒，皆假者。更有皮張庫，則皆黴矣。至金庫、銀庫，則必歷年報空也。

庫丁竊銀

户部銀庫有庫丁，凡四十人。開庫之日爲堂期，月九次，合加班之堂期計之，凡十餘次。每一丁，月有三四次可當值，出入累千萬，無不有所竊。三年滿役，除行賄滿尚書規費六七千金及保鏢費外，尚可餘三四萬金。堂期入庫，四時均赤身，面滿尚書公案魚貫而入，取官製衣褲著之。運銀疲乏，可出而小憩。其復入也，仍裸而至公案前，張兩臂，露兩脅，胯亦微彎，更開口作聲，以示全體無夾帶也。然所竊之銀，則在肛門中，人不及察也。聞業此者，先以鴿卵出入肛門，以次而易雞卵、鴨卵、鵝卵，均澤以麻油。久之，更塞以重十兩之鐵丸六七枚，則每次塞銀時，至少可五十兩矣。又有一法，則藏銀於夾底水桶。蓋京師街衢多塵，堂期必備清水洒路，庫丁乃於桶底加板一層，銀入其中，俟堂官散，即從容擔之而出。

賊竊國璽

皇帝有傳國璽，而又有國寶，存庋奉天大內者，亦數十計。同治時，重修玉牒成。先一日，由內閣恭請御璽，以備鈐用。滿學士某實司之，驗視無誤，即藏之庫中，且閉户而下鍵焉。時滿大學士爲寶文靖公鋆及靈某。靈時已回第，忽急趨入閣，召某而謂之曰：「所藏之寶，盍再視之。」某如命而往，庫門之封識宛然，及逐一啓驗，則皇帝親親之寶，已不翼而飛矣。某惶急覆命，寶聞之，亦不知所出，且欲即時奏聞請旨。靈止之，手百金之銀票與某曰：「置匣中，明日當有驗，第勿聲張。」及歸家，一夕目不交睫。未明入直，急啓匣審視，則玉寶在其中，而銀票渺然矣。

李某遇鐵算盤

江西李某以貿易往來蘇、杭，亦老於江湖者也。嘗自杭州歸，中途有少年求載，同舟者咸拒之。李見其衣服襤褸，躑躅江岸，心憐之，語同舟者曰：「孤客無歸，大可憐憫，何惜此一席地乎！」乃招之登舟。至常山，將舍舟而陸，少年顧諸客曰：「萍水相逢，幸附驥尾，今將分手，頗思一盡微意，供諸君一飽，願聞所嗜。」諸客曰：「昨過某處，見市中饅頭頗佳，今思之，食指猶動。既承雅意，得此足矣，他不敢請。」時距其地已遠，諸客姑以此難之，且知其貧，必不能辦也。少年曰：「可。」乃還至其所卧處，蒙被而卧。衆呼之，曰：「毋擾清夢。」衆曰：「吾曹飢矣，饅頭安在？」曰：「諸君何汲汲若是，頃方起餿裹餡耳。」卧如故。久之，覺熱氣縷縷，自其被中出，衆異焉。或曰：「此渴睡漢鼻息耳。」俄少年起曰：「饅頭出籠矣。」發其衾，纍纍者皆是也。衆客飽啖，咸果其腹，異而叩其術，笑不言。食已，登陸，獨約李會於三里外。李至，少年已先在，出數紙爲贈。視之，自玉山至李之鄉里止，一路舟車，悉爲代傭，此則各牙行之票據也。李怪問之，少年曰：「不敢相欺，某乃江湖所謂鐵算盤者也。不必探囊胠篋，而能以術取人財。舟中諸客所齎，已各分其半矣。以君長者，故絲毫未取，且爲君代傭舟車以報厚意。」李大驚，又甚感之，再三致謝。少年曰：「舟車之費，皆取之諸客，何謝焉！」李曰：「相距且數百里，何能咄嗟而辦？」少年曰：「我輩於千里外物，不難立致，況數百里，直咫尺耳。」又謂李曰：「江湖間如我輩者不少，君此後橐中宜置五穀少許，或官府印花，方不爲術士所算也。」遂別李而去。李持票據示牙行，無不合契，沿途舟車悉應付如數。

襄河上下游多女賊

襄河上下游多女賊，行旅苦之。山陰某游幕陝省，以事南旋，溯襄而下，有同行船十餘艘，魚貫而進，守望相助。一夕，入鄂境，叢山峻嶺，四無人煙，以時晏不復前，遂泊於中流。每五六艘駢列，聯以巨纜，兩端距岸各數丈。夜闌，諸人以倦而睡，某以吸鴉片煙未寢，斗聞呀然一聲，出自鄰舟，亟起依窗而矚，但見月明水靜，一黑影向叢山飛去，霎時已失。舟人紛覓無獲，某亦手持水煙管過鄰舟問訊。鄰舟一武弁，鬚眉偉然，歎曰：「作客大不易，此間素號匪藪，雖萬山峻拔，上干雲霄，飛鳥不至，罔論人跡，而實爲宵小之安樂窩。舟泊中流，余竊惴惴。三更後，萬籟俱寂，猶嘿然危坐，旋覺舟微震，知有異，乃以藏文憑之小箱置枕旁，薦刀假寐。賊先登君舟，見君未眠，乃過余舟。聞余鼾聲大作，啓門逕入，以手攫箱。余遽躍起，出其不意，揮刀擊之，賊嗷然奪門遁。」譚次，某落紙煤於槽中，俛拾之，得一物，血模糊，燭之，玉皙，一女子手也。諸舟恐復有賊來，不敢留，星夜啓椗南下。

竊銀角

廣州鑄錢局會計員，每日會計出入，往往少數十金，莫測其故。蓋凡工人入廠時，每人率攜有香蕉數枚，乘人不見時，輒嵌一二角之小銀錢於蕉中吞之，出廠則從大便取出。工人勞苦，必不能禁食香蕉，故竟無術以禁絕之。

匿小兒於箱以竊物

光緒時，有奇竊名於江湖間。嘗令數小兒懷種種鎖鑰及破衣敗絮藏皮箱中，使人舁以上汽船，一若旅行之輜重者，汽船中人自以之入箱艙矣。箱之底板有機棙，至中途，則撥機而板脫，小兒出，乃徧發他箱，取其珍物，而以己箱之物實其中。及船至埠，則小兒雜人叢中出矣。

竊箱籠及木器

杭州某宅，嘗以喜慶事演劇三日，至第四日，主僕皆倦，夜未闌，臥矣。賊十餘輩入其室，取箱籠及木器，乃張燈啓門，相與擔負諸物，雜沓而出，且佯相語曰：「吾輩辛苦數日，主人不諒我，欲我輩連夜還人物，豈非不情！」時更夫聞之，以爲必某宅僕人也，因勸之曰：「汝輩受雇錢，作事乃義務，何可深怨！」則羣叱之曰：「此何與汝事，乃須汝饒舌。」比明，主人見大失物，問更夫，始知賊故以是欺更夫也。

竊首飾

凡小銀飾肆門前之櫃，恆置一燈，肆夥即坐其旁，以事工作。一日，有狀似甚困憊者至其處，哀之曰：「吾患瘡，幸某善士與我一膏藥，云貼之立愈，欲借汝燈一用可乎？」店夥允之。即就燈將膏藥揭開，出不意，貼膏藥於店夥之口，便攫貴重首飾去。逮揭膏追賊，去已遠矣。

竊驢之狡

金陵聚寶門，即南門也，層譙壯麗，複洞宏深，又當四通八達之衢，行人如蟻，肩背相摩，妙手空空兒，遂於此肆其胠篋之技。一日，有鄉婦騎驢入城，其夫執鞭隨於後。行至半洞，忽以人多前後隔斷，可望不可卽。半嚮，又有人載巨囊，散漫龐大，夾於婦之左右而行。良久人稀，婦忽自空中下墜，身猶在鞍，脚猶在鐙，惟驢則不知何往矣。夫亟就而扶之起，詢其故，婦茫然。蓋此輩黨羽頗衆，見此驢可得重值，因密遣其黨，佯爲擁擠，使騎者不能左右顧，乘間卽斷驢之銜勒與鏤膺，而以兩人托鞍於空中，又以錐刺驢尻，使負痛急走，既遠，卽撤手而去。夫見婦墜，必急視其受傷與否，不及追賊，賊卽於此時遠遁矣。

賊聞僧吟詩而退

揚州平山退居庵某僧耽吟詠，光緒乙未重九夕，方徜徉禪榻，挑燈搆思，漸入深夜。有偷兒至，蓋譆其香積廚略有所蓄，故穴牆而入也。既入，見僧方苦吟入定，充耳不聞，乃至隔房而肆搜括。詎僧忽得句，起而吟曰：「風月雙淸偷不得。」偷兒驟聞之，大驚，以爲僧已覺之也，僅攫其輕便者，亟竄去。僧聞聲出視，則山門洞開，經罏禪杖猶狼籍滿地也。

弄手

滬人呼翦綹賊曰弄手，猶言扒手也，亦曰瘪三碼子。非專以翦綹爲業也，可竊則竊，否則行乞。

垂髫女爲掱手

上海之掱手，有以垂髫女爲之者，以其尚未成年，人多忽而不察也。其人衣飾華潔，舉止大方，每擇嫁女之巨室，伺於門，見有女賓降輿，卽尾之而進，升堂入室，主人輒誤以爲女賓之偕來者也。周旋其間，乘間攘物，於是有搜竊新婦待御之珍品者矣，有被奪小兒隨身之飾器者矣。其從容者，或且隨衆筵宴，果腹而出，而主人、賀客皆不及覺察也。

上海飛口有神技

上海翦綹、扒掱之賊至多，然類分部別，名目至繁，聞其中有五等。一曰裏口，乃以小翦翦物者。一曰外口，乃以康熙大錢磨成刀式割物者。一曰竊口，乃以手掏摸者。一曰盜口，雖係偷竊，而帶有強橫性質，如長江幫中之扒兒手者。一曰飛口，則飛行絕跡，神妙不可思議，爲最上乘矣。光緒壬寅、癸卯間，一客自直隸保定來，既至滬，卽往謁探捕，請曰：「弟在北方，時運不濟，故作南游，冀託諸公福庇，在此小作勾當，旬以爲期，卽當他徙。」探捕詰之曰：「君欲得若干乎？」客曰：「不敢多求，三四千金耳。」聞者皆撟舌。蓋若輩向無大志，一人十日，多至數百金而止耳。羣對以爲數太鉅，恐不能如願。客訝然笑曰：「北方萬金猶不奇，上海爲全國第一商埠，區區者何足介意！總之與諸君約，以十日爲期。如得手，弟取四之三，以一奉贈。將來諸君北上，亦當稍盡地主之誼，以答盛情。」衆曰：「然則俟吾輩商之領袖，以定可否。」衆乃謁公共租界海寧路匯四捕房總捕頭。總捕頭曰：「此間向無大宗交易，客今放手爲之，若竿禍者，諸君奈何？我奈何？客亦自將奈何？事後倒蝦籠。賊到手復吐出者，謂之倒蝦籠。又奈何？誠不如其已也。余斷不允。」衆曰：「請自往復之，可乎？」總捕頭曰：「可。」既見客，辭以不能。客曰：「允否，君之權力，某不敢強。既不見許，某休憩數日，即他往耳。」總捕頭曰：「能即日行乎？」客曰：「君欲某行，即以明日上道。」總捕頭曰：「甚善，願君以相片見惠。」客勃然曰：「惡，是何言！予既不有求於此，則相片即非君所能索，不可得。君必欲得者，毋寧得予之頭。」遂忿然作色而別。

明日午後四時三十分，總捕頭散步道左，方探手於懷，索時計，則時計及鍊並囊中一千數百圓之紙幣，不翼而飛矣。總捕頭震怒，乃召通班探捕，嚴諭之曰：「若輩辦公乃如此！外間竊案層見迭出，今且侵及我。姑以一日爲限，明日此時必以原物見還，不則若輩悉罷斥，予將於本國或香港別選能者來。」衆退，惶急無計。有疑爲客所爲者，大索客，不可得。一再集議，以某與客略譾，迫其躡客蹤，謂之曰：「子覓得客原物來，客昔者所要約，悉如命，否則子先有所不利。」某曰：「客於城中亦有寄宿地，且姑覓之。」

至則客固未出也，某爲致衆意。客笑曰：「今不能若是易矣。子往語諸君，任予留此三月，買賣無定數，十萬八萬，視予力所及。且尚有一要言，子其識之。大名鼎鼎之總捕頭，當以相片見贈，俾留爲紀念。不然者，予謹俟於此，諸君其何能爲！」某退而復命，往復商議，始以一月期、萬金額定議。議定，索原物，客又笑曰：「咄，此豈汝所能索者。取之誰，當還之誰耳。煩語總捕頭，明日可仍於原時原地，遊行如前狀，自有人致之，毋多言。」某不得已，諾而退，復命於總捕頭。

明日將屆時，總捕頭至其地，蓄意以伺之，乃久之而四時半矣，五時矣，猶寂然。時捕探亦有立於旁者，總捕頭曰：「彼乃敢戲予！」探捕中有一人言曰：「渠矢言矣，當不失信，盍於身畔詳檢之。」總捕頭如言，則原物赫然在身，瞿然曰：「有是哉！彼之手腕靈敏神妙，一至於是耶？果若何而竊，若何而還，若輩試詢之。」

某乃往詢之客，則曰：「今不必言耶，可問總捕頭以四時三十分時有一快馬車自東疾馳而來，幾撞其身，左側一人以手略推，始免，撞者爲誰乎？」某以告總捕頭，總捕頭曰：「噫，吾知之矣。衣玄色小襖、灰色坎肩，目架墨晶眼鏡者，殆其人也。」

上海小工竊物

上海小工之竊物，最多者爲各大汽船碼頭。汽船至，蜂擁而上，爲客運行李，雖有碼頭巡丁、水上包探之保護，偶一不慎，即已遺失，此老於行旅者所皆知也。更有專運棧貨之小工，即俗名槓棒者，其盜物手段，尤極靈活，不論南北雜貨、藥材、食物、茶葉、米糧等類，若輩均能一一竊之。且滙山碼頭一帶，竟有專收碼頭賊贓之商店。所收者，藥材爲多，雜貨、茶米等次之，洋貨、布疋則甚鮮，蓋以箱篋堅固，不易竊也。

竊蓋

上海馬路不能溲，溲必於巷，且有木栅或水泥所築之短垣以識之，亦未可隨意自由也。一日，有鄉人就而溲焉，置所攜之蓋於地。蓋卽傘也。一偷兒見之，取蓋，夾於脅下而亦溲焉。鄉人溲畢覓蓋，偷兒曰：「汝自不謹耳。當識之，他日必如我之蓋不離身而後可也。」

竊玉搬指

載澤出洋考察法政、海軍諸事歸，一日，與京尹晤於六國餐館。京尹言京師爲四方奸宄所聚，其徒之變幻不測，有常人所百思不得者，往往近身之物，亦取之如攜，誠可怪詫。載笑曰：「此輩鼠竊狗偷，欺田舍郎，得衣食耳，能有異術耶？」京尹曰：「是不盡然。如吾所聞，某侍郎卽嘗墮其術中。」載曰：「彼自疎忽，非宵人之智。」因翹指示京尹曰：「此御賜四喜搬指，吾用之數年矣，刻不去身，能取之者，則吾服之矣。」京尹唯唯。

越數日，德公使館開茶會，柬邀我國大員，載亦往。座有虬髯碧眼兒，頎面碩身，被軍服，趨前握其手曰：「柏林一別，今已三年，君丰采乃勝前日，可喜可賀。」載瞠目，不知誰何，以其外人，卽姑應之，其人數語後，匆匆他去。旋覺有異，視其手，搬指亡矣。問德使，則亦不識其人，謂但見其衣服華麗，疑爲貴賓。載恥於前言，不告人，驅車而歸。甫及門，京尹亦至矣。問來意，出搬指曰：「頃方退朝，有人衣服形容如宮監者，以此物將至，云頃從公索觀者，囑爲交還。物既見付，即轉身去，當時未及窮詰，頗疑。顧其人直入宮門，則又似無可疑者。」載良久，乃恍然，蓋當日無心一語，已有屬耳於垣者矣。獨不解此中人物，乃有洋人有宮監也。

江輪竊履之賊

宣統庚戌冬，程善之與數友附汽船赴皖，在舟中，數人列坐一榻，各脫履置榻旁，盤膝於榻而談。時天方寒，衆多著西式煖鞋，竊者涎之，乃欲以物寄榻畔。衆不許，乃去。須臾，聞船尾有人噪呼云：「得一賊矣。」翹首望之，果見有人擒一賊，自船後來，左握其髮，右扼其腰，牽曳以行。賊力與支拄，逡巡過榻前。衆方注視，中有方某者，最機警，覺有異，即跣足起立，握賊衣，則榻下之履已盡入賊懷矣，一一搜出，幸無失。擒賊者怒益甚，叱曰：「賊已被獲，何敢爾耶！曳懸之前桅，看如何？」且詈，且蹴以足，乃引去。在榻前方苦掙，故行甚緩，數武外，忽疾如風。衆頗訝之，繼乃悟其本爲一黨也，特以無因俯首拾履，故出此計耳。

竊賊易裝以惑人

史某以事赴鄂，在汽船客艙，竟日無事，倦而少息。方徙倚間，有過其前者，著單呢袍，戴瓜皮帽，被服殊樸。見史方偃仰，乃俯視箱籠，趦趄而行，猶屢回顧，乃去。一炊許復至，則一布袍舊西式便帽，類僕從者。史不爲意，偶見其一掉頭，則又向者面龐也。疑甚，乃佯閉目以寐。須臾，其人手一茶壺至前，呼曰：「先生飲茶否？」史不應以爲酣也，遽摸其身穷物。史猝躍起，挽其髮，按之仆地，將飽以老拳。其人無言，惟號呼乞命而已。須臾前艙一人奔至，噪曰：「失翡翠鼻煙壺矣」見其人，大喜，曰：「必此人也。」搜其身不得。見地有茶壺，揭蓋視之，鼻煙壺在焉，怒曰：「此值數百金，鼠子乃敢盜之耶？」憤憤語史曰：「君請釋手，此人，僕當交船主重責之」遂提曳以去。久之，無所聞。問水手，則因未白船主也，乃知其爲一黨矣。

飛賊

有皖人某甲者，聽鼓歷下。一日，得其鄉人某乙函，借銀幣百圓，惡之，置不答。越日，又索百金，仍不理。夜分，乙飛躍入甲宅，以銛利之匕首刺牀頭，盡攜其黃白物以去。甲懼，鳴於官，捉乙，已失所在。事後十餘日，補用道丙亦皖人，復得乙函，索千金，並使送至某巷關帝廟横匾中屆期以百金往，守以警兵，而終夜無見聞，視金，亡矣。丙怒警察之失職，限以期使捕賊，逾期則索償於警廳。警吏怒且急，明偵暗訪，城市騷然，終不濟，而警廳存款亦不翼而飛矣。凡皖人之在官者，莫不慄慄危懼焉。

焚悶香以行竊

有於深夜攜悶香入人家焚之，使其合室之人昏迷不醒，席捲財物，從容而行者。比覺，則沓如黃鵠矣。

鄰人穴牆以行竊

滬上家屋之有石庫門者，以幢一樓一底曰一幢。有所謂半幢者，騎樓也。廂房亦有樓，則曰半幢。計，不論爲五幢、三幢、二幢、一幢，在一門之中者爲一家，然左右之牆皆與他家合，非獨立也。馮蓋忱居克能海路之存厚里，一夕，出觀劇，盡室偕行，獨閽者留守。其左鄰之人穴廂樓而進，啓其篋，竊衣飾以去。閽者在樓下，微聞有聲，以爲貓鼠也。覩劇者夜闌返，倦而寢。翌日晌午，閽者起，出門偶眺，見左鄰之門已扃，窺其隙，闃無人，忽有悟，告蓋忱，發篋視之，空矣。乃始悟昨夕之賊，非自外來，故雖警察林立，無人覺察也。

清稗類鈔

棍騙類

販豬仔

以強力取不義之財者曰棍徒，以詭計取不義之財者曰騙子，雖與盜賊異，而其見利忘義則同。販賣豬仔之人，則強力詭計悉用之，是合棍徒與騙子而爲一也。

豬仔，內地人民被拐出洋，鬻賣爲奴，使供一切苦役，以若輩蠢如鹿豕，因以豬仔名之。蓋南洋羣島多有不肖之徒，勾通地棍，誘致壯丁，見有貧困者，初則啗以微利，誘以甘言，謂當攜往善地經商，可得重值。愚者爲所惑，輒從之行，乃引之入販者所。販者假旅館爲窟，入其室，乃錮之，令不得出，甚且囚之於木籠，籠中一人或二人，日給饘粥二次。俟議價既定，卽囚之，載入海舶以去。所往之地，大抵爲新加坡、庇能等埠，沿途發賣，或質之於人，而受其值，蓋卽沿襲販黑奴者之餘智也。

其次者以借資爲誘置之媒，凡遇淪落不偶之工賈，則佯稱借以資本，俟出洋得業後，以漸清償。惟出洋後所止之地點及受雇處所，須聽借以資者之指定及介紹。而豬販於其出洋時，卽傳電告知指定之處，蓋卽海外販豬機關或雇豬仔者。逮此人出洋至其所指定之處，雖明知已爲所誘，而雇者販者之合同已成鐵案，不能自拔矣。若能以工資償借款，則始得回復其自由。

傭用豬仔之法最毒者，爲誘之以賭與煙。華工麕集之地，每有多數賭館，番攤、牌九諸賭品無不備。若輩好賭，而十無一勝。館主故爲慷慨，任其賒欠。於是以可賒欠而賭愈狂，賭愈狂而所欠愈多，所欠既多，館主乃以此項賭賬劃歸之傭工者。故有多數華工，因賭賬之糾葛，其工資已領至十年以後者，遂至終爲人奴矣。其誘以煙者，傭工之主人密設鴉片肆於工場左右，故廉其值，華工多就此以休息，煙癮乃成。癮既成，晏起早息，每日工作之成績自劣。彼傭工者以成績計，於是工力愈減，而畢工之期愈延，畢工之期愈延，而受人之工資不耗於賭，卽耗於煙，至是而遂無一幸免者矣。

其在祕魯者，多售之於寮主。寮主皆歐洲豪猾，稍集資本，前往承領墾地，而購我華工以代牛馬者也。寮主之視豬仔實不如牛馬，每日晨起，用鐵鍊橫鎖，牽連就役，每日止給一麵包及香蕉二枚。監以黑奴，稍不如法，箠楚交下。夜則嚴閉斗室，梏其手足於榻，使不得轉側。更豢惡犬數十頭，如有逃者，卽放犬追之，嗅氣尋覓，百無一免。獲則斃之以手槍，甚且泡以沸湯，焚以烈火，慘不可言。光緒某年，祕魯有一寮主尤兇惡，曾殺華工至千數百人，積顱骨如山阜，植花木其上，以作京觀。

拐帶婦孺

拐帶人口以販賣於人者，凡繁盛處所皆有之，而上海獨多。蓋華洋雜處，水陸交通，若輩遂得來往自由，肆其伎倆。有自內地拐之至滬者，有自滬拐之出境者，或充奴僕，或作豬仔，而警察有所不知，偵探有所不及。其受害者，則以婦孺爲尤甚，蓋知識幼稚之故也。其應用之方法，強力詭計相時而行，亦合棍徒騙子而爲一人者也。且警察、偵探非惟絶不過問，甚且從而袒庇之，蓋得其賄也。所拐婦孺，先藏之密室，然後賣與水販，轉運出口。婦女則運至東三省者爲多，小孩則運至廣東、福建等省者爲多。若輩謂婦女曰條子，小孩曰石頭。其上汽船也，更有人爲之保險，船役亦有通同保險者，視此爲恆業，與各處偵探相交通，故絶無破案之事也。

揚州、蘇州、松江、無錫之鄉女，以上海工資較內地爲昂，每出而就傭於巨室。至滬，則投薦頭店。薦頭者，介紹傭僕之人也，然亦有以拐賣爲事者。陽以介紹爲名，而導入邪僻之旅館，先與姦宿，無幾時卽入拐匪之手矣。

自成都、重慶而下，直至黄州，中有匪徒出没，交結甚隱祕，且有以拐帶婦女爲業者，亦復彼此交通。其拐少婦之術，往往令其黨之婦女，騎驢遊弋村落間，見有鄉婦騎驢出者，其夫若從於後，則故策驢令傍鄉婦驢以行，遂與鄉婦互通名居，佯與殷勤，而陰策驢令行漸速，鄉婦不覺亦速，則已與其夫隔遠。如是數轉，鄉婦路迷急遽，則慰之曰：「勿恐，前途有吾親串家，可往小憩。若旰，卽可宿。」遂引至匪所。入門，此婦卽他匿，室皆男子。鄉婦覩狀，必號哭，則令人捽而痛抶之，且告之曰：「汝已入吾穽，不從卽死。」以絶其念。因使其黨污之，名之曰滅恥。婦人既被恐喝，又失身於人，則心漸灰矣。因令他匪僞爲受主者，向匪家購以爲妾，而好言問其自來。婦人必泣訴其寃苦，乃僞爲不忍者，而退諸匪家，則又痛抶之。徐察其果無變志，乃又使一匪購之，問如前。如再言，再扶之。如是三四，最後愈慘酷，直俟其不敢復言，始令人攜至市鎮賣之，故絶鮮破案者。

其被拐者直接之害有二。一戕賊肢體。肢體爲人所同具，而被拐之幼孩，則肢體輒多戕賊。其慣受鞭笞刀鋸以死者無論矣，如毁傷面目，削割手足，爲玩物斂錢之具者，隨在皆有。所最慘者，或豢養幼孩爲侏儒狀。法以幼孩納身入甕，故出其頭，豢養數年，頭大身小，遂成侏儒狀。或僞飾爲人首獸身狀。先碎割幼孩肌膚，使之流血不止，卽活剥犬羊等皮，緊貼孩身，不久卽自黏合，藉以演劇炫人。二剥奪人格。人莫不各有其高貴之人格，而婦孺被畧，則人格亦被剥奪矣。舉人生一切應有之權利，既爲拐匪所摧盡，而更導之以邪淫，誘之以罪惡也。

攫孩勒贖

道、咸以還，京師風氣日偷，宗室子弟往往遊博無度，資盡則輒往荒僻，攫農家乳孩以歸。次日，故張帖招領，託詞途中拾得者。至農家來贖時，則又多方勒索酬金，必取盈而後止。

采生折割

江湖匪徒有以采生折割爲利誘拐小兒者。其得之也，以強力，以詭計，亦合棍徒騙子而爲一人也。乾隆時，長沙市中有二人，牽一犬，較常犬稍大，前兩足趾較犬趾爪長，後足如熊，有尾而小，耳鼻皆如人，絶不類犬，而遍體則犬毛也。能作人言，唱各種小曲，無不按節。觀者如堵，争施錢以求一曲。縣令荆某途遇之，命役引歸，託言太夫人欲觀，將厚贈之。至則先令犬入内衙訊之，顧犬曰：「汝人乎，犬乎？」對曰：「我亦不自知爲人也，犬也。」曰：「若何與偕？」對曰：「我亦不自知也。」因詰以二人平素所習業，曰：「日則牽我出就市，晚歸卽納於桶，莫審其所爲。一日，因雨未出，彼飼我於船，得出桶。見二人啓箱，箱有木人數十，眼目手足悉能自動。其船板下卧一老人，生死與否，我亦不知。」荆拘二人鞫之，初不承，旋命燒鐵針刺入鬼哭穴，極刑訊之，始言此犬乃以三歲幼孩作成，先用藥爛其皮，使盡脱，次用狗毛燒灰，和藥敷之，内服以藥，使創平復，則體生犬毛，而尾出，儼然犬也。此法十不得一活，若成一犬，便可獲利終身。所殺小兒無數，乃成此犬。問木人何用，曰：「拐得兒，令自擇木人，得跛者、瞎者、斷肢者，悉如狀以爲之，令之作丐求錢。」荆得狀，卽率役籍其船，於船上得老人皮，自背裂開，中實以草。問何用，曰：「此九十以外老人皮也，最不易得。若得而乾之爲屑，和藥彈人身，其人魂卽來供役。覓數十年，近甫得之。又以皮溼未能作屑，乃卽敗露，此天也，天也！今但求速死耳。」荆大怒，乃命人械繫之，牽之至市曹，暴其罪而撈死之，觀者稱快。久之，犬亦餓斃。

乾隆辛巳，蘇州虎邱市上有丐，挈狗熊以俱。狗熊大如川馬，箭毛森立，能作字吟詩，而不能言。往觀者施一錢，許觀之。以素紙求書，則大書唐詩一首，酬以百錢。一日，丐外出，狗熊獨居。人又往，與一紙求寫，熊寫云：「我長沙鄉訓蒙人，姓金，名汝利。少時被此丐與其夥捉我去，先以啞藥灌我，遂不能言。先畜一狗熊在家，將我剥衣捆住，渾身用針刺之，熱血淋漓，趁血熱時，卽殺狗熊，剥其皮，包於我身，人血狗血相膠粘，永不脱，用鐵鍊鎖我以騙人，今賺錢數萬貫矣。」書畢，指其口，淚下如雨。衆大駭，擒丐送有司，照采生折割律，杖殺之。押解狗熊至長沙，還其家。

光緒丁丑九月，揚州城中之教場，有山東人張設布圍，任人入覽以售錢者。其中有奇形人五，一男子上體如常人，而兩腿皆軟，若有筋無骨者，有人抱其上體而旋轉之，如絞索然。一男子胸間伏一嬰兒，皮肉合而爲一，五官四體悉具，能運動言語。一男子右臂僅五六寸，右手小如錢，而左臂長過膝，左手大如蒲葵扇。一男子臍大於杯，能吸淡巴菰，以管入臍中，則煙從口出。一女子雙足纖小，兩乳高聳，而頷下虬髯如戟。於是觀者甚衆。事聞於官，謂是采生折割者流，逐之出境。

善棍

俗稱無賴之徒曰棍徒，又曰地棍，又曰土棍，亦曰痞棍。蓋俗以棒爲棍，狀其凶惡，如以棒擊人也。其名所由起，則原於李紳《拜三川守詩序》，謂「閭巷惡少年，免帽散衣，聚爲羣鬭，或差肩追繞擊大毬，里言謂之打棍，士庶苦之」云云。是則凡得惡名者，始可曰棍，而光、宣間乃竟有假託善名而爲惡者，人目之曰善棍。

其人輒假慈善事業之名，賃屋於市，標其名曰某某善堂，刊刻緣起，四出募捐，並列負有資望之紳商姓名，謂之曰發起人、贊成人，或從而尊之曰董事，以求取信於人，冀得踴躍輸助。其實凡列名者，未必一一過問，惟經手之數人，得朋分金錢而已。其號稱經辦之事，如放賑也，辦學也，育嬰也，養老也，又有衣米、醫藥、棺塚以及惜字、涼茶之施捨，一一臚列，巨細靡遺。究之，實行者一二而已，所得之貲，泰半自潤，甚且有因以致富者。其所以得善棍之名者，亦以其詐欺取人財耳。

獺皮歌

蘇俗呼土棍爲獺皮，凡偪醮、搆訟、殺牛、開賭諸不法事，皆出其手。費葵有《獺皮歌》，懲惡之意，流露楮墨。歌云：「蘇松界處東海濱，素稱澤國水瀰瀰。爲淵敺魚偏有獺，實偪處此何不仁？東鄰醮婦喪所天，西鄰賣兒償租錢。渠先攫取數緡去，那管汝曹泣涕漣。忽聞郵南詬誶聲，計興波浪定財生。不然唆使公庭去，涉訟經年禍不輕。良民動色常閉户，無辜波及竊與賭。覘知里甲暗中謀，愚民股栗色如土。小語低聲里甲前，哀求大力脱網罟。且賣郭外祖遺田，再鬻舍旁種菜圃。大家剖食事方休，免得鉤提到官府。里甲何人庇獺皮，虎威狐假更神武。吁嗟乎，罄竹竭波難盡傳，聊言一二已慘然。肥爾身兮果爾腹，百般詭計掠人錢。如狼如虎亦可稱，虎狼噬人未猛烈。爲蛇爲蠍何不名，蛇蠍螫人可撲滅。惟有獺居水族中，涵淹卵育擇肥齧。安得韓公驅鱷文，食肉寢皮波浪息。」

副天保冒充福文襄

乾隆末，福文襄王康安權勢赫濯，每出行，所從家奴騷擾驛站，而牧令事之惟謹。有無賴子副天保者，少與文襄之家奴鄰，悉文襄情狀嗜好，乃與其黨數十人，假文襄名號，沿途訛詐，稱疾不會僚屬。至湖南辰州，時知府清安泰爲文襄所薦擢者，具手版上謁，從者遏之。清疑其詐，突入。保卧重茵中，清直前揭被，知非文裏，呼羣役進，立時擒獲，無一逃者。事聞，高宗大喜，立擢清官。後仕至浙江巡撫。

朱福保率乞兒喫光麪

朱福保，吳縣舉人，專以訛詐爲事。道光時，以被控，革舉人，禁於獄。咸豐辛亥，大赦出獄，而橫行如初。庚申之變，朱與粵寇通聲氣，勢益盛。同治癸亥，蘇城克復，朱遁至洞庭東山，山人大震曰：「朱舉人至，吾輩供其魚肉矣。」因鳴金集衆，邀擊朱於殿前，東山街名。鋤耒橫施，朱遂破腦死。

有新開之麪肆，生涯頗盛，朱一日造其樓，頻呼取光麪來。光麪者，無餃之麪也。肆夥初未識朱，因曰：「店例，喫大麪者坐樓上，喫光麪者坐樓下。客喫光麪，請下樓。」朱曰：「信如所云，則喫中麪者半餃之麪曰中麪。將坐於樓之中間矣。」肆夥漫應之。翌晨，朱集乞兒若干人，各給錢數十文，以二人爲一班，分班至麪館喫中麪。喫時，踞坐樓梯之半，一班去，一班又來，至午猶未散。他客造麪肆者，見乞兒踞樓梯，率望望然去之。肆主大窘，亟向朱請罪，且賄以金，朱乃麾乞兒去。

朱福保買古瓶耳

朱福保嘗過某骨董肆，見有古瓷瓶一，色澤至佳，因叩以價若干，肆主曰：「非銀十圓不可。」朱曰：「以余觀之，值一圓耳。」肆主嗤之以鼻，且曰：「一圓之值，購瓶耳而已。」蓋瓶旁固有兩耳也。朱默然而去。翌日，復來，探囊出銀餅一枚，置於櫃，俯拾地上磚塊，敲去瓶旁兩耳，懷之而去。肆主畏朱氣燄，不敢與較，沮喪者累日。

上海之地棍

上海之流氓，卽地棍也。其人大抵各戴其魁，横行於市，互相團結，脈絡貫通，至少可有八千餘人。平日皆無職業，專事游蕩，設穽陷人。今試執其一而問之曰：「何業？」則必囁嚅而對曰：「白相。」自號白相人。一若白相二字，爲惟一之職業也者。若輩身口之銷耗，晝則飯館，晚則逆旅，茶坊酒肆更無不有其蹤跡。平均計之，每日每人以銀幣半圓計，其總數日已四千餘圓，以年計之，則已達一百四十餘萬之鉅也。

上海地棍之拆梢

拆梢者，蘇、滬爲多，而滬尤甚。蓋以非法之舉動，恐嚇之手段，借端敲詐勒索財物之謂也。凡地棍，慣以此爲生涯。拆梢之語，猶普通語之敲竹扛，江寧語之敲釘錘兒，鎭江語之釘釘子，杭州語之刨黄瓜兒是也。

敲竹扛者之竹扛二字，實爲斮扛之誤，有苛斂横征意。齊次風有《禽言》詩七章，以斮扛與布穀等並列是也。其詩云：「斮扛斮扛，一斮使山禿，再斮使山荒，漫論阿房與建章。去年豪吏來如虎，云造海船送兵府。千章伐盡一朝樹，斮扛斮扛爲官苦。苦辦雞黍飽吏人，自斮自扛幸勿嗔。今年再來云不足，仰看青山山已禿。海船三年造未成，年年卻造誰家屋？」

上海地棍之施術，不能施之於老門檻也。老門檻者，精熟世故者之稱也。蓋必擇其所謂瘟孫、洋盤、曲辮子、壽頭碼子、豬玀、豬頭三、蠟燭、飯桶、阿土生、阿木林、戇大者，而始被以術耳。

上海地棍之硬詐

上海地棍之拆梢，必有線索可尋，罅隙可乘，非貿貿然爲之也。至有所謂硬詐者，則兔起鶻落，猝不及防，受害者自亦莫明其故。至其所以橫行無忌者，則以巡警、包探無不通同一氣，卽或爲所目擊，亦皆佯作不見，而相喻於無言。蓋必於事後提錢若干以餽之，「是之謂劈霸」。劈霸者，分贓之謂也。若輩恃此無恐，遂得肆其硬詐之技焉。

今有甲乙丙三人焉，乙丙爲流氓，甲不知也。無意中，於乙前談及丙事。乙若與丙不睦者，出種種污丙之語以撩甲，甲含糊以答之，敷衍以應之，而禍機於是伏矣。不移時，而丙卽糾集多人，尋至甲處，責其不應毀我。甲若不認，乙卽出而證明之。同時復有多人，長丙而短甲，馴至於毆。是時甲大窘，不得不乞人調停，而出金以酬之矣。

浦東李某，貌樸而家小康，一日至滬，行闤市中，流氓見其可欺也，故撞其身，而脫屨以示之曰：「子何損我鞋，污我襪？今將何言？」李不服，其黨從而罵之，且自碎其衣而號於衆曰：「此人既污損彼之鞋襪，又碎我之衣，吾輩決不甘。」乃揪李之辮，人茶肆，謂非至捕房不可。是時別有出而爲調人者，勸其出資賠償，且叩頭而後已。

上海地棍之擺丹老

上海流氓之向人強借資財，曰擺丹老。若不與，即嗾使同類挫辱之。

上海地棍以爲人復讎取財

上海流氓有以爲人復讎之法而詐欺取財者。如甲乙有微隙，爲若輩所知，輒百出其計以煽之，非煽甲，即煽乙，務使若有不共戴天之仇者。如甲納之，則即召集其黨，護甲至乙處，聲言復讎。先以一二人與乙爲難，繼則各出武器以嚇之。復有一二人同時出而爲之調處，責乙罰酒若干筵，每筵作價銀幣五圓，美其名曰紅紅面孔，請請弟兄，其實皆折價而納之於囊。紅紅面孔者，醉也。且更有今日護甲至乙處，明日而復護乙至甲處者。如乙以勢孤力寡，恐爲皮鄉頭之架子，謂打人曰對皮鄉頭。既忍氣吞聲，而獻酒若干筵之代價，明日則至甲處復仇，而黨甲者亦溷跡其間，至甲處尋釁，及其結果，亦與乙等。

上海地棍有好買賣

上海地棍有以好買賣爲業者。譬如某甲有婦，外遇某乙，而甲之力不足與乙角，於是地棍揶揄之，陰諷之，並願爲之代捉姦夫。及其得也，則大開談判，必奉金若干，始可寢事，否則拳足交加，尖刀插刺，連續而下。卽不得已而至訟庭，既有原告，更有姦夫淫婦，而地棍之自身固無恙也。乙果畏事，則必諾其請，而若輩之欲饜矣。若輩遇此最喜，謂之曰好買賣。

上海地棍之喫講茶

喫講茶者，下等社會之人每有事，輒就茶肆以判曲直也。凡肆中所有之茶，皆由負者代償其資，不僅兩造之茶錢也。然上海地棍之喫講茶，未必直者果勝，曲者果負也。而兩方面之勝負，又各視其人之多寡以爲衡，甚且有以一言不合而決裂用武者，官中皆深嫉之，懸爲厲禁。

上海地棍之包開銷

上海新設商店，開市之日，必有於清晨前往購物，以廉價而得多量，甚至強迫其賒欠者。於是地棍得因之以爲利，曰包開銷，先期前往，勸納銀幣若干，卽無有賒欠者矣。

上海地棍之索陋規

上海地棍之所得陋規，新年令節爲尤多，如賭場也，私設之煙館也，所獲甚豐，有得百金以上者。

浄慈寺僧騙王元寶

國初,徽商王元寶業鹺廣陵,其富冠兩淮,每三年,必取道浙江,返徽以省墓。適杭州西湖浄慈寺大殿燬於火,主僧欲募貲重修,計當世之大有力者莫如王,乃預遣畫工密赴揚,圖其形,塑作羅漢,露坐殿隅。元寶游西湖,將至寺,主僧率合寺五百餘僧,具袈裟香花奉迎。元寶駭問,主僧則曰:「昨夜夢迦藍神諭,謂今日羅漢以肉身返寺,故奉迎耳。」元寶聞而疑焉,見像,乃信之,大喜,視殿宇被燬,因發願重修,於是僧得巨資。

造畜

魘媚之術,不一其道,或投羹餌,給之食,則人迷罔,輒相從而去,山東最多,俗名之曰打絮巴,小兒無知,輒受其害。又有變人爲畜者,名曰造畜,此術江北猶少,河以南輒有之。順、康間,揚州旅店中,有一人牽驢五頭,暫繫櫪下,云:「我少選卽返。」兼囑勿令飲噉,遂去。驢暴日中,蹄齧殊喧,主人著牽涼處。驢見水,奔就之,縱飲焉。一滚塵,化爲婦人。怪之,詰其所由,舌強而不能答,乃匿諸室中。既而驢主至,驅五羊於院中,驚問驢之所在。主人曳客坐,便進餐飯,且云:「客姑飲,驢卽至矣。」主人出,悉飲五羊,輾轉皆爲童子。陰報郡,遣役捕獲,遂械殺之。

江南謂之扯絮,所施之術,大抵相同。而四川及湖南、湖北有謂之曰高脚騾子者。其在途也,婦女多至二三百口，托詞販賣，實拐術也。間有逃出者，問之，曰：「被迷時，覺天地昏暗，或兩旁皆虎豹，或皆江河，僅有中間一綫之道，遂不覺隨之走也。」

念秧

拐騙之徒有曰念秧者，北方土語也，蓋言辭浸潤，乘機以行其詐欺。南方謂之局騙。

蒲留仙曰：人情鬼蜮，所在皆然，南北衢衢，其害尤烈。如強弓怒馬，禦人於國門之外者，夫人而知之矣。或有劙囊刺橐，攫貨於市，行人回首，財貨已空，此非鬼蜮之尤者耶？乃又有萍水相逢，甘言如醴，其來也漸，其入也深，悞認傾蓋之交，遂罹喪資之禍，隨機設阱，情狀不一。俗以其言辭浸潤，名曰念秧，北途多有之，遭其害者尤衆。王子巽者，淄川諸生，以入都探其友旗籍某太史，治裝北上。出濟南，行數里，有一人跨黑衛，與同行，時以閒語相引，王頗與問答。其人自言：「張姓，爲棲霞隸，亦奉差赴都者。」稱謂撝卑，祗奉殷勤。相從數十里，約同宿，王在前，則策蹇追及，在後，則止候道左。僕疑之，厲色拒去，不使相從。張頗自慚，揮鞭遂去。既暮，休於旅舍，偶步門前，則見張就外舍飲。方驚疑間，張望見王，垂手拱立，謙若厮僕，稍稍問訊。王亦以汎汎適相值，不爲疑，然王僕終夜戒備之。雞既唱，張來，呼與同行，僕咄絶之，乃去。朝暾已上，王始就道。行半日許，前一人跨白衛，年四十已來，衣帽整潔，垂首蹇分，盹寐欲墜，或先之，或後之，逡巡十餘里。王怪問：「夜何作，致迷頓乃爾？」其人聞之，猛然欠伸，言：「我清苑人，許姓，臨淄令高繁是我中表。家兄設帳官署，我往探省，少獲餽貽。今夜旅舍，誤同念秧者宿，驚惕不敢交睫，遂致白晝迷悶。」王故問念秧何説，許曰：「君客時少，未知險詐。今有匪類，以甘言誘行旅，夤緣與同休止，因而乘機騙賺。昨有葭莩親，以此喪資斧，吾等皆宜警備。」王頷之。先是，臨淄宰與王有舊，王曾入其幕，識其門客，果有許姓，遂不復疑。因道温涼，兼詢其兄況。許約暮共主人，王諾之。僕終疑其僞，陰與主人謀，遲留不進，相失，遂杳。翼日，日卓午，又遇一少年，年可十六七，騎健騾，冠服秀整，貌甚都，同行久之，未嘗交一言。日既西，少年忽言曰：「前去屈律店不遠矣。」王微應之。少年因咨嗟欷歔，如不自勝。王略致詰問，少年歎曰：「僕江南金姓，三年膏火，冀博一第，不圖竟落孫山。家兄爲部中主政，遂載細小來，冀得排遣。生平不習跋涉，撲面塵沙，使人薅惱。」因取紅巾拭面，歎咤不已。聽其語，操南音，嬌婉若女子。王心好之，稍稍慰藉。少年曰：「眷適先馳，久望不來，何僕輩亦無至者？日已將暮，奈何？」遲留瞻望，行甚緩。王遂先驅，相去漸遠。晚投旅邸，既入舍，則壁下一牀，先有客解裝其上。王問主人，卽有一人入，攜之而出，曰：「但請安置，當移他所。」王視之，許也。王止與同舍，許遂止，因與坐談。少間，又有攜裝入者，見王、許在舍，返身遽出，曰：「已有客在。」王審視，則途中少年也。王未言，許急起，曳留之，少年遂坐。許乃展問邦族，少年又以途中言爲許告。俄頃，解囊出貲，堆累頗重，秤銀兩，餘付主人，囑治殽酒，供夜話。二人爭勸止之，卒不聽。俄而酒炙並陳，筵間，少年論文，甚風雅。王問江南闈中題，少年悉告之，且自誦其破承，及篇中得意之句。言已，意甚不平，皆扼腕而歎。少年又以家口相失，夜無僕役，患不解牧圉，王因命僕代攝莝豆，少年深感謝。居無何，忽蹴然曰：「生平蹇滯，出門亦無好況。昨夜逆旅與惡人居，擲骰叫呼，聒耳沸心，使人不㕵。」南音呼骰爲投，許不解，固問之。少年手摹其狀，許乃笑，於橐中出色一枚曰：「是此物否？」少年諾。許乃以色爲令，相歡飲。酒既闌，許請共擲，贏一東道主。王辭不解，許乃與少年相對呼盧，又陰囑王曰：「君勿洩言，蠻公子頗充裕，年又稚，未必深解五木訣，我贏些須，明當奉屈耳。」二人乃入隔舍。旋聞蘚賭甚鬧，王潛窺之，見棲霞隸亦在其中，大疑，展衾自卧。又移時，衆共拉王賭，王堅辭不解。許願代辨梟雉，王又不肯，遂強代王擲。少間，就榻報王曰：「汝贏幾籌矣。」王睡夢應之。忽數人排闥而入，語啁噍，首者言爲佟姓，爲旗下邏捉賭者。時賭禁甚嚴，皆大恐。佟大聲嚇王，王亦以太史旗號相抵。佟怒解，與王敍同籍，笑請復博爲戲。衆復博，佟亦賭，王謂許曰：「勝負我不預聞，但願睡，無相溷。」許不聽，仍往來報之。既散局，各計籌馬，王負欠頗多，佟遂搜王裝橐取償。王憤起相争，金捉王臂，陰告曰：「彼都匪人，其情叵測。我輩乃文字交，無不相顧。適局中我贏，得如干數，可相抵。此當取償許君者，今請易之，便令許償佟，君償我，不過暫掩人耳目，過此仍以相還，終不然以道義之友，遂實取君償耶？」王故長厚，亦遂信之。少年出，以相易之謀告佟，乃對衆發王裝物，估入己橐，佟乃轉索許、張而去。少年遂襆被來，與王連枕，衾褥皆精美。王亦招僕人卧榻上，各默然安枕。久之，少年故作轉側，以下體昵就僕。僕移身避之，少年又近就之，膚着股際，滑膩如脂。僕心動，試與狎，而少年慇勤甚至。衾息鳴動，王頗聞之，雖甚駭怪，而終不疑其有他也。昧爽，少年即起，促與早行，且云：「君蹇疲殆，夜所寄物，前途請相授耳。」王尚無言，少年已加裝登騎。王不得已，從之。騾行駛，去漸遠，王料其前途相待，初不爲意。因以夜間所聞問僕，僕實告之，王始驚曰：「今被念秧者騙矣。焉有宦室名士，而毛遂於圉僕者！」又轉念其談詞風雅，非念秧者所能。急追數十里，蹤跡殊杳，始悟張、許佟皆其一黨，一局不行，又易一局，務求其必入也。償債易裝，已伏一圖賴之機。設其攜裝之計不行，亦必執前説篡奪而去。爲數十金，委綴數百里，恐僕發其事，而以身交驩之，其術亦苦矣。後數年，而有吴安仁之事。

淄川吴安仁，三十喪偶，獨宿空齋，有秀才來與談，遂相知悦。從一小奴，名鬼頭，亦與吴僮報兒善。久而知其爲狐。吴遠遊，必與俱，室中人不能睹。吴客都中，將旋里，聞王子巽遭念秧之禍，因戒僮警備。狐笑言：「勿須，此行無不利。」至涿，一人繫馬坐煙肆，裘服齊楚，見吴過，亦起，超乘從之。漸與吴語，自言：「山東黄姓，提堂户部，將東歸，且喜同途，不孤寂。」於是吴止亦止，每共食，必代吴償直。吴陽感而陰疑之，私以問狐。狐但言不妨，吴疑乃釋。乃晚，同尋逆旅，則先有美少年坐其中。黄入，與拱手爲禮，喜問少年何時離都，答云：「昨日。」黄遂拉與共寓，語吴曰：「此史郎，我中表弟，亦文士，可佐君子談騷雅，夜話當不寥落。」乃出金貲，治具共飲。少年風流蘊藉，遂與吴大相愛悦。飲間，輒目示吴作觴政，罰黄，強使釂，鼓掌作笑，吴益悦之。既而史與黄謀博賭，共牽吴，遂各出橐金爲質。狐囑報兒暗鎖板扉，囑吴曰：「倘聞人喧，但寐無吪。」吴諾。吴每擲，小注則輸，大注輒贏，更餘，計得二百金。史、黄囊垂罄，議質其馬。忽聞撾門聲甚厲，吴急起，投骰於火，蒙被假卧。久之，聞主人覓鑰不得，破扃啓關，有數人洶洶入，搜投博者，史、黄並言無有。一人竟捋吴被，指爲賭者，吴叱咄之。數人強檢吴裝，力不能與之撐拒。忽聞門外輿馬呵殿聲，吴急出鳴呼，衆始懼，曳入之，但求勿聲，吴乃從容以苞苴付主人。鹵簿既遠，衆乃出門去。黄與史共作驚喜狀，取次覓寢。黄命史與吴同榻，吴以腰橐置枕畔，方啓被而睡。無何，史啓吴衾，裸體入懷，小語曰：「愛兄磊落，願從交好。」吴心知其詐，然計亦良得，遂相偎抱。史極力周旋，不料吴固偉男，大鑿枘，嚬呻殆不可任，竊竊哀免。吴固求訖事，手捫之，血流漂杵矣，乃釋令歸。及明，史憊不能起，托言暴病，但請吴、黄先發。吴臨别，贈金爲藥餌之費。途中語狐，乃知後來鹵簿，皆狐爲也。黄於途益諂事吴，暮復同舍。斗室甚隘，僅容一榻，頗煖潔，而吴狹之，黄曰：「此卧兩人則隘，君自卧則寬，何妨！」食已，徑去。吴亦喜獨宿，可接狐友。坐良久，狐不至。倏聞壁上小扉有彈指聲，吴拔關探視，一豔妝少女遽入，自扃户，向吴展笑，佳麗如仙。吴喜，致研詰，則主人之子婦也。遂與狎，大相愛悦。女忽潸然泣下，吴驚問之，女曰：「不敢隱，妾實主人所遣以餌君者。曩時入室，即被掩執，不知今宵何久不至？」又嗚咽曰：「妾良家女，情所不甘。今已傾心於君，乞垂拔救。」吴聞，駭懼，計無所出，但遣速去，女惟俛首泣。忽聞黄與主人搥闔鼎沸，但聞黄曰：「我一路祗奉，謂汝爲人，何遂誘我弟婦？」吴懼，逼女令去。聞壁扉外亦有騰擊聲，吴倉卒汗如流瀋，女亦伏泣。又聞有人勸止主人，主人不聽，推門愈急。勸者曰：「請問主人意將胡爲？如欲殺耶？有我等客數輩，必不坐視兇暴。如兩人中有一逃者，抵罪安所辭！如欲質之公庭耶？帷薄不修，適以取辱。且爾宿行旅，明明陷詐，安保女子無異言。」三人張目不能語。吴聞，竊感之，而不知其誰。初，肆門將閉，即有秀才共一僕，來就外舍宿，攜有香醞，遍酌同舍，勸黄及主人尤殷。兩人辭欲去，秀才牽裾，苦不令去，彼乘間得遁，操杖奔吴所。秀才聞喧，始入勸解。吴伏窗窺之，則狐友也，心竊喜。又見主人意稍奪，乃大言以恐之，又謂女子何默不一言，女啼曰：「恨不如人，爲人驅役賤務。」主人聞之，面如死灰。秀才叱罵曰：「爾輩禽獸之情，亦已畢露，此客子所共憤者。」黄及主人皆釋刀杖，長跽而請。吴亦啓户出，頓足怒詈。秀才又勸止吴，兩始和解。女子又啼，謂寧死不歸。內奔出媪婢，捽女令入，女子臥地哭，益哀。秀才勸主人，以重價貨之吴。主人俛首曰：「作老娘三十年，今日倒綳孩兒，亦復何說！」遂依秀才言。吴固不肯破重貲，秀才調停主客間，議定五十金，人財交付。及晨鐘動，乃共促裝，載女以行。女未經鞍馬，馳驅頗殆。午間，稍休憩，將行，喚報兒，不知所往。日西斜，尚無跡，頗疑訝，遂以問狐。狐曰：「無憂，將自至矣。」星月已出，報兒始至。吴詰之，報兒笑曰：「公子以五十金肥奸儈，竊所不平，適與鬼頭計，反身索得。」遂以金置於几。吴驚問其故，蓋鬼頭知女止一兒，遠出十餘年不返，遂幻化作其兒狀，使報兒冒弟以入門，索姊妹。主人惶恐，詭托病殂。二儈欲質官，主人益懼，賄之以金，漸增至四十二，儈乃行。報兒具述其故，吴卽賜之。吴歸，琴瑟綦篤，家益富。細詰女子，曩吴少卽其夫，蓋史卽金也。囊一槲紬帔，云是得之山東王姓者。蓋其黨與甚衆，逆旅主人皆其一類。不意吴所遇，卽王叫苦之人也。

飾男爲女以鬻錢

有某紳在揚州買妾，連相數家，悉不當意。惟一媪寄居賣女，女十四五，丰姿姣好，又善諸藝，大悅，以重金購得之。至夜，入衾，膚膩如脂，喜而捫其私處，則男子也。駭極，方致窮詰，蓋買美僮加意修飾，設局以欺人耳。黎明，遣家人奔赴媪所，則已遁，中心懊喪，進退莫決。適浙中同年某來，因告之。某便索觀，一見大悦，以原金贖之而去。

僧以王某爲人蝟

祥符縣有三教庵，距城十餘里，僻在荒野，旁近無居民。康熙壬戌七月，有武秀才王某自遠道訪舊而歸，孑身無伴，暑渴且甚，暫憩於庵。庵僧以茶飲之，遂懵然不能言，兩目瞪視而已。隨有一僧以二寸許針，從左手腕刺入，初覺微痛，漸乃不省。遂解其衣，髡其頂，復將百針自腰以上，凡肩背胸膊，悉密釘之，竟成人蝟。乃以柳輿舁之出庵，周行村鎮，宣佛號，且曰：「有能施銀錢者，爲拔一針。」檀施頗集。旋至城市，觀者如堵。衆中有一人就而迫視之，良久，亟呼曰：「此我表弟王某也，何至是？」僧駭走。市人擒僧鳴縣，押取解藥，爲去針盡，迺甦。時蒲圻黄岵雲令祥符，鞫治得實，遂置僧於法。

黠婦以僞夫取財

張秋者，山東某邑之屬鎮也。有一婦，年三十餘，僱驢至兖州探親，驢夫從之行。中途，問驢夫有婦乎，曰：「無。」婦曰：「我亦新寡，與汝可爲夫婦矣。」驢夫大喜，因野合焉。既至，謂驢夫曰：「我母家頗豐，子衣如此，不便同歸。」因予十金，令至緞肆買緞持歸。婦密燒其數處，驢夫不知也。婦曰：「如此破緞，汝買之何用！可於飯後往易。」則已密置毒於飯中。驢夫食訖，遂同至緞肆，争論間，毒發死矣。婦以緞肆殺夫，欲鳴官。緞肆中人急以五百金賄婦，婦遂挈資騎驢而去，蓋借驢夫以挾詐也。此康熙辛未事。

僧以邪術騙金

雍正時，常熟某巨公退歸林下，雅好方技，一時術士多歸之。僧某稱自峨眉來，無長物，惟攜一鉢。閽者不爲通。僧置鉢門前，撥之，不動，怪之。僧使審視，則鉢中忽若湖海，波浪湧現，魚龍出没。大驚入告，某禮之爲上賓。一日，僧邀某游山，攜手一躍，身入鉢中。行數十里，有山巍然，千峯萬壑，景色絶異。僧曰：「赤城也。」登其巔，但見紅日初出，蕩漾海波，霓隱雹没，五色畢具。某大樂。僧請至山坡寺中少憩，卽亦徐步從之。寺甚古，前後松柏，皆虬盤龍偃，類千歲物。僧進伊蒲饌，香潔清淨，食之而甘。已而此僧忽不見，以問寺僧，寺僧曰：「彼言公披薙於此，將不歸矣。」某大窘，再三乞哀。寺僧要令捐十萬金，助修正殿，某書券與之。書畢，向僧復至，拱手謝過，引鉢示某，請窺之。某俯視，則見一家兒女眷屬，皆在眼前，回顧，身故儼然坐堂前也。尋向僧，不復見。發篋，失金而得券，竟寢其事。或曰，此白蓮教邪術所爲也。

粤西多拐騙婦女

乾隆以前，粤西拐騙婦女之案極多，及訪其被拐者，則又非原夫，而先爲拐得者，甚至有一拐再拐三四五拐，輾轉而歸之原夫者。故凡婦女出行，必夫自送之，否則即如行李貨物之爲他人所有矣。

方九麻子影射盜名以欺僧

乾隆時，直隸總督方勤襄公維甸之族叔曰九麻子者，少無賴，能以術攫人財，屢犯法，捕弗獲。中年，忽走保定，投勤襄，自陳改行，願爲走卒以自效。勤襄使佐內署會計事，月給以數金。任事勤謹，且謙抑，主計者屢稱譽之於勤襄，乃數倍其月給，而勤謹謙抑如故。偶出，必購舊皮箱歸以爲常。數年，積百數十具。人問之，曰：「無他，予亦欲爲販客耳。南方革貨貴，北貨直賤而堅，雖費舟車資，獲利猶倍蓰也。」

一日，九麻子請於勤襄，謂將歸省母，乞假數月，允之，且厚贐焉。乃雇大車十餘輛，載箱以行，加鎖焉，亦不知其中藏何物也。先是，勤襄尊人恪敏公觀承之出塞省親也，嘗道經沙河縣之伽藍寺。某歲，大風雪，凍餒，僵於寺門外。主僧舁入，救之甦，給以粥糜藥餌，更贈裘與金。數日病已，將行，謂僧曰：「苟富貴，必大興爾寺。」及官直督，乃捐萬金修寺。僧又置良田數千頃，跨三邑界，有下院數十處，九麻子夙知之。是日抵寺，謁主僧，謂受制府命，護衣笥還里，距驛尚遠，不得達，乞假一宿，僧許之。乃積笥於僧之密室，更命沙彌備浴器，購皮紙數十張，麪餬一器，置浴器密室，以皮紙嚴封窗隙。僧以時方盛暑，見而異之。及浴，僧竊窺，乃坐浴器中作恨恨聲曰：「皆爾作怪，致名播全省，無立足地。」隨語，隨拔其骽之毫毛。僧白之主僧，主僧訝曰：「是必賞格中人也。數月前，有大盜號飛毛腿者，劫某邸，得

贓甚巨，朝廷命步軍統領懸重賞購之，期必獲，今其是矣。」乃密報縣，縣令遣兵役掩捕之。九麻子至縣自陳，如告僧語。不信，繫之於獄，遣人至保定偵之，信，乃大恐，延之上坐，設盛筵請罪，且厚賄之，屬勿爲制府知。曰：「可，惟笥存於寺三日矣，保無有遺亡者，須輦至縣署驗之。」令亦謂然。笥至，悉啓之，則木魚鐘磬及殘破之袈裟經典也。九麻子怒曰：「督署安有是，是必爲僧所易者。」因出物單以示令，欲主僧如數以償。僧無以辨，持之力，令和解之，命罰五萬金，九麻子乃挾之以歸。

插天飛屢行騙

方勤襄之族人有曰插天飛者，方頤廣顙，美鬚髯，熟諳宮廷事，有徒黨甚衆，專伺察各省大吏之陰私以取財。汴撫某以事攖上怒，將罪之，未發也，忽喧傳有操北音者數十人至，居某寺，晨閉門，通樵汲，餘皆閉門禁出入，官吏皆皇駭。祥符令日遣幹役伺之。一日薄暮，役見有似內監者一人出，提壺行沽。尾至肆，與語，不答。次日又遇之，役代給直，更邀之飲，詢之，曰：「吾主聞巡撫於某某等案得賄枉法，故命密訪，如得實，將不測，慎勿洩。」役亟走報，官吏皆失色。

翌日，撫率屬往謁，叩門，不應，但聞敲扑呼號聲，久之寂然。門啓，有二人舁一杖斃之尸出，役識爲昨之沽酒者，以告撫，官吏皆大懼，懍懍然報名進，則見有黃馬褂、珊瑚冠、孔雀翎者，侍上坐少年側，謂衆官曰：「爺在此，可行禮。」少年欠伸小語，乃代宣曰：「明日回京。」至暮，撫密遺以黃金萬兩。越翼日黎明，率屬餞之於城外，去矣。侍側者，插天飛也。

道光時，清江浦最繁盛，以漕河兩督駐其地也。魯撫某署河督，將赴任，而漕署忽有老者衣冠上謁，自謂爲河督封翁，先河督而至。漕督接見，暢談朝事，既而曰：「我之行，先吾子一日，彼尚未至。適購某肆古玉數事，議價三千金，擬乞暫借以付。吾子至，卽奉還。」漕督立命人舁三千金出。老者方命其從者取金，門者忽報新河督至，老者笑曰：「彼自當至矣。」河督入，老者仍踞上坐，撚鬚微笑曰：「爾來此，當有公事，我先去。」漕督送之出。及返，河督曰：「彼何人斯？」漕督大詫曰：「非封翁耶？」河督曰：「家君以病留京耳。」漕督至是乃悟爲騙，亟下令捕之。捕者惟見綠色肩輿及紅傘委棄道周而已。老者亦插天飛也。既而案纍纍，京外通緝。插天飛匿蘇州逆旅，兵役數十人往捕之，插天飛曰：「姑緩縛，我罪不至死，而累公等，固不可徒勞跋涉也，當以制錢五百緡、裘十餘笥與公等分之。」並置酒飲之，皆醉飽，各披裘數襲於身，纏錢十餘緡於腰，挾插天飛以行。時方深秋，兵役皆重累汗下，幾不能步。至歧途，插天飛奔而逸，兵役不能追也，皆瞠目視其去。

騙子賃居承恩寺

江寧承恩寺之屋宇，深邃而軒敞，時有寓公，然非富貴者不能賃也。乾隆時，有一人至，僕馬甚都，從者七八人，至寺，似顯者，而便服。案架一帽，以袱覆之，不識是何頂戴。僧私詢其僕，皆以客商對。數日無動靜，亦無人與之往來，惟其僕日日乘馬出，不知何爲。一日，厨人持大秤入市買肉，不允而鬨，僕適策馬過，見之，下馬，鞭厨人，責以生事，且斥之曰：「王爺且不露聲色，爾何得爾！設爲王爺所知，爾死無所矣。」由是合城轟傳，當道皆求謁，拒不納，以訛傳覆之。府縣以上皆厚釃金幣，約數千，故不受，往返數四。時已入夜，僕恐持回或有失，請存於此，明旦主人自來，強從其請。次晨往覘，則室中寂然，門牖洞開，不知其何時去，卽僧亦不覺也。

騙三千金

和珅用事時，有少年至金陵，住承恩寺，自稱爲和中堂子，與當道相往來，言於江寧守，乞借銀三千兩。守允之，與幕賓密議，恐其僞。幕賓有曾居京都者，諳知和之子善書大鵝字，曰：「盍招飲，而置筆硯，請其書鵝字，則眞僞立辨矣。」守從之。飲次，從容祈請，少年大笑曰：「君何以知我善此？備蓄筆否？可令人磨墨，書畢再飲。」乃伸紙於案，注濃墨於硯。少年取筆醮墨，方欲落紙，忽投筆怒曰：「爾非乞我書，蓋疑我爲騙子，欲留筆據耳。吾父若知之，我何以自解？銀不敢借，酒亦不必飲。」乃拂袖徑出，忿忿升輿去。守惶懼，速送三千金，殷勤謝過而歸。次晨偵之，已不知何往矣。探知和子實未出京，前者乃騙子也。

騙黃金二百兩

江右某相薦其門人某撫蘇，某思有以報之。適其次公子以書來謁，見之。其人少年倜儻，應對如流。緣書中有告助意，問所需，以二千金對，允其請，且留之小住，則以父命迫促爲辭。及答謁，則見其所乘爲巨舫，行李僕從莫不華煥。某意相崇儉，是人不類，竊疑之，質之於幕賓某孝廉，以其亦爲相之門下士也。孝廉曰：「某公子，幼曾見之，今相隔有年矣。」因出其所書之扇，俾某觀之，楷法挺秀，笑謂孝廉曰：「明日我讌公子，屈君作陪，面索其書，則真僞立辨矣。」

撫既設席宴公子，公子來，見孝廉，先呼曰：「相隔多年，尚識鄙人否？」孝廉不能辨，唯唯而已。某出紙求書，公子欣然諾，命僕磨墨，其僕面赤手戰，目視公子。公子咿哦聯句，提筆欲書，忽擲筆叱僕曰：「盍去諸，彼慢我矣。乘我有所干求之時，故索我書，乃以賣字之文丐視我耶？」悻悻然出，登輿去。撫追送，公子亦不回顧。撫自悔鹵莽，具黄金二百，至其舟謝罪，強之受而去。未幾，相有幼子至，與前人名柬相同，而無書札。見之，則樸素黯淡，恂恂儒雅。使孝廉相客，客不識。留之入署，亦願居。索其作書，亦不辭。某疑莫解，使捷足入都探之，始知前者入騙子手矣。

騙人參

京師張廣號售人參有名，一日，有騎馬少年，負銀一囊至肆，則先取銀百兩，與之作樣，而徐取參數包閱之，曰：「我主人性瑣碎，買參不如意，必呵責，我又不善擇，可否先存此銀於店，命老成肆夥多攜上等者同往，任其自擇，何如？」店中人以爲然，即納銀，索店中年老之夥，負參數斤偕往，臨行，囑曰：「謹持參，勿落他人手也。」

店夥從少年入東華門，至一大府第，遂相將登樓。樓有主人，美鬚眉，披貂裘，帽有藍寶石，病奄然，倚枕，目店夥者曰：「所攜參果遼東之無上上品耶？」夥唯唯。旁二僮捧參上，按包開檢，所批駁，皆一一無訛。閱未畢，忽門外車馬甚喧，一客入，主人惶遽，命侍者下樓，辭以病，不能會客，低語店夥曰：「此蓋向我借債客也，斷不可使之上樓。彼上樓，知我力能買參，則難以無錢相覆矣。」客則在樓下呼曰：「汝主病，詐也，必抱優童娶小奶奶，故不許登樓，我必上樓一看。」侍者固拒之，爭不已。主人愈惶急，又低語店夥曰：「速藏參，速藏參，愼毋爲惡客所見。牀下竹箱可安置。」以銅鎖之匙付之，又曰：「汝坐此護守，我且下樓見之，或能止其上樓也。」遂踉蹌下樓，與客始而寒暄，繼而嘲罵。客必欲上樓，主又固拒之，客大怒曰：「汝不過防我借銀耳，慮我見汝樓上有銀故也。如此薄待我，我即去，永不再來。」主人陽爲謝罪，送客出，僮亦隨之出，久而寂然。店夥乃端坐箱上以待，則久不至，始疑之，開鎖取參，參不見。蓋藏參者乃活底箱也，箱底即樓板，方嘲罵時，已從樓下脫板取參，店夥不知也。

騙牆

京師有富人欲買磚造牆，某甲聞之而往見，告之曰：「某王府門外牆，今欲拆舊磚，易新磚，公何不買其舊者。」富人疑之，曰：「王爺未必賣磚。」甲曰：「某在王爺門下久，不妄言。公既不信，請遣人偕至王府，俟王出，某跪請，王若點頭，再拆未遲。」富人以爲然，遣家奴持弓尺偕往。故事，買舊磚者，以弓尺量若干長，可折二分算也。時王適下朝，甲攔馬首跪，作滿洲語，喃喃然。王果點頭，以手指門前牆曰：「憑渠量。」甲即持弓尺率同往之奴量之，縱橫算得十七丈七尺，值百金，歸告富人。富人喜，卽予半價。擇吉日，遣家奴率人往拆牆。王邸之閽人大怒，擒問之，奴曰：「王所命也。」閽人啓王，王大笑曰：「某日跪馬頭白事者，自謂爲某貝子家奴，主人將築府外照牆，愛我牆之式，故求丈量，以便如式砌築，我以爲此細事耳，何不可，故指牆命其丈，非賣也。」富人謝罪求釋，所費不貲，而甲遁矣。

騙畫

有白日入人家騙畫者，方捲之出門，主人自外歸，賊窘，乃持畫而跪曰：「此小人家祖宗像也，窮極無賴，願以易米數斗。」主人大笑，嗤其愚妄，叱之去，竟不取視。登堂，則所懸趙子昂畫失矣。

騙衣

上海某衣肆，一日有華服者至，言欲購貂褂。選擇既合，旋服之以試身量，已而步至櫃外，若欲就明處諦視者，已而遽舉步出門去。肆中人大驚，遽躍出，將追執之。至門外，忽有一人持瓷瓶過，突相撞，瓶墮地碎，遽闌門牽夥衣索賠，他夥復不得出，逮與徐言致慰，使稍候，則購貂褂者去久矣。蓋二人固串通爲之者也。

又有至衣肆云爲其母購衣囑肆夥送衣往者，比至其家，即大聲呼請老太太出視衣。便有一媪出，服亦修整。其人出衣示之，旋取衣入內，夥不疑也。久之不出，迹之，則已由後門去矣。詰媪，媪曰：「吾本丐婦，此人與我金，屬我坐此，並衣我佳衣，令我對汝作此語，初不知其何故也。今吾身上之衣，任汝取之，死生惟命。」夥無如何，舍之去。

又湘中有一外科醫生，嘗於門前爲人治疾，凡婦人或稍有體面者，則在樓醫治。一日有人至，自言其甥年十四，下體患瘡頗劇，將攜來請治，然此兒殊畏羞，汝宜導至樓上，方可診治，醫生許之。此人卽至某衣肆購得衣衫，值數百金，肆中遣一幼年夥友隨往，先謂夥曰：「汝隨我至某處，彼處卽有人至樓上付資也。」及至醫生處，醫生乃徐導夥行。此人問醫生曰：「前在樓上乎？」醫生曰：「諾。」前在樓上，湘語也，卽前面樓上之意。店夥聞之，一若錢在樓上也，拾級登樓。少時醫命褫褌，夥大詫，醫曰：「汝下體非生瘡乎？」夥曰：「我何嘗有此病！」醫曰：「適汝舅囑吾爲此。」夥訝曰：「汝何從見我舅？」醫曰：「適來者非汝舅乎？」夥曰：「此乃買衣之客，使我隨至此向汝取金者，何乃謂是吾舅？」遽下樓追客，則去久矣。

有某騙子之在滬觀劇者，與一華服者同坐，以所攜銀包置身側，注視臺上。戲畢欲行，伸手取之，則銀包與華服者皆杳矣。騙子忽自忖曰：「予固常日以騙人爲事者，今乃爲偷兒所算乎？」翌日，易服復往，且以膏藥貼於頰，欲使人不察也。至則華服者果在焉，乃仍與之並坐，以一中實以紙之銀包，置如前狀，故以華服者之馬褂角壓於身底。華服者果又取銀包，起而欲出座，急切不能行，乃脫褂而逸，於是馬褂爲騙子所有矣。

京師某騙子，冠綴珠之冠，戴金絲眼鏡，昂首入衣肆，選擇久之，得青種羊馬褂，謂身量恐不合，不如己。肆中人慫恿之曰：「君姑披於身而於鏡中端詳之，鏡故在門側也。」騙子如其言，方徘徊瞻顧間，突有人自後攫其冠，騙子大呼而追之，青種羊馬褂亦隨之而去矣。

王松侯與吳柏生善，柏生出游，三月而未返。一日，有狀似女僕者，以柏生名刺至松侯家，言主母明日至親串家祝壽，欲假章服。時松侯亦他出，其妻不之疑，即出衣於笥，付之。及旬而不還，松侯往詢之，則實無其事。而此女僕者，亦不知誰何，蓋自他處得柏生名刺，用以行騙也。

騙靴

某著新靴行於市，一人向之長揖，握手寒暄。某視之，茫然曰：「素不相識。」其人怒笑曰：「汝著新靴，便忘故人！」掀其帽，擲之屋上而去。某疑其醉而酗酒也。方徬徨間，又一人來，笑曰：「前客何惡戲耶？尊頭暴烈日中，何不升屋取之。」某曰：「無梯，奈何？」其人曰：「我喜行方便，可以肩代梯，使汝踏之以升，何如？」某感謝。其人乃蹲於地，聳其肩，某將上，則又怒曰：「汝太性急矣。汝帽宜惜，我衫亦宜惜。汝靴雖新，靴底泥土不少，忍污我衫乎？」某愧謝，乃脫靴付之，以襪踏其肩而上。其人持靴徑奔。某得帽，高踞屋上，不能下。市人見之，以爲兩人交好，故相戲也，無過問者。某乃哀告街鄰，覓得梯，及下，則持靴者不知所往矣。

丐婆詐欺某少年

杭州有夜航船，夜行百里，男女雜沓，中隔以板。仁和少年張某性佻㒓，以風流自命，方附船往富陽，窺隔艙有一婦，向其似笑非笑，張以爲有意於己也。夜眠至三鼓，客皆酣睡，隔板忽開，有人以手撫摩其下體。少年大喜過望，挺其陽，使摸，而急伸手摸之，宛然女子也。遂爬身而入，彼此不通一語，極雲雨之歡。雞鳴時，少年起身，將過艙，其女緊抱不放，少年以爲愛己，愈益綢繆。及天漸明，照見此女頭上蕭蕭白髮，方大驚。女曰：「我街頭乞丐婆也，今年六十餘，無夫無子女，無親戚，正愁無處託身，不料夜間蒙君見愛。俗說一夜夫妻百夜恩，君今即我丈夫矣，願託此身，不需一錢之聘資，自當相從，有粥喫粥，有飯喫飯，何如？」少年窘急，大呼求救。衆齊起，嘲笑之，勸少年酬以十金，嫗始釋手。

妓飾爲狐女以行騙

遊士某在廣陵，納一妾，頗嫻文墨，意甚相得，時於閨中倡和。一日夜飲歸，僮婢已睡，室中闇無燈火。入視，闃然，惟案有一札，曰：「妾本狐女，僻處山林，以夙負應償，從君半載。今業緣已盡，不敢淹留。本擬暫住待君，以展永别之意，恐兩相悽戀，彌難爲懷，是以茹痛竟行，不敢再面。臨風回首，百結柔腸。或以此一念，三生石上，再種後緣，亦未可知耳。諸惟自愛，勿以一女子之故，至損清神，則妾雖去而心稍慰矣。」某得書悲感，以示朋舊，咸相嘅歎，以典籍所載，嘗有若此之事，弗致疑也。後月餘，妾與所歡北上，舟行被盜，鳴官待捕，稽留淮上者數月，其事乃露。蓋其母重鬻於人，佯以狐女自脱也。

錢谿五終身行騙

常州東門外錢豁五，其名蓋數十易矣，至四十餘，乃以炳名捐官。幼聰敏，應童子試，列前茅者屢，而未售。比冠，善屬文，諳音樂。而負人數百金，苦無以償。隣有金某者，多屋宇，前數進無人居，設客座而已。旁有角門，通小街，爲行人往來處。自外覘之，則若入內宅者，不知中有通衢也。豁五至是忽有計。一日清晨，往大街皮肆，檢洋貂、猞猁等皮數十種，直千金，疊成包，呼其兩夥負之，云隨至我家取值去。乃率之出東門，徑入金宅，巍然大家也。至第三進，廳事堂皇，陳設井井。豁五曰：「請少坐，我攜貨入，與主人觀，即以銀出耳。」二夥固不疑，授之。豁五乃肩其包，由角門去。二夥以爲入內也，而豁五出矣。良久，呼之莫應。二夥大恐，至廳後大呼，無應者。及暮，金氏有人出閉户，二夥大譁，金茫然也。告以故，乃問攜包者自何處入，則指角門。金乃大笑，令出角門觀之，曰：「此通小街，小街而南即大街。伊自此南去，必疾行，殆至無錫矣。」二夥相顧，不能出一語，木立久，號咷去。

豁五於是時預已買舟河下，出角門，徑入舟。一晝夜抵蘇，貨其物，獲數百金，挾資游狹斜。不兩月，僅存數十金，乃謀他適。有族兄某客粵西，往投之，行事頗相類，而不及豁五之敏，且不學無術。豁五至，喜甚，令司筆札，佐酬應。久之，而自立門户，賃大廨，蓄羣奴，凡公署靡不通，所帶頂，珊瑚以下靡不具，隨其時用之，脱騙撞哄無不至，獲多金。

豁五乃入都，日游金魚池、下窪子，資復盡，夤緣入山西侍郎姚某門。侍郎喜蓄優，皆蘇、揚俊童，延豁五主之，教之按拍。一日，侍郎與豁五夜宴，呼歌童侑酒。侍郎興發，擁豁五所最愛者，豁五不悦。侍郎固不知，益媟狎。豁五乃大怒曰：「吾人費幾許精神，教此上等色藝，未聞出一言謝，而乃恣意狼籍之，老西兒真蠢狗子。」侍郎亦大怒曰：「我費千萬金教歌舞，乃不許我偶一自娛。我延汝教之耳，竟爲汝有耶？南蠻子真中山狼。」乃拳豁五。豁五方壯年，且曾習拳勇，奮臂敵之，毆侍郎，倒地昏暈，家人皆駭救，豁五乘間遁。侍郎主僕皆憤，伺豁五過，羣毆之，至重傷。豁五乃爲詞首諸通政司，言侍郎私蓄歌童，延我教歌，許我歲俸如干金，數年不與，往索之，喝家人毆我，受重傷。驗之而信。通政司駭，呼侍郎家人問之，得實，乃謂家人曰：「此豈可上聞，汝主不惟去官，且罹重譴矣。」乃謀與和，令侍郎設席款豁五，議以所教全部優伶賠之。豁五曰：「我餬口於人者，豈能有此！無已，當并贈我以養優資。」侍郎唯唯，乃議贈數萬金，而豁五於是賃官房蓄樂部矣。

不半載，豁五資復罄，優伶亦歸別主，乃出遊山左，夤緣與魯撫國泰之閽人交，往來甚密。適鄉人沈某爲某邑宰，見豁五出入撫署，謀通關節。豁五曰：「中丞於黄白物，數見不鮮矣，所好者優伶。明府以數千金購而贈之，此我所能效力者，事半而功倍也。」沈信之，出金與豁五營辦。豁五以半市優伶，進之閽人，而自主之，往來益密。沈信之不疑，一日見國，啓曰：「卑職昨所進優伶，大人頗合意否？」國色然駭。沈以豁五介紹對，國更駭，訊閽人。閽人言固有南人錢豁五者，能書，奴才常召之辦筆墨事，其人能歌，不知其能騙也。國曰：「豈有能歌而不能騙者耶？」立發鎖封拘，而豁五已逸。追八十里，始獲之，縶之，責之，遂遞解回籍。中途遇雨，解差怒曰：「我等食官食無幾，頻受此苦役，衙門飯誠無味。」豁五乘機進言曰：「汝等爲小差，誠苦，而我善脫騙，當亦聞之。我中途謀逸，汝等所不能防。第恐累汝等，故尚遲遲。」解者求免累，豁五曰：「汝等欲我不遁，此斷不能。爲汝等計，不如從我遁，爲我腹心手足，富貴可立致，與汝等共享之。我但騙他人，斷不騙腹心手足也，汝等以爲何如？」解差相與謀，皆言我等家累有限，誠可致富貴，何樂而不從乎。乃脫其杻械，乘夜相率遁，遊兩湖、江左，所至輒騙金爲旅費。

豁五聞鄉人某侍郎將視學江右，乃入豫章，賃大宅而居。某至，先交通其閽人左右及其輿夫，約以某日出，經豁五門，肩輿少停。豁五藍頂盛服出，向輿揖。某問何來，答爲同鄉，自述姓名。某出輿扶之。豁五言此即敝寓，大人如不棄鄉人，敢奉一茶。某乃攜手入，則巍然大第，已肆筵設席，一呼百諾，曲意奉承。須臾，堂前設紅氍毹，伶人以劇單進矣。某言邂逅相逢，何遽爾爾。豁五言此乃晚所親教，尚未上場，大人爲通省貴人，當先以爲壽。某遜謝，實深愜所好。酒數巡，劇亦數齣，呼一旦勸酒。某深好之，擁而加諸膝，乃大醉。酒闌劇止，某猶戀戀不能捨，豁五曰：「大人愛之，即令入署伺起居，可乎？」某大喜，攜之去。明日，某具彩鷁候教帖邀豁五，由是往來頗密，通國皆知，謀關節者皆投豁五。豁五說某，某不肯，乃鈎通其左右及幕賓，出而招搖羅致之，獲金數萬。比某滿任去，而豁五金亦盡。

豁五乃仍赴粤西，行其故智，而所爲輒貿其兄，兄唧而絕之，人不復信。謀他適，無資斧，乃覓得廣西巡撫官封，補綴之，裝以廢紙，粘以雞毛，自飾爲郵遞人，背竹筒黃袱，取道東行，路紿驛馬飯食，經湖北、江西，入浙江。至杭州，爲役識破，白錢塘令。令執之，啓官封，廢紙存焉。訊之，錢云：「我在廣西，欲歸而無資，聊假公以濟私耳，無他也。今欲罪我，我罪固無辭，第不利於四省官員，未知大吏能辦否？」令思其語誠然，且置之獄。時常州御史蔣某在浙，聞其事，念其小有才，殺之可惜，乃爲營脫之，薦入運使柴某幕，爲司出納，又獲金十餘萬，捐五品職，置田宅，且分潤其隣里親串，人皆以爲錢豁五不豁矣。柴爲鹺使令某所搆，坐大辟，株連及豁五，籍其資，隣里親串皆被累，豁五發邊遠充軍。

飾爲某王以行騙

嘉慶初，某邸兼管户部，偶以目疾乞假。時兩淮鹽院與揚州天寧寺僧善，一日，有貂纓狐裘口操京音者數人至寺，謂家主入都，道病，欲賃靜室養痾，房舍精潔，不計值也。乃闢方丈後精舍以館之。俄有四五人押行李，僕從十餘輩簇擁一顯者，乘安輿入。僧出迎祗候，顯者不甚瞻顧，徑登殿禮佛，顧從人曰：「攜來繡幢，可施之。」衆荷一大木匣至，啓視，則陀羅錦繡諸佛菩薩像，點綴之樹石，皆綠松、珊瑚、珠寶鑲嵌而成，精巧絶倫，惟内府有之。顯者視懸幢畢，不交一語，惟入所賃屋以居焉。

僧覘其狀異之，私詰從人，皆云某省道員入覲者。然詞詭異，類王公，非尋常大員可比。居十餘日，寂不聲，日見紀綱入肆，購名畫及珍玩，約數萬金。有某肆送白如意一枝，索價千四百金，立售之。紀綱私扣六百，肆主不允，有口角，爲顯者所聞，呼入，付以原值，慰遣之。命縛扣銀者，撻數百，逐之出。其人負傷詣僧，叩求曰：「作事不慎，爲主人責逐。奈創劇，暫借一榻地調理，創平即行，荷德不淺也。」僧許之，以懷疑久，乘機研詰之，曰：「實不相欺，主人非他，某藩邸也。我爲府中護衛齊某。主人奉命密查兩淮鹽務，故改裝寄居。」言訖，乃諄囑僧勿泄，泄則彼此虀粉矣。僧急白鹽政。鹽政固譜某邸狀貌，又知其請假也，因偕僧赴寺，隔窗遥窺之。顯者方據案展帖作書，真某邸也。駭絶，不知所爲，乃與僧懇齊。齊大驚，咎僧，鹽政爲之力懇，齊曰：「余已獲罪，無從著手。有張老公者，王所親信，試與婉商，或能爲地。」乃倩僧代邀張至，至則窄音禿頷，儼然宦者。齊爲述鹽政意，張變色，責齊曰：「汝眞太不曉事，既以不慎獲戾，乃更欲陷我不測耶？」拂衣欲去。鹽政爲之婉請再四，問意旨所在，張徐曰：「王已查明，鹽務有三害、五謬、十不可信之疏已具，當於復命時面奏之。」遂朗誦疏稿，皆中時弊。鹽政色變，乞求營救。良久乃曰：「惟有一術，或可挽回。王昔年扈駕五臺，曾許施鑄金羅漢十八尊。分府以來，庫藏時或匱乏，公能具此以了夙願，王必德公。」鹽政大喜，偏市金十餘萬兩，蘇、揚爲空。未幾，王登舟，鹽政尾其後，皆張居間爲之關說，送之渡黃河始返。閱邸抄，則王已銷假，無日不召見矣。

僧以佛將出地行騙

嘉慶時，京師正陽門外有枯寺僧，黠甚。某年除夕，掘地深丈許，儲黃豆百餘甕，上置釋迦像，密灌以水，使其迸發。元旦，播謠於衆，謂夢一佛將出地，衆惑其言。翌日視之，則螺髻翹然露矣。未幾，全身皆現。士女羅拜，歡聲雷動，僧斂錢無算。陸眉生時爲給諫，聞其事，乘輿往，曳佛責之數十，泥猶溼也。驅僧出，封其寺。是年，尹杏農侍御深夜巡城，相傳有山西鬼呼寃事。都人士爲撰章回小說一「」，其目錄曰：「尹杏農大街遇鬼，陸眉生小廟拿神。」

陳譚以鴉片騙某千總

道光時，煙禁甚嚴。廣州嗜煙者衆，西關千總某藉以漁利，所得不貲。有無賴陳譚者，善以詐欺取人財，即賃屋居之，與千總對門，每出入，必輿馬。從以豪僕三五，賓客雜沓，日集於堂，人皆以爲巨室也。一日，忽有一僕受撻，創甚。僕潛出，怨詈其主而私告千總曰：「吾以小不謹爲主人所扑，然吾主人實犯大罪，而猶作威作福至於如此，君謂何如？」千總曰：「子之主人犯何罪乎？」僕曰：「今姑言之，吸鴉片煙也。」千總曰：「有證乎？」僕曰：「長日不吸，漏三下，始吸之。」千總至是默計生財之時至矣，乃以言餂僕曰：「吾奉上官之命禁吸煙，若獲其證，當酬汝百金，惟須爲我前導。」僕諾，因於夜深時密捕之。僕引千總往，從以數兵，一擁入，陳遂被捕，並挈其槍燈以往。陳至千總署，即大笑曰：「來此大佳，不去矣。」千總曰：「子爲誰？」陳曰：「子不識我爲陳譚耶？」千總曰：「咄，有證在，子何言！」陳即取槍擲之地，曰：「且視之，此亦足爲據耶？」千總乃諦審槍之斗門，則在竹節下，不可吸，至是而始知爲所紿，深自引咎，令陳歸。陳不可，千總乃出金爲謝，遂挾以歸。

騙煙土

某甲至漆肆購生漆十兩，付以銀一兩票，云：「汝持往照票，少頃即來取也。」遂復購鴉片煙土十兩七錢，使土肆人隨往漆肆。此人即問漆肆夥曰：「票已照乎？」曰：「然。」又曰：「十兩漆乎？」曰：「然，十兩漆。」曰：「然則付彼可矣。」遂揚長去。已而漆肆夥持生漆出，土肆人駭曰：「此人購十兩七錢煙土，而云土價由汝處付，何乃以此畀我？且彼不適言照票乎？」漆肆夥亦詫曰：「彼購吾肆生漆而付銀一兩之票，吾知付汝生漆耳，安知其他！」二人相争久之，始知均被騙矣。

冒充吴甄甫之猶子

吴甄甫中丞開府西江時，有一人自稱爲其猶子，至九江，謁守令，留數日。臨行，德化令致贐儀二十金，乃周歷各邑月餘。至永豐，邑令慶書五爲吴主會試時所取士，延之入署，盤桓二十餘日，贈以四十金，雇肩輿送之行，設酒餞別。方歡飲間，適德化令以中丞猶子過境，約計到省之期，馳稟道歉，吴以無其事，意必轉投他邑，飛檄通省獲辦。文至，家人託故請慶出席，入内呈文，閱之，慶先拘其僕，訊之良是，乃就席上縶之。後擬城旦舂。

僧受老婦騙

湖州天寧寺，唐古刹也，大殿傾圮，工鉅費重，未得重建。道光乙未秋，忽有一婦至，年約六十餘，妝束類大家，僕婢數人侍奉惟謹。一僧從之，操杭州音 主僧接見，婦自云：「爲武進陳姓，家鉅富，夫亡無子，有姪不愜意，未立爲嗣。前月在杭州靈隱寺進香，遇僧云：『我爲湖州天寧寺僧，凡十八人，以殿圮，皆他去，惟我獨存。今知女善人慷慨樂施，是以飛錫而至。』言畢，忽不見。我訝其異，特與靈隱僧同來。今見羅漢十八尊，惟一尚完，且與我前所見者酷似，意其欲我結此善緣乎？今當以麥數百斛，米數百斛，並腴田四百畝爲贈。我先行，爾等可至我家運麥米取田契也。」主僧大喜，尅期而往。甫入境，即有人相迓，云：「主母知師等遠來，恐家中有褻，請至山莊小住。」至則屋宇精好，供具甚豐。已而司事者出示田契，云：「向武進具呈移文至湖州，交師管理。米麥須以船來載。」僧遂歸，計運費、關稅約須銀幣四百元，乃乞楊某、吳某代付，並懇各遣人隨之往。至則款待如故，並乞暫止一宿，明日至某處取麥，某處取米，且云田契已批准，可先將去。是夜各安寢。次早闃無一人，僅空屋。檢點卧處，銀物均杳然矣，乃惘惘而返。

丐掉箬包船以行騙

道光丁酉九月，禾中三塔寺南有村婦王氏，其母家與相近，時新穀方登，婦製餑餑一器，欲往遺其父。其夫以次日將入城貿布，囑速返，婦諾之，攜一子而去。無何，日暮不至。次日走問，始知其未至家，尋訪不得，乃還。一日，出門沿塘行，未至萬壽山北里許，遥望隔岸有箬包船，急呼塘畔行舟渡至船邊，見二小丐方爭食，小丐即其所行騙而得者也。一小丐手擎餑餑，罵曰：「昨師父以汝不能乞錢，故不許汝喫，以此一籃賞我，汝何得來奪！」村農近視其餑餑，酷似妻所製者，因問汝師昨從何處得此，小丐曰：「昨有婦人攜一兒招我師父擺渡，我師父遂撑過對岸，賺其進船。所攜餑餑有一籃，今猶剩此數枚也。」村農乃奔告婦翁，集數十人操械而往，躍登船，則二老丐已歸，縛而搜之。其前後艙底有數甕，或鮮或槁，皆斷脊墮臂，貯滿其中。又有一小甕，泥封其口，撬開，則其妻與兒之首，血淋漓尚未乾也。於是并取其甕，解官。邑令鞫之，直認不諱。蓋此丐棹船游行江湖，以騙取村童，迫令行乞，不從則殺之，騙子之最凶惡者也。

仙人跳

蘇、滬有所謂仙人跳者，男女協謀，飾爲夫婦，亦有出之正確之夫婦者。使女子以色爲餌，誘其他之男子入室。坐甫定，同謀之男子若飾爲夫也者，猝自外歸，見客在，則僞怒，謂欲捉將官裏去。客懼，長跽乞恩，不許，括囊金以獻，不足，更迫署債券，訂期償還，必滿其慾壑，始辱而縱之去。謂之仙人跳，亦謂之曰紮火囤。

吴江顧某以應試至蘇，寓吉利橋畔，其旁有茶肆，曰錦鳳樓，飯罷無事，偶往品茶至則坐客滿矣，惟屋隅一几，僅有老嫗少婦在焉，無他客。顧往參坐，嫗卽與之閑話，久之，頗洽，嫗曰：「此間無趣，郎如有興，盍至我家，當烹佳茗以相待。」顧欣然從之。既至，導之登樓。樓上陳設頗精雅。時爲道光季年，鴉片煙已盛行矣，榻上烟具存焉，請嘗之。顧辭以不慣，嫗曰：「偶游戲耳，庸何傷！」命少婦燒煙奉客。顧甫登榻，嫗脱其屨曰：「任意眠坐，無拘束也。老身有事且去。」嫗去未久，聞樓下叩門聲甚厲，少婦遽起下樓。某疑焉，施從其後以下，跧伏户後。少婦啓門，則有男子三十餘人，閧然而入，問人在何處，少婦曰：「在樓上。」乃悉登樓，顧乘間逸去。

又有集黨以爲之者，先使女子引誘男子，與之周旋，既接近，則引其黨十數輩，各攜武器，追蹤而尋獲之，聲勢洶洶，不可嚮邇。佯稱妻爲所污，非死不可，否則汝既愛之，汝可買之，並須賠償平日一切費用，否則決不再留此被污之婦云云。男子或稍抗拒，則僞爲夫者必連聲喝打。其黨則又假作調人，竭力勸解，迫令男子獻金，並將其衣服及隨身所有者悉數括之而後已。

養瘦馬

金陵匪徒每於四方販賣幼女，選俊秀者，調理其肌膚，修飾其衣履，延師教之，凡書畫、管絃之類，無一不能。及瓜，則以重價售之巨室以爲妾，或竟入妓院，曰養瘦馬。故遇有貧家好女子，則百計誘之，輒有受其誑而悔莫及者。

當陳芝楣制軍鑾督兩江時，有滇人徐隣哉爲上元令，因案罣誤，虧帑項，憂鬱以卒。親友奴僕皆星散，惟遺孺人、弱女，惸惸流寓，爲居停所逐，乃求傭於人，作女工，有人引入瘦馬家，不知也。其家以老嫗主政，婢僕數十人，咸尊之曰老太太。教師十餘人。諸女日皆有所業，稱嫗爲母，爲祖母，爲姥姥者，莫不嬌容麗質，舉止安嫺。其家法，則三尺之童，非奉呼喚不入中門，規矩井然，宛若大家。所庇徐孺人，教諸女刺繡耳。嫗見其所攜之女，年十三四，秀外慧中，甚愛之，易女以時服，令偕諸女入塾讀書。暇時，調琴作畫，以及吹彈歌舞之事，女與女伴逞能競敏，亦精絕無倫。

方孺人初至日，問嫗門第，則以丈夫、子皆外出服官，僅留諸女在家作伴爲答，孺人信之。荏苒三年，女及笄，囑媪爲之擇壻，欣然從之。未幾，報某公子欲相女，先命諸女次第出，皆不中選，遂華裝徐女欲出，孺人止之曰：「此非大家所爲。」媪曰：「金陵風俗皆如是，不能違也。」不得已而去。

騙緞以倪某爲質

越人倪某世習申韓，由幕而官，去官復幕，在保定待聘，居逆旅有日矣。某年冬，有人居逆旅之內廳者，章服華煥，從以羣奴，賓客往來，絡繹不絶，似皆憲司之紀綱也。倪詢其僕，知爲大名府之總司閽，奉本官命，來省購衣飾，爲公子完姻，並延訪善於刑名、錢穀之士，俟聘定，即辭舊友者。倪即具衣冠往謁，其人稍閒，即與盤桓。久之，遂成莫逆，乃知其性情伉爽，而固目不識丁也。

一夜，漏三下，突有役來，傳本官諭，促其人歸。其人得信，叩倪寢門而告之曰：「請先生起，煩爲一讀來書，有役守候，不能待旦也。」倪起而誦之，亦惟以辦公乏人，諭令迅將各物置妥即去，並舊友辭定，所訪之新友必須於開印前至署云云。其人踟躕曰：「辦物不難，訪友非易，先生意中有信託之人乎？」倪遂自述其歷就州縣，屢助其東人升遷之事，其人笑曰：「吾以先生爲記室耳，不知申韓妙手，近在鄰居，而猶外求耶？今即請代稟覆，謂以千金訂定倪先生，俟各物辦齊即歸，不敢逗遛也。」倪爲之書竟，役去。

次日，其人送關書及聘儀六金至，屈膝爲禮，侍立，命之坐，謂不敢抗禮。其僕從亦來叩喜。倪大悦，曳其人入坐，曰：「相好在前，既承不棄，斷不可以常例拘也。」其人稱謝側坐，告以首飾尚未造完，俟工竣先歸，當遣車奉迓耳 又數日見倪，似有不豫之色，倪惶然叩之，其人曰：「在貴鄉親某緞局購定貨物，不過偶欠數百金耳，堅持不舍，何吝也！」倪曰：「此亦市儈恆情，何足怪！吾與之素識，可爲代保，雖千金亦無害。」其人曰：「如此大佳，特恐先生未之信耳」倪曰：「他日同署辦事，尚何疑！」因即偕赴緞局。所定之物實千餘金，僅付百兩，餘皆逋欠，故未付物。而局主已訪得大名郡守確有姻事，且倪就其幕，故倪至，殷勤勸接。其人笑曰：「爾鋪主不我信耶？請以先生爲質。明年來迎先生時，金必攜至。」倪亦願力任之，局主欣然，其人遂滿載而去 翌年春仲，未有車來，局主大疑，邀倪同往大名，問司閽，無其人，亦無易幕事。倪歸，乃貨其行李以償局主焉。

認丐爲義父以行騙

有耆而聾者，在某關行乞。某日，有官舫至，揚旗鳴鉦而泊。艙中有貴官，探首見丐，使從者扶之登舟，諦視之，曰：「汝非某長者乎？前曾繼我爲義子，我以回籍求科名，遂久別。今幸得官是邦，不意義父一貧至此，兒之罪也。」丐知爲誤，姑應之，曰：「我年老糊塗，前事如夢矣。」官曰：「義父雖爲風塵面目，骨格猶存，兒識之無誤。」乃令從者導之赴浴更衣，移舟至僻處，頤養月餘，以膠粉染其鬚髮，則皤然一叟矣。語之曰：「兒衣不稱父身，將入市買帛，爲父修飾，便可同往。惟義父曾行乞於此，恐有識者，礙兒顏面，閱貨時，若合意但搖首，不可多言。」丐允之。

官遂命泛舟入城，同乘肩輿二，從以二僕，父子皆服五品衣冠，若爲謁客而出者，招搖過市。入銀樓，購金約臂，每具重四兩者一雙，謂樓主曰：「我將赴緞局，偕往兑銀可也。」樓主從之入緞局，具一單，與局主觀之，值須三千餘金。邀之入廳事，殷勤款接，私叩其僕，知一爲嚴州同知，一爲封翁，以同知之妹字杭州太守之子，將至會垣結婚，來此購奩中物耳。局主設席讌之，並約樓主作陪，曰：「是我之好友也。」樓主唯唯，方自以爲榮。局主乃出綃緞洋呢各物，先奉封翁閱之，封翁皆摇首，局主曰：「此皆上等貨也，可入貢，豈猶不堪服用耶？」官曰：「既不合父意，可與妹觀之。」因令輿夫負貨物，一僕押之。良久未回，又令一僕往催，則與夫先回，曰：「舟中人囑我稟官，曰綢緞經姑娘目，俱合意，不知應用何號平色銀兩，請自歸檢之。」官謂局主曰：「煩陪家君暫坐，我去兑銀，即回。」乃乘輿去。至舟，犒輿夫錢，曰：「爾等往來勞苦，先喫飯去。」與夫去而舟開矣。丐坐俟至夜闌，不來，局主與樓主皆惶急，乃追問丐。丐亦情虚，語言閃爍，羣擁之鳴官。令究其實，亦無可如何，惟酗緝而已，釋丐出。衆褫其衣，以靴帽不合時，舍之，丐遂戴五品冠，著朝靴，赤體而叫化於市。

冒爲人父以奪錢

京師有某少年，以銀易錢於市，方諧價，忽一老者從後擊而仆之，且駡曰：「父窮至此，爾有銀，乃私易錢，不孝孰甚！」遂奪銀去。旁觀者謂是父責子也。少年暈絶，良久始甦，云吾安得有父也。而銀已去，不可追矣。

冒充某方伯子以行騙

有京卿惡其子之不肖而逐之者，其子不知所之。京卿旋出爲方伯，一日，入廟行香，時府縣以下伺應者數十員，士庶環觀者數百人。突有敝衣冠者，至方伯前，長跪而號哭曰：「兒今願改過矣，請大人盡法處治，伏望收留。」語畢，叩首無算。方伯察之，非其子也，大怒，叱曰：「何處匪徒，敢冒吾子，殊大膽！」令役加以縲絏，交首府，使問罪。首府挈至署，訊之，其人供稱前因不好讀書，不受訓飭，偶有觸犯，爲父所逐，今但求爲之挽回，誓必奮勉用功，不敢稍惰，有負隆恩。守因詰其家世，言之鑿鑿。且察其神色悲慘，語言明爽，似非作僞者。試以制藝，亦能成篇，信其爲方伯之逐子也。留之署，俾易冠服。公餘，爲方伯委婉言之，方伯曰：「實非我子，若無爲匪情事，任君遣之可也。」方伯歸，與僚宷議之，衆皆請見其人，令言志，則拜而泣曰：「父性嚴厲，己實不才，惟有回籍應試耳，倘得科名，或可藉贖前愆也。然無旅資，奈何？」衆憐其志而哀其遇，遂貲助數百金，送之去，而以責逐覆方伯。後聞家人言，始知確非方伯子。

以假人頭騙錢

當洪秀全據金陵時，曾忠襄督師進攻，結營雨花臺，相持年餘。洎同治初，寇之勢力漸蹙，京師有遣李文忠來援消息，忠襄遂下令猛攻，旋於甲子六月十三日城破，蓋自咸豐癸丑至此，十一稔矣。

時有銀樓曰天寶者，主人楊姓。一日薄暮，忽來大漢二人，操徐州音，土棍也。背承笆斗一，上覆袱，直入肆，故作張皇態，以語楊曰：「予鄉人，不識此爲何物。」言時以手入斗，連探翹邊細紋者兩錠出，置案間，色晦黯，上暈土花，而一種不可掩之寶光，躍躍浮動，望而知爲銀也。楊審視良久，曰：「是銀也，汝烏得有此？可售乎？」二人聞言，作驚喜狀，自相語曰：「是果爲銀者，某地徧谷皆是，爾我此後但作富家翁，可無煩勞力矣。」復謂楊曰：「勿誑我，此既爲銀，可與我以錢。」楊乃欺之，佯爲持籌握算者，若按其值而予之，實則償不及半，二人亦不與較。臨行，楊與之約，謂後如獲此，當來兑，吾不汝欺也。二人諾而别。蓋兵燹之後，發現窖藏事，往往有之，以是遂不之疑。

詰朝，其一人果負笆斗至，悻悻然，擲諸楊前，而謂之曰：「子視之。」楊猶意是前物，揭視，則人頭也，駭極罔措。其人大喜曰：「子令我掘藏銀，同類起争端，致相殘殺，釁實啓於子，吾即遺此以嫁禍，不爲過也。」言畢欲遁。楊急起挽之，願將原銀還之，令攜頭去。其人初有難色，旋經典籍者哀懇始允，將原銀裝腰橐，從容攜笆斗出門。未數武，適有隣肆甫啓關者，其人即擲笆斗於門，忽忽竟去，曾不一回顧，人咸怪之。衆見其去遠，啓視，一人頭也，不敢匿，遂鳴里胥，報邑宰。宰親涖檢驗，提頭出笆斗，乃麵粉揑成，塗飾彩色於其上，鬚髮則插以豬鬣也。宰怒其妄，笞里胥二百。當檢驗時，楊亦潛窺之，始悟己之受騙矣。

假闔節以行騙

浙之杭人有金某者，以賈於海外起家。某歲，送其子姪應童試至杭，寓學院之車轅門外。有人叩門請見，見之，則衣冠華煥，僕從甚都，問有應試者陳某否 蓋金與陳固中表，知其向幕江南也。然其時實未歸，乃告以故，叩其來訪之意。其人躊躇曰：「陳不來，事不諧矣。我施姓，與陳至好。我爲學使所聘，至此閱卷。」遂告別而出。門有肩輿，施登輿，由東轅門直入儀門矣。

金聞學使向有貨取之名，疑其人與陳必有勾串事，然亦無從進門，姑置之。一日，偕戚友遊西湖，遇施於聖因寺前，見其與兩客偕，皆翩翩少年也，從僕三四人，更有輿馬。施遙見金來，出隊趨迎，握手道故，指一衣秋香縐襖、冠盤金便帽者曰：「此學使之大公子也。」又指一卵色紡衫者曰：「此某孝廉，我同年同事也。」又謂二人曰：「此金君，爲我至友。」遂問金同行戚友之姓名，互相揖讓，施大笑曰：「難得英俊多人，不期而會，我合作東道主，暢敍一日矣。」乃邀入五柳居，登樓列坐。酒家以木版來，指點酒肴之精妙者，次第供應。施與孝廉縱談今古，討論文藝，公子殷勤勸金浮大白。酒酣，有蒼頭飛騎而來曰：「大人有命，請公子同歸。」金濳起，給酒貲。酒傭曰：「上座之客，入門時已先付矣。」金跼蹐不安。施及兩客皆下樓，謂金曰：「三生有幸，始得訂交，如欲相見，但須告閽者張老，我自來耳。」旋拱手作別，乘輿馬而去。

金歸，與子姪言之，僉謂宜作答宴之舉，遂於旅邸設盛筵，具柬交張老，以邀三人。次日，施赴讌，謂大公子與孝廉皆爲公務所羈，囑致謝，遂入席。索其子姪之課文閲之，曰：「佳矣，惜未能投學使之所好也。就文論之，即如某篇某處應提，某處應頓，結以大尾，則必爲學使所愛，無不命中矣。」衆咸服其論。金乃詢之曰：「君前訪陳，果以何事？」施曰：「吾輩既相好，言之何傷。學使之大公子，好交賢豪，令我輩爲之介紹。陳君前約貴處之某姪，爲通邑富豪，欲與公子納交，不意陳遠客未至，殊掃興也。」金曰：「如我子姪，不識可充數乎？」施曰：「無不可，但縞紵之費，各需千金，能乎？」金曰：「得半猶可。」施難之。金再三懇求，既而曰：「幸有我在，或可商之。」言未已，有二役以提督學院大燈見迎。金送之出門，見其由中道入，文武巡官皆旁立候進，金深信之不疑矣。

翌晨，施來，曰：「關防在邇，遲恐不得出。大公子以我故，允所請，惟須以金面封，俟榜發來取。」遂同赴錢局，如數兑銀，加緘而回，給以關節。未幾，試畢，金之子姪皆落孫山，始疑之。赴局開兑，則原封固不動也。啓之，易以磚石矣。中有一紙書云：「大宗師如此清正，汝曹妄想功名，理應重罰。所封千金，權借濟急，銷汝罪愆。以佛法論之，或者來世有奉還之日也。不必寃屈好人。此囑。」金大怒，乃設法納交於學轅之巡捕官，以訪其事，始知學使幕中實無施某，即所謂大公子者，亦年貌不符。蓋騙子先冒雜役，於放水菜時入内，匿號舍中，易衣冠而出。巡捕官見其章服華焕，且自内出，則拱候之，其入亦然。既入，則仍易破衣，混雜役中出矣。至張老及燈籠夫，皆其黨僞充者，事後俱逸，所騙亦不僅一金也。

冒爲人子以行騙

中年劉氏女嫁輿國州，其夫與子皆前卒，出而爲傭，常居其主樊氏家。時樊玉農太守方知河南府，善遇之，頗有所蓄。忽有某甲自湖北至，自言爲其夫兄弟之子，然族屬疏遠，固不可考矣。乃共事劉則甚慇懇，抑搔苛癢，問衣燠寒，雖親子有不若。劉甚喜之，將以爲子。劉有妹，亦傭於樊氏，謂劉曰：「昔吾夫有親兄弟之子，吾以夫亡，往依之，哭於門外，達旦而不見收恤。今此人與姊，遠矣，何親暱之甚也，此必不可信，姊毋爲所餌。」嗣後，甲至與劉語，其妹輒往參焉，使不得盡其說。會劉病，甲乃爲賃屋於外。劉因言於主人，就外舍養病，妹又尼之，劉曰：「人固有不同，妹將以此子爲猶爾夫兄之子耶？此子與我至厚，我又無子，不從之去，而尚焉往？妹勿阻我，他日必不爲妹累。」妹無如何，劉乃從甲俱去。甲有所善婦人，遂以爲妻，與劉同居，居然母子姑婦矣。乃稍稍蠶食劉之所蓄，既盡，僞侍劉至某所就醫，及暮而返，則甲夫婦不知何往矣。劉儽然一身，卒依其妹以終。

漢口某錢莊遇騙

同治某歲，忽有一叟賃屋漢口某錢莊之旁，久而與莊夥諳，時往談話。一日，出信一，銀一封，自稱：「此爲兒子自陝西總兵任內寄至者，予以年耄目昏，不能閱，煩啓視。」莊夥閱之，謂信中所云，當以此易銀幣。叟曰：「煩君爲之。」自是而後，屢有請莊夥代兑銀幣之舉，又屢邀其飲食。及半年，叟忽又以信及銀數箱至莊，莊夥閱之，則信中言有極要事，故寄五千餘金，望速兑銀幣云云。莊夥喜其平色之大，可折加，每一元寶竟扣至二三兩。叟無言，取銀幣而去，元寶固尚在叟家也。

翌晨，忽有人至莊告曰：「此人爲巨騙，已於昨夜登舟矣。」莊夥往視銀，果皆銀皮而中實以鉛也。

周夢星騙信局

信局爲人寄銀幣，必由原寄人自爲緘封，而標明若干圓之數於上。寄到時，緘封如原狀，銀幣之多寡真贋，不問也。惟緘封若有損裂痕，則信局當負責矣。周夢星者，不知何許人，家常州，夙以行騙爲業，百出其計以騙人，計亦將窮矣。一日，忽憬然有悟曰：「是可以術愚信局而大有所獲也。」乃與其居無錫之友人李亦園約，以銀幣四十圓寄亦園，其緘封如普通式，而所包之紙爲易裂者。及寄至，亦園將啓封，審視再四，語送信者曰：「何以有裂痕？」因令送信者眼同啓封，既啓，則四十圓之半爲贋鼎，餘亦爲啞板糙板。亦園大怒，曰：「無怪封之損裂也，幸我細心，否則爲汝局所紿。」因偕送信者至局，面局主曰：「汝以僞易真，不速償，必控之官。」亦園夙無賴，恒爲人所憚，乃償以二十圓，亦園始悻悻歸，後與夢星平分之。

騙戲館中錢

董某客京師，偶入戲館，占席以待客，横二千錢於案。忽有衣冠者三人自外來，中一人若與董素相識者，遽向揖。董答揖，揖甫下，而錢爲其人之同伴者撮去，掛於肩。揖畢，問姓氏，其人故驚愕，作誤認狀，深致歉忱。董回座，而案上之錢已失，撮錢者尚立於旁，反咎之曰：「在戲館，豈可以錢橫於案，如我之掛於肩，斯可耳。」實則掛肩之錢，即其錢也。董熟視，竟不敢言。

以計騙伶物

都門士大夫筵宴，輒召妙伶侑觴政，蓋官箴嚴肅，一入北里，懼掛彈章，如此則既得選舞徵歌之樂，又可免挾妓飲酒之譏也。某伶者，歌喉宛轉，貌亦超羣，眷之者多，積資甚厚。一夕，演劇之餘，在戲園遇一客，衣履豪華，舉止闊綽，一望而知爲貴人，邀之同赴酒樓。伶固應客者，遂不之卻，與偕行。至酒樓，開樽共酌，極贊其色藝。臨別，命僕以百金贈。伶叩其寓址，不以告。其僕答云：「主人爲某省太守，入都謀擢觀察，小作勾留，即將南下，毋煩絮問居址，謀過從也。」

次日，又遇於他園，復攜之飲於酒舍，酬贈如前。伶感之，邀至寓小酌，客不允，再三請，乃謂伶曰：「不必盛筵，但蔬菜數簋，清酒一壺，以佐清談足矣。」遂訂時而別。次日，伶一一設備。屆時客至，駟馬高車，俊僕三數輩從之。酣飲未終，日已薄暮，堅留客宿。客亦不辭，乃遣散僕從，令明日不須早來。既而入卧室，解衣並枕，笑談甚洽。伶歷述生平及箱篋所有，悉以告客。次日，家人起，重門洞開，知有異，入伶卧室，箱篋皆脫扃而空空矣。伶猶鼾卧，呼之，不應，知其中迷藥，亟以涼水解之，乃覺。詢以客往何處，懵然也。告以失物，則懊喪欲死。始悟客爲大偷，始之重酬，餌之也；繼之請宴不允，必俟再三而後諾，堅其心也。

冒爲探事委員以行騙

某中丞撫浙時，嘗訪察官民之不法者，重懲之。温州守某簠簋不飭，聞風而懼。突有外來三人操北音者，寓府廨側，不言所事。守出坐堂皇，必往觀，暇則與館人辨論守之是非曲直。館人怪之，密以報守。守瞷三人出，亟搜其行李，得中丞訪牌一，守之私事備列焉，所鈐乃紫色印花也。又有首縣致永嘉令一函，未緘，內云：「蔣廳尊奉大憲命，以探事來貴治，諸祈照察」云云。守益懼，密商永嘉令，將重賂之。三人歸，見箱篋俱亂，召館人詰之，館人曰：「君出，太尊來，必欲面晤，在房坐半日始去，行李之亂，其太尊所爲乎？」三人默然，既而曰：「機事洩矣，盍去諸。」遂買舟行。

館人飛報守，守屬永嘉令謁之。至舟，僅二人，令問蔣司馬何在，二人曰：「主人回省矣，留函奉呈。」令收閱，一首縣原函，一司馬所自致，畧云公事匆促，不及謀面，深致抱歉之意。令白守，修書，饋柑橘四桶，中藏白物，因其僕追贈之。未幾，守至省，晤蔣，訊無赴温事，乃知前物入騙子手而不敢言。

責妓償金

秦淮某妓故富，一日有騙子至，手袱中包五兩銀錠十枚，入門，卽以一付妓家，令易錢。次晨，易一枚，至第三日，又易一枚，置所餘於枕旁。妓窺之，未開視也。第四日晨起，袱中七錠杳矣。客怒，以三日用十五金，足敷纏頭，且入房三日，未出檻，此銀應取償於妓。妓無辭以辯，酬以三十五金乃罷。後漸偵知客銀僅三枚，餘七枚以麪爲之，而裹以銀箔，夜中盡食之，而責妓償也。

無賴子假雪彌勒以行騙

唐韓文公云：「偶然題作木居士，便有無窮求福人。」《風俗通》所載，如鮑君、李君、石賢士等，大率類此，從古然矣。乃若津門所傳雪彌勒事，則尤可笑。某歲，津門大雪，好事者戲聚雪作彌勒，低眉垂目，笑態可掬，偏袒踞坐，大腹彭亨，右手持牟尼珠，左手持布袋。又作侍者二人，皆生動有致。愚夫愚婦見之，膜拜作禮，竟有以香燭供奉者。諸無賴子遂藉以斂錢，侈談靈異。瞻禮者衆，乃搭棚以覆之，檐前懸紅燈二，居然一佛殿也。然人多氣盛，又益以香氣燭光，熏蒸終日，未浹辰，玉山頽矣，諸善信皆廢然而返。

老人爲某所騙

京師多騙子，遇之者輒無幸。有某者，爲人經營商業，一日，其主予以銀幣三千圓，命入都購貨，戒之曰：「君去，余卽後至。至京，卽居旅館，勿輕出，倘遭巨騙，則余血本三千金將化爲烏有矣。」乙曰：「諾。」翌晨，束裝就道，加意防閑，苟有向之注目者，皆疑爲騙矣。

未幾，抵京師，下榻旅館，私念都中商市繁盛，倘閉門不出，虛此一行，而主人所言，亦何敢忘，思之再四，忽以銀幣二圓囑役人易錫餅，俄頃購至，藏之而寢。時方隆冬，晨起大雪，乃檢囊中所實錫餅，間以銀幣，荷於肩以出。臨行，謂役人曰：「如有人覓我，即告以入市易物去矣。」於是徐步出門，且行且顧，以爲往來人中，果誰是巨騙者。偶見一錢肆，即入小憩，取銀幣二圓兑小銀幣，餘則仍納於囊。當兑換時，對門立一老者，鼻架墨晶眼鏡，身披羊裘，外加織毛馬褂，口銜京式短煙袋，目眈眈注視其囊中物。瞥見，喜曰：「騙在是矣。」坐憩片刻，仍取布囊荷之如故，並向老人佯作問路狀。老人曰：「君所問者，正老朽欲往之路，同行可也。」乙曰：「某受主人重託，攜巨金來京師購貨，初至貴地，不識路徑，承吾翁指示，深感。」微窺老人作何狀。老人聞之，若不爲動。行未里許，見一茶肆，老人曰：「君負重囊，憊甚，此茶肆尚不惡，盍小坐。」遂偕入。老人以京式短煙袋進某，復將織毛馬褂置於几側。某方啣煙袋，忽皺眉向老人曰：「腹痛腹痛，附近有廁所否？」老人曰：「在肆之東。」時風雪益厲，某曰：「翁之馬褂乞暫假一披，藉以護體。某之布囊，請代爲看護，囊失而某之生命且不保，乞留意焉。」老人許之。某遂御馬褂，持煙袋去。老人固巨騙，第注意布囊已久，以爲有此爲質，不虞他變，乃慨然以衣物假之。詎某久不回，急傾囊視之，則所儲銀幣實贗物，及追某，不知所往矣。

擔水夫爲道士所愚

光緒時，雲南某縣有擔水夫，日荷雙筩，往來井上。某年長夏，枕石酣眠，迨醒，一道士跪其前，口稱貴人不置。擔水夫嗤之以鼻，道士曰：「貴人不信，明日可至筇竹寺一覘異兆。」如其語，道士已延佇其間，令擔水夫指地，掘尺許，得白金一錠，上鑿曰「天賜桂王軍餉。」更指，亦如之。擔水夫既驚且喜。自是遍招黨羽，欲圖不軌，附之者三萬餘人。有門卒乘醉磨刀，妻詰之，得實，首諸汛地官，乃密陳總督劉某，拘擔水夫及道士二人至，刑之於市。擔水夫嗚咽流涕，道士則掀髯大笑曰：「無妨，有金碧二神救駕。」比過金馬碧雞坊下，道士忽失聲長歎曰：「天也，天也！」無言就戮。脅從盡散，後卒無他。

道士賣大力丸欺人

光緒己亥，京師某寺有一賣大力丸之道士，揚言於衆，謂以刀斫我，如流血，則予爾銀若干兩；不流血，則予我銀若干兩。或試之，儼如鐵石，未嘗損及毫芒。一月中，環觀者如堵牆焉。後忽不知何往。或曰，此即義和拳之始也。

綢緞店與外科醫室之受騙

光緒時，吉林有某騙子至綢緞店購貨，檢定，告店夥曰：「余未挈現款，請遣人從余往取。」店主乃令一學徒與之偕行。某導入一外科醫室，坐定，乃曰：「請稍待，余出即回。」學徒靜俟之，久不至。醫請詣內室，曰：「弛裏衣。」學徒本十六七歲之少年，温婉若處女，聞之愕然。醫又連促之曰：「既至此，何羞爲！」學徒面愈赬，久之，乃曰：「余來此，乃取貨價，若意欲何爲？同來者非汝家人乎？」醫曰：「安有是！余素不識其人，渠晨來，曰余有幼弟以生殖器患瘍，乞與診治，弟年少羞怯，須於無人時喚至密室，綴商之。君豈其弟耶？」學徒乃大愕，始悟兩人均已受騙也，急蹤其人，無及矣。

賣假藥

桀黠之徒，輒以假藥出售，獵取錢財，而以航船中爲尤多。有某航者，自蘇城往木瀆，舟中雜坐十餘客，有土著，有他方人。一鄉人坐舟尾，右手五指浮腫，若巨靈之掌，時時撫之而呼痛。時船頭坐有甲乙二人，語娓娓不倦，乙曰：「君近時何所爲？」甲曰：「吾僑居西藏三四年，近甫歸里。」乙問西藏風俗習慣，甲一一答之。舟中人聞所未聞，咸屬耳焉。漸詢及西藏土產，甲曰：「藏香馳名中外，神物也。凡跌打損傷、四肢浮腫等症，塗之靡不愈，惟價至昂，此行僅攜得少許歸耳。」乙請以一覩爲快，甲有難色。其旁若丙若丁，均力勸甲出以示衆，甲乃從行囊出一錦匣，滿貯黃色丸，大如梧子，衆客傳觀，大都疑信參半。丙忽指艄後手腫者而言曰：「如若人者，亦能以此丸治之否？」甲曰：「易易耳。」曰：「然則盍一試之？」甲曰：「彼不就余醫，何能強醫之。」語次，丁已至艄後，語手腫者曰：「汝運至佳，某先生有香，可消汝腫，速往就醫，毋失之交臂。」手腫者尚未諾，而丁遽擁之至甲所，甲曰：「汝幸與我值，真有緣哉！吾爲汝已疾，不索汝資也。」因啓匣，出一丸，搓之使碎，和以唾沫，就其浮腫處摩擦不已。約數分鐘，而其腫立平，於是同舟客咸呼神藥神藥。有出資向甲購藥者，甲始不肯，強而後可，於是匣中纍纍之丸，須臾而盡，合計所獲銀幣，逾十圓矣。舟抵跨塘，距木瀆尚十餘里，甲乙丙丁均紛紛登岸，向之手腫者，轉瞬亦杳。於是舟子語客曰：「此卽所謂賣假藥者也，諸君受其愚矣。」衆言假藥何以能消腫，曰：「此非真腫也，彼預以繩緊切手腕，阻止血液流通，手自浮腫。及敷藥之際，潛弛其縛，則血液通而腫立平矣。」衆聞之，懊喪不置。諦視其藥，則摶黄土以爲之，不值半文錢也。

江湖醫生賣膏藥

江湖醫生之賣膏藥者，其探囊、送客二術殊巧，今特述之。

醫立圍場中，覓一受藥之鄉人，詢以病狀　鄉人輒言腹痛，或胸悶，則應聲以藥粉至，令鄉人以兩掌向空，分置其中，並令堅握勿釋。鄉人至此，頓失其兩手之自由，乃伸手入其腹或胸際，探試其囊貲之幾何，以定酬謝之多寡。醫得謝後，惡鄉人之在旁久立，或被窺知其奸也，則送客之術尚矣。其術大抵先期探知其人之家居方向，而語之曰：「今更畀汝一藥，汝必向東南或言西北，必如其家居方向。方疾行，勿稍回顧，否則不驗。行若干步，以藥入口，汝病立愈。」鄉人信而諾之。即令以背相嚮，且告之曰：「我爲汝畫一符，靈甚。」事畢，即驅之使去。

售假釧

愈風釧者，琥珀精也，其功能，能拾芥。某客初至滬，好閒遊，一日，途遇二人，並作驚奇詭祕狀，異之，駐足而旁聽焉。俄聞斷斷争值，審其爲貨財交易，益欲以覘厥究竟。二人旋以論價不合，分道行。客因尾售貨者，詢何品類，售者顧客曰：「客毋喧，當爲客縷敍之。予爲業坊者也，曩以受傭於某巨姓，使登山，爲其祖改築塋兆，掘地仞餘，瞥覩一物，大如盌，環圓而中空，出諸土，袖而歸。洗以泉，拭以巾，炫澤而有光。辨其色，紅紫相間；衡其重，輕若籐竹。疑爲琥珀精，試以芥子驗吸力，果大好之神珀釧也。然吾儕小人，不宜懷寶以賈禍，待價而沽者有日矣。」語竟，復左右顧曰：「幸勿爲他人覺也。」客曰：「價幾何？」曰：「儻來物耳，殊不願索昂值，得售二十金足矣。」言次，頻以掌摩挲其釧。客曰：「此何爲耶？」曰：「將俾君一察其真贋也。」於是俯拾泥沙，置掌中，迎以釧，距離逾寸，而泥沙已躍登釧上矣。因指釧謂客曰：「吸力何如？固不僅能拾芥也。」客訝爲大奇，亟欲購取，議值良久，始允讓其十之二。客曰：「是玩物耳，烏足以易吾如許金錢耶？」售者曰：「客猶未之知乎？是卽岐黄家之所謂愈風釧也。約於腕，可瘳拘攣之病，區區十餘金，未可惜也。」客韙其言，乃如數予之。

客抵家，欣然自得，告其家人，卽出釧以示，吸引沙粒，亦驗。大喜，什襲藏之，視之如隨珠、趙璧也。不意越數昕夕，復遇前售者於道，旁立一人，亦如前作驚詭狀。卽而視之，則所售者仍釧也，形質無稍異且其告人語，俱一一如前。始悟前釧之必爲贋物，而彼二人者實串騙之徒。不然，希世奇珍，固未有數見不鮮者。回憶前日之受愚，意殊憤憤。遂前行，適逢舊友，爰舉所遇以告，友微哂曰：「君誠戇矣。是蓋以松脂和紅硃煎鍊而成，以紿夫嗜奇而識淺者也。究其代價，衹數十青銅耳。」

騙人參

蘇州之閶門外，通衢大道，百貨交集，人參行尤盛。同、光間，其地有空屋，某歲，忽有服四品衣冠者爲陳某，遷入焉，門條曰候補府陳，有司帳、司閽、司廚及他僕數十人。某出入，必乘四人輿，張紅蓋。現任之府廳州縣，僉呵殿往謁。時亦讌客，輿馬盈門，參行中人見之屢矣。一日，有二僕華服而出，至參行，閱貨問價。行主叩其主人之履歷，則曰：「晉人也，爲吏部尚書之長公子，以蔭得官，加捐知府，需次於蘇，擁多貲，舉家皆餌人參，代茶飲。家中所儲之參將盡矣，主人命吾輩選擇公平之肆，冀可常日交易。」於是行主爭諂其僕。而僕遊十餘家，皆不合。

時參業中專有知賓之夥，至是徧告各行，悉聞之矣，爭許以重賂，二僕喜。某行主乃遣夥持參偕往，並令先秤一兩，試嘗之。值三百餘金，卽與元寶七。夥回，則盛言其寓邸之華麗，且探知其太夫人日須服參三錢，歲有十數萬金之交易，全眷亦不日至矣，行主甚悅。未幾，某盛服乘輿，至某行，謂行主曰：「寶號貨真價實，太夫人已至，必餌佳品，今且擇至佳者與我。」行主乃奉以最上者四十兩，命一夥攜往易銀，且曰：「兌齊，遣工人舁送銀封可也。」二夥從至館舍，登堂入室，達後樓。某以後樓爲卧闥，羅帳錦衾，陳設華麗，箱以四爲列，自牀東至窗前，凡數十列，乃命僕啓第五列二十號，則貼地一箱也。正啓銀封，忽樓下有操晉音之客至，大呼曰：「今日虎邱之游，奈何不赴？我自能跟蹤而至也。」某乃謂二夥曰：「且坐此，客爲我鄉人某刺史，求貸於我者屢矣，今若使其登樓而見參，則益擾之。」卽命僕以參及銀皆入箱，鎖之。某至是，匆匆下樓，客強拉之行。僕上樓，傳某命曰：「客少安毋躁，主人出，卽來。」乃反扃樓門而去。

二夥旋聞有幼僕戲謔於樓下，始而喧譁，繼而揪扭。老蒼頭吆喝之，不應，繼以鞭撻。幼僕不服，哭聲震耳，久之寂然。至夕，無一人上樓，二夥餒甚，推窗望樓下，適行主偕夥伴持燈喚人，二夥應曰：「勿急，參銀悉在此。」行主登樓，去鎖入門，以火燭之，二夥指箱曰：「參銀悉在此也。」行主曰：「予自大門至樓，人物一空，似已遷矣，今且開箱觀之。」則洞見樓下，蓋箱底與地板相連，觸機運轉。徧舉各物，不甚珍貴，羅帳而外，衾褥皆高麗紙之印花者，鐘表僅有其表，中空無物，箱皆紙糊，中藏石塊而已。二夥至是，乃始悟諸僕叫喚爭鬬時，方轉運箱中物，以嘈雜之人聲混之，俾不覺。行主不得已，鳴諸官，且問以與騙子往來之故，官曰：「以樞垣有函來，不能不答謁也。」乃爲緝捕，然已鴻飛冥冥矣。此與乾隆時京師騙人參之事蓋相類也。

騙行李

有士子赴歲試者，既艤舟，行李置於岸，尚未議脚價，姑立於行李之側以守之。忽有衣冠而來者，對之長揖，曰：「兄何自來耶？」某亟回揖，諦視之，彼此皆不識，其人曰：「誤矣。」又揖謝，道歉而別。某回顧，行李已渺，乃知已爲人所盜矣。

又有某旅客自坐其卧具之上，忽見一人至，稱之爲父執，卽長揖。此人倉猝間不暇辨認，卽起而回揖，則卧具已爲其取去矣。

假翰林

光緒某年，蘇州有翰林李夢瑩來自湖南，投刺謁當道，意在抽豐。時巡撫爲趙展如尚書舒翹，既接談，屬長、元、吳三縣令爲設法。時吳令爲凌焯，以精明著，察其有異，發電至湖南密詢，得實，即率役至其寓捕之。李方謁客回，金頂朝珠，逮赴縣署，圜而觀者如堵牆焉。得供後，以冒名撞騙罪下獄，而凌獲卓異，保送赴都。

冒名頂替之官吏

有冒充官吏以行騙者，忽自稱禁煙，忽自稱查牙帖，忽自稱查醬缸。所至之處，輒出委札於懷以示人，人不疑也，得賄即行，蓋假他人所得之檄以冒名頂替耳。

僞充差弁騙煙膏

上海公共租界九江路廣誠信煙膏店，爲膏業巨擘。光緒辛丑，忽來一形似差弁之人，聲稱奉兩江總督劉命採辦煙膏，須福字清膏數百兩，出銀票一紙，使店夥持往照兌。而莊號以票根未至爲辭，差弁即將煙籃寄留，駕車自往。店夥候至暮，不來，疑而啓籃視之，非原物矣。其所以僞託劉忠誠公坤一者，蓋忠誠夙嗜阿芙蓉，歲必遣人至滬採辦，騙者知之諗，廣誠信亦不疑也。

和尚作怪

某縣之東嶽廟前大路有青石一方，歷歲久矣。一日，主僧忽言石粉能治疾，風癆癡膈，無一不愈。

於是遠近男女，奔而赴之者若狂，如是者數月。崑山縣所屬千墩鎮某廟前，有老樹一株，以年久故，其中空。一僧晨起，忽見濃烟繚繞，自樹中出，嗅之，作旃檀氣，遂相傳以爲神。遠近男女，又奔而赴之者若狂，如是者數月，烟熄而樹如故。越二年，又閧傳泗橋某庵庖中忽產異竹，竹生甘露，能療一切不治之症。遠近男女，雖盲者、啞者、聾者、癱者，亦相率稽首於白蓮座下，求洒一滴楊枝水，如是者又數月，甘露盡而竹亦亭亭然穿屋而出矣。又丹徒縣南城外三里岡有樹一株，某歲有蜂營房其上，相近之僧人亦以愚人。蓋皆和尚作怪也。

僧以江南某生爲活佛

江南某生遊江西，艤舟江滸，登岸遊覽。信步至一蘭若，闃其無人，見內殿板壁所畫山水人物甚工，以手摩挲，不覺巧觸其機。壁有門忽開，中有婦女數輩，方與髡奴顛倒爲戲，瞥見生，叱問何人。生大駭，急趨而出。僧徒躡跡馳追，生泣哀之曰：「乞師慈悲，恕我無知，誓不饒舌。」僧叱曰：「汝自尋死地，尚望生耶？」一僧曰：「縊之便。」一僧曰：「縊之不如烹之，較易滅跡。」生聞而觳觫，度不能脫，再三哀之，曰：「小生冒犯，自知無再生理，求師慈悲，賜全要領，其功德勝於浮屠合尖矣。」一僧曰：「我佛慈悲，姑念無知，爾言也哀，他日送活佛生天，我輩可藉以漁利，計較得。」僉曰：「善。」遂將生髮剃淨，幽諸密室，飲以瘖藥，日給淡食，不入粒鹽。百日，膚白如匏，且腰脚柔輭，不能行立。乃於郊外架木爲高臺，謂某日活佛肉身趺坐臺上涅槃示寂，將藉火化以生天也。

地距邑城邇，邑令聞其事，率幹役數人微服往詗，見臺高丈餘，一僧戴毗盧帽，面白皙如滿月，身被五色袈裟，趺坐於榻，閉目，淚涔涔下如雨。臺下僧衆執魚鈸鼓磬、笙簫琴阮、旌旛羽蓋，循環旋繞，喃喃唪經。衆男女從其後同宣佛號，一體膜拜。臺前後左右置薪芻，間雜旃檀紙帛，高如邱陵。令謂活佛生天而流淚，豈尚有塵緣難割耶？初固凝其妄，睹此益信，亟遣幹役馳白主僧曰：「邑侯聞活佛生天，歡喜無量，親來拈香，諭衆暫緩舉火。」僧不敢違。令亟反署，盛設儀仗而至，僧衆合掌前迎。問活佛何在，主僧笑指臺上趺坐者，並述其平日清修高行。令謂：「今日天刑，活佛生天，恐未能遽登極樂世界，暫請改期何如？」主僧答稱：「活佛自訂日期，未便擅改。」令笑曰：「活佛未閱憲書，余忝主一邑，當爲改正。明日天赦，生天最吉，請活佛在邑署暫居一宵，藉使署中細弱得遂瞻拜。」即命健兒舁活佛至署。夜半，潛自研詰，見其涕淚交併，言動俱絕，心知有異。因問能作字否，活佛點首，亟命以筆硯至。活佛胖軟，臂不能舉，惟以指蘸墨書紙，歷敘顛末。令大怒，命活佛安心藥食調治，俟差愈，牒送回籍。翌日，諭寺僧集臺下，誡勿擅離，又密牒騎尉督營卒多人，乘僧等出後，圍寺窮搜，果獲婦女數人，所藏金珠衣物甚富。令至臺下，僧衆請迎活佛，令笑曰：「活佛有命，請主僧代生天。」主僧大懼，跽稱知罪，求宥。叱左右縛主僧上臺，又指主謀助虐者數人，謂當追配，亦命同縛，擲之臺，叱令舉火。火烈風猛，一轉瞬，俱灰燼。又命將餘僧笞責，諭令蓄髮歸農，其婦女各歸親屬。

僧以肥白之人爲活佛

山陰某僧性巧黠奸狠，初習商，屢虧折，後與穿窬者伍，輒敗露，官吏捕之急，幾不得免。某與其黨謀曰：「吾輩貿易則虧蝕，偷竊則犯法，惟和尚最占便宜。今追捕甚嚴，不如遁入空門，再圖生計。」其黨從之，皆削髮爲僧。某遂衣破衲，搦數珠，周行通都大邑間。嘗至某鎮，過隙地，大可數十畝，輒望空禮拜。鎮人異而問之，僧曰：「我佛降臨，故在此參謁耳。若能於此建寺，獲福當無量。」言訖而去。

自是僧每於晦冥之夕，輒令其黨以松香燃焰，飾爲金甲神，隱現於其間。鄉人望見之，益信僧言。越數月，僧復來，則晝夜跪於隙地。鎮人聞之，僧乃佯作不豫之色曰：「吾見金剛怒目，謂此鎮無一善男信女，將遣祝融氏降之罰。吾在此代求，冀菩薩發慈悲耳。」言訖，跪如故。是夜適王氏家失火而屋未燬，鎮人思僧言，以爲神示譴矣，乃醵金建寺，推僧主之。而不知王家之火，即其黨所縱也。

寺成，香火甚盛。地棍某夙與僧有隙，屢爲所掣肘，僧欲去之。一日，語之曰：「某日，寺設齋，可闖入佛坐大嚼，且食且罵，食畢但言韋馱鞭汝，仆地作神語，俾衆知我佛有靈，我當以百金爲酬。」棍諾，屆期至，且食且罵。食頃，聲啞，語不了了，蹦踊數十，七孔流血而死。觀者僉謂神降之罰，而不知僧實置鴆於肴以斃之也。自是而每歲冬季，必有活佛升天之盛典。活佛者，亦寺僧。屆期，升蓮花座，衆僧披袈裟，誦經偈，宣佛號，環其側。遠近來瞻仰者，出金爲贄。自旦至暮，人以萬計。夜半，積薪蓮花座下，以火僧，則活佛升天矣。

某歲，某侍郎太夫人聞之，欲詣寺瞻仰，侍郎亦從往。太夫人語侍郎曰：「活佛之面，形如滿月，色如傅粉，非凡相也。」侍郎曰：「吾見其目有淚痕，今晚且觀其火化耳。」化畢，侍郎見灰燼中餘斷鐵條四五楖，大疑之。明年，又舉行，侍郎乃邀縣令同往，使左右撫活佛，身冷如冰，而蓮座動。抱之起，座露鐵條寸許，諦視之，插入活佛後陰，出之，長如其身。卽提僧拷問，據供謂每年擇衆僧中之肥白者，密置一室，以羊油、牛油等飼之三年，屆期，於夜靜時藥之使暗，俾其升天以爲募化之計。令怒，卽命隸役縛僧，以升天之法斃之。搜其密室，則婦女之幽於地窖者以百數，盡出之，並究其餘黨，得白鏹無算。

羽士以國母騙尼

洞庭山女冠至多，皆山居饒沃。聞妙菴主尼尤善居積，年八十餘卒，積金巨萬。徒靜香纔爲住持，方少艾，意態嫻雅，解書算，熟經咒，頗守清規，踵門者恆不得識其面。每歲觀音大士誕辰，士女赴薌燒香者甚衆，貿販雲集，皆賃居菴中房舍。往往有賣小說唱本者，靜香亦購以觀覽，如武后稱帝、楊妃爲女道士等事，固平時所習見者也。一日，有羽士至庵，靜香以其方外，出見之。羽士疏髯廣顙，飄飄出塵，語玄妙，多不可解。忽屏人得間，長跪曰：「娘娘他日必爲國母，道人修煉五百年，未得封號，不能成真，求娘娘他日得志，賜封真人，使證正果，必當啣結。」靜香允之，叩謝而去。

靜香疑信參半，然自是以後，禪誦稍疏。一日，有貴客來，覓靜室養疴，闢西院居之。客年三十餘，長身玉立，貌甚偉，遣蒼頭饋奇楠、龍涎、安息諸香、火浣布等物，皆海外奇珍也。靜香親詣謝，拒不見。兩月餘，絕不與羣尼通，莫測其爲何如人。一日鍵户，攜僕下山去。靜香私啓鑰入室以覘之，陳設華麗，金碧輝映，案置小匣，發之，中有疏，則云「臣某跪奏。現在島中大兵雲集，佇發餉銀二十萬，卽可擇日揚帆，逕奔彼國，乘其不備」云云。靜香駭絶。方遲疑間，客突至，駭曰：「機事爲汝覷破，不得不殺汝以滅口。」抽壁上劍揮之。靜香叩頭求免，客俯首似有所思，曰：「余日本國王也。啓行時，國師爲余卜卦，謂此行可得一國母，豈應在汝耶？果能從我，即貸汝命。」靜香欣然願從。枕席間私問所奏云何，客曰：「余來時，見暹羅國之羅華島，方廣數千里，其中生齒甚繁，物産饒沃，欲得之以廣國土，調兵四集，以距國遥遠，軍餉不能即至。昨接來奏，欲乘夜返國，又恐風色不順，以故躊躇未發。」靜香問需餉幾何，曰：「得二十萬金，亦可應急需矣。」靜香曰：「若爾，甚易，然從何運往？」客曰：「余自有術。」次日悉發藏金，以厚氈裹之，令蒼頭至山下一呼，椎髻窄衣白足者，百人風集，負銀魚貫而去。閲兩月餘，又得一疏云：「羅華島已不血刃而下，請旋蹕駐島鎮撫。」客喜甚。臨行時，囑靜香安心靜待，約以歸國後遣重臣來迎，當册立爲正妃。靜香又奉犒師銀五萬兩。遂去，然自是竟不至。

客騙安三姐

安三姐，海陵人，青年守節，無子女，以刺繡浣衣爲生。一日，有陝客出重資，賃其家之左廂，且委以炊爨烹飪事。三姐利其值，允之。

時有昭陽富人日向十三者，來海陵購妾，過客於茗肆，談甚歡，語客以所謀，客難之，而與十三朝夕會飲，往來甚歡。十三欲酬之，客不允，且謂市肴不潔，吾妻飪尚可口，不如就我小飲。十三乃從之往，將入門，三姐迎而問之曰：「汝歸耶？」客曰：「頃遇一友，特偕之來，可治饌。」須臾，具餐，十三贊其内助之賢。餐已，客約十三明晨至茶肆會話。

翌晨，客至茶肆，逡巡間，十三亦至。客問十三曰：「君視內子如何？」十三曰：「君有豔福耳。」客蹙額而言曰：「某好博，逋負多，計非鬻婦不足償，將奈何？」十三曰：「信乎？」客曰：「信。」十三曰：「貨與他人，無寧貨與鄙人也。」客曰：「諾。」十三曰：「值幾何？」客曰：「以償博之負，二百金足矣。然必五百金，乃可別娶，且作小本經紀耳。資至，即以與迎可也。」十三聞客言，大喜，促客署券。未幾，客即以券呈，且面署押焉。因偕至三姐家，以券與鏹相易。事已，客曰：「少憩，我當偕輿人至。」十三候至暮，客杳然，急不能堪。三姐曰：「君永日在此，何爲者？盍去休。」十三駭詫曰：「渠得金，賣婦於我，奚可遲？」三姐曰：「渠婦何在？」曰：「汝非渠婦耶？賣於我矣。」三姐怒，批其頰，十三大號。隣人聞之，咸集，疑十三爲肆強逼姦者，爭拳之。十三爲述先後遇客狀，隣人曰：「渠惟在此賃一椽耳，何得有妻！」十三始恍然，知爲客所紿，乃叩頭於三姐，告罪而返。

李曉岩騙金釧

有暱蘇妓秦黛珠而假之以行騙者，廣陵人李曉岩也，然亦黛珠自取之咎耳。曉岩狎黛珠僅一月，而時有所索。一日，屬其購金釧，曉岩諾之。其明晨，曉岩攜有扃鑰之革囊至，黛珠詢何物，則曰：「銀幣耳。」留之午餐。及畢，則偕往閶門內之某銀樓，取釧，使擇之。黛珠乃選鏤竹節者一雙，肆夥謂重四兩五錢有奇，曉岩不信，曰：「予當至鄰近之錢肆秤之。」乃以革囊交黛珠，使守之，曉岩遂攜釧出。久之不至，肆夥覓之於錢肆，則無其人，乃與黛珠同返，召銅匠啓革囊，則中惟磚石而已。

以女子相片行騙

蘇人某甲，清狂不慧，母死未踰月，卽欲納妾，徧求佳麗。其親串某乙知之，出一西洋法所照女子相片視之曰：「君視此，美否？」甲曰：「美甚。」乙曰：「此某氏女，可圖也，然須重聘耳。」甲卽託乙平章往返數四，乃報甲曰：「事成矣，議定聘銀五百兩，先付二百，爲女治奩具。」甲如數付之。數日無耗，使人問之，則乙已遠出矣，留書别甲曰：「君甫遭大故，卽納小星，非特人言可畏，抑亦國法不容，此事宜徐之。天下多美婦人，俟君服闋，再爲留意。僕適有遠行，前銀暫借一用。」甲得書，惘惘累日。或慰之曰：「費此二百金，省卻幾許事，未爲失也。」

娶妻行騙

京師淮安會館有二，新舘本爲客店。舘之南鄰某姓者，昔之店主人也，家小康，子女各一，以賃寓爲生。嘗有客從江南至，云爲縣令，以引見入都者，起居服御，意氣自豪，僕從三四人，出入裘馬甚都。主人之子朝暮與談，至洽。一日，有老僕倉猝問訊至，叩頭呈書。客展讀未竟，號泣失聲，問之，則夫人以難產亡矣。主人勸慰至再，每語及夫人令德，輒哽咽不能已。

時主人女年方及笄，姿色端麗，媒氏爲客議婚，客不可，曰：「先室亡未踰年，何忍及此！」主人益重之。屢議而後許，擇期入贅。踰月，忽晨起，不知所之，奩篋釵釧盡失。急覓之，杳無跡。市中索逋負者，聞信踵至，計又不下千金，皆曰：「是汝壻也，不然誰貰貨者！」主人徧啓客笥，空無所有，惟存鉛錫數十方而已。由是賣屋以代償之，生計大窘，而女遂寡居矣。

巨騙得妻及珍物

揚州邵伯鎮某經亂失蹤，某年忽歸，則衣履麗都，箱篋纍纍。自言亂時輾轉至南洋各埠，傭於人，漸致豐裕，今爲某富人倚重，特派至江南，經營鹽業。時其母及姊傭於鄉，某遂挈至郡城，僦屋以居，並雇傭僕，置器用，購古玩字畫，頗極鑒別之能。一日，在玉器店，選購翡翠煙壺、搬指，值幾千金，先給三百金，云不日新加坡可有巨款匯來，即當撥付。如期往取，果付。或疑其事者，潛詢諸電局，則洵爲新加坡某商所匯者也。於是揚城中人，咸以爲是海外歸來之大富翁，莫不願與締交。每有借貸，應手立辦。復出巨款買鹽票，爲鹽商矣。性且奢豪，僅數月，所購珍物已數萬金。某南貨店主人歆其勢利，知其方須續絃，因亟爲媒於某舊室，以女嫁之。

某與人語，屢稱東人將至。久而不至。偶得電，言將至揚，屬爲預備。其所雇司帳者頗疑之，時偵其蹤跡，並告其僕曰：「主人有所適，汝必隨往，倘有可疑，須速告我。」一日，忽來一友與某語，頗款密，且揚言曰：「東人某日將至。」某約友出飲於肆，匆促不及雇轎，步至大門，言體中覺冷，令僕返取半臂。僕出，則二人均不見。僕覺有異，亟至各酒肆詢之，咸曰無。急至江干，向沿江店肆及各船探詢，並詳其衣貌，或曰：「兩小時前，見有如此狀者，登一舟竟去，其舟似係先雇定者。」僕大驚，亟歸報，開視箱篋，則貴重之物均已無有。俄頃而各店均悉，即遣人至其寓取物件。惟一衣店夥略識字畫，入門，見堂中所懸王石谷畫，係真蹟，亟捲之去，償負過當。餘或僅得半，或十不償一。綜計某至揚，約用萬金，前後所騙，約三四萬金。僕從一時星散，惟女不知所出，啜泣終夜，後仍由其母家迎之還，而訟南貨店主人於官。

竹禪匿官家女

光緒時，僧竹禪主蜀之梁山某寺，屋宇崇邃，頗遭物議。忽一官家失婦，男女家相訟於公庭，拖累致斃者數人矣。諸生有疑爲僧匿者，約衆入搜之，不得。竹禪閉門，詰諸生曰：「公等來，誠無理，今亦不汝責，惟須各在佛前叩頭百下。」生等勉從之，始得出。後以三十金賂其小沙彌，盡得其私藏之所，復窮搜之，果得女，乃送僧於官。時田秀栗爲令，欲嚴治之，杖楚頗苦。及崇樸園署川督，僧營幹得其函致田，遂得釋，不再居川，遨游於各省。

女以財色行騙

某甲，銅匠也，居蘇州閶門外，孑然一身，而頗有積蓄。性儉嗇，衣履不完，所居破屋十數椽，中惟草薦敗絮而已。一夕，獨坐未寢，時風雨交作，聞門外有泣聲，啓視，一少年女子也，頗姣麗。問所自，此女操江北口音，自言「父母俱亡，爲族人誑誘至此，將鬻我於倡家，恐陷入火坑，故冒雨而逃，然我無歸矣。」言已，又泣，且出金簪一枝付甲，求爲之計。甲既豔其色，又利其財，乃招之入室，曰：「室僅一榻，奈何？」女靦然曰：「既至此，固惟君所爲矣。」甲喜，擁之而卧。及天明，女起爲執爨，若甚相安者。俄有江北人數輩排闥而入，見女曰：「在此矣。」乃并執甲，曰：「汝誘藏良家女子，當縛送官。」女俯首不一言，甲亦無從置辯。衆人徧搜室中，得金簪并金約指十六枚，銀幣數十，問女曰：「簪與此等皆汝所攜來乎？」女點首。乃盡攫之，挾女出，復欲拉甲去，一人故相解勸，乃舍之，鬨然而散。

以僞石女行騙

廣州西關耀華坊某老翁，富人也。年七十，以妻妾相繼逝世，侍奉乏人，欲增一小星。又恐終爲老累，乃思覓一石女，以充下陳。蓋以石女心如槁木死灰，自可相安無事也。時有，鄰嫗利翁多金，遂以其所蓄之青衣僞爲石女也者，言願作翁妾。翁果悦之，以數百金買歸，貯之金屋。數月以來，私蓄既厚，乃託故外出，一去不還。翁檢點妝臺，則珠玉翡翠皆不翼而飛矣。

航船婦騙白姓少年

杭州范某自杭附航船至湖州，於舟中見一少婦，裝束雖尋常，而姿態頗動人。又見有一白姓少年，時與之語，范留意覘之。中夜，火滅，舟客盡睡，偶發火視之，則二人同衾矣。亟滅燭，不出聲。翌日，舟泊岸，客紛紛檢行囊，婦忽大呼失金簪、金環，欲舟人爲之搜索。良久，得諸少年襆被中，遂取簪環還婦，而縛少年撻之。撻已，解縛，少年自摒擋臥具，亦大呼，謂失去銀幣八十圓，諸客咸呵之曰："汝竊人物者，乃有此巨貲耶？"比將登岸，少年長跪婦前，求還其金，並言："已係賣豬者，辛苦三年，才積二十圓，又向母舅貸六十圓，將歸娶妻。今失是，不特婚事不成，且無顏歸里矣。"言已，叩頭無算。婦殊不顧，將逕去。

范揣知其故，顧謂諸人曰："此二人事，殊可疑，吾將請諸君至茶肆料理之，如何？"咸應曰："諾。"乃羣入茶肆。婦不得已，亦同入。范因訊少年以所持銀錢之數，及其包裹形狀，又顧婦曰："汝身畔有金乎？宜取出驗視，否則將倩人搜汝。"婦不得已取出，視之，得七十六圓，又一包，共銀幣十餘圓。范謂衆人曰："南中銀幣，皆有圖記，此獨無有，必恐被物色而抹去者。"因謂少年曰："汝亦有過，宜自陳。"少年不得已，乃述見婦有姿色，兩夜皆與寢處狀。婦聞之，紅漲於頰，於是衆咸知少年被騙狀。范乃取六十圓與少年，曰："持此去，餘金不與，罰汝佻達也。"又以十圓與婦，曰："酬汝兩夜勞。"餘付茶貲，尚餘二三圓，亦以與婦，婦乃赧赧然持金去。

戳包兒

燕趙佳麗，自昔著稱，仕宦京朝者，輒於都中納妾。毛西河所娶姬人曰曼殊，爲豐臺賣花翁女，即其例也。然都人狡獪性成，每以婦女爲市，慣作戳包兒、拏殃兒之伎倆。戳包兒者，初看之人，如西施、王嬙，及入門，則無鹽、嫫母矣。拏殃兒者，雖有金屋，不能深藏，蓋信宿卽逸，人財兩空，俗所謂捲逃者是也。

有宦京買妾者，旗女也。一日，忽多人紛至，謂：「女爲宗室，已許嫁。汝何人，乃私娶宗女？罪大惡極，非控告不可。」時卽有狀若差役持黑案若欲關提到案者，又有出而排解者，謂：「女可迎歸，某旣誤娶，罰鍰可耳。」於是多人竄女去，又留數人迫之出錢，乃奉以二十金，始散。

放白鴿

蘇州西鄉有某甲者，饒於貲而無子，年四十而鰥，乃謀買妾。偶入閶門，遇一媼，似曾相識，邀至其家，略敍寒暄，便問：「君今喪偶，當續娶乎，抑買妾也？」甲曰：「亦思買妾耳。」媼力以蹇修自任。言次，有女子奉茶出，媼曰：「此弱息也。君視之，可抱衾裯否？」甲睨之，女頗娟秀，乃問聘金幾許，媒妁伊誰？媼曰：「老身無夫無子，久思託足空門，正苦此女爲累，若得所歸，便大慰矣，何敢多求，止望銀幣百圓，爲老身瓶鉢之資。君如許可，則覿面一言，人財兩易，媒妁奚爲！」甲大喜，囊中適有此數，卽以付媼，攜女逕出，同舟而歸。甫出城，有數人飛棹而至，中有老翁哭而呼女，女亦哭而呼父，兩舷切近，一擁登舟，翁抱女去。衆人洶洶，勢將用武。甲無婚書，無以自明，問女，則女無一言。知爲媼所紿，但呼咄咄，而衆已一鬨而散矣，諺所謂放白鴿者是也。

上海北鄉有黃某者，妻李氏，頗有姿，而黃貧不能自存，謀於李，李曰：「君爲男子而謀及婦人，無已，請鬻我乎？妾我可百金，妓我可千金也。」黃不可，李曰：「然則放白鴿乎？」黃從之，僞爲兄妹，鬻於浦東曹氏爲妾。不三日，黃往訪之，李出見，頗落寞。曹留黃宿於家。翌日，將告歸，促李出言別。李始不出，久之乃出，不數語，遽厲聲曰：「汝鬻我於此，乃謀與我偕遁乎？我至此，無返理，汝不速去，我言於主人，縛送官矣。」黃大窘，踉蹌而歸。

飾木偶爲女以行騙

有貴公子挾重貲遊姑蘇以買妾者，官媒爲之介紹數十人，悉不合意。一老嫗隨輿而來曰：「郎君法眼過高，此輩皆不中選，非我姨家瑤仙大姑不能如願，惜身價過高耳。」公子聞之，曰：「果佳，不吝值，第恐有名無實耳，汝姑挈以來。」嫗笑曰：「我知郎君惟知看瘦馬婢耳。清白人家，即窮至不能喫飯，何肯將嬌女送與人看耶？」公子謝過，願同往訪之。嫗曰：「頃亦我試言之耳，不知其願否。」公子許以重賂，嫗曰：「姑探之。」

越五六日，嫗至，欣欣然曰：「憑我一片舌，煞費苦心，願與郎君一面矣。」遂偕往觀之。女一拜而退，娉婷之態，秀麗之容，公子已神魂欲墮。旋聞琴韻鏗然，和以燕語鶯聲，長吟度曲，公子惑甚，即問值，嫗亟掩其口，曳之出，曰：「郎君幾自誤，此女不可唐突，當云聘作亞妻，以其父貧而好名，或可動之。既至爾家，則不問嫡庶矣。且納聘僅須千金，必備衣飾，且迓以彩輿，少一不可也。」公子唯唯從命，乃立婚書納聘，約日迎娶，雇巨舫，作洞房，欲仿范蠡載西子游五湖故事，先買一婢以俟。屆期，彩輿迎至，嫗與婢扶新人入艙，嫗乘間逸去。公子揭新人面巾，神色煥然，惟不言不動。爰設席遣婢，自扶之，新人踣於地，以火燭之，木偶耳。急遣人追至女家，則門閉。訪諸鄰，曰：「是家偶賃此宅以嫁女，茲以送女去，不知所之。」問他官媒，無識嫗者。凡耗千餘金，僅載二粗婢索然而歸。

以婢拐女

有買婢而失女者，行騙之術神矣。騙子曰謝明庵，知唐石卿之喜蓄婢也，納交於其僕邵升。越一月，語升曰：「君家主人亦多婢矣，吾鄰有幼女曰馬蘭英者，年可十二三，秀外慧中，能伺人意，若令其給事左右，必得主人歡，他日當挈之以來。」升漫應之。越三日，「果偕蘭英至。升挈之以見石卿，石卿大悅，出百金購之。及署券，則明庵爲居間人也。

蘭英貌美而服役勤，石卿及其婦皆愛之。石卿之女曰文昭者，尤與之暱，以其爲嬉戲之伴也。一日，蘭英偕文昭戲於後園，適有鬻餳簫者過，園有扉，蘭英聞簫聲，急與文昭啓扉出，欲購之，則簫聲已遠，追躡之，則皆登柳陰所繫之小舟而逸矣。蓋以蘭英爲餌，結納文昭，使人不及覺也。

某少年之姦騙

光緒己亥，某江輪有附載一婦，姿首頗佳，居房艙。俄一少年來，與之對門居。二人開門輒相覷，不忤也。入夜，婦闔門臥，未下鍵，少年持刀推門入。婦見之，疑爲盜，戰栗言曰：「欲劫乎？」少年曰：

「否，來求歡耳。」婦懼且忿，欲呼，少年已闔門，出銀幣二百圓，曰：「從我，則以此畀汝，爲一夕之歡。明日至岸，各自東西，何害乎？若必相拒，則當先殺汝，吾復自殺，以了此孽緣耳。」婦意爲所動，遂從之。

次日，少年忽於己房大哭，若甚慘者。船中買辦及諸客並集視，詰其故，少年曰：「吾攜二百金爲養命之源，今忽無故失去，無面目可歸，惟有死耳。」買辦曰：「汝夜中門鍵乎？」曰：「未也。」曰：「是必被盜矣。不審銀圓有識乎？」曰：「有之，每圓咸有某錢莊印，得之，易認也。」買辦乃謂諸客曰：「以救此人之命，願諸君許其搜尋。」於是諸客咸出貲物請驗，皆無有。最後至婦房，婦神色驟變，欲驗，堅不可，買辦因強啓其笥，二百圓者赫然在笥中。於是諸客咸駭訝，婦掩面大哭。俄有一叟自衆中出，曰：「吾卽在婦鄰室，夜中之事，吾聞之審矣，初不言者，欲掩此婦名耳，今則不能忍矣。」遂歷歷爲衆述之，且詬少年曰：「汝既以毒計陷人失節，又以陰險之事敗人之名，禽獸不若矣。」又責婦人曰：「汝堅持於前，而迷惑於後，致遭若輩毒手，亦自取也。」辭氣慷慨，衆咸歎服。買辦曰：「然則如何處之？」老者曰：「此婦既爲少年所污，二百圓宜勿使返，更令出三百圓，由君攜至上海，交入善會，亦足稍示薄懲矣。」買辦遂如其言。買辦者，主持全船對華事務者之名稱也，皆以華人爲之。

以自由結婚騙財

李子用，美丰儀，蕪湖人也，商於滬。一日，附長江汽船返里，住某號房艙。少選，有船役偕一鼻眼鏡、手皮篋、足革履之女子至，入房，口操京音，命役安置行李訖，展衾褥，略休息，出餠餌，烹茶，且啜且觀書。入夜，船鼓輪而行，女詢李之姓氏里居及所往地，某略言之。及詢女，則自言：「以父官部曹，居京師，既畢業於京師女校，乃受滬上某女校聘，教某科。今探親江右，以行時匆促，未定房艙，幸相逅，巧矣。然世途多險，余孑然女子身，尚希君之照拂也。」久之，語漸暱，李涎其色，詢以已字人未，女囁嚅而言曰：「未。」亦以詢李，李謂未聘。乃各脱戒指以訂婚，約返滬成禮。方談話時，門忽啓，則船役進早膳也。女出罐詰物佐餐，蓋已預置迷藥於中矣。李食之，少選，目眩，仆於牀。女爲覆以衾，乃自啓其篋，出石塊，與李篋中物互易之。未幾，船抵某埠，女命船役從容攜行李登岸，閉艙門以去，李猶安卧未醒也。及午餐，茶役叩門呼之，李驚起，不見女，大愕，視手之戒指，則銅質，顧箱篋，與原狀大異，啓之，則滿置石塊矣。

金珠仙騙馮竹生

馮竹生，嘉定人，以其父設肆於滬，遂居肆。有女顧客周氏時以購物至，久之，遂相識。一日，爲言有金珠仙者方待字，若得如郎君之才貌雙全者而事之，雖妾亦可，君其人也。馮頷之。越翼日，偕之至，則少艾也。馮喜而語周曰：「吾固當意。惟已聘一婦，尚未娶，若先納姬，則必滋物議，將奈何？」周躊躇有頃而言曰：「先以金屋别貯之，他日可合并也。」馮大悦，如其言以行。居半載，爲之購置衣飾，值以萬計，而日用之需亦逾千金矣，馮不吝也。

歲不盡五日，金謂馮曰：「元旦風景必大佳，吾當與君乘馬車，一游張園，藉以閲市。吾之衣飾，粗已備具，惟尚無稱心之珠冠，君盍爲製之。不然，不足以誇耀於姊妹行也。」馮曰：「是非數千金不辦，予固無能爲役也。」金怒。馮懼，以婉辭慰之，亟返肆，商之於肆夥，夥曰：「可賃，由本店作保可耳。」於是遂得珠冠，値可四千金。至期，金戴之，與馮同登車，招搖過市。至公共租界靜安寺路之跑馬場，遇其姊妹行之王巧玲，方乘摩托車而招手。金亟下，而與王同車，遙語馮曰：「吾去即返，君可待於家。」及馮返，日已暮，杳然，檢箱篋，則空無所有矣。

招股行騙

吾國日日言變法，言自強，而工藝終不振興，雖有一二熱心者極意提倡，而成效不著，則以資本之不易籌也。資本之不易籌者，則以開設公司，募集股金，時有託名以行騙者，人皆視爲畏途，談虎色變故也。有嚴季康者，夙以僞股票欺人，始於漢口，繼而至京至津以達於滬，所在爲之。設工廠也，開鑛山也，歷有年所，積資巨萬。其在滬也，則賃一廣廈，更爲兼容併包之計，揭兩銅牌於門，曰「某某製煙公司駐滬招股處」，「某某開鑛公司駐滬招股處」。陳設之華麗，服御之豪侈，每出則高車駟馬，招遙過市，不數月而果集銀十三萬圓有奇。其年重九，或訪之，則室邇人遐矣。

以作廢股票爲質

有以作廢某某公司股票愚滬妓朱雲芝者，曰老明，佚其姓。暱朱有日矣，耗於朱者已數百金。票面金額爲六千，押三千，老明謂猝有要需，欲質錢，急切不得人。雲芝自忖蓄有二千餘金，集之於姊妹行，可如數，乃謂老明曰：「當轉商，姑以票付我。」老明遂出之於懷而授之。明日，朱出，以示人，無誤也。又明日，以三千金券交老明，言明三月爲期，子金一分。然自是而老明之蹤跡乃漸疏，每至，必謂比日事大忙。及屆贖，而老明杳然。會公司發息屆期，朱持票往取，始知爲掛失之廢票也。

假質券

質業中有所謂信當者，所質金額，不必果得原物之半值也，但有人爲之保證，即可取信於長生庫，如願以得之。有金子森者，一日，以銀二十圓購一質券，金時計也，券面金額爲二百四十圓。二十圓之代價猶未付，以券質之於長生庫而信，乃付之。越半月，備價往購，視時計，則僅值八十金而已，蓋質時已預爲之地矣。又有設攤於地以售質券者，則皆日用之物，泰半爲賊贓，然亦有贗本，私造者也。

以贗銀購贗巾

都門繁盛之地，騙術百出，有以錢二緡購湖縐腰帶而未付値者，令售者隨至錢肆，出銀易錢，易數處，皆不諧，乃謂售者曰：「市賈刁，我不願使其占便宜，即與子可也。」後又遇於市，售者曰：「子胡以贗銀欺我？」購帶者曰：「我銀贗，汝之帶亦豈眞耶？」蓋以高麗紙搓縐者也。

騙車

宣統己酉春，京都珠市口有似貴家子者二人，欲僱新之騾車至廣渠門外，車夫索值一圓，許之。衆車夫皆羡其遇，欲俟其返，索酒食。越十餘日，見騾車出現，而不見車夫。就御者詢蹤跡，馴至口角。警兵疑之，扭至廳，詰之，遂獲僱車者之二人，供稱當時實利其車，出廣渠門外五里許，將車夫謀斃矣。乃置諸法。

串通洋人以行騙

僑滬之洋人，有無領事約束者，其人類多無賴，而不肖華人，恆與通同作僞以行騙。彭玉甫者，其一也。一日，以金剛鑽原料至某珠寶肆求售，與肆夥訂期至某處看樣。屆期，肆夥與之往，果見有西人名愛迭生者在焉。議價既定，約先付定銀五百兩，俟三閱月後，貨運齊，款清償。翌日，肆夥送五百金往，並取有愛迭生收據，自是而玉甫亦常至此肆。及限期將屆，則絶迹，肆夥往視愛迭生，亦不知所之矣。

西人來滬自稱電醫

宣統時，西人某來滬，自稱能以電學療治諸病，應手立愈。日坐馬車，行大路中，病者即就路旁求治。果見有痺者、盲者、傴者、癱疽者，沿途乞醫，畧一施治，則痹者能起，盲者能視，癱疽者立愈。於是富貴家之有疾者，争以重金乞治。卽索巨金，且須先給。雖匝月卽去，獲資無算，而求者猶不絶，後來者方自恨知之晚。已而皆無效，再三研究，始知前盲、傴之流，皆使粤人某賄寧波、江北人爲之也。

冒主人姓號作書以行騙

上海普通人家之屋，所謂石庫門者，入門卽爲堂，自門外望之，堂上所懸書畫，皆歷歷在目，且門外必以門條著其姓，合門條書畫而觀之，則其家主之姓號皆可知矣。有住公共租界北河南路鵬程里之周雪峯者，執業於市，不常返，家惟妻女婢嫗而已。一日，有狀若茶肆傭保者至，出一函，且謂周與友會於南京路易安茶店，猝有要需，特作函，囑我來取銀幣。周妻不識字，令嫗持往鄰家，使閱之。嫗返，則言主人以在茶居爲翻戲黨所强迫，非銀幣二十圓不得脱，可卽付之，周妻如其言。送函者去。薄暮而周歸，妻亟詢之，謂無其事，乃始恍然騙子之預知其姓號而行騙也。

串通地皮掮客以行騙

上海地價至昂，每畝或值十餘萬金。黠者輒於瀕臨馬路衝要之地，逆知其後必繁盛也，預購若干。他日有搆屋於其旁者，卽遣匠築牆。人必曰：「是將阻我之出路也。」恆就而商之。則曰：「祖遺之地，不欲售也。」果出重值，亦割讓，其所獲，較之曩昔所出之買價，每有多至十倍二十倍者。然此等狡謀，非有地皮掮客爲之畫策，亦不能辨。地皮掮客者，買賣屋地之媒介人，黠者行騙，恆倚賴之。

呂茗齋騙行篋

越人周鐵生附滬杭甬汽車自杭至滬，於車中遇一鄂人，曰呂茗齋者，談頗洽。知周之初次觀光也，爲述海上繁盛之狀況，漸及於冶游。周聞而羨之，丐其爲前導，約同寓，呂諾。既至逆旅，卽拉周出游，乃於大道流妓，各擇其一，酒食之費，夜度之資，皆於周乎取。翌晨，周起，覓呂，乃不知所往。午後返，則僕役云：「周以清晨至，取行篋，謂與君回浙，君何又折回耶？」

調包

俗稱以僞物易真物曰調白，亦曰調包。蓋無藉之徒，游手好閒，糾合惡黨，欺遏良善，局騙財物，恃此以爲生者也。上海有女傭入市買物，手一籃，調包者見其耳環爲金製也，知其必有資，因出一黄色約指於懷而言曰：「此楊慶和銀樓之足赤所製，吾適以匱乏，欲往質錢。」女傭聞之，則曰：「與其質於人，不若鬻於我。」其人曰：「汝出資若干乎？」因以示之。女傭因給以銀幣六圓。其人得銀，卽匆匆去。女傭反覆諦視，則贋者也，蓋已以僞易真矣。亟棄籃追之，杳然。

擲包

滬多擲包行騙之事，詭詐百出，鄉愚輒墮其術中。茲類記之如下。

周地齋者，江北人，初至滬，一日日加午，在南京路閒步，突有一華服者匆匆迎面來，適於懷中墮一紙裹，不顧而去，爲一短衣者所拾，反覆審視，詢地齋曰：「此何物？」地齋曰：「憑票也，可至錢肆取銀。」其人曰：「予，窶人子也，若持此至錢肆，恐爲所疑，君往，必見付，不若以銀十圓與我，而君往取之，則得倍利，不亦可乎？」地齋大喜，探懷，出十圓與之，其人去。地齋亟至錢肆，驗之，則贋本也。錢肆中人將以地齋混用僞票控之官，再三哀求，始釋之。

福州路道隘而人稠，一日，有青浦黃松濤者，品茗於青蓮閣，方下樓，前行一人忽於袖中墮一紙裹，喜而拾之。方將塞之於懷，突有一人自後捉其手曰：「子何拾我之遺？」怒目視之，搜其身，則所拾之紙裹及固有之時計並銀幣三圓，皆取之而去，且大詈之。

靜安寺路之跑馬場，行人較稀，一日薄暮，有孔伯希者，經其地，見旁行者於懷中墜一巾裹，爲一中年婦所拾。伯希趨而視之，婦女之首飾也，有珠有翡翠。婦詢之曰：「先生，此數件者值幾何？」伯希曰：「約可值銀三四十圓。」婦曰：「賣乎，質乎？我不知價，將若何？」伯希曰：「汝誠欲得錢者，售與我十圓可乎？」婦曰：「太少。」再三磋議，以十五圓得之。伯希大悅，及歸，就燈下審之，則皆僞，所值不及三圓也。

閘北之天通庵鎮，地僻左，一日，有少婦自江灣至，以步行疲乏，憩於茶肆，隔座有一人，茶畢將出，墜紙裹於地。一叟拾之，欣欣然，就婦之茶桌而坐焉。出紙裹，啓視之，且檢而且言曰：「今日財運大佳，此鐲之重量，銀三兩餘，吾女將出嫁，可作奩物。惜有要需，不得不往質之以易錢。」婦聞言就視，則燦然之銀鐲也，語之曰：「盍售與我？」叟曰：「可，出價若干？」婦伸二指示之，叟不允，曰：「必三圓。」婦思此較銀樓之價廉矣，因以三圓購之，欣然戴於腕。及歸，與其父觀之，乃知爲贋鼎也。

常熟婦施阿金者，就傭於滬城，承主婦命，攜錢二千五百文出購食物，道見一老婦蹣跚而行，墜一紙裹，及地而裂，則燦然小銀幣一封也。阿金拾之而喜，方欲藏之於懷，旁有一少女往奪之，且曰：「路上之遺，凡有見者，皆可分。」阿金不允。方争持間，則又有一少婦趨而語少女曰：「此固爲彼所拾，彼獨得之亦可。」又語阿金曰：「汝不分小銀幣，當以汝之錢與之。」阿金諾。亟歸，啓封視之，則僅裂處有數小銀角，餘皆鉛質所製者也。

騙押櫃銀

楊阿七以小負販爲業，滬人也，居西門外方板橋。宣統己酉秋，患傷寒，臥病三月，醫藥之需，悉出自質貸。病起資罄，束手無策，日惟與其妻周翠珠一餐雙弓米而已。如是者又三閱月，一日，爲其友李德寶邀入城，啜茗於邑廟之得意樓。俄而有一人至，狀如傭保，與德寶略相識，執手問無恙。而德寶已不甚記憶，展問邦族。其人乃自言爲甬人費少梅，執事於福州路某煙館。逡巡間，亦與阿七通姓名。談次，德寶語以阿七落魄狀，少梅曰：「今何機緣之巧，吾館中方將易一堂倌，招待顧客之傭曰堂倌。彼如有意，當代圖之。」阿七向知堂倌月入之優，蓋顧客於例賞之外，尚有特別酒資，月入銀幣數十圓者不可勝數，聞少梅言而涎之，乃託德寶致意。少梅諾，第曰：「館中須押櫃銀商業中所用夥友，以有銀錢經手，恐或侵盜，若無保人，即須以銀幣若干交存帳房，遇有侵盜之事，可於此中扣還，曰押櫃銀。六十圓，他日有別就，可付還，是不啻藏之外府也。若在館一日，即有一日之子金。果然辦此，不患不成。」阿七大喜，惟曰：「予今饔飧不繼，告貸無門，將奈何？」德寶乃語阿七曰：「子無慮，吾當爲子謀之。」少選，三人乃珍重而別。

阿七與德寶且行且語，謂明日當有言相告。未幾，德寶亦逕歸。明日，訪阿七，語之曰：「吾力棉，未能爲子有所籌，謀之不臧，滋愧。然有金惠生者欲娶婦，盍以尊夫人貨之，可得善價，自是而押櫃銀有所出，且無內顧憂。他日得志，亦可別娶美婦，不亦善乎？果不以吾言爲非者，當爲子圖之，但冀惠生於尊夫人之貌，不以爲惡耳，吾行偕惠生來也。」

阿七俟德寶去，告翠珠。翠珠方怨阿七之貧，聞言而默喜，但曰：「吾二人婚十年矣，何至今而恩斷義絕耶？」言既而淚下，尋且笑矣。

越翼日之晨，惠生從德寶至，阿七猶睡於樓也。翠珠亟面惠生立，欲有言而微笑以媚之，德寶與惠生方附耳語，而阿七下樓矣。德寶即曳之出，就茶肆會話，惠生與焉。俄而惠生去，德寶曰：「尊夫人齒雖長，貌不惡，惠生可出八十圓，子諾，則明日立契，人財兩交，子即可以六十圓爲押櫃銀，十圓爲增補衣履費，何如？」阿七蹙額而言曰：「今不得已矣，如君言可也，且當以此十圓爲君壽。」德寶曰：「是何言？予與子，友也。」其明日，德寶果挈銀幣八十圓及已寫之契至，語阿七曰：「三日後，惠生當以輿迎尊夫人。此銀幣，慎藏之，俟尊夫人去後，將取以付押櫃銀也。」

越三日，德寶導輿至，翠珠去。阿七乃以六十圓交德寶，德寶曰：「今日我往交銀，明日子可到館矣。」阿七乃以十圓謝之，强而後受。然自是而德寶終不至，阿七往訪之，門扃矣。阿七至是，人財兩失，越日投黃浦江，死之。

逆旅主人被騙

滬有某逆旅，生涯頗盛，蓋皆販私土之人所投宿者也。一日，有華服之甲乙丙三客至，謂自江北來販土者。越翼日，則有人舁二巨箱至，封識宛然。逆旅主人亦見之，知其中之所貯爲土也。又明日，三人同出。夜深而甲歸，面主人，謂：「以冶游故，誤入人家，爲流氓所詐，需銀幣百圓可釋，今以乙丙爲質，使吾歸，令籌款。然闌夜倉猝，安所得資？不得已，擬與君商之，即以土二箱暫質於君，一二日間，必可措繳。君若見允，功德無量。」主人以其有行李有存土也，即出金與之，甲遂攜金往。而信宿杳然，主人啓其箱，則瓦礫也，其所有之行李，亦不知於何時攜出矣。

騙子爲老朝奉所算

某質庫有以巨珠求質者，估價千金，值十當五，付五百金去。審視，則僞珠也。珠載於緞糊之硬紙片，圖記加於線跡之上，硃色燦然。老朝奉某曰：「是吾過也。服務於質庫三十餘年，乃今爲騙子所弄，當約期召集同業，碎珠以洩忿，賠本自懲。吾亦辭謝東人去，不復問世事矣。」珠既毀，而騙子持券取贖，且曰：「千金之珠，非細事也。當當因一時之急需，贖當爲家傳之至寶。」老朝奉曰：「子備利錢來乎?」騙子曰:「豈特利錢,五百金之本,固如數籌備矣。」老朝奉面點銀數,權訖,從容取珠出。珠載於緞糊硬紙片,圖記加於線跡上,硃色燦然。騙子與偕來數人相顧愕眙,持珠去。蓋對衆擊碎之珠,亦僞珠也,是非騙子所及料也。

朝奉者,徽俗以稱富翁,蓋以漢之奉朝請者,無定員,本不爲官位,逢朝會請召而已,韓文公、蘇文忠公文中多用之,蓋如俗稱郎中、員外、司務、待詔之類也。推其原始,則秦皇以烏氏倮氏之富比於封君,乃令時與列臣朝請。徽有此稱,亦慕烏倮之爲貨殖雄耳,其後遂由富翁而移之於質庫之夥友。

商店以休業遷移爲騙

商店之以「本號休業在卽,照本賤賣」,或「遷移在卽,脫貨求財」等字,大書特書,揭之於門者,亦不盡確。宣統時,越人陳俊山至滬,閱市而見之,以爲貨價必低也。購物歸,以示其友顧蓮舟,則顧亦於他肆購有同式者,其值轉廉,大愕。蓮舟告之曰:「商店此類之揭櫫,類皆作僞,而以售舶來品者爲尤多,蓋藉此以招徠顧客,知人之貪買賤貨也。」且以休業爲名,而僅留一小門以出入者,亦有之。

商店以減價折扣行騙

某商店每以「減價十日,自今日始,照碼九折」等字標於門,自春至冬,自朝至暮,皆如是也。此雖不足以欺土著,而過客見之,輒自幸其相值之巧。入肆觀之,則凡陳列之品,皆有原碼書於紅紙,曰十圓也，九折則九圓；曰五圓也，九折則四圓五角。而不知其原碼本非十圓、五圓也，已以應折之數加於其上，購者不悟也。

商業之屏風

商業招徠之術，多矣。其有巧於作僞者，則以物品陳於通衢，自令其同黨數人，或就而贊賞，或與之諧價。行道之人聞之，以爲此必物美而價廉者也，争購之，則墮其術中矣。金山陳某嘗於上海福州路買一裘，不半載而爲鞹，蓋以毛黏於紙，初不覺也。其同黨俗名曰屏風。

貼水之騙

銀幣兑换制錢，上海以煙紙店爲最多，不必錢肆也。日以行市揭示於門，注明貼水若干。如銀幣每圓兑十一角五十弍文，自遠望之，「弍」字如「七」。或兑十一角五十文，於其旁以小字書「找進五文」四字，自遠望之，小字不能見也，以爲有五十文耳。蓋圜法未定，不以十進，故以銀兑錢 有貼水，遂有此弊。

燼餘香皂之作僞

滬市有以整匣之香皂設攤於地而出售者，牌號形式，與肆中所鬻者無異，惟匣有燒痕。人問之，則曰：「此乃某洋貨肆失火之餘燼，吾以拍賣以貨物定期當衆出賣，聽多數人議價争購，擇其出價最多者售之，以賣主拍擊信物爲定，日本謂之日競賣。而得，故能廉價出售。」其實此皂乃劣材所製，飾爲貴品，故以火焚其匣之一端以冒充燼餘。

假香水

滬市有設攤道周，出售香水者，商標瓶式，與肆中所售者畧等。一已啓封，與人嗅之，則芳馥觸鼻。張仲康者，甬人，初至滬，入市見之，信爲佳品，購三瓶歸。啓之，皆白水，始悟與人所嗅之瓶，固非贋品，特藉之爲媒以愚人耳。

縱火圖賠

上海有專以縱火圖賠爲利者，設肆於市，陳列貨物，報告火險公司，使其保險。而保險以一年爲期，期内如有不測，即當照數賠償。及保險定議，即將貨物運出，將届期滿，乃自行縱火，而可得如數之賠償矣。某洋貨鋪之計則更狡，以煤油浸紙捲，擲於其鄰，雖一霎焚如，同罹慘禍，然非自行起火而實爲人所累，保險公司初不知也，遂如數償之。

商店獎券之作僞

某省某街有一西式門面之大商店，其所陳設者，藥品居多數，香皂、香水次之，玻璃器具以及零星玩物又次之。開幕數日，往購物者争先恐後，途爲之塞。蓋門首懸有重獎旗幟，標明得優等獎券，獎銀千元。餘亦皆有獎物，購值銀五角之物，卽贈獎券一，券載何物，卽以何物獎之。惟優等券僅一紙。某甲探囊，以五角購藥品數事，卽拈獎券。啓視，得香水一瓶。然合藥品與香水計之，尚不足五角之值，甲疑其爲騙術也。未幾，而有某乙自外入，亦出五角購物，及拈券，作狂喜狀，且曰：「千元優獎，舍我其誰！」然此獎券似非從券匭中出者，亦當衆啓視，果獲千元，店主卽取銀如數與之。某乙得銀，轉身向外走。甲終疑其有異，乃尾其後，則見乙出門，卽繞道至某街，仍由店後門而入，始悟其獲優獎者卽本店使人爲之。而必如是者，實爲表示其確有信用以掩人耳目也。

不貿言無貨

兵不厭詐，商重信用。而購物於上海之商店，求而不得，其夥必曰「此物適已售罄」，不然，亦必曰「稍遲可到」，然實無此物也。宋芝香購物於福州路，覓新式之錦霞緞，往三次而卒不可得，每往，輒曰「明日可來購」，其詐而無信有若此。

僞造商品

商品之僞造以罔利者，多矣。冒牌也，仿式也，固無論已。及又有冒海外華僑之姓名以製物炫售助，若不允，當控於官。其人不得已，乃資以萬金而去。

者，人爲所愚，利市三倍，初固無其人也。久之，有涎其利市而詐欺者，自稱爲華僑之遺族，以貧乞佽

僞造國貨

宣統辛亥，提倡國貨之説，時有所聞，於是而有贋者發見，蓋有奸商串通某國以製造之。綢緞也，煙草也，其裝潢，其牌號，固皆用國文也。所登廣告，亦極言外貨充斥之蠹國，本店物品之原料皆取材於國中，熱心君子惠而顧我，亦杜塞漏巵之一助也云云。果不數月而利市十倍矣。

僞造廣告

商店所登報章之廣告，每以他人贊美之函札臚列其中，或且以真蹟攝影。發函人之小像也，郵政局之圖記也，人名地名，應有盡有。有知之者，則謂甲地商店自擬函稿，連同郵票寄往乙地，覓一人書寫以付郵。至於小像，乃於照相館中搜買一日久弗取，不知誰何之照相玻璃，以製銅版，而强名之曰某某，旁列頌揚之語。於是昏庸無識之徒，以爲是店固貨真而價實也。

僞造匾語

商店有懸匾以致頌者，藥肆爲多，不曰「上池神水」，即曰「刀圭聖藥」，審其姓名，皆負有時望之達

官貴人也。達官貴人深居簡出，因亦不見不聞而任其作僞。於是鄉愚過客，羣以爲是真上池神水、刀圭聖藥也。

冒用市招

有設肆於上海之公共租界者，所售者服用品也。相比者二，一市招悉同，其中兩家則各懸一板，有陳述之文字，以互相醜詆。甲於板上繪一龜，詈乙也。乙於板上鈔録官廳之告示，詈甲也。去數十武而近，則又有數家，衡宇相望，惟於市招之一字加偏旁焉，蓋亦淆惑觀聽以行騙也。

兩肆以互訟爲廣告

有某氏父子者，蘇人，各設肆於天津，相距三里而近，有特製之品，頗爲人所歡迎。父之肆先設，不數月而子亦效之，其市招、其物品之名稱悉同。又不數月而父子兩肆之訟事起，彼此互以冒牌相詆。一時社會傳述，報章登載，人皆駭詫之，謂兩肆同一，且父子也，今何不合并而乃搆訟乎？旋有知之者曰：「其訟之作用，將以揚名也，廣告之新法也。」自是而兩肆之生涯皆驟盛，訟亦不休。

清稗類鈔

乞丐類

丐頭

各縣有管理乞丐之人，曰丐頭，非公役而頗類似之，本地之丐，外來之丐，皆爲所管理，出一葫蘆式之紙，給商店，使揭於門，曰罩門。罩門所在，羣丐不至。其文有「一應兄弟不准滋擾」字樣，或無文字而僅有符號。商店既揭此紙，丐見之，即望望然而去。蓋商店所出之錢，即交丐頭，由丐頭俵分於諸丐。丐若逕索之於商店，可召丐頭，由其加以責罰。其於人家，則聽丐自乞，間亦有揭罩門者。商店人家或已有罩門，而丐偶有至者，非未入行之丐，即不同類之丐，蓋丐頭權力之所及，亦自有限制也。

丐頭之收入有二。一，商店所給諸丐之錢，可提若干。二，年節之賞，慶弔之賞，無論商店、人家均有之。

新入行之丐，必以三日所入，悉數獻之於丐頭，名曰獻果。獻果愈多者，光彩愈甚，恆盡心竭力，以自顧門面，如官家之考成焉。此後則按彼中定制，抽若干成獻於丐頭。其數大略不逾二成。若有死亡、疾病，則由丐頭酌量給恤，重者並由同輩分擔義務。入行之初，丐頭示以規則，並行乞之訣，然亦粗淺庸劣，無一毫進步思想也。

乞丐之有丐頭，盡人知之，而不知丐頭必有桿子以爲證，如官吏之印信然。《鴻鸞禧》劇本中，乙云：「兄弟才疏學淺，不能當此重任。」甲云：「老弟你休謙讓，就此拜了桿兒罷。」是其證也。丐頭之有桿子，爲其統治權之所在，彼中人違反法律，則以此桿懲治之，雖撻死，無怨言。桿不能於至輒攜，乃代以旱煙管，故丐頭外出，恆有極長極粗之煙管隨之。

京師丐頭，向分藍桿子、黃桿子兩種。藍桿子者，轄治普通之丐；黃桿子者，轄治宗室八旗中之丐也。蓋自入關以來，旗人向不事生計，而宗室中亦有游手好閒之徒，餘威未殺，市井橫行，故其黨魁黃桿子一席，必以屬之位尊勢厚桀驁不馴之王公貝勒，方足以懾伏之。所轄均旗人，猶之尋常一族之族長，不足爲恥，且資格權力足以雄長其曹，被推之後，雖欲辭而不得也。

黃桿子者，實爲一種高等之流丐，非端午、中秋、年終不外出，且不走居戶，不伸手索錢。每至各店時，必二人或四人，以一人唱曲，一人敲鼓板和之。唱時，以手背向上，執鼓板使平，即爲索錢之暗號。店夥以所應給之錢，至少不得逾大錢五枚。舉之使高，約出頭部少許，置之鼓板上，若輩乃去而之他。然有特別規約，給錢時，不得在唱逾五句之後，若不諳此例，或靳而不與，或與而不如儀，則若輩即旋身而走。明日倍其數來，後日更倍其數來，自啓市及閉市止，不索錢，亦不出惡聲，往往圍聚於店門，往來居民恆指而目之曰：「黃桿子今日與某店開交涉。」則惴惴然惟恐禍及，勢必貿易停止。迨後店主託人和解，則數千數十千，視其時日之多寡、情節之輕重而定之。然有大力者請得黃桿子來，若輩亦帖然奉命。此其服從法令，實爲彼團體存在之要素，所以能緜歷二百餘年之久也。

丐之種類

無恆產，無恆業，而行乞於人以圖生存之男女，曰丐，世界列邦皆有之，而我國爲獨多，以無教養之術故也。若歐洲之丐，或爲路人擦火，或爲遊客刷靴，或扶挈老人，或以玩物、糖果上之兒童，鮮有徒手索錢者。實由權利義務對待之說，深入人心，雖在乞丐，亦於無職業之中勉求職業。即此一端，而吾國人之品格已遠遜於外人矣。

丐之種類，有可得而言者，而以持棒挈缽、蹣跚躃躠於市巷者爲最多，沿路膝行磕頭者次之，大聲疾呼者又次之。此外則各守其習，不能任意變更。其口號有東項、西項、紅項、白項之分。蓋硬討者屬於紅項，哀乞者屬於白項，而東項、西項則未得其詳。

商店、人家之有慶弔事也，乞丐例有賞封可得，上海亦然，分疆立界，各有門户，兩不相犯。凡在其界中者，不論慶弔之爲何事，皆有所獲，其數視門户之大小以定多寡。即迎婚、出殯，所用夫役，亦皆由丐承充，得傭資焉。

專走江湖之丐，歲或一二至，至則索錢於丐頭，亦有自乞於商店、人家者。

挾技之丐，亦或游行江湖，不專在一地。一唱，或不規則之戲曲，或道情，或山歌，或蓮花落。一戲碗，以碗置於額，或鼻端或指尖而旋轉之。一吞刀，置刀於口而吞之。一吞鐵丸，自口吞入，於他處出之。一弄蛇，以蛇塞鼻中，使自口出。

勞力之丐，一爲各種苦力之助手，一曳車上橋，一爲人運送行李。

殘疾之丐，一以黴毒傷身者，耳目口鼻均僅一小孔。一瞽者，一跛者，一爛腿者。更有手足合一，皆在其頭之旁，旋轉於地，蓋采生折割之兇徒所爲，迫使行乞以獲利者也。

詭託之丐，一詭言避災出外者，一詭言投親不遇流落他鄉者，一詭言父母有病者，一詭言自身有病者，甚且殘手缺足、爛鼻削唇，窮極地獄之變相，而實則塗以豬血或燭淚貼以膏藥也，一詭言家有死尸待殮者。

强索之丐，一徒流之罪人，方赴配所，所經城市鄉鎮，例得求乞者。一乞錢不與，則出刀自割，或額或頰以流血嚇人者。

賣物之丐，物爲耳刷，用以剔耳垢，一名扒耳。又有所謂消息子者，雖亦爲小販之一，而丐頭得約束之，故亦可呼之曰丐。

如上所言，皆男丐，所索者爲錢，與以殘羹冷炙或不受。

至若女丐，則土著爲多，間有走江湖者。無挾技者，無勞力者，無强索者，無賣物者。類皆貧乏不能自存之人，亦間有殘疾或詭託者。

其爲男女丐之所同爲之者，如送香火、拂塵是也。送香火者，以寺廟中餘香爇火，逐車送人以易一錢。人因吸烟之便，輒施舍當十錢一枚，合制錢二枚也。長幼均有之。京師多積塵，大道尤甚，驅車過之，雖無風，爲輪所碾，衣履滿矣。時有乞丐行道周，手一帚，見車過，輒爲客拂之。所乞者當十錢一枚而已，長幼皆爲之，此與歐洲乞丐之爲人拭履者相類也。

花子院聯

俗稱乞丐曰叫化子，蓋以其叫號於市而募化錢物也，又作花子，則京師謂乞兒曰花子，見《五雜俎》，其由來久矣。某縣北城上，有乞丐羣居之所，屋數椽，人相傳爲花子院者是也。有好事者贈以聯云：「雖非作宦經商客，卻是藏龍卧虎堂。」

徐新華對於乞丐之觀念

徐新華，珂之次女也，嘗言曰：「游手好閒，不能自振者，教育發達，其有瘳乎？雖然，生齒日繁，生計日絀，外貨充斥，國貨消滅，遂至失業者多，漏卮不塞，國益瘠，民益貧矣。長此以往，工藝不興，日用物品莫不仰給於外，雖率國人而爲丐，亦易易耳。嘗爲家大人言之，家大人曰：『吾對於乞丐之觀念，嘗四易矣。初則哀之，意謂同一人耳，吾輩衣食完具，彼獨凍餒。繼而恨之，則以其依賴性成，不知謀生也。越數年，則又見而哀之，謂社會不講求教養之道，使彼無以自存，咎不在彼也。又越數年，而深惡痛嫉之，惟祝天然之淘汰而已。』意謂若輩怠惰性成，不若以水旱、疾疫淘汰之，毋使莠者害良之爲愈也。」

京師乞丐之所居

京師乞丐，冬月無廬，有所謂火房者，收窮無告者居之，日取資一文，亦有不收資者，則慈善事業也。有雞毛房者，則鋪雞毛於地，使臥其上，以度嚴冬，夜取資三文。

丐充海捕

河南州縣，凡奉有統行緝捕文書，則發海捕。海捕者，大率以流丐爲之，官亦與以票，三五成羣，行至鄉鎮，遇商店，卽送香一支，必給以錢十文或八文，較之平常乞食，難易迥殊矣。行可年餘，則歸而繳票，謂之銷差，其果能緝捕與否，初不問也。

鳳陽人乞食之由

江、浙接壤處所，每入冬，輒有鳳陽流民行乞於市，歲以爲常。揣其乞食之由，則以明太祖念濠州卽鳳陽府。爲發祥之地，亂後，人少地荒，徙江南富民十四萬以實之，私歸者有重罪。富民欲回鄉省墓，無策，男女扮作乞人，潛歸祭掃，冬去春回。其後沿以爲例，屆期不得不出，遂以行乞江湖爲業矣。

粵多麻瘋丐

粵中氣候炎熱，多麻瘋，患之者有微生物，傳染至易。廣州城外有院，爲瘋人聚居之所，曰麻瘋院。而瘋人猶時出乞食，常游行市中。其人面目多壅腫，眉脱，手足每拳曲，見者大怖，輒争與之，其乞錢恆較常丐爲易，亦欲其得錢卽行耳。

粵有四大寇

四大寇，廣州有之，丐也。丐而以寇名，喻其兇惡也。初由四人倡之，故曰四大寇。若輩非粵産，皆外江老，宦粵官吏之子孫，窮無所歸，流落於羊城，以行乞爲事者也。然其行乞有異於常人，必擇巨室之有慶弔事者乃往。若爲需次人員之私寓，不論其爲何省人，輒認爲同鄉。既至，則呈遞手版，向索賞錢。手版書姓名、籍貫，上冠以先代之官秩名號，例如原任南海縣某某字某某之子某處某某是也。其來也，率衣長衫，趿破履，而結黨多者，至數十人，非銀幣數十圓，不去也。其中固多故吏子孫，然亦有假託者，且間有能操官話之粵人羼入其中。

太平丐以定期乞錢

四川之太平縣，屬川東，僻處東邊，不通水道。其地之丐，多土著，偶有外來者，須受土丐之指揮。

其乞錢，自年節外，每月之初二、十六二日，始沿街乞錢，平時不乞，卽乞，亦不與也。

陳子明由官而丐

粤人陳鑑，字子明，明季貢士也。順治初，謁選，得華亭令。心術險僻，喜訕人，嘗以侵糧褫職下獄。事後仍僦居於松江。每至舊役家索飲食，稍不如意，卽訐其陰私，或訟之官，人皆惡之。及年耄，無以餬口，乃與其婦相攜，行乞於道。年八十，竟以餒死。

毛癱子爲養濟院長

毛癱子者，天長人，胎而癱者也，以兩手拄地，坐以行乞。然雖乞人，而好義。順治己亥，海賊陷江寧，天長亦爲鹽梟劉澤所據，縣令自縊於里巷之門。數日，暴其尸，毛適過之，泣曰：「縣爺耶？」乃殮之於演武廳。梟平，新令至，聞其事，義之，遂書一竹版，署毛爲養濟院長以旌之。於是毛出入，乘一丐之肩，若騎而行者，羣丐屬目，甚榮之。毛旣爲丐長，而縣歲有給，市月有錢，遂有草屋三楹，一妻一妾。而以癱也，不設几榻，薦草爲席，妻臥上席，妾側席。歲時，妻妾置酒，羣丐上壽，賤而尊，窶而樂也。

馬體孝隱於丐

鳳臺有馬體孝者，諸生也。性豪，與妻晉氏皆好吟詩，又好佛學，倡酬裁答之暇，輒參禪理，以通宵不寐爲常。馬及壯，輟讀出門，將遊覽名山水。妻亦不留，作詩送之。遊數載，遇外舅於江南。外舅善賈，積有一萬零零十金，謂之曰：「我無子，積一萬零零十金，留其一以送老，其二資吾壻遊山水，其四遺吾女。然吾壻介，當不屑受，則其二亦並遺吾女。」馬笑而受之，輦金歸，付其妻，且述翁之言曰：「吾積一萬零零十金，留其一以送老，其二資吾壻遊山水，其四遺吾女。然吾壻介，當不屑受，則其二亦並遺吾女，此幾何數也？」妻曰：「除翁一分，此八千五百八十金也。」馬曰：「得非置萬十金爲實副，并三人所分七數，爲法除之，得一千四百三十，爲翁所留養老數；倍之，得二千八百六十，爲遊山水數；再倍之，爲五千七百二十，爲遺汝數；合此遞倍之數，卽得其二、其四之數耶？」妻曰：「然。」遂問妻曰：「詩學進乎？禪悦長乎？」妻曰：「八千五百八十金鑄八千五百八十羅漢，人持一金粟，一金粟化爲金粟六。量粟之名始於圭，圭十爲撮，積至於斛，一斛幾粟耶？」馬曰：「六千萬粟耳。」遂問妻曰：「此金粟何來？」妻曰：「來於無金粟。」馬曰：「此金粟何往？」妻曰：「往於無金粟。」馬曰：「未往未來，何無何有？」妻曰：「卽往卽來，卽無卽有。」馬曰：「諾。」遂酌酒談永夕。天明，卽辭妻去。

馬仍之江南，自是更名曠，號曰翁恆，踪跡無定處。其後宿遷縣一丐死，懷中有詩一首，後署曰「丐隱翁恆絶筆。」宿遷令大異之。葬畢，刻其詩，且次韻和之，並立石碣云：「丐隱翁恆先生之墓」。此信未至鳳臺時，有人傳宿遷丐者絶命詩云云，未言姓名也。其妻求得詩，覽之，大痛，曰：「吾夫死矣！」家人不信。其外舅書至，宿遷令亦移文至鳳臺矣。馬少年所爲《四書》題詩「子路宿於石門」云：「荒煙蔓草東西路，剩水殘山去住魂。」「仁者樂山」云：「扶杖閒看出屋峰。」曾見賞於蔣時庵侍郎也。

姜學在延丐上座

萊陽姜學在，名實節，爲貞毅黄門仲子。嘗襆被挾一童，附估人舟往洞庭東山。山多富人，絕不與通刺，惟相羊僧寺中，見一丐方題絕句於壁，異而物色之，延之上座，與共飲食。丐者不知何許人，顧握姜手曰：「若眞知我者。」學在大悦，自是常與之談論。稍久，輒亂以他語。僧或侮易之，丐起，披僧頰，竟去不顧。他日，學在又訪丐於途，人或誚學在以交非其類者，學在不顧也。

李丐隨身一瓢

李丐，江西人，邑里名字無可考。往來江漢三十載，常如五十許人，隨身一瓢，無他物。每乞牛肉、彘膏，並捕鼠，生啖之。餘納敗襖中，盛暑，色味不變。遇紙筆，卽書，語無倫次，或雜一二字，如符籙。人與之語，皆不答。某郡丞使人渡江，強邀之署中。留數日，辭出，郡丞與以輕葛文舄。插花滿頭，徜徉過市，兒童競奪之，輒抱頭匿笑，不予。未幾，葛敝，縷縷風雪中，自若也。

王壽不向婦女行乞

常丐之行乞於人也，不論男女，皆向之乞哀。有王壽者，獨不向婦女行乞。人問之，則曰：「婦女已仰食於人矣，吾何可再仰食於婦女耶？」

張乞兒異於羣丐

張乞兒，譙陵人，雍正甲辰至周家口，跛一足，乞於市，弗強索，無乞憐態，人皆以異丐呼之。居常落落不與羣丐伍，惟於市西義塚之餘地，掘地深尺許，至夜，輒坐卧其中，風雨寒暑不稍移。或日一行乞，或數日不出，亦不飢。一日，大雪深尺餘，人以爲異丐死矣。好事者掘雪視之，則方熟睡。由是遠近爭異之，各進食，不偏受，卽受，僅食少許，遂謝去。有與以衣，或欲爲之設棚者，輒曰：「吾以天地爲室，何以棚爲？野處而新衣，適爲強暴資。」辭不受。處義塚者十三年，莫知所終。

貧士以游學行乞

雍、乾間，湘、鄂之貧士失館者，可出遊。過蒙塾，得謁其塾師以乞錢。且適館授餐，越宿而行，無阻之者。名曰遊學，猶遊方僧之掛單也。

髯丐捕蛇

乾隆己未，馮在田與人游杭州之西湖，至淨慈寺前，見一丐，肥黑而短髯，昂然前行十餘弓，身挂布囊，有攜竹絲籃從其後者數十人。問之，則往南屏山捕蛇者也。在田年少喜事，亦隨之行。至寺西山坳深處，得一洞，洞口約尺餘，四周光澤，似常有物出入者。髯丐禹步於洞前，持咒鼓氣，噀口向洞噴之，聲隆隆然。衆丐左右雁行立，各探手於囊，取所貯草葉口嚼之。未幾，洞中之蛇潮湧而出，先之以烏梢、青梢、時鰻，後皆赤練、虺蝮之類。其形有若蟹、若鯉、若履者，有虎首而蛇身者，有頭鋭身闊長止數寸者，有細如秤梗、短類棒槌者，有赤似硃砂、青類藍靛、緑若銅青、白猶傅粉，及黑白相間者，可驚可愕之狀，不一而足。衆丐以所嚼之草汁塗其手，草渣塞其鼻，各別蛇類而捉之，置諸籃。行將盡矣，忽聞洞中作風雨聲，髯丐謂衆曰：「蛇王來矣，速避！」亦探囊取草咀嚼，而高舉兩臂於空中，獨立俟之。洞中風聲愈急，一蛇黄首青身，頭有短肉角，大如人股，隨風突出，徑纏髯丐身，昂首噴氣，其聲嗡嗡。髯丐閉目，頻噴口中草汁以敵之，蛇首頓垂而繞益緊。衆丐以草進，髯丐口嚼草而手作訣，以向蛇，蛇復翹首鼓氣。丐仍噴汁與之敵，蛇首又委頓於地。如是者三，蛇不能支，解纏，蜿蜒入洞去。

當人蛇相敵時，衆丐檢拾餘蛇已盡，欣然而歸。至寺前，而髯丐之面漸腫。須臾，耳目口鼻皆平，急呼衆丐嚼草齊噴之，隨噴而腫隨消。旁人問巨蛇何故舍之，答曰：「此蛇王也，我若殺之，則四山蛇王畢至，吾輩無噍類矣。吾昨來此，持咒聚蛇，故南山之蛇今日羣集於此。此次捕捉之後，四五里内，有五年無虺蝮之患。然吾亦數年不可過此，恐蛇王見仇也。」

南屏曉鐘碑亭右側階石，人或坐之，必紅腫，潰爛至骨。衆使髯丐視之，則曰：「下有毒蛇，以身長石中，不能出，故於其罅透氣，人適值之耳。」啓其石，則兩石之間，有物，蛇首而身扁。啓其石，如巨鯽，蓋石壓所致也。髯丐曰：「此蝮也。身不能出，故尚留此，否則亦歸山洞，早爲吾所捉矣。」因撮而貯諸籃。人問諸毒蛇何所用，而亦捉之，曰：「貨於藥肆，一種自有一種之功用，蛇愈毒而效愈神，價不貲，所以作此冒險之舉也。」寺前居民感其捉蛇之德，醵錢置酒以款之。衆丐歡呼暢飲，以囊中草酬主人曰：「此草能解毒，無論蛇傷、蜂螫、疔毒、癰疽，嚼而敷之，無不立愈，勿妄用也。」遂攜蛇而去。

某制軍爲丐

乾隆時，有某制軍者，旗人也。其盛時，姬侍、僮僕、服飾、飲食、玩好之物，窮極奢侈，日費不貲。及罷官歸京師，數年，成窶人子，又數年，成乞丐。王公貴人皆嚴絶之，惟大興朱文正公珪戒閽人勿卻，每旬日，必一至，文正輒手贈青蚨二百。一日，制軍入文正書室，闃其無人，竊取小鏡而出。從者覓不得，喧言制軍實來。文正命勿覓，且勿聲，如制軍至，伺候侍茶而已。

王孫飾爲丐

同知王某之孫貧而無賴，時人號曰王孫。嘗飾爲乞丐，告貸於南河某廳，不應，又誚讓之，王笑而去，曰：「細事耳，公失算矣。」他日河帥臨工，前騶將至，王匿柴垛中，鑽穴以窺，故爲呻吟窸窣之聲。帥至，問何物，左右曰：「無之。」王則大號。帥怒，命啓垛，積薪如屋，而中空若懸磬。王跽曰：「小人貧苦無家室，復病哮喘，託此以蔽風雨有年矣，不知今日之敗於神明也。」左右曰：「胡爲竊薪？」王曰：「凡垛皆空，不獨薪也。」卽指石垛而言曰：「請視此中。」發之，無不空者。王頓首曰：「石不可餐，乃亦中空無所有，如是，是可知薪之非小人所竊矣。」帥怒，欲劾某廳。某懼，求漕使、關督同爲緩頰，乃已，實費二萬金矣。

王某樂爲丐

有不必丐、不可丐而必欲丐者，誠大奇矣，王某其人也。王某，華亭人，家富，爲相國文恭公項齡之曾孫，幼文員外之孫，行乞於市，心所樂也。然其行乞，必誦制藝一首，不唱蓮花落。商店中人多識之，即與錢，亦必誦訖，乃顧而之他。父母閉之，則抉扉遁；縶之，則斷綆逸。夜即卧於市中之石上。後不知所終。

孔氏子以丐終

嘉慶時，南匯周浦鎮有孔某者，擁厚資。晚年得一子，溺愛之，雖延師課之讀，恆不上課。師以虚糜飯穀爲恥，嘗作詩曰：「學堂如破寺，來作住持僧。白日三餐飯，黄昏一盞鐙。經聲原不起，佛號總無憑。雖有波羅蜜，伊誰志大乘？」一日，師見其戲於庭，迫使讀書，憤而大詈，師嗔責之，乃訴於其母曰：「先生打我，我必還打之。」母慰之曰：「俟汝父歸再議。」及孔歸，乃邀師之契友賂師，勸令暫忍一擊而止。既長，躭游蕩，家業蕩盡，遂行乞於市，以丐終。

永光寺前之丐

京師海岱門内有永光寺，寺前有乞兒，年約四十許，善杖擊，工詼諧，每以俗語隨意編小曲，輒傾倒一市，人争以金錢擲之。乞兒得醉飽，即以散之窮乏，無稍留。蓋勳舊世臣，已襲侯爵，持戟乾清門，三十後，棄家而逃，隱於乞也。或數月一返，或終年不歸。家人哀求其歸，飫以珍味，三四日，乘人不防，即易衣而出，或逾垣遁。内廷值班未一至，當事不得已，爲報病故，銷旗檔，以其子襲爵焉。此道光時事也。

王明山嘗行乞

福建提督王明山者，同治中興之湘軍名將也。王壬秋檢討闓運謂其少壯不偶，嘗行乞於湘潭，後入行伍，從勦粤寇，屢勝，遂以軍功起家，富貴冠一時。壬秋曾作詩以贈之。

鄭七異於常丐

道光末，常州有丐曰鄭七者，性殊特，異常丐。日坐卧於城南協橋之顛，髮須白，狀傴僂，日上春而過橋者見之，日下春而過橋者亦見之。見之者與以錢物，受而謝，否則亦不索。薄暮，橋畔多兒童，習與七嬉，以七常出其餘資市果餌以飼之也。兒童之與之嬉也，輒持其杖。兒童每隨七而仆，隨七而起。仆起者屢，皆無所傷，而歡聲大作。至夜，則宿於橋東之土地祠　越數年，不知所之，而粤寇至矣。

丐擾吴曉帆家

錢塘胡光墉，字雪岩，同、光間富甲浙省。嘗於冬日施丐，丐各棉衣一件，又錢二百文。時吳曉帆方伯煦居城頭巷，一日，持鉢提籃之輩，麕集其門，聲言領取施物。門者大驚，詰其故，則雜然曰：「汝家主人大書貼門外，令吾輩今日來此領衣錢，汝何憒憒耶？」驚視門後，果有紅紙，書曰「某月某日，本宅給發窮人棉衣錢文」云云。乃大悟，知必無賴輩所爲，拒勿與。羣喧呶，謂富貴人家不應食言，且不應給吾輩來此，洶洶不可止。吳遣家丁至總捕同知署請派差驅丐，始已。蓋杭音胡、吳相同，無賴輩與吳有隙，故爲此以擾之也。

丐效各種聲

光緒初，上海市中有一丐，口含蘆管，作小孩哭聲，音逼肖。繼復作雛雞聲，久之，又如放風箏，幾莫辨其真僞也。他如牛羊犬豕等類之聲，亦能效之。

上海有粵籍之丐

上海有粵籍之丐，自光緒初年始。若輩行乞，率於公共租界之北四川路、天潼路一帶。以其地之僑民，粵產爲多，且有老舉在也。然粵人亦有散居他處者，每遇宴會，招老舉侑酒，老舉乘車應召，輒躡蹤而往。往必四五人，人必索銀幣一角以爲賞。老舉者，粵妓也，蓋粵丐與之常通聲氣也。北四川路之四周曰虹口，日之夕矣，粵丐伺行道者過，相其狀貌，審爲粵，聞其語言，審爲粵，視其衣履，審爲粵，即操粵語而向之行乞，輒曰：「吾爲公之鄉人也，失業於此，落魄無聊，盍一援手乎？」不與以數十錢，卽相從不舍矣。

淮徐人以逃荒行乞

江蘇之淮、徐、海等處，歲有以逃荒爲業者，數百成羣，行乞於各州縣，且至鄰近各省，光緒初爲最多。其首領輒衣帛食粟，攜有官印之護照，所至必照例求賑。且每至一邑，必乞官鈐印於上，以爲下站求賑之地。若輩率以秋冬至，春則歸農。蓋其鄉人，輒爲無賴生監誘以甘言，使從己行，以壯聲援。求賑所得，多數肥己，餘人所獲，不及百之什一也。

丐者乞殘羹

某富翁宴客於庭，食前方丈。乞者立門外乞殘羹，主人初若不聞也者，繼以哀乞之聲迫，乃叱之曰：「有客在座，汝不知耶？何喧擾若是！」乞者少止。主人乃舉箸勸客，客以飽辭。乞者於是長吁而言曰：「客已醉飽，而殷勤勸之，我日未得一餐，獨不稍賜殘肴乎？且公等已飽，雖有美味，亦不知其味之佳，非自飽而不知他人饑乎？」客聞言，乃勸主人撤饌與之，於是丐得大嚼而去。

吳會丐

丐不諱其姓氏，家於吴會。父曰秋士，曾設履肆於通衢。没時，丐僅六七齡，賴其母鄒氏以育以養，得存活。家本貧，至是益落。鄒以針黹所得，不足贍二人，乃遣丐樵於郊野，冀得少錢。詎丐不自勸，每出，惟與隣家子爲戲，日暮，仍徒手返。鄒怒之，欲責以學業。顧窘於錢，不得遂，踵戚串門，乞援助，咸摇首，若不識，因循者半載，瓦竈淒冷，無煙矣。不得已，乃行乞於市，而爲丐矣。

丐故黠辯有小智，至是，遂以俚唱爲丐財之資。人或樂其聲之悠婉，則予以多錢。由是囊槖漸裕，丐亦安之，以爲業是，實勝營商萬倍也。如是者數載，丐已成人，而家亦竟緣是富。丐遂白於鄒，繼先人之業，復設履肆於市，揚揚作店主，趾高氣揚，幾不可一世。店中人稍迕其意，揮斥之，不少貸。人以其稍有財，忘昔日之爲丐矣。復數載，肆有贏餘，丐奢甚，偕友作北里遊，斥金錢若糞土，不數月，肆遂閉。他日，人見之道上，則敝服一領，面目黧黑，固猶是當年乞丐也。

老太爺亦行乞

光緒中葉，有管理京師南城之煖廠者，嘗爲人言其猥雜之狀，謂廠中人多而炕少，乃側身積疊而卧。然少壯者多無狀，而居其前者不甘受，每相毆。老者夜中便溺，恆怠起，致淋漓及於他人，亦大起衝突。如是者，幾夜夜有之。而中有名老太爺者，尤奇。其人蓋宗室也，他不知，惟時有訪之者，咸著長袍馬褂，見之輒請安，垂手側立，若卑幼者。而老太爺亦踞坐，以尊長自處，酬接語甚簡，輒問：「有攜來否？」答曰：「有。」即以錢票若干進，亦不知其幾何也。然其人性甚劣，時與人争毆。委員不勝其忿，輒令縶之，老太爺曰：「汝縶我易，須知釋我難。」委員乃佯怒曰：「豈但縶汝，更須杖汝！」老太爺曰：「且任汝杖。」故事，杖時須解縶。既解，委員見其褲有黃帶，忽曰：「吾今亦不杖汝，汝去休！」老太爺曰：「咦，吾不意乃受汝紿！」蓋舊例，宗室非宗人府不得用刑，故將以難之，而不意轉爲委員所紿也。

施阿二行乞積資

杭州西湖，自靈隱至天門山，周數十里，兩山相夾，巒岫重裹，皆稱天竺山。分爲三，曰上天竺，曰中天竺，曰下天竺。其林壑之美，實聚於下天竺。而寺宇宏麗，則以上天竺爲最。上天竺之兩旁，商店、旅館鱗次櫛比，營業者皆釋氏弟子。春時香市甚盛，鄉民扶老攜幼，進香頂禮，以祝豐年，有不遠千里而來者，俗呼爲香客。以是乞丐亦多，且率爲紹興人，盡室來杭，居於山之旁近，晨出夜歸，蓋以乞爲業也。

光緒中葉，有施某者，入仁和學，爲諸生，羣起而大譁，蓋以其冒籍，其父且天竺之丐也。丐名阿二，乞於天竺者數十年，積資二千餘金，遂娶妻生子，使讀書。及某入庠，乃不復乞。然當風日晴和，游人雜沓時，猶一至寺旁，呼號於道也。

紹興丐與羣丐異

杭州錢唐門外昭慶寺，香火甚盛，每至仲春，嘉、湖香客之往天竺者，便道拈香，絡繹如織。故羣丐之乞施者，咸集於此。一日，有一丐至，越人也，人呼之爲紹興丐。貌清癯，善詼諧，通掌故，尤諳小學。顧其乞，與羣丐異。羣丐之乞施也，或匍匐於道，或號咷於市。丐則日與諸市人習，或言故事，或作戲言，或譚言微中，亦可解紛，有問以字音及字義者，丐如響斯應，未嘗有不知者。以故市人多樂與之，或十文，或二十文。丐以所得資，除求飽外，餘悉沽酒暢飲。飲已，酣卧。如是者半年，一日忽去，不知所終。

葫盧丐自呼曰李仙

葫盧丐，不知何名，自呼曰李仙。其衣甚博且詭。行乞於市，恆荷大葫盧。得錢，必就肆飲。既醉，散錢於路，令羣兒争拾之，以爲笑樂。丐所至，兒童百十成羣尾其後。市人苦擾，輒多予錢，趣急去。以故丐所得，恆十倍於常丐。

丐甚信而能書，市人操百錢，令丐署券，約經年勿至，丐諾，則終不背約。每執筆向北叩首者三，大書「吾主光緒皇帝某年，乞食臣李仙書」。或問以顛頓至此，何由尚念皇帝？曰：「吾無功，日令百户之人供我醉飽，有司不以爲罪，此皇帝寬典也。夫今之作邑者，取醉飽於一邑；作郡者，取醉飽於一郡，其無功，與我埒耳。吾惟無功而恥食於百户之人，乃愈不忘吾皇帝也。」識者曰：「丐其有道者也。」或曰：「丐嘗爲吏，憤其上之所爲，務取利而無恤民隱，乃詭爲此狀以示諷也。」

徐州丐不與凡丐伍

丐馬姓，逸其名，徐州人，流徙至阜寧。自云先世爲富家，嘗食廩餼，善音樂，狎妓嗜博，家以不戒於火而貧，久之，遂淪於丐。然衣履整潔，不與凡丐伍。入市求乞，不受飲食，但索錢，多則十數文，少亦須五文，否則拒而不受也。攜一竹籃，置短笛一、酒壺一、杯二、筯二，又有侑酒之蔬藿三數事。偶遇相知，必共飲，飲畢，索厚值。遇丐之穉與髦者，必罄其所有以食之。春秋佳日，輒弄笛高歌。及與人言論，則視其人爲何如人，卽與之言何如事。或問之曰：「以子之爲人，何所不可，而乃甘於爲丐耶？」丐曰：「嘻！子雖知我，實不我知也，且食蛤蜊可耳。」以乞游於阜寧者七八年，一旦失其所在。

有知之者曰：「當其未爲丐也，私某氏女，某氏舉家賴以生活。中落後，思往依之，既至，則僮僕揮之門外，不令入，乃大憤，曰：『我所私者猶如是，親戚故舊更可知矣。』遂發狂而走。」或曰：「否，丐嘗周濟好施與，及貧也，無顧而過問者，遂至是。」

糊塗叟乞於燕市

光緒丁酉，燕市有乞兒，人稱之爲糊塗叟。叟年六十許，鬚髮皓然，沿街乞得錢，旋散去，或於爆竹店買爆竹燃之。冬夏一葛衣，不冠不履，若狂若癡，故人稱之爲糊塗也。而實不然。叟荷胡盧而行，凡食者、用者，悉納之胡盧中，自稱胡盧叟。或疑爲仙，爭向之求道，叟曰：「我非仙，且古無仙也，言仙者，率欺人之言耳。」或謂叟昔嘗爲山西某縣令，以剛直遭大吏怒，屢辱之，欲置之死地，叟乃棄家而遁。叟自言則曰：「棄骨肉而圖自全，我不爲也。」或又謂叟爲魯之某邑人，少有才名，屢試不第，憤而爲此。叟曰：「我固無才，即抱才不遇，亦常事，何憤爲也。」或問：「喜燃爆竹何爲？」曰：「聊以警醒睡人之夢耳。」問：「宿何許？」曰：「隨處是家。」問：「胡盧重幾何？」曰：「此悶胡盧，不可使汝等知也。」好事者多與之錢，叟曰：「多非我所欲也。」取數文，餘悉還之，又或與他丐，或與路上兒童，舉止不定。時朝政日非，叟慨然曰：「亂將作矣，此不可留。」未幾，遂不復見，人莫知其所之。後三年，遂有庚子之變。

斷臂丐

光緒丁酉秋，紹興水澄橋之巔，有一丐，箕踞坐，缺兩臂，逼視之，肩下平滑如截。兩足弄骨牌作賭博狀，復以足趾夾瓦礫，擲數十步外。自言少時遇匪人誘爲盜，嘗盜閩省某富室，不知有備，甫躍登屋頂，有人躡至，未及抵拒，而左臂已斷，急踰牆走。距追者僅尺許，又斷右臂。負痛疾走，竟不之追，得匿某寺。僧慈善，知醫，醫三月，創口始合。同夥三人，被擒者二，不得已流爲丐。今雖無臂，然跳躍猶可。觀者欲試其技，許以錢，丐自橋巔向下躍，落地無聲，其身輕可知也。

乞者自言其樂

有乞者蒙袂輯屨，行歌於市，或笑之，曰：「彼乞也而何樂？」乞者欣然而答曰：「人之樂，莫甚於生。生之樂，莫甚於飽。吾明日死而今日生，則今日樂也。吾食時飽而晡時飢，則食時樂也。吾爲何而不樂？子休矣！」趦趄而去。此光緒戊戌八月，爲陳竹村所見於安慶市上者也。

上海租界之丐

丐者行乞道路，舌敝口瘏，日不得一飽者常有之，然非所論於上海租界之丐。光、宣之交，租界警律漸弛，遂出現於通衢闤市，呼號之聲，不絕於耳。其桀黠者，每日所獲，有較之普通苦力多且逾倍者。光緒丙午仲春之五日，金奇中道經穿虹浜愛國女學校，見門側有五丐，席地而飲，皆手持半燼之紙烟，地列雞、火腿、豆腐三肴。初疑其享餕餘也，旋見牆隅有炊具一，丐方事臠割，乃知其非殘羹冷炙矣。聞其日入之豐者，可得銀幣一圓。故論滬丐之衣食住，惟衣住二端不能與齊民齒，而與普通之丐相等，至其食，則視中人之家猶或過之。蓋所入既饒，僅消費於食之一途也。又聞橋畔之丐，伺車至而曳之上橋，有日獲錢六七百文者，亦惟耗於紙烟與酒而已。

上海有外國乞兒

上海多丐，各省之丐皆有之。誠以貧賤之子，謀生於滬而不成，遂至流落行乞。然又有外國之丐，蓋亦流落於滬者。或以能力薄弱，或以行止不端，其結果乃至於此。且不僅行乞於洋人，華人之第宅煥然者，亦輒往乞，且能長跽以請。而吾人媚外性成，一見碧眼黃髮之乞人，即出銀幣與之，不稍吝，非若對於普通乞丐之一錢猶惜也。寶山路有聖母院所設之女校，有一女生，軀短，面扁圓，鼻高，眼碧，所衣爲西服，亦不惡，晨夕挾書往來，蓋從其父母居於寶興路之沿街一屋也。然其父貝明生，實乞人，亦西裝，終日徜徉市中。女生之貌酷肖之。

丐之父，英人而法籍，在華久，嘗於咸、同時隸美人華爾部下，助勦粵寇。丐嘗讀書，以得神經病，無所事事，遂流落爲丐。

武訓唱歌行乞

武訓，山東堂邑之丐也。初無名，人以其行七，呼曰武七。以興學著於時，故名之曰訓。晝行乞，或爲人轉磨負繩。乞所得，錙銖不費，即饅之潔白者亦必乾之以易錢，疾病寒暑不識也。行乞時，不呼不號，高歌市墟村集間。歌無多，數語而已。歌之辭曰：「誰推磨，誰推磨，管推不管羅，管羅錢又多。贏得錢，修義學。」其貌寢陋，頭上髮，右剃則左留，左剃則右留。或詢之，即倚杖而歌曰：「左邊剃，右邊留，修個義學不犯愁。」

李阿七唱蓮花落以行乞

乞丐截三寸竹爲兩，以繩貫其兩端，指捩之作聲，歌而和之，作乞憐及頌禱語，亦有演故事者，名之曰蓮花落，亦曰蓮花鬧，然所陳率鄙誕俗媟不入耳之詞也。蘇州有李阿七者，所唱獨佳，每入市，唱於商店之門，人不厭其聒，或且招之使唱，自是而遂得粗給焉。

乞兒以拳進退欖

宣統辛亥七月，江寧下關市上有一乞兒至，入一肆，取肆中長欖一，仰其足置櫃，握拳運氣，距欖頭二三寸，伸縮其拳，欖亦隨之進退。如是數四，而拳不着欖也。

乞兒豎棺蓋以唱

宣統辛亥八月，程意春在蘇州之閶門外，見有乞兒三五，過某村。村人鳩匠斲棺，已成其蓋，向索錢，不與。一丐蹲地，兩丐扶蓋起，以一角豎鼻尖，丐徐徐起立，且行且唱，行盡一村，蓋不少動。村人以其多力，多與之錢，始去。

乞兒運碗

一童行乞於市，手碗一，絡以繩，繩可三尺，一端繫眉間，如穿鼻，碗水滿貯。先以手挈繩運動其碗，手脱，摇擺其首，碗旋轉如飛，眉間似無痛楚，碗中水亦無涓滴流者。此宣統辛亥秋九月，王少卿見之於濟南城外者。童，王姓，母早亡，以父死，遂流落於市。

上海有湖北之丐

滬有湖北之丐，皆婦孺也，無壯男子。輒集三五人，游於市，手持樂器，爲鑼，爲鼓，爲九連環，背負之囊藏刀叉雜物。一人口唱江淮小曲，如《十八摸》、《十杯酒》、《十送郎》之類，手抛刀叉，一人擊鼓而以鑼節之。其來也，始於光、宣間，至宣統辛亥而遂多。

三班鼓者，亦行乞之具。其演法，用三人，一人陳鼓擊之。鼓有竹架，活之，可翕張。一人槌小鼓，一人歌，金者、鼓者節而和之。其詞亦多鄙，其人之語言率鄂音。

興國人行乞至歐

光緒時，疆吏奏請移民實邊，於是湖北之興國州有貧民數萬，挈其妻孥，至黑龍江。而當道於安置之法，寂焉無聞，耔種未具，廬舍未建，欲耕無地，欲歸無資，乃流落而爲丐。久之，聞外國之富，易於謀生也，遂沿西伯利亞鐵道之軌綫，步行以赴歐。俄人嫉之，要於路，以劣等之汽車，載之回華。然仍無所得食也，乃又往，俄人又以車運之返。返矣，數月而又往。自是至俄，尋輾轉至法，蓋皆有陸路之可遵也。宣統辛亥，徐新六留學歐洲時，嘗至巴黎，一日，與法人偕游於市，見有行乞之我國男女，審其音，與國州人也。中有持槌打鼓者，有飛刀使舞者，類皆衣服襤縷。其婦女則無不纏足。法人觀之以爲笑樂，輒與以佛郎。此亦國恥之一也。聞頗有積資近千金者。且若輩亦有領袖，畧如丐頭，衆醵資養之，衣西式，與警察相結納，且已蓄數千金矣。